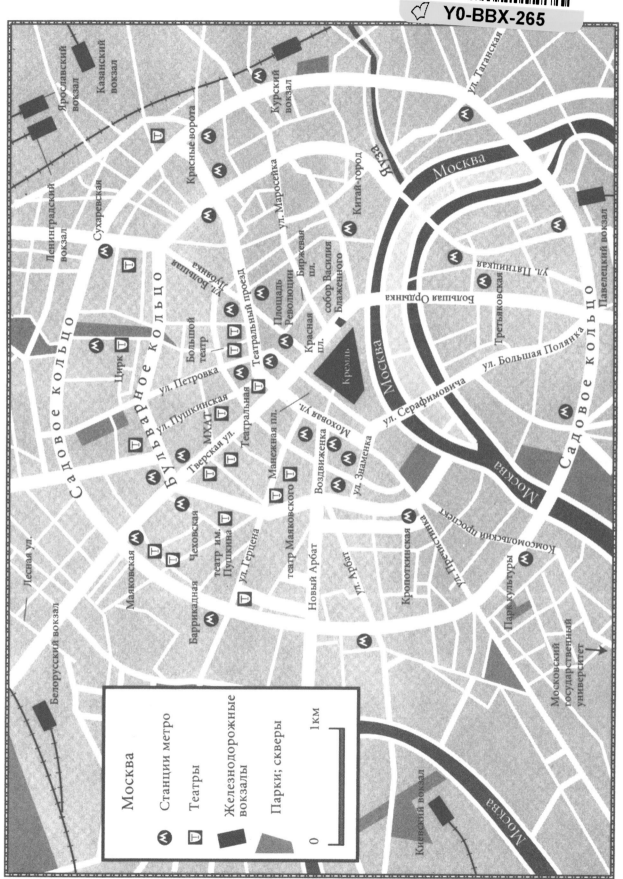

НАЧАЛО

WHEN IN RUSSIA...

BOOK 2

НАЧАЛО

WHEN IN RUSSIA...

Gerard L. Ervin
Ohio State University

Sophia Lubensky
State University of New York—Albany

Donald K. Jarvis
Brigham Young University

The McGraw-Hill Companies, Inc.
New York   St. Louis   San Francisco   Auckland   Bogotá
Caracas   Lisbon   London   Madrid   Mexico City   Milan
Montreal   New Delhi   San Juan   Singapore   Sydney
Tokyo   Toronto

This is an  book.

McGraw-Hill

A Division of The **McGraw·Hill** *Companies*

НАЧАЛО: When in Russia . . .

This book is printed on acid-free paper.

5 6 7 8 9 QPD QPD 9 0

ISBN 0-07-039040-1 (Student Edition)
ISBN-0-07-039041-X (Instructor's Edition)

This book was set in Excelsior Cyrillic by GTS Graphics, Inc.
The editors were Thalia Dorwick, Larry McLellan, Christopher Putney, and
   Carol Dondrea.
The designer was Vargas/Williams Design.
The production supervisor was Diane Renda.
The cover was designed by Vargas/Williams Design.
Cover photos were done by David Sutherland/Tony Stone Images (Red Square, St.
   Basil's Cathedral) and Aleksandr Zudin.
The photo researcher was Roberta Spieckerman.
Illustrations were done by Yuri Salzman and Rick Hackney;
   maps were done by Joe LeMonnier.
Project supervision was done by Carol Dondrea.

Quebecor Printing/Dubuque was printer and binder.

Library of Congress Cataloging-in-Publication Data
Ervin, Gerard L.
   [НАЧАЛО]: When in Russia . . . /Gerard L. Ervin, Sophia Lubensky,
Donald K. Jarvis.
      p. cm.
   English and Russian.
   ISBN 0-07-039040-1
   1. Russian language—Textbooks for foreign speakers—English.
I. Lubensky, Sophia.   II. Jarvis, Donald K., 1939– .   III. Title.
PG2129.E5L8 1995
491.782′421—dc20   95-41041
                                              CIP

Because this page cannot legibly accommodate all acknowledgments for the materials used, credits appear at the end of the book and constitute an extension of this page.

CONTENTS

УРОК 1

ЕДЕМ ИЛИ ИДЁМ? 1

УРОК 2

ХОЧУ СТАТЬ БИЗНЕСМЕНОМ　42

УРОК 3

С НОВЫМ ГОДОМ   81

УРОК 4

ЯЗЫК — ЭТО НЕ ВСЁ!   118

УРОК 5

СКОРЕЕ ВЫЗДОРАВЛИВАЙТЕ! 157

УРОК 6

8 МАРТА 192

УРОК 7

МЫ ИДЁМ В БОЛЬШОЙ ТЕАТР! 228

УРОК 8

ДО СВИДАНИЯ, МОСКВА, ДО СВИДАНИЯ! 263

To the Instructor

A New Look at the Teaching of Russian

The events in Russia over the past decade have been nothing short of astounding. The results of the massive political and economic upheavals that ended the 70-year history of communism in that country and saw the crumbling of the Soviet empire have still not been fully realized. Major changes have occurred in the social structure of the country that have affected every facet of Russian life, including Russia's linguistic and cultural norms. It is no exaggeration to say that Russia is, in many respects, a radically different country from the one that many scholars, instructors, and diplomats studied and visited as recently as the late 1980s.

During the same decade, language teaching in the United States has undergone significant reevaluation, refinement, and development. The proficiency movement and increasing calls for accountability in foreign language classes have caused many language instructors to reexamine the purposes and methods of their language teaching.

The traditional goals, scope, and sequencing of first-year Russian courses have not escaped this scrutiny, nor has the manner of presentation of Russian grammar and vocabulary. As a result, there have been changes in the way instructors see their roles, plan their classes, and structure entire courses and curricula.

Accelerating advances in technology have made the centralized language lab, with its reel-to-reel audiotapes and instructor/technician-oriented operation, a thing of the past on most campuses. Instead, multimedia learning centers—where students check out materials and use them on their own, for as long as they want and in the way they want— now predominate. Personal audio (such as cassette tapes and players) allows students to hear and practice the language whenever and wherever they wish, as often as they wish. Weekly or even daily use of video in the classroom is a reasonable possibility, if not a reality, on almost every campus. Computer technology, which began to appear in educational settings in the mid-1980s, has flourished, though effective pedagogical application of this technology still lags well behind the capabilities of the hardware. And the use of at least some authentic materials—target language materials prepared for consumption by native speakers of that language—is now accepted (indeed, expected) by most modern language educators.

These evolutionary developments regarding both what to teach in a first-year Russian course and how to teach it have been fundamental to the conception and writing of *HAЧAЛO: When in Russia . . .* , a two-book series for beginning Russian courses.

Major Features of *НАЧАЛО: When in Russia . . .*

▲ *Balanced Approach:*   Vocabulary is current and useful. Functionally based grammar explanations grow directly from the storyline. Grammar is spiraled; that is, a given feature is treated in a limited way when it first occurs, then reentered as it appears in more advanced form in later readings. Small-group and partner/pair classroom exercises (*divergent* activities) encourage students to use Russian, with the guidance of the instructor, in meaningful, communicative situations. More traditional fill-in, completion, and translation exercises (*convergent* exercises), especially those located in the Workbook/Laboratory Manual, are intended for written homework.

▲ *Storyline/Readings:*   The basis of the text is an engaging storyline that involves readers in the lives of an American student (Jim) in Russia and his Russian friends. This device constantly places the student users in the Russians' and Jim's shoes both linguistically and culturally.

▲ *Video Supplement:*   Approximately one episode per chapter of the storyline has been shot in Moscow using professional Russian actors. This semiauthentic footage allows students to develop a sense of who the characters are and conveys a vivid impression of Russia today. An optional Video Guide accompanies the videotape supplement.

▲ *Annotated Instructor's Edition:*   The Instructor's Edition provides extensive on-page helps and hints. These annotations anticipate students' questions, expand on grammar or vocabulary in the student edition, and suggest modified or additional activities to keep the pace of classroom activities lively.

▲ *Testing Materials:*   For each lesson there are two sample tests in the Instructor's Manual.

Organization of the Student Text

The sixteen lessons in *НАЧАЛО: When in Russia* . . . are divided into Book 1 (Lessons 1–8) and Book 2 (Lessons 1–8). Lesson 1 of Book 1 is an introduction to the Russian language. It uses simple greetings, basic vocabulary, and classroom phrases to present the basic sound and writing systems of the language. The next seven lessons of Book 1 and the first seven lessons of Book 2 follow a consistent format:

Opening Page. This page introduces the lesson through photographs and a general description of what students will be learning to say and do.

Части (Parts).   There are four parts to each lesson, each essentially following this format:

▲ *Чтение* (*Reading*). The reading material is presented in the form of a play, an ongoing story that helps tie together the Части within and across the lessons. In Lesson 2 we meet the residents of a new apartment building as they move in and become acquainted with one another. Among them are a professor of history, Илья Ильич Петровский; the four-member Силин family; a retired couple and their grandson, who is a piano student at a conservatory; and a woman who rents out a room to two students, Таня and Света. Additional interest is provided by Виктор, a hustling young businessman of the post-Soviet era, and by Jim, a young American, in Moscow for a year of graduate work in history. Jim is a student of Илья Ильич and thus becomes acquainted with the Russians in the apartment building. Through the daily interaction of these characters, students using *НАЧАЛО: When in Russia . . .* are exposed to contemporary, conversational Russian language and culture in a variety of vivid and realistic settings and situations.

- *Вопросы и ответы* (*Questions and Answers*). Following each reading are personalized questions, based on the grammar and vocabulary of the reading, for the instructor to ask the students and/or for the students to ask each other.

▲ *Грамматика и практика* (*Grammar and Practice*). Grammar topics are generally introduced with examples from the readings. Additional examples often accompany the explanations, which are deliberately short and nontechnical. Each is followed by at least one exercise suitable for in-class use.

▲ *Диалоги* (*Functional Dialogues*). These dialogues recombine and further illustrate the grammar, vocabulary, and culture of the lesson. It is suggested that students work in pairs to adapt and perform one or more of the Диалоги, making at least one change, however slight, according to their own preferences.

- *Ваш диалог* (*Your Dialogue*). A situation is described in English, and students are to create a dialogue around it.

- *Перевод* (*Translation*). English sentences (often dialogues) are given for students, working in pairs or small groups, to translate into Russian. Idiomatic English is used to encourage students to translate not words but rather expressions and ideas.

▲ *Новые слова* (*New Words*). At the end of each lesson is a word list of suggested active vocabulary from that lesson. Students should be encouraged to add to this list related words that are of particular interest to them and that they may want to use in dialogues and conversations about themselves. The Topics lists at the end of Новые слова encourage students to integrate new words with semantically related words they already know.

In addition to these standard sections, the following special sections appear at various places in the lessons:

▲ *О России* (*About Russia*). Explicit cultural observations about contemporary Russian societal and behavioral norms ("small-c culture") and formal elements of Russian culture ("large-C culture") expand on the cultural information in the readings. Some observations are accompanied by cultural exercises in the Workbook/Laboratory Manual.

▲ *The Art of Conversation.*   Presented in these sections are useful, high-frequency conversational gambits and turns of phrase that are occasioned by a reading, dialogue, or exercise: they are neither "grammar" nor "vocabulary" in the strict sense.

▲ *Word Study.*   Productive word formation patterns, as well as other kinds of semantic information, are highlighted in these sections.

▲ *Study Tips.*   Found principally in Book 1, these sections help students structure their language study by offering techniques and principles many language learners have found to be effective.

Lesson 8 of Book 2 summarizes the course. It presents no new grammar; rather, it allows students to use the considerable amount of Russian they have learned to read the conclusion to the storyline they have been following and to engage in communicative activities surrounding the characters in the storyline.

Both books contain grammar tables and charts, a Russian-to-English and English-to-Russian vocabulary list, and an index. The vocabulary lists and index in Book 2 integrate the information from Book 1 with that presented in Book 2. Both books are richly illustrated with recent photographs, culturally authentic drawings, maps, and diagrams.

Annotated Instructor's Edition

The Annotated Instructor's Edition for each book is identical to its respective Student Edition, except it is enriched by the addition of extensive on-page information and resources for the instructor. On-page helps include Discussion Starters, three or four fact-questions in Russian about each reading that students who have done the reading can be realistically expected to answer. These can be used as a whole-class discussion activity to start each new Часть. Also, commentary beyond that in the Student Edition is given on matters of grammar and usage, and ideas are offered for classroom activities that build on or enrich the exercises. In addition, answer keys are provided for some of the convergent activities (especially translation) that are intended to be done in class.

Supplementary Materials

▲ *Student tapes* containing the readings of each lesson are shrink-wrapped with the Student Edition—one C-90 cassette with Book 1 and one with Book 2.

▲ *Laboratory tapes* are provided for use in the language laboratory or media center of adopting institutions. These tapes contain functional dialogues, the Новые слова material for listen-repeat practice, as well as the audio for the listening comprehension activities found in the Workbook/Laboratory Manual. (These tapes are also available for student purchase.)

▲ The *Workbook/Laboratory Manual* presents written exercises—in general, one exercise for each grammar point in the text—intended for use as homework. The Manual also contains the printed part of the listening comprehension and functional dialogue exercises found on the laboratory tapes, as well as optional cultural exercises keyed to the О России sections of the main textbook.

▲ A one-hour VHS *videocassette* is also available. The video program—presenting selected scenes from the story comprising the readings—was professionally filmed on location in Moscow with professional Russian actors; it offers students an engaging way to hear and see the story they are following.

▲ The *Video Guide* provides pre- and postviewing exercises to keep students actively involved as they watch the video dramatization.

▲ A *computer program* (available in Macintosh format only) offers practice with each lesson's active vocabulary.

▲ The *Instructor's Manual/Tapescript* includes the following:

- A *methodological orientation* and *teaching suggestions* beyond those found in the Annotated Instructor's Edition.

- Selected *illustrations,* enlarged from the Student Edition and suitable for making overhead transparencies.

- A *testing program,* consisting of two alternative tests for each lesson. The tests may be photocopied and used directly or may be adapted by the instructor.

- *Tapescripts for the lab tapes*—that is, the printed form of the listening comprehension exercises and answers.

- An *answer key* to the written exercises in the Workbook/Laboratory Manual. (The instructor may, at his or her option, photocopy these answers for distribution to the students for self-checking, either before or after a given written homework assignment has been completed.)

A Special Note About Book 2

The basic format of *НАЧАЛО: When in Russia . . .* , Book 2, remains essentially unchanged from that of Book 1. The following highlights and suggestions should, however, be noted:

▲ The end-of-book vocabulary lists and index are cumulative, integrating Book 1 with Book 2 material.

▲ The use of contextually sensitive marginal glossing in the readings becomes increasingly apparent. Thus, when working on a reading, students may see a gloss for a word or phrase that differs from the basic meaning of that word or phrase as given, for example, in a vocabulary list.

▲ To encourage students to use contextual clues to guess at words they do not recognize, the symbol †, which marked guessable words in Book 1, is not used in Book 2.

▲ The use of idiomatic English in the end-of-**часть** translation exercises continues. Students should be encouraged, when they encounter English they do not know how to render precisely in Russian, to think of other ways to convey the same thought using the Russian they *do* know. (One approach is to have students work in pairs or small groups to prepare translations, then compare the translations of the various groups in class. The answers in the Instructor's Edition give at least one solution, but students may come up with others and should be encouraged to do so.) Paraphrasing is a valuable skill to develop in learning to communicate in a foreign language.

▲ Students should be strongly encouraged to review the material from Book 1. For example, they might listen to the Book 1 readings on their cassettes—with or without their books open—to refresh their passive recognition of the words, structures, and events presented there. As an added benefit, students will recognize that what had been difficult for them to read and comprehend aurally only a few months ago has now become nearly 100 percent comprehensible.

▲ Any new structure in Book 2 that can be related to one presented in Book 1 should be introduced by recalling the context in which that structure was used earlier, perhaps by briefly redoing part of an exercise from Book 1. Depending on the complexity of the material, students can be invited to summarize, either in English or by providing examples in Russian, what they remember about the structure.

▲ Finally, and perhaps most importantly, student originality and creativity in using Russian as it relates to them—to describe their lives, to ask questions, to create dialogues—should be nurtured. The characters and events in this book's storyline serve only to contextualize the vocabulary and structures being presented; students should continually apply this vocabulary and these structures to their own situations.

Using *НАЧАЛО: When in Russia . . .* in the Classroom

The writing of this textbook was based on a number of assumptions about foreign language learning and teaching in the classroom setting. These include the following:

• Language learning is a gradual, spiraled process of exposure, practice, learning, integrating, forgetting, more exposure, more practice, deeper learning, further integrating, and so on. Hence, this textbook first treats a given grammar feature or lexical item to the extent needed to enable students to carry out a linguistic activity (such as comprehending a reading or completing an exercise). Then, as these same topics are encountered again in later readings and exercises, they are enlarged upon and integrated into more sophisticated treatments.

- Language learning in a classroom context involves both skill (rote) and cognitive (intellectual) learning. Hence, we suggest students be asked to memorize and perform dialogues (adapted to their own situations), as well as to read and understand formal grammatical presentations in the text. All the readings are on a student audiocassette, and students should be encouraged to listen to them repeatedly—on a daily basis—until the new grammar, new vocabulary, and correct intonation patterns have become as familiar as the lyrics and melodies of favorite songs. *Повторенье — мать ученья.*

- Formal grammatical knowledge need not be acquired in traditional sequences or paradigms. Because, so far as we know, no optimum sequence for the acquisition of grammar has ever been demonstrated in any language, the ordering and presentation of grammar in this text have been determined by what is used in the readings. Not infrequently a grammar feature is used and glossed in a reading one or two lessons before it is formally introduced—thus mirroring what happens daily to language learners in an immersion setting. Traditional grammatical terminology is used sparingly in early lessons, but by the end of Book 2, students will have a solid, formal grammatical foundation in Russian.

- Grammar and vocabulary are best learned in the context of realistic, life-like settings. If these are settings to which students can relate, so much the better. The characters in the textbook represent a variety of social classes, ages, and interests. The grammar is that which students will find useful in discussing their own lives in Russian. The selection of vocabulary for active mastery was based in part on recent word count research (see, for example, В.В. Морковкин, *Лексические минимумы современного русского языка* [Moscow: Russkii iazyk, 1985]), but was modified by requirements of the storyline, pedagogical needs, and the reality of the surroundings in which students using this textbook will find themselves. Students should be encouraged to build on the active vocabulary lists to reflect their own lives, interests, and surroundings.

- Developing cultural knowledge and sensitivity is no less important than developing formal linguistic sophistication and practical language skill. Hence, much attention is paid—both implicitly in the readings, exercises, and dialogues, as well as explicitly in culture notes and culture exercises—to imparting a sense of contemporary Russian society. Instructors with recent personal experience in Russia are encouraged to expand on or update, via their own observations, the cultural information presented in this book.

- The most effective role of the instructor is that of coach or mentor ("the guide by your side") rather than that of presenter or lecturer ("the sage on the stage"). Thus, the instructor should leave to the materials (printed, audio, and visual) the task of providing basic information and repetitive, structured practice, and should expect students to spend at least as much time preparing, studying, and doing homework outside of class as they spend in class.

- The classroom is the only place for most students to engage in contextualized, personalized, communicative activities in a supervised setting where they can get live feedback from a proficient speaker of Russian. For this reason, the instructor should use Russian to the maximum extent possible—even when it is likely students will not understand every word—and should encourage students to practice their Russian with the instructor and with other students at every opportunity. Instructors should also help students learn to use context and other linguistic and nonlinguistic clues to guess at words, phrases, and structures they do not know, and should encourage them to rephrase and paraphrase what they want to say so that it falls within the bounds of their evolving linguistic competence. Both abilities are long lasting and of great value.

- Students can learn a great deal by interacting in Russian with one another, as long as appropriately structured learning activities are provided. Hence, a high percentage of the exercises in this textbook are marked with the symbol 🐝, which indicates that the students should do the activities in pairs or small groups. To get the class started, the instructor should do one or two items with students as a whole-class activity; then, as the class continues the activity in pairs or small groups, the instructor should circulate around the room, answering questions and keeping students on-task. Finally, the instructor brings the class back together so students can share the results of their activity.

Acknowledgments

Many organizations and individuals made significant contributions to the production of *НАЧАЛО: When in Russia . . .* and its ancillary materials. Early funding was received from the Geraldine Dodge Foundation, the National Endowment for the Humanities, the U.S. Department of Education, and the Defense Language Institute. These funds were administered through the Office of the Vice President for Research, University at Albany, State University of New York; we are grateful to Dr. Jeanne Gullahorn for her unwavering support. Within the Office for Research at Albany, Margaret O'Brien and Joanne Casabella were especially attentive in the preparation, processing, and day-to-day monitoring of the grants. The College of Humanities at Brigham Young University and the Department of Slavic and East European Languages and Literatures at the Ohio State University were very generous with research assistance and logistical and communications support. Substantial funding specifically for the video, whose enhancement to this set of materials will immediately be clear to all, was received from the Film Committee of Brigham Young University. All of these contributions are deeply appreciated. We also gratefully acknowledge the particularly important conceptual and administrative roles played by William F. Snyder, Executive Director of the New York Network, and by Henryk Baran, Slavic Department, University of Albany, State University of New York, in the early stages of this project.

Vladimir Savransky provided extensive assistance in developing and writing the storyline. Valuable suggestions that helped shape the writing and the final form of the printed materials also came from Nelly Zhuravlyova, Benjamin Rifkin, and Lena Jacobson. Further substantive suggestions were received from Gary L. Browning, David K. Hart, Janelle J. Jarvis, Michael R. Kelly, Alexander Propp, Yury Tretyakov, and from the instructors and students who field-tested early versions of the manuscript at Ohio State University, Brigham Young University, Utah Valley State College, and Provo (Utah) High School. Olga Belianko of Moscow State University made many insightful suggestions for Book 1.

Invaluable assistance with manuscript preparation and compilation of the glossaries was provided by Marjorie McShane of the University at Albany and Princeton University. Additional assistance with manuscript preparation was provided by Katherine Meech, Adam Perri, James Williams, and Julie Mugavero at the University at Albany and by Elisabeth Browning, Sergei Mariev, Marshall Murray, Mark Perry, and Kurt E. Wood at Brigham Young University. Technical assistance was provided by Melvin Smith and Devin Asay at Brigham Young University. The Workbook/Laboratory Manual was begun by Erin Diehm and Carol Burgess, and was given its final form by Tatiana Smorodinskaya, all of Ohio State University. The Testing Program was developed by Ruth Warner of Ohio State University. The computer program was created by Devin Asay of Brigham Young University.

The video program, filmed by Mountain View Productions (Schenectady, New York) reflects the careful work of Jim Tusty, Melissa Gordon, and Martin Bohunicky. Thomas J. Garza, The University of Texas at Austin, offered helpful advice in the early stages. The audiotaping was done at Ohio State University with partial support from University Technology Services, and would not have been possible without the help of Carol Hart, Anelya Rugaleva, and especially Eric Todd.

Finally, the authors would like to express their appreciation to the following individuals, whose assistance in the later stages of this project was invaluable: Natalya Bragina of the Pushkin Institute, Moscow, provided many useful and up-to-date cultural insights; David Patton of the American Council of Teachers of Russian and of Ohio State University was an invaluable contact in Moscow who selflessly answered many queries via electronic mail at very short notice; and Thomas K. Reese of Brigham Young University, who compiled the Answer Key to the Workbook/Laboratory Manual volumes.

In addition, the publishers wish to acknowledge the suggestions received from the following instructors and professional friends across the country, who reviewed parts of the manuscript at an earlier stage:

Thomas R. Beyer, Jr.
  Middlebury College
William D. Buffington
  Purdue University
Julie Christensen
  George Mason University
Catherine V. Chvany
  Massachusetts Institute of
  Technology
Brett Cooke
  Texas A&M University

Gary Cox
  Southern Methodist University
George R. Egan
  U.S. Air Force Academy
Olga Kagan
  University of California, Los
  Angeles
H. H. Keller
  Indiana University

John Kolsti
  The University of Texas at
  Austin
Ed Kumferman
  Ricks College
Maria Lunk
  Emory University
Kevin J. McKenna
  The University of Vermont

Slava Paperno
  Cornell University
Sandra Rosengrant
  Portland State University
Barry Scherr
  Dartmouth College
Hanna Stroutinsky

The appearance of their names in this list does not necessarily constitute their endorsement of the text or of its methodology.

It would be impossible for us to overstate the contribution to the project that was provided at McGraw-Hill by Thalia Dorwick, whose patience, encouragement, guidance, and sound advice sustained us throughout our work. As the printed materials entered production, Larry McLellan, Christopher Putney, and Carol Dondrea put in many hours of careful proofing and editing. All three of them gave us many valuable suggestions, and for the time they spent in the trenches with us we owe them more than we can express. Special thanks are also due to Gregory Trauth, Francis Owens, Richard Mason, Tanya Nigh, and Suzanne Montazer, all at McGraw-Hill, who worked on aspects of the project.

Finally, to family and friends who listened to us, supported us, and tolerated us during the years of planning, writing, and revising, we offer the deepest gratitude of all.

TO THE STUDENT

About Book 2

Congratulations! You have learned a great deal of Russian in the relatively short time it took you to complete Book 1. A foreign alphabet, a language in which you probably could not understand even the simplest words, and a country about which you probably knew very little are now becoming very familiar. You can read and write Russian; you can converse at a basic level with Russians who know no English, discussing their lives and yours; you've learned something of the history and geography of Russia—and you've begun to develop insights into the daily lives of Russians.

As you continue to learn about Russian, Russia, and Russians in Book 2, you should periodically review what you learned in Book 1. One easy way to do this is to listen again to the lessons on the audiocassette that came with Book 1 (with or without your book open to follow along), and/or to review the video presentations of the Book 1 episodes. (Bear in mind that only the audiocassette presents all the episodes, and hence all the language and structures you studied in Book 1.) If you review on a regular basis—say, beginning with Lesson 2 of Book 1 and moving forward each time you begin a new lesson in Book 2—you will be amazed at how easy and familar the material from Book 1 now appears.

Of course, there is still much to learn. You do not yet—and should not expect yourself to—know how to ask or say everything you might want to, and you should not be discouraged that you still have to look up words and structures. No matter how long you continue with Russian or how proficient you become, you will continue to encounter words and phrases you do not understand. (Ask any foreign language teacher about his or her experiences in learning a foreign language.) Rather than being overwhelmed by what you do not know, however, learn to focus on what you *do* recognize and to guess at the rest. You will see that in many cases your overall comprehension of Russian is relatively good.

Finally, remember that our storyline characters are a means to an end. They are not real, though the settings in which they live and the situations they encounter are quite realistic. Try to picture *yourself* in Jim's shoes, meeting Russians and dealing with them in the kinds of situations in which he finds himself. Or think about the Russians in our storyline— what questions would you like to ask them? What would you like to tell them about your life and surroundings if you were to meet them?

Just as a reminder, here are the main characters in our "soap opera":

Professor Petrovsky and his American graduate student, Jim. Jim already speaks Russian fairly well because this is not his first trip to Russia. But, as you'll see, he still has a lot to learn . . . and is having a good time doing so!

The Silin family, consisting of Mr. and Mrs. Silin, their daughter, Lena, who studies journalism, her little brother, Vova, and their dog, Belka.

Grandma and Grandpa Kruglov and their grandson, Sasha, a piano student at a Moscow conservatory, whose musical tastes run from classical to jazz.

Tatyana Dmitrievna, who rents out a room in her apartment to two young women, Sveta and Tanya. And . . .

Viktor, a hustling young entrepreneur of the post-Soviet era, who always seems to know how to provide hard-to-find goods and services.

ABOUT THE AUTHORS

Gerard L. Ervin is Associate Professor Emeritus of Slavic Languages at the Ohio State University, where he founded the Foreign Language Center. He has taught French and Spanish at the secondary school level and Russian, foreign language methods, and English as a second language at the college level. A past president of the American Council on the Teaching of Foreign Languages (ACTFL), Ervin has also taught at the U.S. Air Force Academy and the University of Arizona. In addition to authoring or co-authoring a variety of instructional materials for several languages, Ervin has written reviews, articles, and book chapters on language teaching, is Associate Editor of the *Modern Language Journal,* and is co-founder of the Foreign Language Education Forum on CompuServe.

Sophia Lubensky is Associate Professor of Slavic Languages and Literatures at the State University of New York at Albany, where she teaches language, translation, and stylistics. She received her Ph.D. in linguistics from the University of Leningrad (now St. Petersburg), and holds M.A.'s in Classics and English as well. She has published articles on linguistics, translation, and language teaching, and has reviewed numerous linguistic and literary publications, including a wide scope of monolingual and bilingual dictionaries. In 1995 Lubensky culminated fourteen years of research in bilingual lexicography with the publication of her *Russian-English Dictionary of Idioms* (Random House). In addition to teaching and researching, Lubensky has worked as a translator, interpreter, and editor in the United States and Russia.

Donald K. Jarvis is Professor of Russian and director of the Faculty Center at Brigham Young University. He has also served there as dean of General Education and chair of the Department of Asian and Slavic Languages. He is the author of *Junior Faculty Development: A Handbook* (Modern Language Association 1991) and other publications dealing with language teaching and faculty development, including *Teaching, Learning, Acquiring Russian,* edited with Sophia Lubensky (Slavica 1984). A past president of the American Council of Teachers of Russian as well as of the American Association of Teachers of Slavic and East European Languages, Jarvis consults for a range of universities, professional organizations, and government agencies.

1 УРОК

ЕДЕМ ИЛИ ИДЁМ?

Метро́. а. Москва́.   б. Ни́жний Но́вгород.   в. Санкт-Петербу́рг.

In this chapter you will learn

▲ to ask and answer *Where are you from?*

▲ to express *with*

▲ to express need and obligation

▲ more about verbs of motion

▲ some comparatives

▲ superlatives

▲ conversational transitions

▲ conventions for standing in line

▲ about public transportation in Russia

ЧАСТЬ ПЕРВАЯ

ЧТЕНИЕ

Джим в метро́°

subway

(At a metro station. Jim bangs his briefcase against one of two women waiting for a train.)

ДЖИМ. Извини́те, пожа́луйста.

РА́Я. Ничего́. Молодо́й челове́к, у вас тяжёлый портфе́ль°? **Поста́вьте**° его́ **сюда́.**°

briefcase / Put / here

ДЖИМ. Спаси́бо.

РА́Я. *(She puts his briefcase next to her.)* А вы отку́да, молодо́й челове́к?

ДЖИМ. Из Аме́рики. А что, я говорю́ с **акце́нтом**?

РА́Я. По-мо́ему, у вас почти́ нет акце́нта. Пра́вда, Тама́ра?

ТАМА́РА. Пра́вда. Вы зна́ете, моя́ сестра́ Ра́я — **настоя́щий**° Ше́рлок Холмс. Она́ всегда́ узнаёт **иностра́нцев,**° да́же е́сли у них нет никако́го акце́нта.

real
foreigners

РА́Я. Мы лю́бим **разгова́ривать**° с иностра́нцами, слу́шать, как *to talk*
они́ живу́т, что де́лают. Пра́вда, Тама́ра?

ТАМА́РА. Э́то ты, Ра́я, лю́бишь разгова́ривать — и не то́лько с
иностра́нцами.

РА́Я. Как ты лю́бишь говори́ть неприя́тные **ве́щи**!° (*To Jim.*) Вы *things*
зна́ете, молодо́й челове́к, я действи́тельно люблю́
разгова́ривать с людьми́, **осо́бенно**° в метро́. А в метро́ *especially*
всегда́ мно́го иностра́нцев. Зна́ете, почему́? Потому́ что все
иностра́нцы зна́ют, что в Москве́ краси́вое метро́. Все
хотя́т его́ посмотре́ть. Кро́ме того́, в метро́ есть схе́мы,° *maps*
поэ́тому там невозмо́жно **заблуди́ться**.° *to get lost*

ДЖИМ. Невозмо́жно заблуди́ться, е́сли зна́ешь ста́рые и но́вые
назва́ния **ста́нций**.° А я **всё вре́мя забыва́ю,**° каки́е *stations* / всё... *keep*
назва́ния ста́рые, а каки́е но́вые. *forgetting*

(*They board the train.*)

АВТОМА́Т. **ОСТОРО́ЖНО,**° ДВЕ́РИ **ЗАКРЫВА́ЮТСЯ**.° *Be careful* / *are closing*
СЛЕ́ДУЮЩАЯ° СТА́НЦИЯ — ТРЕТЬЯКО́ВСКАЯ. *Next*

РА́Я. На како́й ста́нции вы выхо́дите?

ДЖИМ. На **пло́щади**° Ногина́. *square*

РА́Я. Э́то ста́рое назва́ние, а тепе́рь э́то Кита́й-го́род.

(*While they are talking, the train stops, and people get in and
out.*)

АВТОМА́Т. ОСТОРО́ЖНО, ДВЕ́РИ ЗАКРЫВА́ЮТСЯ. СЛЕ́ДУЮЩАЯ
СТА́НЦИЯ — КИТА́Й-ГО́РОД.

ТАМА́РА. Ме́жду про́чим, Ра́я, э́то была́ на́ша остано́вка.

УПРАЖНЕНИЕ 1.1.   Вопро́сы и отве́ты

1. Вы говори́те по-ру́сски с акце́нтом?
2. В ва́шем го́роде мно́го люде́й, кото́рые говоря́т по-англи́йски с акце́нтом?
3. Вы лю́бите разгова́ривать с иностра́нцами?
4. В ваш го́род ча́сто приезжа́ют (*come*) иностра́нцы? Отку́да они́ приезжа́ют?
5. Что иностра́нцы осо́бенно лю́бят смотре́ть в ва́шем го́роде? В ва́шей стране́?
6. Как вы ду́маете, Джим хорошо́ говори́т по-ру́сски? А вы?
7. Кто в ва́шем кла́ссе хорошо́ говори́т по-ру́сски?
8. В ва́шем го́роде есть метро́? Е́сли да, то како́е оно́? (Краси́вое, но́вое... ?)

ГРАММАТИКА И ПРАКТИКА

THE ART OF CONVERSATION: ОТКУ́ДА ВЫ?

— А **вы отку́да,** молодо́й челове́к?
— **Из Аме́рики.**

"And where are you from, young man?"
"From America."

Use **из** + genitive to tell where you or someone else is from. If the geographical name is not Russian, it may not decline readily. In such a case (and especially if the name is unfamiliar to a Russian speaker), you can say **из го́рода** or **из шта́та** followed by the name of the city or state in the nominative case.

Я из шта́та Миссу́ри.

I am from the state of Missouri.

Я из го́рода Сент-Лу́ис.

I am from the city of St. Louis.

Canadians, of course, would say **из прови́нции**.

УПРАЖНЕНИЕ 1.2.   А вы отку́да?

Here is a list (in Russian alphabetical order) of American states, Canadian provinces, and major cities in the United States and Canada as they would appear on a Russian map of North America. Note that spellings and stresses in Russian sometimes differ from those in English. Find out

where your classmates and/or their relatives are from by asking
Скажи́(те), а ты (вы) отку́да? and so on.

АМЕРИКА́НСКИЕ ШТА́ТЫ

А́йдахо	Калифо́рния	Нью-Йо́рк
А́йова	Ка́нзас	Нью-Ме́ксико
Алаба́ма	Кенту́кки	Нью-Хе́мпшир
Аля́ска	Колора́до	Ога́йо
Аризо́на	Конне́ктикут	Оклахо́ма
Арка́нзас	Луизиа́на	О́регон
Вайо́минг	Массачу́сетс	Пенсильва́ния
Вашингто́н	Миннесо́та	Род-А́йленд
Вермо́нт	Миссиси́пи	Се́верная Дако́та
Вирги́ния	Миссу́ри	Се́верная Кароли́на
Виско́нсин	Мичига́н	Теннесси́
Гава́йи	Монта́на	Теха́с
Де́лавэр	Мэн	Флори́да
Джо́рджия	Мэ́риленд	Ю́жная Дако́та
За́падная Вирги́ния	Небра́ска	Ю́жная Кароли́на
Иллино́йс	Нева́да	Ю́та
Индиа́на	Нью-Дже́рси	

КАНА́ДСКИЕ ПРОВИ́НЦИИ

Альбе́рта	Манито́ба	Онта́рио
Брита́нская Колу́мбия	Но́вая Шотла́ндия	О́стров При́нца Эдуа́рда
Квебе́к	Нью-Бра́нсуик	Саска́чеван
	Ньюфаундле́нд	

АМЕРИКА́НСКИЕ И КАНА́ДСКИЕ ГОРОДА́

Атла́нта	Майа́ми	Про́виденс
Би́рмингем	Ме́мфис	Реджа́йна
Бо́стон	Милуо́ки	Ри́чмонд
Бу́ффало	Миннеа́полис	Ро́ли
Ванку́вер	Монреа́ль (m.)	Ро́честер
Вашингто́н	Моби́л	Сан-Дие́го
Викто́рия	На́швилл	Сан-Франци́ско
Гонолу́лу	Неа́поль (m.)	Сент-Лу́ис
Да́ллас	Но́вый Орлеа́н	Сент-По́л
Де-Мо́йн	Нью-Йо́рк	Сиэ́тл
Детро́йт	Нью́арк	Солт-Лейк-Си́ти
Де́нвер	Оде́сса	Та́лса
Дувр	О́кленд	Торо́нто
Индиана́полис	О́ксфорд	Уи́лмингтон
Ка́нзас-Си́ти	О́лбани	Филаде́льфия
Квебе́к	О́маха	Фи́никс
Кли́вленд	Отта́ва	Хью́стон
Лас-Ве́гас	Пи́тсбург	Цинцинна́ти
Литл-Ро́к	Пли́мут	Чика́го
Лос-Анджелес	По́ртленд	Э́дмонтон
Лу́исвилл	По́ртсмут	

ОН ГОВОРИ́Т С АКЦЕ́НТОМ: THE INSTRUMENTAL CASE

Мо́жет быть, ты зна́ешь **с кем** у неё свида́ние?	*Perhaps you know with whom she has a date.*
Кто после́дний?... Я **за ва́ми**.	*Who's last? . . . Then I'm behind you.*
А что, я говорю́ **с акце́нтом**?	*What, do I speak with an accent?*
Мы лю́бим разгова́ривать **с иностра́нцами**.	*We love to speak with foreigners.*

The last of the six cases in Russian is the instrumental. It occurs in a variety of contexts, including after the prepositions **за** (*behind*) and **с** (*with*), and others. Here is a table of instrumental case forms.

INSTRUMENTAL CASE FORMS

	SINGULAR		PLURAL	
Pronouns	(я)	(со) мно́й	(мы)	(с) на́ми
	(ты)	(с) тобо́й	(вы)	(с) ва́ми
	(он, оно́)	(с) ним	(они́)	(с) ни́ми
	(она́)	(с) ней		
	(кто?)	(с) кем?		
	(что?)	(с) чем?		

	MASCULINE/NEUTER (MOST COMMON SINGULAR ENDINGS)	FEMININE (MOST COMMON SINGULAR ENDINGS)	PLURAL
Nouns	**-ом/-ем** с акце́нтом с му́жем с учи́телем	**-ой/-ей** с соба́кой с Та́ней **-ью** с две́рью[1]	**-ами/-ями** с кни́гами с гостя́ми
Adjectives	**-ым/-им** с типи́чным америка́нским (бизнесме́ном)	**-ой/-ей** с краси́вой ста́ршей (сестро́й)	**-ыми/-ими** с симпати́чными америка́нскими (студе́нтами)
Possessives	мои́м на́шим твои́м ва́шим	мое́й на́шей твое́й ва́шей	мои́ми на́шими твои́ми ва́шими

---

[1] This ending applies to only a few nouns you know (**дверь — две́рью, ночь — но́чью**), but it is actually a very common ending which occurs with a large number of feminine nouns ending in **-ость**. (See Word Study following **Но́вые слова́**.)

Some common nouns have irregular or unusual instrumental forms.

	SINGULAR	PLURAL
брат	(с) бра́том	(с) бра́тьями
друг	(с) дру́гом	(с) друзья́ми
мать	(с) ма́терью	(с) матеря́ми
дочь	(с) до́черью	(с) дочерьми́
челове́к (*sing.*)/ лю́ди (*pl.*)	(с) челове́ком	(с) людьми́
ребёнок (*sing.*)/ де́ти (*pl.*)	(с) ребёнком	(с) детьми́

Note that **подру́га**—unlike **друг**—is regular in both singular and plural in all cases:

подру́га	(с) подру́гой	(с) подру́гами

PRONUNCIATION AND SPELLING: BUFFER VOWELS AND CONSONANTS

Just as Russians change **о** to **об** before words beginning with **а, э, о,** and **у** (and to **обо** before **мне**), they also change the prepositions **в, к, с,** and **пе́ред** to **во, ко, со,** and **пе́редо,** respectively, before many words beginning with a consonant cluster. These so-called buffer vowels and consonants, like *a/an* in English, help make certain word combinations easier to pronounce.

О РОССИИ

Кто после́дний?

Because standing in line still occurs in Russia, it has a set of protocols. In Lesson 8 of Book 1, Jim was instructed by Russians on what to say when joining a line (**Кто после́дний?** [*Wait for response.*] **Я за ва́ми.**) It is not unusual for Russians to join a line, then ask the person in front of them to hold their place so that they can do a quick errand elsewhere and come back to rejoin the line. In light of the many socioeconomic changes taking place in Russia today, however, standing in line appears to consume less time out of a Russian's day than it did just a few years ago.

УПРАЖНЕНИЕ 1.3.   С кем... ? С чем... ?

Answer the following questions, putting the suggested answers (or answers of your own) in the instrumental case:

1. С кем вы лю́бите игра́ть в те́ннис — с сестро́й, с бра́том, с... ?
2. С кем вы обы́чно обе́даете — с друзья́ми, с роди́телями, с... ?
3. С чем америка́нцы пьют (*drink*) ко́фе[2] — с молоко́м, с лимо́ном, с... ?
4. С чем америка́нцы пьют чай (*tea*) — с лимо́ном, с молоко́м, с... ?
5. С кем вы хо́дите (*go to*) в кино́ — с друзья́ми, со свои́м профе́ссором ру́сского языка́, с... ?
6. С кем вы лю́бите говори́ть по телефо́ну — с дру́гом, с подру́гой, с... ?

УПРАЖНЕНИЕ 1.4.   **Positions, locations**

In addition to **за** (*behind*), two other prepositions describing position that take the instrumental case are **ме́жду** (*between*) and **пе́ред** (*in front of*). With four or five classmates, imagine you're in line for theater tickets. Practice the following:

1. — Вы за кем?
    — Я за э́той же́нщиной.
2. — А вы за кем?
    — Я за тем мужчи́ной.
3. — Вы пе́редо мной?
    — Нет, я за ва́ми.
4. — Кто пе́ред ва́ми?
    — Вот э́та же́нщина.

УПРАЖНЕНИЕ 1.5.   С кем... ? С чем... ?

Fill in the blanks with correct forms of the nouns in parentheses.

1. — С кем разгова́ривает Джим?
    — Со (Све́та) _____ и с (Та́ня) _____.
2. — С кем лю́бит разгова́ривать Ра́я?
    — С (иностра́нцы) _____.
3. — С кем Джим ча́сто разгова́ривает по телефо́ну?
    — С (Ле́на) _____ и с (профе́ссор) _____.
4. На у́лице стои́т авто́бус с (тури́сты) _____.
5. Поста́вьте портфе́ль с (кни́ги) _____ сюда́.
6. Кто э́тот челове́к с (газе́та) _____?
7. Вон стои́т же́нщина с (соба́ка) _____?
8. Хоти́те ко́фе с (молоко́) _____?
9. Мне, пожа́луйста, бутербро́д с (колбаса́) _____.
10. Ве́ра игра́ет в те́ннис с (подру́ги) _____.

---

[2] **Ко́фе**, like some other nouns of foreign origin, never changes form. Its masculine gender is shown in adjectives that modify it: **Де́душка лю́бит чёрный ко́фе.**

Он занима́ется оди́н.

Она́ занима́ется с друзья́ми.

УПРАЖНЕ́НИЕ 1.6.   С како́й... ? С каки́м... ?

Fill in the blanks with correct forms of the adjectives and the nouns in parentheses.

1. Кто э́тот челове́к с (большо́й портфе́ль) _____
_____ ?

2. Вот ка́рта с (но́вые назва́ния) _____ _____ ста́нций моско́вского метро́.

3. Ле́на разгова́ривает с (краси́вый иностра́нец) _____
_____ .

4. Он говори́т по-ру́сски с (небольшо́й акце́нт) _____
_____ .

5. Мы ча́сто разгова́риваем с (ру́сские тури́сты) _____
_____ .

6. — С кем вы идёте в кино́?
— С (симпати́чная де́вушка) _____ _____ ,
кото́рую зову́т Ве́ра.

УПРАЖНЕ́НИЕ 1.7.   Вопро́сы и отве́ты

Ask your classmates the following questions:

1. С кем вы ча́сто разгова́риваете?
2. С кем вы разгова́риваете по-ру́сски?
3. С кем вы перепи́сываетесь (*correspond*)?
4. С кем вы ча́сто говори́те по телефо́ну?
5. С кем вы лю́бите ходи́ть (*to go*) в теа́тр?
6. С кем вы обы́чно игра́ете в баскетбо́л?

О РОССИИ

Язык и городской транспорт

In crowded mass transit vehicles you may often hear the following:

— Вы сейча́с выхо́дите?   *"Are you getting out here?"*
— Нет.   *"No."*
— Разреши́те пройти́.   *"Allow me to pass (please)."*

If you *are* getting out, **да** is sufficient. Just before the subway doors close, you will hear over the public-address system the warning **Осторо́жно, две́ри закрыва́ются** (*Be careful, the doors are closing*). This will be followed by the announcement of the next station.

Here are signs you frequently see in mass transit and pedestrian areas.

Вход	*Entrance*
Вход воспрещён	*No admittance*
Вы́ход	*Exit*
Ка́сса	*Cashier*
Перехо́д	*Pedestrian crosswalk (or underpass)*
Прода́жа жето́нов	*Tokens (lit., sale of tokens)*

ДИАЛОГИ

Asking questions in the metro

ДИАЛОГ 1.1.   **Скажи́те, пожа́луйста, когда́...**

— Скажи́те, пожа́луйста, когда́ бу́дет ста́нция Пу́шкинская?
— Че́рез две остано́вки.[3]
— Мои́ друзья́ сказа́ли мне, что э́то о́чень краси́вая ста́нция. Я хочу́ её посмотре́ть.
— А отку́да вы?
— Из Аме́рики, из Бо́стона.

---

[3] In this context, the preposition **че́рез** (*through*) means *after*. The speaker here is saying that **ста́нция Кропо́ткинская** will be the *third* stop.

ДИАЛОГ 1.2.   Какáя слéдующая стáнция?

— Скажúте, пожáлуйста, какáя слéдующая стáнция?
— Театрáльная.
— А как онá называлась рáньше?
— Кáжется, плóщадь Свердлóва — я не увéрен.

ДИАЛОГ 1.3.   Мне нужнá Третьякóвская галерéя.[4]

— Простúте, какáя слéдующая стáнция?
— Третьякóвская.
— Э́то та стáнция, кóторая мне нужнá! Мне нужнá Третьякóвская галерéя.
— Я тóже там выхожý. Я покажý вам, как пройтú к Третьякóвской галерéе.
— Спасúбо.

УПРАЖНЕНИЕ 1.8.   Ваш диалóг

Create a dialogue that you might use on a subway. Ask for a station, directions, where to get off, and so on.

УПРАЖНЕНИЕ 1.9.   Перевóд

"Excuse me, are you getting off now?"
"I don't know. What station is this?"
"This one? This is Theater Square."
"And when will Mayakovskaya be?"
"Mayakovskaya? The one after next."
"Thanks very much."

---

[4] The Tretyakov Gallery is a famous art museum in Moscow.

ЧАСТЬ ВТОРАЯ

Чтение

Мы идём в похо́д°

идём... *are going camping*

(*Sasha offers to help a young woman carrying a heavy bag.*)

САША. Де́вушка! Вам помо́чь? (*The girl turns and Sasha sees that it is Tanya.*) Приве́т, Та́ня! Я тебя́ не узна́л. **Бога́тая**° бу́дешь![5] Тебе́ помо́чь? Су́мка° тяжёлая?

Rich
Bag

ТА́НЯ. Спаси́бо! (*Gives him the bag.*) Су́мка, действи́тельно, о́чень тяжёлая.

САША. Ух, кака́я тяжёлая! А что там, е́сли не **секре́т**°?

secret

ТА́НЯ. **Угада́й!**°

Guess!

---

[5] When Russians don't immediately recognize someone they know well, they joke that the person will become rich.

СА́ША.	**Попро́бую.**° Ты была́ в библиоте́ке. Э́то кни́ги по исто́рии.
ТА́НЯ.	Не угада́л!°
СА́ША.	Э́то мо́жно есть?
ТА́НЯ.	Нет, э́то нельзя́ есть. Но зато́° в э́том мо́жно жить.
СА́ША.	Всё **я́сно**°! Э́то **пала́тка**°!
ТА́НЯ.	Пра́вильно! Э́то тури́стская пала́тка, и́мпортная, **неме́цкая**°!
СА́ША.	Я **ищу́**° **таку́ю** пала́тку уже́ полго́да! У меня́ есть пала́тка, но ей уже́ мно́го лет и вообще́ она́ **гора́здо ху́же,**° **чем**° э́та. Где ты её купи́ла?
ТА́НЯ.	В **це́нтре**, в магази́не «Спорт» на Пу́шкинской.°
СА́ША.	Сейча́с пое́ду. **Возьму́**° до́ма де́ньги и пое́ду. Как ты ду́маешь, они́ там ещё есть?
ТА́НЯ.	Ду́маю, что да. Их там бы́ло о́чень мно́го.
СА́ША.	Послу́шай, Та́ня, а для чего́ тебе́ **нужна́**° пала́тка? **Неуже́ли** ты идёшь в похо́д **зимо́й**°?
ТА́НЯ.	В похо́д зимо́й? Како́й у́жас! Нет, в похо́д мы идём ле́том.
СА́ША.	Кто э́то «мы»?
ТА́НЯ.	Мы со Све́той.
СА́ША.	Я не знал, что вы тури́сты.
ТА́НЯ.	Я ещё не тури́стка. Э́то бу́дет мой пе́рвый **похо́д**.° А у Све́ты есть **о́пыт**.° Она́ уже́ не́сколько раз была́ в тури́стских похо́дах.
СА́ША.	Пала́тка не сли́шком тяжёлая? Мне ка́жется, она́ **должна́**° быть гора́здо **ле́гче**.°
ТА́НЯ.	Ты ду́маешь?
СА́ША.	Я уве́рен. Но э́то не пробле́ма. Возьми́те меня́ **с собо́й**° в похо́д...
ТА́НЯ.	С удово́льствием.
СА́ША.	...и я бу́ду де́лать всю тяжёлую **рабо́ту**.°
ТА́НЯ.	Хоро́шая иде́я, но я не уве́рена, что Све́те она́ понра́вится.
СА́ША.	Почему́?
ТА́НЯ.	Све́та говори́т, что похо́д до́лжен быть тру́дным. **Ина́че**° э́то неинтере́сно.
СА́ША.	Э́то то́же не пробле́ма. Е́сли с ва́ми иду́ я, похо́д обяза́тельно бу́дет тру́дным.

I'll try.

He... Wrong!

Но... but
clear / tent
German
have been looking for / this kind of / half a year
гора́здо... much worse / than

Pushkin (street)

I'll get

тебе́... you need / Really
in the winter

camping trip
experience

should
lighter

Возьми́те... Take me with you

тяжёлую... hard work

Otherwise

УПРАЖНЕНИЕ 2.1.   Вопро́сы и отве́ты

1. У вас есть пала́тка?
2. Она́ но́вая и́ли ста́рая? Где вы её купи́ли? Ско́лько за неё заплати́ли?
3. Как вы ду́маете, америка́нцы вообще́ лю́бят ходи́ть в похо́ды (*to go camping*) и́ли нет?
4. А вы са́ми лю́бите ходи́ть в похо́ды? И́ли вы бо́льше лю́бите сиде́ть (*to stay*) до́ма и смотре́ть телеви́зор?
5. Когда́ вы в после́дний раз бы́ли в похо́де? Где вы бы́ли? Вы бы́ли оди́н (одна́) (*alone*) и́ли с друзья́ми?
6. Когда́ был э́тот похо́д — ле́том, о́сенью (*in the fall*), зимо́й и́ли весно́й (*in the spring*)?
7. Вы идёте в похо́д. Вот спи́сок (*list*) веще́й, кото́рые нужны́ тури́стам. Каки́е из них у вас уже́ есть? Что вам на́до купи́ть?

пала́тка	шокола́д
рюкза́к	проду́кты
ко́мпас	чай
ка́рта	ко́фе

ГРАММАТИКА И ПРАКТИКА

EXPRESSING NEED

Мне **нужна́** но́вая пала́тка.   *I need a new tent.*

To tell what is needed, place the person who needs something in the dative, followed by the short-form adjective of **ну́жен (нужна́, ну́жно, нужны́)** that agrees in gender and number with the item needed (the grammatical subject), which is in the nominative.

Мне нужна́ хоро́шая кварти́ра.	*I need a good apartment.*
Моему́ бра́ту ну́жен но́вый компью́тер.	*My brother needs a new computer.*
Нам нужны́ но́вые сапоги́.	*We need new boots.*

THE ART OF CONVERSATION: **НУ́ЖНО** AND **НА́ДО**

Тебе́ **ну́жно (на́до)** знать об э́том.   *You need to know about that.*

In addition to the short-form adjectives used with nouns (**мне нужна́ но́вая пала́тка**), the adverb **ну́жно** (always ending in **-о**) is used in the same dative + **ну́жно** + infinitive construction you learned with **на́до**. In most cases this **ну́жно** construction is a virtual synonym for the **на́до** construction.

УПРАЖНЕНИЕ 2.2.   **Что вам ну́жно?**

Suppose you're going on a camping trip. Using the items below (or some of your own ideas), indicate what things you think you or your friends need (or don't need).

1. и́мпортная пала́тка
2. большо́й рюкза́к
3. но́вый ко́мпас
4. япо́нский мотоци́кл
5. туристи́ческие ка́рты
6. спа́льные мешки́
7. хоро́шее ра́дио
8. большо́й фен (*hair dryer*)
9. ???

IDIOMATIC USES OF ИДТИ́

Мы **идём в похо́д.**	*We're going camping.*

Идти́ is used frequently in constructions that do not mean *to go by foot.*

Идёт дождь.	*It's raining.*
Идёт снег.	*It's snowing.*
Что **идёт** в кино́?	*What's playing at the movies?*
Дела́ **иду́т** хорошо́!	*Things are going well!*
Твои́ часы́ **иду́т**?	*Is your clock working?*
Идёт уро́к.	*The class is in progress.*

Try reading this short poem aloud.

Кто по у́лице идёт?
Ну коне́чно, пешехо́д.°   *pedestrian*
Ну, а что ещё идёт?
Дождь идёт, и снег идёт.

Да́же ма́ленькие де́ти
Мо́гут пра́вильно отве́тить,
Что идёт и дождь, и снег,
И уро́к, и челове́к.

У́тром в шко́лу, на рабо́ту,
В магази́н идёт наро́д.°   *people*
И у всех свои́ забо́ты°:   *concerns*
Э́то зна́чит — жизнь° идёт!   *life*

— Еле́на Са́вченко

Как вы ду́маете, что э́то тако́е?

УПРАЖНЕНИЕ 2.3. **Что идёт?**

Using the weather map below and the theater listings that follow, practice asking and answering the following kinds of questions with your classmates: **Где идёт дождь? Где идёт снег? В како́м теа́тре идёт пье́са** (*play*) ——————?

(Note the pronunciation of these cities: Бокситого́рск, Во́лхов, Все́воложск, Вы́борг, Га́тчина, Ки́нгисепп, Ки́риши, Ки́ровск, Лоде́йное По́ле, Лу́га, Подпоро́жье, Приозёрск, Сла́нцы, Сосно́вый Бор, Ти́хвин, То́сно.)

**ТЕАТР
ИМ. МАЯКОВСКОГО.
Ул. Большая
Никитская, 19,
тел. 290-46-58.**

В помещении гастроли Театра Антона
Чехова.

**ГОСУДАРСТВЕННЫЙ
АКАДЕМИЧЕСКИЙ
ТЕАТР
имени Евг. ВАХТАНГОВА**

ул. Арбат, 26   Телефон: 241-07-28

**ТЕАТР
ИМ. ВАХТАНГОВА.
Ул. Арбат, 26,
тел. 241-07-28.**

Начало вечерних спектаклей: 18.00
1 (чт), 6 (вт), 23 (пт) К. Гоцци
«Принцесса Турандот»
2 (пт), 7 (ср), 4 (вс) П. Шено «Будьте
здоровы!»
3 (сб), 16 (пт) «Принцесса Турандот»
«Будьте здоровы!»
8 (чт) М. Горький «Варвары», 19.00.
9 (пт), 11 (вс), 13 (вт), 17 (сб), 22 (чт),
28 (ср) Ж. Мольер «Проделки
Скапена»
10 (сб), 18 (вс) М. Цветаева «Три
возраста Казановы»
«Наша любовь», 14.00, (малый зал)
14 (ср), 21 (ср) М. Булгаков «Зойкина
квартира», 19.00.
15 (чт), 20 (вт) А. Островский
«Женитьба Бальзаминова», 19.00.
22 (чт) А. Островский «Без вины
виноватые», 14.00.
24 (сб), 25 (вс) Т. Реттиган «Дама без
камелий»

Начало вечерних спектаклей: 19.00
1 (чт) «Сверчок на печи»
6 (вт) «Влияние гамма-лучей на
бледно-желтые ноготки»
7 (ср), 14 (ср) «Свадьба. Юбилей»
8 (чт) «Зачем пойдешь, то и найдешь»
13 (вт), 28 (ср) «Клоуны»
15 (чт) «Калигула»
Закрытие сезона

Шереметьевская ул. 8   Телефон: 218-10-19

**ТЕАТР
«САТИРИКОН».
Шереметьевская
улица, 8,
тел. 289-78-44**

Начало вечерних спектаклей: 19.00
1 (чт), 8 (чт), 27 (вт) «Мнимый
больной»
2 (пт), 5 (пн), 18 (вт), 23 (пт), 25 (вс),
28 (ср) «Такие свободные бабочки»
3 (сб), 10 (сб), 19 (пн), 21 (ср), 29 (чт)
«Хозяйка гостиницы»
3 (сб), 4 (вс), 10 (сб), 12 (пн) (19.30),
23 (пт) «Превращение», 15.00 (малая
сцена).
4 (вс), 6 (вт), 11 (вс), 15 (чт), 20 (вт),
24 (сб), 26 (пн) «Сатирикон-шоу»
7 (ср), 14 (ср), 22 (чт), 30 (пт)
«Багдадский вор»
9 (пт), 13 (вт), 16 (пт), 17 (сб)
«Сирано де Бержерак»
18 (вс), 25 (вс), 28 (ср) «Великий
рогоносец», 15.00 (малая сцена)
20 (чт), 29 (чт) «Совсем недавно»,
19.30 (малая сцена).

**ТЕАТР ИМ. ПУШКИНА.
Тверской бульвар, 23,
тел. 203-85-82,
203-85-14**

Начало вечерних спектаклей: 19.00
3 (сб) А. Мерлин, А. Белинский
«Красотки кабаре»
4 (вс) А. Аверченко «Комната смеха»
5 (вс) Манье «Блэз»
6 (пн), 7 (вт), 10 (сб) А. Платонов
«Семья Иванова»
8 (ср) 9 (чт) А. Гарин «Красные сны»
15 июня закрытие сезона.

Суворовская пл., 2   Телефон: 281-51-20

**ЦЕНТРАЛЬНЫЙ ТЕАТР
РОССИЙСКОЙ АРМИИ.
Суворовская площадь,
2, тел. 281-51-20**

Начало вечерних спектаклей: 19.00
1 (чт) «Боже, хрени короля!» (малый
зал)
2 (пт), 4 (вс) (18.00), 9 (пт), 24 (сб)
(18.00) «Ваша сестра и пленница»
(премьера), (малый зал)
7 (ср), 21 (ср), 25 (вс) (18.00)
«Загнанная лошадь» (премьера),
(малый зал)
3 (сб) (18.00), 16 (пт), 22 (чт) «Цветные
сны о черно-белом».
6 (вт), 15 (чт), 23 (пт) «Идиот» (малый
зал)
8 (чт), 17 (сб) (18.00) «Шарады
Бродвея» (малый зал)

МЫ СО СВЕ́ТОЙ = СВЕ́ТА И Я

When a Russian wants to talk about doing something with someone else,
the custom is to use **мы с** + instrumental.

Мы с сы́ном о́чень лю́бим
  кни́ги.

*My son and I like books
  a lot.*

Мы со Све́той идём в похо́д.

*Sveta and I are going
  camping.*

Мы с сестро́й жи́ли в Ки́еве.

*My sister and I lived
  in Kiev.*

УПРАЖНЕНИЕ 2.4.   С кем вы... ?

Indicate with whom you might do (or did) the following things:

1. Мы с (со) _____ пойдём в похо́д ле́том.
2. Мы с (со) _____ жи́ли в э́том до́ме год наза́д.
3. Мы с (со) _____ ча́сто игра́ем в баскетбо́л.
4. Мы с (со) _____ ча́сто гото́вим пи́ццу.
5. Мы с (со) _____ разгова́ривали всю ночь.
6. Мы с (со) _____ за́втра пое́дем в центр.
7. Мы с (со) _____ сейча́с и́щем рабо́ту.
8. ???

ДО́ЛЖЕН = *SHOULD, SUPPOSED TO*

Покупа́тель **до́лжен** име́ть свой паке́т.	*The customer is supposed to have his own bag.*
Вы **должны́** обяза́тельно вы́учить э́ти слова́.	*You really should learn these words.*
Све́та говори́т, что похо́д **до́лжен** быть тру́дным.	*Sveta says that a camping trip is supposed to be hard.*

The short-form adjective **до́лжен** + infinitive expresses a meaning close to *must, should*.[6] Like the words **рад, гото́в,** and **уве́рен,** it agrees with its subject in gender and number.

он до́лжен
она́ должна́
оно́ должно́
они́ должны́

УПРАЖНЕНИЕ 2.5.   Как вы ду́маете... ?

Give full answers. Watch word order.

1. Кто до́лжен гото́вить обе́д: муж и́ли жена́?
2. Кто до́лжен гуля́ть с соба́кой: па́па и́ли сын?
3. Кто до́лжен задава́ть вопро́сы: студе́нт и́ли преподава́тель?
4. Что должно́ стоя́ть в кни́жном шкафу́: кни́ги и́ли журна́лы?
5. Кто до́лжен помога́ть ма́ме: сыновья́ и́ли до́чери?
6. Где должна́ стоя́ть маши́на: на у́лице и́ли в гараже́?

УПРАЖНЕНИЕ 2.6.   Expressing obligation

What should one do in the following situations?

EXAMPLE: — Ба́бушка присла́ла (*sent*) вам чек на 25 до́лларов.
          Что вы должны́ сде́лать? →
          — Я до́лжен (должна́) позвони́ть ей и сказа́ть спаси́бо.

---

[6] It may help to remember that **до́лжен** comes from **долг** (1. *duty;* 2. *debt*).

1. Вóва хóчет стать (*to become*) врачóм. Что он дóлжен дéлать?
2. Лéна хóчет стать журналúсткой. Что онá должнá дéлать?
3. Джим хóчет стать истóриком. Что он дóлжен дéлать?
4. Сергéй Петрóвич хóчет стать богáтым. Что он дóлжен дéлать?
5. Дéвушки пойдýт лéтом в похóд. Что онú должнú сдéлать?
6. У Тáни тяжёлая сýмка. Сáша вúдит э́то. Что он дóлжен сдéлать?
7. У вас зáвтра контрóльная. Что вы должнú (с)дéлать?

Диалоги

ДИАЛОГ 2.1. **Вам помóчь?**

(Offering assistance)

— У вас тяжёлая сýмка? Я вам помогý.
— Спасúбо. Сýмка действúтельно тяжёлая — в ней кнúги.
— Понятно. Вы бы́ли в кнúжном магазúне.
— Вы не угадáли (*guessed wrong*) — я идý из библиотéки.

ДИАЛОГ 2.2. **Что вам ещё нýжно?**

(Expressing need)

— Когдá вы идёте в похóд?
— В суббóту.
— У вас ужé есть всё, что нýжно?
— Нет, нам нужнá ещё однá палáтка.

ДИАЛОГ 2.3. **Вéжливый откáз**

(Polite refusal)

— Ты не хóчешь пойтú вéчером в кинó? В нáшем кинотеáтре идёт нóвый итальянский фильм.
— Хочý, но не могý. Я дóлжен (должнá) занимáться. Скóро экзáмены.
— Но нáдо иногдá и отдохнýть (*rest*).
— Соглáсен (Соглáсна) (*I agree*). Пóсле экзáменов.

УПРАЖНЕНИЕ 2.7.   Ваш диало́г

Working with a classmate, create a dialogue in which one of you
expresses a need or an obligation and the other offers to help.

УПРАЖНЕНИЕ 2.8.   Перево́д

"Sasha, where are you going?"
"To the 'Sports' store."
"What for?"
"Tanya and I are going on a camping trip, and I need to buy a new tent."
"What, you don't have a tent?"
"I do, but it's old, and I don't know where it is. Do you want to go with
  me?"
"I want to, but I can't. I have to help my brother write a term paper."

ЧАСТЬ ТРЕТЬЯ

ЧТЕНИЕ

Ба́бушка зна́ет всё

(At the Kruglovs'. Grandpa is at the window.)

ДЕ́ДУШКА.	На у́лице люде́й **всё ме́ньше и ме́ньше**.°
БА́БУШКА.	Вре́мя тако́е. **Ско́ро**° зима́,° **пого́да**° плоха́я, ка́ждый день
	идёт **дождь**.° Ты **прогно́з** пого́ды° **слы́шал**°?
ДЕ́ДУШКА.	Слы́шал. По ра́дио сказа́ли, что за́втра бу́дет хоро́ший
	день, гора́здо **лу́чше**,° чем сего́дня.
БА́БУШКА.	Посмо́трим. Все, наве́рно, **домо́й**° **спеша́т**.°
ДЕ́ДУШКА.	Ве́рно. Все иду́т домо́й.

всё... *fewer and fewer*
soon / winter / weather
идёт... *it rains* / прогно́з...
  *weather forecast / have
  heard*
better
home / are hurrying

БА́БУШКА. Все иду́т, а Си́лины е́дут.°

ДЕ́ДУШКА. Не «е́дут», а уже́ **прие́хали**.° Вон их маши́на.

БА́БУШКА. Серге́й Петро́вич всегда́ в э́то вре́мя **возвраща́ется**.° **Оди́н**° прие́хал?

ДЕ́ДУШКА. С жено́й.

БА́БУШКА. Вот уви́дишь, сейча́с их Во́ва из подъе́зда **вы́йдет**.° С Бе́лкой.

ДЕ́ДУШКА. Действи́тельно, вон он идёт. С соба́кой. Ты угада́ла.°

БА́БУШКА. Не «угада́ла». Я **то́чно**° зна́ю.

ДЕ́ДУШКА. Отку́да ты зна́ешь?

БА́БУШКА. Во́ва говори́л мне, что не лю́бит гуля́ть с соба́кой ве́чером. Пока́° роди́телей нет, он смо́трит телеви́зор, а с Бе́лкой **выхо́дит,**° когда́ ви́дит, что роди́тели возвраща́ются с рабо́ты.

ДЕ́ДУШКА. Поня́тно.

БА́БУШКА. Ты всё вре́мя газе́ты чита́ешь, а ну́жно **ме́ньше**° до́ма сиде́ть° и **бо́льше**° с сосе́дями разгова́ривать. Я газе́т не чита́ю, но о на́ших сосе́дях всё зна́ю.

ДЕ́ДУШКА. (*Sarcastically.*) Неуже́ли всё зна́ешь? Мо́жет быть, ты зна́ешь, кто сейча́с **бежи́т**° по у́лице?

БА́БУШКА. Коне́чно, зна́ю. Это Никола́й Ива́нович из два́дцать четвёртой кварти́ры. В футбо́лке,° в труса́х° и в **нау́шниках**,° да?

ДЕ́ДУШКА. Да! Бежи́т в нау́шниках — наве́рно, му́зыку слу́шает. То́лько почему́ ве́чером?

БА́БУШКА. Потому́ что он не лю́бит **ра́но**° встава́ть.°

Все... *Everyone is walking, but the Silins are driving.*

Не... *They're not "driving"; they're already here.*

returns / Alone

will come out

Ты... *You guessed right.*

for sure

As long as

с... *takes Belka out*

less

до́ма... *to stay home / more*

is running

rugby shirt / shorts

earphones

early / to get up

ДЕ́ДУШКА.   Поня́тно. Е́сли ты всё зна́ешь, скажи́ мне, с кем сейча́с
               наш Са́ша по у́лице идёт.

БА́БУШКА.   Со свои́м дру́гом И́горем. Они́ вме́сте в консервато́рии
               у́чатся. И́горь на виолонче́ли° игра́ет.   *cello*

ДЕ́ДУШКА.   А вот и не угада́ла. Э́то де́вушка!

БА́БУШКА.   Кака́я де́вушка?! (*Runs over to the window.*)

ДЕ́ДУШКА.   Вот ви́дишь, **са́мого** гла́вного° ты **всё-таки**° не зна́ешь!   *са́мого... the most important*
                                                                                      thing / all the same

УПРАЖНЕ́НИЕ 3.1.   **Вопро́сы и отве́ты**

1. Когда́ вы обы́чно возвраща́етесь домо́й?
2. Как вы возвраща́етесь домо́й — вы идёте пешко́м и́ли е́дете на
   маши́не (на авто́бусе...)?
3. У вас есть соба́ка? Вы с ней гуля́ете?
4. Вы лю́бите чита́ть газе́ты? А разгова́ривать с друзья́ми?
5. Вы лю́бите встава́ть ра́но?
6. Вы уме́ете игра́ть на гита́ре? А на роя́ле?
7. Что вы обы́чно де́лаете ве́чером?
8. Вы ча́сто разгова́риваете с сосе́дями?

ГРАММА́ТИКА И ПРА́КТИКА

THE ART OF CONVERSATION:
ВЫХОДИ́ТЬ/ВЫ́ЙТИ vs. УХОДИ́ТЬ/УЙТИ́

Ле́на, ты **ухо́дишь**?   *Lena, are you leaving?*

Во́ва **выхо́дит** с Бе́лкой, когда́   *Vova takes Belka out when he*
ви́дит, что роди́тели   *sees that his parents are*
возвраща́ются с рабо́ты.   *returning from work.*

Уходи́ть/уйти́ (*to leave*) means to depart definitively from a given location. In addition to its meaning *to go out* (*of*), **выходи́ть/вы́йти** also
means *to step out temporarily*. Compare the following, which
Professor Petrovsky's secretary might have occasion to say.

Профе́ссора Петро́вского нет.   *Professor Petrovsky's not*
                                                  here.

1. Он ушёл.   *He's left. (We do not expect*
                                                  him back soon.)

2. Он вы́шел.   *He's out. (He's likely*
                                                  to return soon.)

УПРАЖНЕНИЕ 3.2.   выходи́ть/вы́йти and уходи́ть/уйти́

Fill in the blanks with the correct verbs.

Дéдушка смóтрит в окнó и говори́т бáбушке:
— Ты всё знáешь — угадáй, кто сейчáс (1) _____ на ýлицу?
Бáбушка смóтрит на часы́ (*clock*) и говори́т:
— Сейчáс вóсемь часóв — знáчит, э́то Си́лин.
— Нет, э́то не Си́лин. Си́лин (2) _____ полчасá назáд, но ещё не
   (3) _____. Он разговáривает с профéссором.
— Тогдá, навéрно, э́то Тáня. Онá всегдá (4) _____ в университéт в
   э́то врéмя.
— Нет, э́то не Тáня. Тáня (5) _____ минýт дéсять назáд. Я ви́дел,
   как онá (6) _____ и́з дому.
— Навéрно, э́то Натáлья Ивáновна. Онá всегдá (7) _____ вмéсте с
   Си́линым.
— Опя́ть не угадáла. Э́то твой внук Сáша!
— Сáша? А почемý он (8) _____ так рáно?
— Не знáю. Э́то ты у нас всё знáешь.

МЫ Е́ДЕМ НА МАШИ́НЕ: GOING BY VEHICLE

— Мы **идём** на автóбусную останóвку. Вы тóже **éдете** автóбусом?	*"We're going to the bus stop. Are you going by bus too?"*
— Нет, мы **éдем** на маши́не.	*"No, we're going by car."*

Russians use **éхать/поéхать** when use of a vehicle is stated or implied (for example, when going to another city or country: **Мы éдем во Фрáнцию**).[7] **Идти́/пойти́** has a much broader range of use, including not only going by foot and/or to nearby places, but also going to functions or activities (even those far away) where the speaker's emphasis is on "attending" rather than on physically going somewhere (for example, **Зáвтра я идý на концéрт Йо-Йо-Ма,** even if the concert is taking place at a location that can only be reached by car or bus). The verb **éхать/поéхать** is conjugated as follows:

(по)éд-у	(по)éд-ем
(по)éд-ешь	(по)éд-ете
(по)éд-ет	(по)éд-ут

To express the vehicle itself, Russians use the instrumental case without a preposition or **на** + prepositional case.

маши́ной	=	на маши́не	*by car*
автóбусом	=	на автóбусе	*by bus*
пóездом	=	на пóезде	*by train*
теплохóдом	=	на теплохóде	*by ship*
самолётом	=	на самолёте	*by plane*

For **такси́** and **метрó**, both of which are indeclinable, use **éхать/поéхать на такси́** and **éхать/поéхать на метрó**.

[7] In the proper context, **éхать/поéхать** can also mean *to ride on horseback.*

To emphasize going *by foot*, use **идти́ пешко́м** unless that is clear from context.

— Андре́й, куда́ ты идёшь?
— В парк.
— Ты идёшь пешко́м?
— Да, э́то не о́чень далеко́, и пого́да хоро́шая.

Она́ е́дет домо́й.

Она́ идёт домо́й.

УПРАЖНЕНИЕ 3.3.   Идти́ и́ли е́хать?

Fill in the blanks with the appropriate present-tense forms.

1. Са́ша _____ в консервато́рию на метро́ и́ли на авто́бусе?
2. Сего́дня днём Ви́ктор _____ в кино́.
3. (Во́ва ви́дит дру́га на у́лице.) — Эй, Ми́тя! Куда́ ты _____?
4. (Ле́на разгова́ривает с подру́гами о пла́нах на ле́то.) — В ию́ле мы _____ в Петербу́рг.
5. (На ста́нции метро́.) — Серге́й, ты _____ домо́й?
6. Си́лины _____ на стадио́н на маши́не.
7. Илья́ Ильи́ч, Са́ша, Та́ня, Све́та и Джим _____ на авто́бусную остано́вку.

УПРАЖНЕНИЕ 3.4.   На метро́? На такси́? Пешко́м?

How would you most likely get to the following locations? More than one answer may be correct.

EXAMPLE: (в кинотеа́тр) — В кинотеа́тр мо́жно идти́ пешко́м и́ли е́хать на метро́ и́ли на авто́бусе.

в университе́т
в центр го́рода
к ба́бушке
к роди́телям
в музе́й
на авто́бусную остано́вку
в теа́тр

в парк
на по́чту
в библиоте́ку
на стадио́н
в магази́н, где вы обы́чно покупа́ете проду́кты
в спортза́л

БО́ЛЬШЕ, МЕ́НЬШЕ, ЛУ́ЧШЕ, ХУ́ЖЕ: SHORT-FORM COMPARATIVES

Бо́льше ну́жно с сосе́дями разгова́ривать и **ме́ньше** газе́ты чита́ть.	*You should talk more with your neighbors and read newspapers less.*
Э́та пала́тка гора́здо **ху́же,** чем та.	*This tent is a lot worse than that one.*

Comparatives such as *more* and *less* are rendered for adverbs and predicate adjectives with single-word forms.

большо́й	*big, large*	бо́льше	*bigger, larger*
мно́го	*much, many, a lot*	бо́льше	*more*
ма́ленький	*small, little*	ме́ньше	*smaller*
ма́ло	*few, a little*	ме́ньше	*fewer, less*
хоро́ший	*good*	лу́чше	*better*
хорошо́	*well*	лу́чше	*better*
плохо́й	*bad*	ху́же	*worse*
пло́хо	*badly, poorly*	ху́же	*worse*

1. Intensifiers. To intensify a comparative (for example, "much better," "far better"), place either **гора́здо** or **намно́го** before the single-word comparative form:

гора́здо (намно́го) бо́льше	*much bigger, much more*
гора́здо (намно́го) ме́ньше	*much smaller, much less*
гора́здо (намно́го) лу́чше	*much better*
гора́здо (намно́го) ху́же	*much worse*

2. *than:* Use **чем** preceded by a comma: **Ле́на говори́т по-ру́сски (гора́здо) лу́чше, чем Джим.**

УПРАЖНЕ́НИЕ 3.5. **Их кварти́ра бо́льше...**

Complete the sentences, using an antonym of the comparative word.

EXAMPLE: Кварти́ра Кругло́вых ме́ньше, чем кварти́ра Си́линых.
Кварти́ра Си́линых бо́льше, чем кварти́ра Кругло́вых.

1. Ба́бушка зна́ет сосе́дей лу́чше, чем де́душка.
Де́душка...

2. Профе́ссор зна́ет но́вые назва́ния ста́нций метро́ ху́же, чем ста́рые.
Джим...

3. Сейча́с де́душка чита́ет бо́льше, чем ба́бушка.
   Сейча́с ба́бушка...
4. Соба́ка Бе́лка бо́льше, чем кот Матве́й.
   Кот Матве́й...
5. Ба́бушка слы́шит лу́чше, чем де́душка.
   Де́душка...

УПРАЖНЕНИЕ 3.6. Кто лу́чше? Кто ху́же?

Whatever your classmate says, try to top his or her statement.

EXAMPLE: — Я мно́го рабо́таю.
            — А я рабо́таю гора́здо бо́льше, чем ты!

1. — Моя́ сестра́ мно́го чита́ет.
2. — Я хорошо́ гото́влю пи́ццу.
3. — У них больша́я кварти́ра.
4. — Мой брат пло́хо пи́шет.
5. — Ва́ша соба́ка ма́ленькая.
6. — Мой друг хорошо́ говори́т по-ру́сски.
7. — Мой сосе́д мно́го чита́ет.
8. — Оди́н наш студе́нт сде́лал 30 оши́бок в упражне́нии.
9. — Ми́ша игра́ет в баскетбо́л пло́хо.
10. — У Све́ты ма́ло де́нег.
11. — Мой друг хорошо́ зна́ет у́лицы Москвы́.

PREPOSITIONAL PLURALS

Он в футбо́лке, **в труса́х** и **в нау́шниках.**	He's wearing a polo shirt, shorts, and earphones.
Она́ была́ **в тури́стских похо́дах** мно́го раз.	She's been camping (on camping trips) many times.
О на́ших сосе́дях я всё зна́ю.	I know everything about our neighbors.

Prepositional plurals are regular: Nouns of all genders end in **-ах/-ях**, while adjectives end in **-ых/-их**, identical to the genitive plural adjectival endings.

УПРАЖНЕНИЕ 3.7. О чём вы говори́те (ду́маете, зна́ете...)?

Using plurals, complete the following sentences in as many different ways as you can (not all the possible combinations make sense). Then add your own examples.

1. Ба́бушка всё зна́ет о (об)...
2. Мы с друзья́ми ча́сто говори́м о (об)...
3. Ле́на с подру́гами мно́го ду́мает о (об)...

...иностра́нные студе́нты
...ле́тние похо́ды
...и́мпортные маши́ны
...на́ши кварти́ры
...италья́нские фи́льмы

4. Мой брат всегда́ спра́шивает о (об)...

5. Её ма́ма всегда́ хо́чет знать о (об)...

6. ???

...мой (на́ши, *and so on*) но́вые друзья́ ???

Диалоги

Discussing people's activities and habits

ДИАЛОГ 3.1.   Кто э́то?

— Посмотри́ в окно́. Кто э́то бежи́т?

— Э́то наш сосе́д Серге́й, аспира́нт университе́та.

— А почему́ он в нау́шниках?

— Он всегда́ в нау́шниках — слу́шает францу́зские те́ксты, у него́ ско́ро экза́мен по францу́зскому языку́.

ДИАЛОГ 3.2.   На конце́рте

— Вон твой брат Ю́ра и кака́я-то (*some*) де́вушка. Я не знал, что Ю́ра лю́бит класси́ческую му́зыку.

— Ю́ра не лю́бит класси́ческую му́зыку, но лю́бит де́вушек. Интере́сно,[8] кто э́та де́вушка.

— Подожди́ (*wait*), я её зна́ю. Э́то Тама́ра, она́ у́чится в консервато́рии. Она́ о́чень краси́вая.

— Тепе́рь всё поня́тно.

ДИАЛОГ 3.3.   Когда́ вы ви́дите друг дру́га?

— Уже́ шесть часо́в. Мой муж обы́чно возвраща́ется с рабо́ты в э́то вре́мя.

— А мой муж рабо́тает но́чью. Он рабо́тает на «ско́рой по́мощи».

— Твой муж рабо́тает но́чью, ты рабо́таешь днём — когда́ же вы ви́дите друг дру́га?

— То́лько в суббо́ту и в воскресе́нье.

---

[8] Note that this is the equivalent of *I wonder . . .*

УПРАЖНЕНИЕ 3.8.   **Ваш диало́г**

Working with a classmate, create a dialogue in which you discuss the habits, activities, or behaviors of a third person whom you both know.

УПРАЖНЕНИЕ 3.9.   **Перево́д**

"Why do you always have earphones on when you're studying?"
"I like to listen to music when I'm studying. I usually study at night, but in the dorm you're not allowed to listen to music at night."
"Do you like classical music or rock?"
"I like classical music more than rock. My friends don't understand me. They think I'm strange."

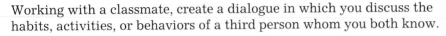

ЧАСТЬ ЧЕТВЁРТАЯ

ЧТЕНИЕ

Моско́вское метро́

Когда́ тури́сты **приезжа́ют**° в Москву́, они́ хотя́т уви́деть и Кремль, и Кра́сную пло́щадь,° и собо́р Васи́лия Блаже́нного,° и Третьяко́вскую галере́ю. И, коне́чно, они́ хотя́т уви́деть моско́вское метро́. **По́лное**° назва́ние метро́ — метрополите́н. Э́то францу́зское° сло́во, кото́рое означа́ет°«столи́чный».°

Москвичи́ гордя́тся° свои́м метрополите́ном и лю́бят его́. Им нра́вится, когда́ **иностра́нные**° тури́сты говоря́т им, что моско́вское метро́ — са́мое краси́вое в ми́ре.° И действи́тельно, моско́вское метро́ — э́то подзе́мный° го́род с краси́выми архитекту́рными анса́мблями. Тут всегда́ **чи́сто**,° не **жа́рко**.° А **гла́вное**° — э́то са́мый **бы́стрый**, удо́бный и эффекти́вный **вид**° городско́го тра́нспорта.°

come
Кра́сную... *Red Square /*
собо́р... *St. Basil's*
Cathedral
full / French
means / capital
are proud of
foreign
world
underground
it's clean / hot / the main
thing
type / городско́го... *public*
transportation

Собор Васи́лия Блаже́нного.

Москва́. Кра́сная пло́щадь.

Благове́щенский (*Annunciation*) собо́р в Кремле́.

Москва́-река́ и Кремль.

Моско́вское метро́ — э́то кольцева́я **ли́ния**° и **ряд**° радиа́льных ли́ний° (ра́диусов). Радиа́льные ли́нии свя́зывают° отдалённые° райо́ны го́рода с це́нтром, а кольцева́я ли́ния свя́зывает ра́диусы. На ста́нциях кольцево́й ли́нии пассажи́р мо́жет сде́лать переса́дку.° Кольцева́я ли́ния соединя́ет° семь **вокза́лов**° Москвы́.

кольцева́я... *ring line / series*
радиа́льных... *cross-town lines / connect / distant*
сде́лать... *to change trains*
connects / railroad stations

СХЕМА ЛИНИЙ МЕТРОПОЛИТЕНА

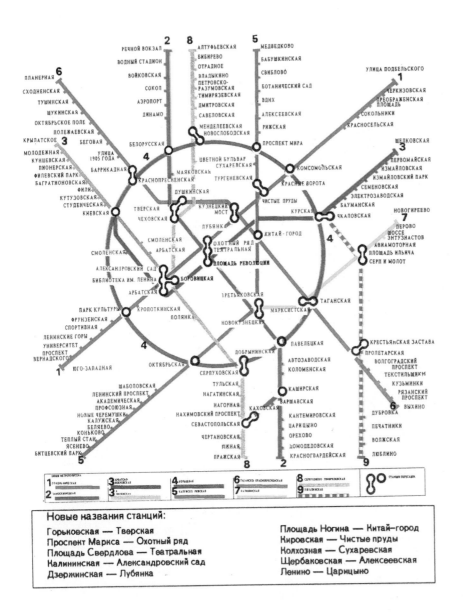

Новые названия станций:

Горьковская — Тверская
Проспект Маркса — Охотный ряд
Площадь Свердлова — Театральная
Калининская — Александровский сад
Дзержинская — Лубянка

Площадь Ногина — Китай-город
Кировская — Чистые пруды
Колхозная — Сухаревская
Щербаковская — Алексеевская
Ленино — Царицыно

УПРАЖНЕНИЕ 4.1.   Вопро́сы и отве́ты

1. Что хотя́т уви́деть тури́сты, когда́ они́ приезжа́ют в Москву́?
2. Как по́лное назва́ние метро́?
3. Что говоря́т иностра́нные тури́сты о моско́вском метро́?
4. Где пассажи́р мо́жет сде́лать переса́дку (*to change trains*)?
5. Ско́лько вокза́лов Москвы́ соединя́ет кольцева́я ли́ния метро́?

Ви́ды (*Kinds*) городско́го тра́нспорта

Most Russians depend heavily on public transportation. In most large cities the following types of transportation are usually available:

Метро́ (*subway*): Fast where available, clean, easy for visitors to use. Stations are marked with a large **M**.

Авто́бус (*bus*): A mainstay, especially for new and outlying areas not served by other means of public transportation.

Тролле́йбус (*electric trolley bus*): Nonpolluting and quiet transportation in city centers and some outlying areas.

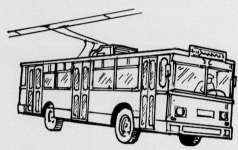

троллейбус

Трамва́й (*streetcar*): Slow but clean, efficient rail transportation.

Такси́ (*taxi*): Taxi stands are usually found near airports, railroad stations, hotels, and many metro stations. Because demand for taxis often far exceeds supply, many owners of private autos provide rides for a fee.

Электри́чка (*electric commuter train*): Main transportation for connections to and from city suburbs.

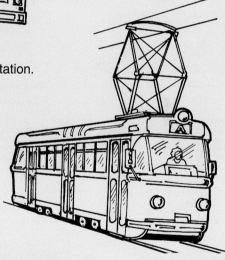

трамва́й

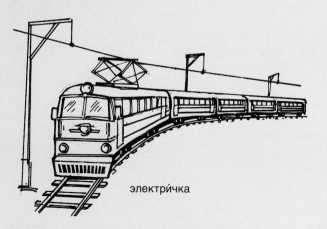

электри́чка

ГРАММАТИКА И ПРАКТИКА

"Combining Forms" of Motion Verbs

Some motion verbs—notably **идти́/пойти́** and **éхать/поéхать**—have special forms to which directional prefixes are added. These special forms can be referred to as "combining forms," because they combine with directional prefixes in the formation of new verbs.

DICTIONARY FORM	COMBINING FORM	DIRECTIONAL PREFIX	RESULTING NEW VERBS
идти́/пойти́ *to go (on foot)*	**-ходи́ть/-йти́**	**при-**	**приходи́ть/прийти́** *to arrive (on foot)*
		у-	**уходи́ть/уйти́** *to depart, to leave (on foot)*
		вы-	**выходи́ть/вы́йти** *to go out (of), to step out (temporarily)*
éхать/поéхать *to go (by vehicle)*	**-езжа́ть/-éхать**	**при-**	**приезжа́ть/приéхать** *to arrive (by vehicle)*
		у-	**уезжа́ть/уéхать** *to leave, to depart (by vehicle)*

GOING PLACES: TO ARRIVE AND TO LEAVE (BY VEHICLE)

Си́лины уже́ **приéхали**.

The Silins have already arrived (are already here).

Когда́ тури́сты **приезжа́ют** в Москву́...

When tourists arrive in Moscow . . .

— Когда́ **уезжа́ют** ва́ши го́сти?
— Они́ уже́ **уéхали**.

"When are your guests leaving?"
"They've already left."

The prefixes **при-** and **у-**, denoting arrival and departure, respectively, are used with the combining forms of the "vehicle verb" **éхать/поéхать** to derive the verbs used in the preceding examples.

приезжа́ть/прие́хать
(прие́ду, прие́дешь)

to come, to arrive (by vehicle)

уезжа́ть/уе́хать (уе́ду,
уе́дешь)

to leave, to depart (by vehicle)

УПРАЖНЕНИЕ 4.2.   **Когда́ вы приезжа́ете... ?**

1. Когда́ вы сего́дня прие́хали (пришли́) в университе́т? А вчера́?
2. Вы всегда́ приезжа́ете (прихо́дите) так ра́но (так по́здно)?
3. Когда́ вы обы́чно приезжа́ете (прихо́дите) в университе́т?
4. Когда́ вы вчера́ уе́хали (ушли́) домо́й?
5. Вы всегда́ уезжа́ете (ухо́дите) домо́й так по́здно (так ра́но)?
6. Когда́ вы обы́чно уезжа́ете (ухо́дите) домо́й?
7. Вы рабо́таете? Вы е́дете на рабо́ту и́ли идёте пешко́м? Вы е́дете маши́ной и́ли авто́бусом?
8. Что вы обы́чно де́лаете ве́чером — сиди́те до́ма и́ли куда́-нибудь ухо́дите? Е́сли ухо́дите, то куда́ — к друзья́м, в кино́, в библиоте́ку?
9. К вам ча́сто приезжа́ют друзья́ из други́х городо́в?
10. К вам кто́-нибудь приезжа́л в про́шлом году́?

УПРАЖНЕНИЕ 4.3.   **Arriving, leaving**

Supply the correct form of **прийти́, уйти́**; **прие́хать, уе́хать**. Use past-tense forms only.

1. Ба́бушка ви́дела, что Си́лины _____ домо́й. *уехать*
2. Са́ша _____ домо́й с де́вушкой. *прийти*
3. Дочь сосе́дей _____ с му́жем в Лос-А́нджелес. *приехать*
4. Мы не зна́ем, до́ма Ле́на и́ли она́ уже́ _____ в университе́т. *уйти*
5. Джим ещё не _____ из Москвы́. *уехать*
6. Когда́ Джим _____ в Москву́, он написа́л письмо́ своему́ профе́ссору. *приехать*

УПРАЖНЕНИЕ 4.4.   **More verbs of motion**

Fill in the blanks with the correct form of a motion verb.

1. — Ма́ма, я *ухожу* в университе́т.
   — А когда́ ты _____?
   — Часо́в в 8.
2. — Ле́на до́ма?
   — Нет, она́ *уходит* в университе́т.
   — А когда́ она́ *приходит*?
   — Сказа́ла, что часо́в в 8.
3. — Дороги́е го́сти, вы уже́ _____? Ещё ра́но! _____ к нам за́втра.
   — Спаси́бо, обяза́тельно _____.
4. В наш университе́т ка́ждый год *приезжает* студе́нты из Москвы́. В э́том году́ *приедет* студе́нты из Москвы́ и из Петербу́рга.

УПРАЖНЕНИЕ 4.5.   Куда́ вы уезжа́ете?

You're in a Moscow train station and are looking for a person you're supposed to be traveling with. You've never met this person before; all you know is she (he) has your ticket and you must find her (him) in order to get on the train. Using the list below, pick a time and destination for yourself and see if you can find anyone else in the class who will be on the same train.

EXAMPLE: — Куда́ вы уезжа́ете?
            — В Новосиби́рск.
            — В кото́ром часу́?
            — В 10.35 (де́сять три́дцать пять).

№ ПО́ЕЗДА	КУДА́	ВРЕ́МЯ ОТПРАВЛЕ́НИЯ
№ 074	Санкт-Петербу́рг	09.23
№ 219	Новосиби́рск	10.35
№ 518	Каза́нь	11.48
№ 3096	Омск	12.19
№ 967	Санкт-Петербу́рг	13.00
№ 2375	Новосиби́рск	16.07
№ 132	Каза́нь	18.26
№ 702	Омск	19.20
№ 833	Санкт-Петербу́рг	21.56
№ 084	Новосиби́рск	22.35
№ 1348	Каза́нь	23.44

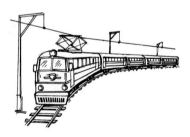

УПРАЖНЕНИЕ 4.6.   Отку́да вы прие́хали?

You've just arrived at a Moscow train station and have discovered you picked up the wrong suitcase as you left the train. Pick a city of origin and an arrival time for yourself from the list below; then see if you can find anyone else in the room who was on that same train and might have picked up your bag. (Notice that **из** requires the genitive case. **Каза́нь** is *feminine*; **Яросла́вль** is *masculine*.)

EXAMPLE: — Отку́да вы прие́хали?
            — Из Каза́ни.
            — В кото́ром часу́?
            — В 8.24 (во́семь два́дцать четы́ре).

№ ПОЕЗДА	ОТКУДА	ВРЕМЯ ПРИБЫТИЯ
№ 175	Казань *f.*	08.24
№ 318	Омск	09.33
№ 617	Ярославль *m.*	10.47
№ 3195	Магадан	11.18
№ 066	Казань	12.00
№ 2274	Омск	15.06
№ 231	Ярославль	17.25
№ 801	Магадан	18.19
№ 932	Казань	20.57
№ 183	Омск	21.35
№ 1447	Ярославль	22.43

SUPERLATIVES: САМЫЙ, САМАЯ, САМОЕ, САМЫЕ

Метро — это **самый** быстрый, удобный и эффективный вид городского транспорта.

The subway is the fastest, most convenient, and most effective type of city transportation.

To say that something is "the most interesting, the most unusual, the most beautiful," and so on, Russian places the word **самый** before the adjective, in the same case, number, and gender as the adjective.

УПРАЖНЕНИЕ 4.7.   Телевизионное шоу «Поле чудес»[9]

Work with a classmate to answer as many of the following questions as you can.

1. Какой город самый большой в Америке?
2. Какая провинция самая маленькая в Канаде?
3. Какая река самая длинная в мире?
4. Какое здание (*building*) самое высокое в мире?
5. Правда ли, что Филадельфия — самый старый город в Америке?
6. Какая страна самая большая в мире?
7. Кто самый богатый человек в мире? А в Америке?

---

[9] Quiz shows were among the earliest innovations to appear on Russian television when Soviet state control relaxed. One of the most popular was **«Поле чудес»** ("Field of Wonders"). By answering general questions such as these, contestants could win items that were extremely difficult to acquire, such as microwave ovens, stereo equipment, and cars.

УПРАЖНЕНИЕ 4.8. Как по-вáшему... ?

Russians are always curious about foreign countries and foreigners' cities and lifestyles. Decide how you would answer the following questions; then for each question see if you can find at least one other person who shares your view.

1. Какóй магазин в вáшем гóроде сáмый дорогóй? А какóй ресторáн сáмый дорогóй?
2. Какóй вид городскóго трáнспорта сáмый быстрый и удóбный — метрó, автóбус или троллéйбус?
3. Какáя америкáнская газéта сáмая интерéсная? Какóй америкáнский журнáл сáмый популя́рный?
4. Какóй вид спóрта сáмый популя́рный в Амéрике?
5. Кто из америкáнских теннисистов (баскетболистов, бейсболистов...) сáмый извéстный (*well known*)?
6. Какóй америкáнский актёр сáмый талáнтливый? А какáя америкáнская актриса сáмая талáнтливая?
7. Какáя америкáнская машина сáмая дорогáя?

THE ART OF CONVERSATION: TRANSITIONS AND OTHER DEVICES

Conversational devices are to conversation what traffic signals are to traffic: They help a conversation start and progress. As you read these examples, see how the conversational devices operate in the readings of this lesson, and notice that English has many analogous ones.

Извините (, пожáлуйста). (*Excuse me* [, *please*].) A good way to open a conversation with someone you don't know.

Ничегó (, ничегó). (*That's okay. / That's all right.*) Someone has apologized; you signal that you accept the apology, or that the apology is unnecessary.

А...? (*And . . . ?*) Can be used to introduce or soften a question, especially one unrelated to what may have been said previously.[10]

А что? (*Why* [*do you ask*]? *What's the connection?*) Someone has made a statement or asked a question and you want to know how it ties in, or why he or she is interested. (**— У тебя́ есть áдрес Ни́ны? — Да, а что?**)

Прáвда? (*Really? / Isn't that so?*) Invites someone to react to or comment on something you have just said. Often followed by a name (**Прáвда, Лéна?**), which helps draw that particular person into the conversation.

Мéжду прóчим... (*By the way . . .*) Signals that what you're about to say may be only tangentially related to what came before.

Неужéли...? (*. . . really . . . ?*) When used to begin a question, this word adds a sense of surprise or incredulity (**Неужéли он зáвтра приезжáет?**).

---

[10] You have also seen **а** used to signal a contrast (**Лéна читáет, а Вóва слýшает рáдио**).

УПРАЖНЕНИЕ 4.9.   Извини́те, пожа́луйста

Fill in the blanks in the following dialogues with an appropriate word or phrase from the list above.

1. — _____, вы сейча́с выхо́дите?
    — Нет. Проходи́те.
2. — Ле́на, ты зна́ешь э́ту де́вушку?
    — Да. _____?
    — Кака́я краси́вая!
3. — Поста́вьте портфе́ль сюда́.
    — _____, он не о́чень тяжёлый.
4. — Э́то на́ша остано́вка, мы сейча́с выхо́дим.
    — _____ мы так бы́стро прие́хали?
5. — Кака́я краси́вая ста́нция!
    — _____, мы здесь выхо́дим.
6. — _____, вы не зна́ете, кака́я э́то ста́нция?
    — Э́то Чи́стые пруды́. Её ста́рое назва́ние — Ки́ровская.
    — Спаси́бо. Я всё вре́мя забыва́ю, како́е назва́ние но́вое, а
    како́е — ста́рое.

ДИАЛОГИ

Making sightseeing plans

ДИАЛОГ 4.1.   Хоти́те пойти́... ?

— Что вы хоти́те посмотре́ть в Москве́?
— Кра́сную пло́щадь, собо́р Васи́лия Блаже́нного, Кремль,
  Третьяко́вскую галере́ю.
— Я то́же хочу́ пойти́ в Третьяко́вскую галере́ю. Я о́чень хочу́
  посмотре́ть ру́сские ико́ны.
— Хоти́те пойти́ туда́ за́втра?
— С удово́льствием.

ДИАЛОГ 4.2.   Экску́рсия по ста́нциям метро́

— Како́е в Москве́ краси́вое метро́!

— Да, о́чень краси́вое. Мне осо́бенно нра́вятся ста́нции Маяко́вская и Новослобо́дская.

— За́втра у на́шей гру́ппы бу́дет экску́рсия по ста́нциям метро́.

— Возьми́те меня́ с собо́й.

УПРАЖНЕНИЕ 4.10.   Ваш диало́г

Create a dialogue in which a Russian student is showing a newly arrived American student through the Moscow metro system.

УПРАЖНЕНИЕ 4.11.   Перево́д

"Hello. Natalya Ivanovna? Hi, this is Jim. Is Lena home?"

"No, Jim, she's not."

"Do you know when she'll come back?"

"At about nine o'clock."

"Please ask her to call me. I'm leaving for St. Petersburg tomorrow morning."

"Okay, Jim. Does she have your telephone number?"

"Yes, of course. Thanks very much. Good-bye."

Nouns

акце́нт	accent
вещь (*gen. pl.* веще́й) *f.*	thing
вид	kind; sort; type
вокза́л	(railroad) station; train station
гла́вное *noun, declines like adj.*	the main thing
дождь (*gen. sing.* дождя́) *m.*	rain
иностра́н(е)ц/ иностра́нка (*gen. pl.* иностра́нок)	foreigner
ли́ния	line
метро́ *neut. indecl.*	subway
мир	world
нау́шники *pl.*	earphones

о́пыт	experience
пала́тка (*gen. pl.* пала́ток)	tent
пло́щадь (*gen. pl.* площаде́й) *f.*	square
пого́да	weather
по́езд (*pl.* поезда́)	train
похо́д	camping trip; hike
прогно́з	forecast
рабо́та	work
ряд	series; a number of
секре́т	secret
ста́нция	station
теа́тр	theater
центр	1. center; 2. downtown

Adjectives

бога́тый	rich
бы́стрый	fast; quick
до́лжен (должна́, должно́, должны́)	1. must; have to; 2. should; supposed to
иностра́нный	foreign

настоя́щий	1. present; 2. real; true	по́лный	full
неме́цкий	German	са́мый (*used to*	the most . . .
ну́жен (нужна́,	1. needed; 2. (+ *dat.*)	*form superlatives*)	
ну́жно, нужны́)	one needs	тако́й	such (a); like that; this
оди́н (одна́, одно́,	alone		kind of
одни́)			

Verbs

A translation is listed after the perfective only if it differs from the imperfective. "X" indicates that a paired verb exists but has not yet been presented as active vocabulary. "None in this meaning" indicates that there is no perfective for the meaning given here. "None" indicates that there is no aspectual counterpart for this verb.

IMPERFECTIVE		PERFECTIVE	
бежа́ть (бегу́, бежи́шь, бегу́т)	to run	X	
брать (беру́, берёшь; *past* брал, брала́, бра́ло, бра́ли)	to take; to get	взять (возьму́, возьмёшь; *past* взял, взяла́, взя́ло, взя́ли)	
возвраща́ться	to return; to come back; to go back	верну́ться (верну́сь, вернёшься)	
встава́ть (встаю́, встаёшь)	to get up	встать (вста́ну, вста́нешь)	
выходи́ть (выхожу́, выхо́дишь)	to go out (of); to come out (of)	вы́йти (вы́йду, вы́йдешь; *past* вы́шел, вы́шла, вы́шло, вы́шли)	
е́хать (е́ду, е́дешь)	to go (by vehicle)	пое́хать	
забыва́ть	to forget	забы́ть (забу́ду, забу́дешь)	
иска́ть (ищу́, и́щешь)	to look for	X	
приезжа́ть	to come (by vehicle); to arrive	прие́хать (прие́ду, прие́дешь)	
про́бовать (про́бую, про́буешь)	to try	попро́бовать	
разгова́ривать	to talk; to speak	X	
слы́шать (слы́шу, слы́шишь)	to hear	X	
спеши́ть (спешу́, спеши́шь)	to hurry	поспеши́ть	
ста́вить (ста́влю, ста́вишь)	to put; to stand; to place (in a standing position)	поста́вить	

IMPERFECTIVE		PERFECTIVE	
уезжа́ть	to leave (by vehicle); to depart	уе́хать (уе́ду, уе́дешь)	
X		угада́ть	to guess (right)
None		заблуди́ться (заблужу́сь, заблу́дишься)	to get lost

Comparatives

бо́льше	(*compar. of* **большо́й**) bigger; larger (*compar. of* **мно́го**) more
лу́чше	(*compar. of* **хоро́ший, хорошо́**) better
ме́ньше	(*compar. of* **ма́ленький**) smaller (*compar. of* **ма́ло**) less; fewer
ху́же	*compar. of* **плохо́й, пло́хо**) worse

Adverbs

весно́й	in the spring
гора́здо (+ *a compar. form*)	much; far
домо́й (*indicates direction*)	home
жа́рко	(it's/that's) hot
зимо́й	in the winter
намно́го (+ *a compar. form*)	much; far
о́сенью	in the fall
осо́бенно	especially
ра́но	early
ско́ро	soon
сюда́ (*indicates direction*)	here
то́чно	exactly; for sure
чи́сто	cleanly; (it's/that's) clean
я́сно	clearly; (it's/that's) clear

Other

всё-таки	all the same; still; nevertheless
ина́че	otherwise
ме́жду (+ *instr.*)	between
неуже́ли?	really?
пе́ред (+ *instr.*)	in front of; before
с (+ *instr.*)	and
чем	than (*as in* better than)

Idioms and Expressions

всё вре́мя	all the time; constantly; keep (doing something) [*as in* **Я всё вре́мя забыва́ю...** *I keep forgetting . . .*]
Всё я́сно.	I understand.; Everything is clear.
городско́й тра́нспорт	public transportation
идти́ в похо́д	to go camping; to go hiking
Осторо́жно!	Careful!; Be careful!
прогно́з пого́ды	weather forecast
с собо́й	with me (you, *and so on*)
са́мое гла́вное	the most important thing
Ты не угада́л(а).	You guessed wrong.
Ты угада́л(а).	You guessed right.
тяжёлая рабо́та	hard work

Topics

Seasons and weather: **весно́й, ле́том, о́сенью, зимо́й; в январе́, в феврале́, в ма́рте,** etc.; **пого́да, прогно́з пого́ды; идёт дождь, жа́рко; хоро́ший, плохо́й, лу́чше (, чем...), ху́же (, чем...)**

Transportation and travel: **(городско́й) тра́нспорт; вокза́л, ста́нция, остано́вка; метро́, ли́ния метро́, кольцева́я ли́ния, ра́диус (радиа́льная ли́ния); авто́бус, тролле́йбус, трамва́й, такси́, маши́на; е́хать/пое́хать, идти́/пойти́, приезжа́ть/прие́хать, уезжа́ть/уе́хать**

WORD STUDY

Vocabulary Building: **-ость** Nouns

Thousands of Russian nouns, all of which are feminine, end in **-ость**. Most are formed from adjectives and denote a quality or characteristic (**ста́рый — ста́рость, оригина́льный — оригина́льность**). Many nouns of this type are cognates. What do the following mean?

агресси́вность
аккура́тность
акти́вность
индивидуа́льность
интенси́вность
национа́льность

наи́вность
пасси́вность
претенцио́зность
продукти́вность
пунктуа́льность

2 УРОК

ХОЧУ СТАТЬ БИЗНЕСМЕНОМ

а. Óчень вкýсно!
б. Что идёт в теáтрах?
в. «Ах, Арбáт, мой Арбáт... »

In this chapter you will learn

▲ more time expressions
▲ to talk more precisely about studying and learning
▲ to talk about career plans
▲ to express promises, thanks, and wishes
▲ more about making comparisons
▲ to express agreement and disagreement
▲ to write a personal letter
▲ about the sights of Moscow
▲ about Russian superstitions and signs of the zodiac

ЧАСТЬ ПЕРВАЯ

Чтение

Настоящий бизнесмен

(Lena and Victor approach the entrance to the apartment house where the Silins live. It is late at night.)

ЛЕ́НА. Ви́дишь, у на́шего до́ма тепе́рь **чи́сто,** везде́ асфа́льт. Рези́новые° сапоги́ уже́ не нужны́. Каки́м би́знесом ты тепе́рь занима́ешься?

rubber

ВИ́КТОР. У меня́ есть други́е интере́сные дела́.

ЛЕ́НА. Каки́е? Расскажи́ о них.

ВИ́КТОР. Я обяза́тельно° расскажу́ тебе́ о них, но не сего́дня.

definitely

ЛЕ́НА. Скажи́, тебе́ нра́вится занима́ться би́знесом?

ВИ́КТОР. О́чень нра́вится. *(Defensively.)* Э́то **так же** интере́сно, **как**° игра́ть на роя́ле и́ли **изуча́ть**° ру́сскую исто́рию.

так... *as interesting as / studying*

ЛЕ́НА. Мо́жет быть, ты **прав.**° Послу́шай, Виктор, дай мне **сове́т.**°

right / some advice

ВИ́КТОР. С удово́льствием.

ЛЕ́НА. Я хочу́ **научи́ться води́ть** маши́ну.° Ты не зна́ешь, где есть хоро́шая автошко́ла°?

научи́ться... *to learn how to drive*
driving school

ВИ́КТОР. Зна́ю. Она́ пе́ред тобо́й.

43

ЛÉНА.	Не понимáю.	
ВИ́КТОР.	Я могу́ тебя́ **научи́ть**.° **Че́рез**° два ме́сяца ты бу́дешь хоро́шим води́телем.°	*teach / In* *driver*
ЛÉНА.	Ты рабо́таешь в автошко́ле?	
ВИ́КТОР.	Да, два ра́за в неде́лю я даю́ уро́ки вожде́ния.° Э́то оди́н из мои́х би́знесов.	*driving*
ЛÉНА.	А ско́лько сто́ят таки́е уро́ки?	
ВИ́КТОР.	Для тебя́ э́то бу́дет беспла́тно.	
ЛÉНА.	Но ведь ты бизнесме́н, а бизнесме́ны ничего́ не де́лают беспла́тно.	
ВИ́КТОР.	Настоя́щий бизнесме́н всегда́ **что́-нибудь**° де́лает беспла́тно.	*something*
ЛÉНА.	А когда́ пе́рвый уро́к?	
ВИ́КТОР.	Я **предлага́ю**° в воскресе́нье у́тром. В де́вять не ра́но?	*suggest*
ЛÉНА.	Коне́чно, нет!	

УПРАЖНÉНИЕ 1.1.   **Вопро́сы и отве́ты**

1. Вы уме́ете води́ть маши́ну?
2. Вы хорошо́ во́дите маши́ну?
3. Ско́лько вам бы́ло лет, когда́ вы научи́лись води́ть маши́ну?
4. Вы учи́лись води́ть маши́ну в автошко́ле? Кто вас учи́л води́ть маши́ну?
5. Как вы ду́маете, ско́лько вре́мени на́до учи́ться, что́бы стать хоро́шим води́телем?
6. Что трудне́е (*more difficult*) — стать хоро́шим води́телем и́ли стать хоро́шим инжене́ром?
7. Как вы ду́маете, занима́ться би́знесом интере́сно?
8. Кем вы хоти́те стать — бизнесме́ном, архите́ктором, музыка́нтом, инжене́ром, гео́логом, солда́том, актёром/актри́сой, врачо́м, преподава́телем и́ли... ?

О РОССИИ

Слова́, слова́, слова́

Toward the end of the Communist era and as Russians started to transform their economy to a free-enterprise system, the mass media began indiscriminately using hundreds of English commercial and technical terms: **ва́учер, диспл́ей, ме́неджер, видеопле́йер, ди́лер, при́нтер**. It remains to be seen how much of this vocabulary will become a permanent part of standard Russian.

ГРАММАТИКА И ПРАКТИКА

КАК ЧА́СТО?   EXPRESSING FREQUENCY

Сестра́ звони́ла нам **ка́ждый день**.	*My sister called us every day.*
Два ра́за в неде́лю я даю́ уро́ки вожде́ния.	*Twice a week I give driving lessons.*
Ба́бушка приезжа́ет в Москву́ **четы́ре ра́за в год**.	*Grandmother comes to Moscow four times a year.*

To express frequency such as *every day, twice a week, once a month, four times a year,* and so on, use this pattern:

FREQUENCY . . . (IN ACCUSATIVE)	. . . PER . . .	. . . UNIT OF TIME (IN ACCUSATIVE)
(оди́н) раз (два, три, четы́ре ра́за) (пять раз)[1]	в	день (неде́лю, ме́сяц, год)
ка́ждый		день (вто́рник, ме́сяц, год)
ка́ждую		мину́ту (суббо́ту, неде́лю, зи́му)
ка́ждое		у́тро (воскресе́нье, ле́то)

УПРАЖНЕНИЕ 1.2.   Как ча́сто?

How often do you, your friends, or your family do the following things?

EXAMPLE: звони́ть роди́телям → — Как ча́сто ты звони́шь
роди́телям?
— Два ра́за в неде́лю.

1. игра́ть в волейбо́л, баскетбо́л и т. д.[2]
2. гото́вить пи́ццу
3. игра́ть в ка́рты
4. смотре́ть телеви́зор
5. обе́дать в рестора́не
6. покупа́ть но́вую маши́ну

---

[1] The genitive plural form of **раз** is identical to the nominative singular.
[2] The abbreviation **и т. д.** stands for **и так да́лее** (*and so forth*), equivalent to the abbreviation *etc.* used in English.

ПЯТЬ МИНУ́Т НАЗА́Д/ЧЕ́РЕЗ ПЯТЬ МИНУ́Т: *FIVE MINUTES AGO / IN FIVE MINUTES*

Наш телефо́н на́чал рабо́тать **пять мину́т наза́д**.	*Our telephone began working five minutes ago.*
Че́рез два ме́сяца ты бу́дешь хоро́шим води́телем.	*In two months you'll be a good driver.*

Time expressions meaning "ago" and "in the future" are rendered by combining the time span with the words **наза́д** (*ago*), which follows the time span, and **че́рез** (*in*), which precedes the time span. The time span is actually in the accusative. Except for feminine time spans (for example, **одну́ неде́лю**), the accusative is like the nominative:

Позвони́ мне **че́рез неде́лю**.	*Call me in a week.*

УПРАЖНЕ́НИЕ 1.3.   Что вы де́лали (бу́дете де́лать)...?

Using the following phrases or others, make up five sentences about things you have done or will be doing.

Два (три, четы́ре) го́да наза́д...	...я рабо́тал (рабо́тала) в...
Че́рез пять лет...	...моя́ семья́ жила́ в...
Год наза́д...	...я бу́ду жить в...
Че́рез неде́лю...	...я бу́ду рабо́тать...
Ме́сяц наза́д...	...я учи́лся (учи́лась) в...
	...я пое́ду домо́й.
	...я прие́хал (прие́хала) в университе́т.

ЗАНИМА́ТЬСЯ (+ INSTRUMENTAL):   *TO STUDY; TO BE ENGAGED IN*

Сейча́с у меня́ нет вре́мени, на́до мно́го **занима́ться**.	*I don't have the time now, I have to study a lot.*
Каки́м би́знесом ты тепе́рь **занима́ешься**?	*What (kind of) business are you engaged in now?*

Занима́ться has two meanings, both of which take the instrumental case when an object is expressed. As you saw in Book 1, Lesson 7, in an academic context it means *to study* in the sense of doing homework.

— Вчера́ ве́чером я **занима́лась** три часа́.	*"I studied for three hours last night."*
— А чем ты **занима́лась**?	*"And what were you studying?"*
— Ру́сским языко́м.	*"Russian."*

In a general context, however, it means *to be engaged in, to be occupied (busy) with.*

Вéра мнóго занимáется спóртом.

— Ты **занимáешься** спóртом?

"*Do you play (engage in) sports?*"

— Óчень мáло — у меня нет врéмени.

"*Very little—I don't have the time.*"

УПРАЖНÉНИЕ 1.4.   Вы хорóшие студéнты?

Find out about your classmates' study habits.

1. Чем ты занимáлся (занимáлась) вчерá вéчером?
2. Где ты занимáлся (занимáлась) вчерá вéчером — дóма или в библиотéке?
3. Скóлько (*how long*)[3] ты вчерá вéчером занимáлся (занимáлась)?
4. Чем ты бýдешь занимáться сегóдня вéчером?
5. Где ты обы́чно занимáешься — в библиотéке или дóма?
6. Скóлько врéмени ты обы́чно занимáешься?
7. Ты обы́чно мнóго занимáешься?

VERBS OF TEACHING, STUDYING, AND LEARNING

— Джим, как ты **научи́лся** готóвить?

"*Jim, how did you learn to cook?*"

— Когдá я **учи́лся** в университéте, я...

"*When I was going to college, I . . .*"

— Я хочý **научи́ться** води́ть маши́ну.

"*I want to learn to drive a car.*"

— Я могý тебя **научи́ть**.

"*I can teach you.*"

— Сейчáс у меня нет врéмени, нáдо мнóго **занимáться**.

"*I don't have the time now, I have to study a lot.*"

---

[3] **Скóлько (врéмени)?** (*How long?*) is another way of asking **Как дóлго?**

By now you have encountered several different expressions of teaching, learning, and studying. They can best be learned by imagining specific situations that involve you and your friends. Some of this material is already familiar to you.

GROUP A: TEACHING AND LEARNING *TO DO* THINGS

Consider the following pictures. Think about two ways to describe what's going on in each.

1. *Teaching* someone else to do something = **учи́ть/научи́ть** (+ *acc.* + *infin.*)

Ви́ктор **у́чит** Ле́ну води́ть маши́ну.	*Viktor is teaching Lena to drive a car.*
Кто тебя́ **научи́л** игра́ть на гита́ре?	*Who taught you to play the guitar?*

   Hint: Think about someone who taught, is teaching, or will teach you to do something.

2. *Learning* to do something = **учи́ться/научи́ться** (+ *infin.*)

Моя́ сестра́ **у́чится**[4] води́ть маши́ну.	*My sister is learning to drive a car.*
Во́ва и Са́ша **у́чатся** игра́ть в бейсбо́л.	*Vova and Sasha are learning to play baseball.*
Они́ **нау́чатся** игра́ть в футбо́л.	*They will learn to play soccer.*

   Hint: Think about something you have already learned to do. What are you learning to do now? What will you learn to do? (Note that what is being taught or learned is expressed by an *imperfective* infinitive.)

---

[4] The difference in pronunciation between the infinitive ending **-ться** and the **он/она́** ending **-тся** is minimal. Therefore, be attentive to stress to distinguish between infinitive forms like **учи́ться** and conjugated forms like **он/она́ у́чится**.

УПРАЖНЕНИЕ 1.5.   **Teaching and learning to do things**

Fill in the blanks with forms of **учи́ть/научи́ть** and **учи́ться/научи́ться** as required by context.

A. Моя́ сестра́ живёт в це́нтре го́рода. Её рабо́та далеко́. Ей обяза́тельно ну́жно (1) _научиться_ води́ть маши́ну. Сейча́с у неё нет маши́ны. В про́шлом году́ мы все — па́па, ма́ма и я — (2) _учили_ её води́ть маши́ну, но не (3) _научили_. Сейча́с она́ (4) _учится_ води́ть маши́ну в автошко́ле. Её инстру́ктор говори́т, что он обяза́тельно (5) _научит_ её хорошо́ води́ть маши́ну.

Б. Я о́чень хочу́ (6) _научиться_ игра́ть на гита́ре. Мой друг Джим игра́ет о́чень хорошо́. Он сказа́л, что (7) _научит_ меня́ игра́ть на гита́ре. Он уже́ (8)_____ меня́ игра́ть одну́ краси́вую мело́дию. Он сказа́л, что бу́дет (9)_____ меня́ ка́ждый де́нь. Я уже́ сказа́л свои́м друзья́м, что (10)_____ игра́ть на гита́ре. Когда́ я (11)_____ игра́ть на гита́ре, я начну́ (12)_____ игра́ть на саксофо́не.

УПРАЖНЕНИЕ 1.6.   **Я хочу́ учи́ться...**

Using the previous exercise as an example, write a short composition about something you want to learn to do and someone who can teach you to do it.

GROUP B: LEARNING *ABOUT* THINGS

Picture yourself and your friends in the following situations, from the most general ("going to school") to the most specific ("learning particular facts or formulas"). Learn both the verbs and their complements. Note that due to their meaning, many of these verbs have no true perfective forms; that is, they express process or state, not result.

1. Attending school, being a student = **учи́ться**

Cа́ша **у́чится** в
консервато́рии.

*Sasha studies at the
conservatory.*

На како́м факульте́те вы **у́читесь**?	*What department are you studying in?*
Та́ня и Све́та хорошо́ **у́чатся**.	*Tanya and Sveta are good students.*

Hint: Think about where you go to school. What kind of a student are you?

2. Studying and learning a subject over time = **изуча́ть** (+ *acc.*)

Э́то так же интере́сно, как **изуча́ть** ру́сскую исто́рию.	*It's as interesting as studying Russian history.*

Hint: Think about some subject that you plan to study or have been studying over a long period of time.

3. Taking a particular course = **слу́шать курс** (**по** + *dat.*)

В э́том году́ я **слу́шаю ку́рсы** по исто́рии, по матема́тике и по ру́сскому языку́.	*This year I'm taking courses in history, mathematics, and Russian.*

Hint: Think about the courses you are taking this year.

4. Preparing for classes = **занима́ться** (+ *instr.*)

— Что ты де́лаешь?	*"What are you doing?"*
— **Занима́юсь** ру́сским языко́м.	*"I'm studying Russian."*
Когда́ моя́ сестра́ учи́лась в университе́те, она́ мно́го **занима́лась**.	*When my sister was in college, she studied a lot.*
Ле́на лю́бит **занима́ться** в библиоте́ке.	*Lena likes to study in the library.*

Hint: Think about how long you study in the evening. Where do you like to do your studying? What subjects will you be studying tonight?

5. Studying for an exam = **гото́виться к экза́мену**

Я не могу́ идти́ сего́дня ве́чером в кино́. Мне́ на́до **гото́виться к экза́мену.**	*I can't go to the movies tonight. I have to study for an exam.*

Hint: Think about when your next exam is. When will you be studying for it?

6. Studying and learning something specific = **учи́ть/вы́учить** (+ *acc.*)

Све́та всё у́тро учи́ла англи́йские слова́.

Вот слова́, кото́рые она́ вы́учила.

Мари́на до́лго **учи́ла** но́вые слова́, но **вы́учила**[5] то́лько де́сять слов.	*Marina studied the new words for a long time, but only learned ten (of them).*

Hint: Think about something you studied last night (imperfective). What, specifically, did you learn (perfective)?

УПРАЖНЕНИЕ 1.7. Learning about things

Fill in the blanks with forms of **учи́ться, изуча́ть,** and **занима́ться** as required by context.

А. Мой друг у́чится в университе́те, как и я, но я (1)_____ на факульте́те иностра́нных языко́в, а он (2)_____ на биологи́ческом факульте́те. Я (3)_____ францу́зский язы́к и литерату́ру, а он (4)_____ биоло́гию. Мы о́ба (*both*) (5)_____ хорошо́.

Б. Это бы́ло 10 лет наза́д, когда́ мой брат Ко́ля ещё (1)_____ в шко́ле. Он (2)_____ о́чень пло́хо. Ка́ждый день учи́тельница звони́ла на́шим роди́телям и говори́ла: «Ваш сын о́чень пло́хо (3)_____». Роди́тели говори́ли Ко́ле, что он до́лжен бо́льше (4)_____, а он отвеча́л , что он всё зна́ет. Когда́ Ко́ля был в 9-ом кла́ссе, ему́ понра́вилось (5)_____ исто́рией. Он стал (6)_____ лу́чше. Он поступи́л (*enrolled*) в университе́т на истори́ческий факульте́т. Он (7)_____ там уже́ три го́да. Он (8)_____ исто́рию Росси́и.

---

[5] Note the identical imperfective infinitive forms in the pairs **учи́ть/вы́учить** (*to learn*) and **учи́ть/научи́ть** (*to teach*). In colloquial Russian **учи́ть** is sometimes used synonymously with **изуча́ть**: **Бори́с у́чит францу́зский язы́к = Бори́с изуча́ет францу́зский язы́к.**

УПРАЖНЕНИЕ 1.8.   **Learning about things: past tense**

Complete Упражнение 1.7А again, this time using the past tense. Begin as follows:

> Это бы́ло 10 лет наза́д. Мой друг учи́лся в университе́те...

УПРАЖНЕНИЕ 1.9.   **Как у́чится Во́ва? А Ле́на?**

Complete the following paragraphs with forms of **учи́ться, учи́ть/вы́учить,** or **изуча́ть** as required by context.

А. Во́ва (1)_____ в шко́ле. Он (2)_____ англи́йский язы́к. Во́ва хоро́ший учени́к. Он (3)_____ хорошо́. Он уже́ (4)_____ все ци́фры (*numbers*) по-англи́йски.

Б. Когда́ Ле́на учи́лась в шко́ле, она́ (1)_____ ру́сскую литерату́ру и францу́зский язы́к. Сейча́с она́ (2)_____ в университе́те. Здесь она́ (3)_____ англи́йскую литерату́ру и англи́йский язы́к. Вчера́ ве́чером она́ (4)_____ англи́йские глаго́лы. Она́ (5)_____ 50 глаго́лов и зна́ет их хорошо́.

УПРАЖНЕНИЕ 1.10.   **Teaching/learning to do things**

1. Как вы у́читесь — хорошо́ и́ли не о́чень хорошо́?
2. Вы уме́ете води́ть маши́ну (гото́вить пи́ццу, игра́ть в ша́хматы)? Е́сли да, когда́ вы научи́лись? Кто вас научи́л?
3. Вы хоти́те научи́ться игра́ть на гита́ре? Е́сли да, кто мо́жет вас научи́ть?
4. Вы уме́ете танцева́ть ру́сские та́нцы? Е́сли нет, хоти́те научи́ться? Кто мо́жет вас научи́ть?
5. Вы уме́ете игра́ть в футбо́л (в баскетбо́л, в ракетбо́л, в те́ннис, в бадминто́н)? Е́сли да, когда́ вы научи́лись? Кто вас научи́л?

ДИАЛОГИ

ДИАЛОГ 1.1.   **Вам нра́вится...?**

(Discussing preferences)

— Прости́те, где вы рабо́таете?
— В автошко́ле. Я даю́ уро́ки вожде́ния.

— Вам нра́вится э́тим занима́ться?
— О́чень нра́вится. Я сам люблю́ *води́ть* маши́ну и люблю́ *учи́ть* други́х (*others*).

ДИАЛОГ 1.2.   Тебе́ ну́жно...

(Offering advice)

— Я хочу́ научи́ться води́ть маши́ну.
— Тебе́ ну́жно брать уро́ки вожде́ния. Я зна́ю о́чень хоро́шую автошко́лу.
— А где э́та автошко́ла?
— Вот но́мер телефо́на и а́дрес. Там хоро́шие инстру́кторы. Они́ тебя́ нау́чат хорошо́ води́ть маши́ну.

ДИАЛОГ 1.3.   Да́йте мне сове́т...

(Seeking advice)

— Да́йте мне сове́т, пожа́луйста.
— С удово́льствием. I'd be happy to
— Как мне бы́стро научи́ться води́ть маши́ну?
— Вам ну́жно учи́ться у хоро́шего инстру́ктора.

УПРАЖНЕНИЕ 1.11.   Ваш диало́г

Create a dialogue in which you and a friend discuss something one of you would like to learn to do. The other, it turns out, knows how to do that and can teach you. You make arrangements for lessons (how often they'll be, where you'll meet, and so on).

УПРАЖНЕНИЕ 1.12.   Перево́д

"I want to learn to play the piano."
"My brother plays the piano very well. He went to the conservatory."
"Does he give music lessons?"
"I don't know. I can ask him. Two years ago he gave music lessons, but he studies a lot now. I don't know if he has time to give lessons now."

ЧАСТЬ ВТОРАЯ

Чтение

Нет ничего́ невозмо́жного°

(*Viktor and Lena continue their conversation in front of Lena's building.*)

ЛЕ́НА. Скажи́, тру́дно занима́ться би́знесом?

ВИ́КТОР. Да, би́знес — э́то риск. В на́шей стране́ би́знес — де́ло но́вое, поэ́тому занима́ться би́знесом осо́бенно тру́дно. Но я хочу́ **стать**° настоя́щим бизнесме́ном и ве́рю, что для настоя́щего бизнесме́на нет ничего́ невозмо́жного.

ЛЕ́НА. **Жела́ю** тебе́ уда́чи.°

ВИ́КТОР. Спаси́бо, уда́ча мне нужна́.

ЛЕ́НА. Ой, Ви́тя, я совсе́м забы́ла. У нас **заболе́ла**° Бе́лка. Э́то на́ша соба́ка. Я **обеща́ла**° Во́ве принести́ для неё что́-нибудь **вку́сное**° — и забы́ла об э́том. Что де́лать?

ВИ́КТОР. Но сейча́с уже́ час но́чи, все магази́ны и рестора́ны закры́ты.°

ЛЕ́НА. А я ду́мала, что для настоя́щего бизнесме́на нет ничего́ невозмо́жного...

(*A car drives up to the entrance, and a middle-aged man and woman get out. Victor rushes toward them.*)

ВИ́КТОР. Извини́те! Не **бо́йтесь**,° я не грабитель.° Вы живёте в э́том до́ме?

МУЖЧИ́НА. Да. А что вы хоти́те?

ВИ́КТОР. Мне ну́жно что́-нибудь вку́сное для **больно́й**° соба́ки.

МУЖЧИ́НА. Кака́я глу́пая° шу́тка!

ВИ́КТОР. Э́то не шу́тка. Я говорю́ **серьёзно**. Я до́лжен сде́лать для э́той де́вушки что́-нибудь невозмо́жное. У неё заболе́ла соба́ка, и я...

МУЖЧИ́НА. (*Looks at Lena.*) Я вас понима́ю. (*To the woman.*) Ни́на, у нас есть что́-нибудь вку́сное?

Нет... *Nothing is impossible*

become

Жела́ю... *Good luck.*

got sick
promised / tasty

closed

Не... *Don't be afraid / robber*

sick

stupid

ЖЕ́НЩИНА. Ду́маю, что есть. (*To Lena and Viktor.*) **Подожди́те**.° — *Wait.*

(*The man and the woman leave. After a few minutes, a window opens on the sixth floor and the man and woman look out.*)

МУЖЧИ́НА. Держи́те!° — *Catch!*

(*Throws a package.*)

ВИ́КТОР И ЛЕ́НА. Спаси́бо!

ЛЕ́НА. (*Opens the package.*) Колбаса́ и котле́та.° Бе́лка бу́дет о́чень ра́да. А э́то что? Конфе́та°? Но соба́ки не едя́т конфе́т! — *breaded meat patty / piece of candy*

ВИ́КТОР. Я ду́маю, что конфе́та — э́то для тебя́.

ЛЕ́НА. Спаси́бо, Ви́тя. От Бе́лки и от меня́.

УПРАЖНЕ́НИЕ 2.1.   **Вопро́сы и отве́ты**

1. Вы когда́-нибудь занима́лись би́знесом?
2. Как вы ду́маете, тру́дно занима́ться би́знесом?[6]
3. У вас есть соба́ка?
4. Как вы ду́маете, соба́ки лю́бят колбасу́? А конфе́ты?
5. Когда́ обы́чно открыва́ются магази́ны в ва́шем райо́не? А когда́ закрыва́ются?
6. Вы иногда́ забыва́ете ве́щи до́ма? Что вы обы́чно забыва́ете, е́сли э́то не секре́т?
7. Как вы ду́маете, кто бо́льше нра́вится Ле́не — Ви́ктор, Са́ша и́ли Джим? Почему́ вы так ду́маете?

---

[6] One way to translate this phrase would be *to be a businessman.*

ГРАММАТИКА И ПРАКТИКА

Я ХОЧУ́ СТАТЬ БИЗНЕСМЕ́НОМ: INSTRUMENTAL WITH СТАТЬ AND БЫТЬ

Я хочу́ стать **настоя́щим бизнесме́ном**.

Че́рез два ме́сяца ты бу́дешь (ста́нешь) **хоро́шим води́телем**.

I want to become a real businessman.

In two months you'll be a good driver.

When used with nouns or noun phrases, **стать** and **быть** are usually followed by the instrumental case.

В а́рмии Степа́н Евге́ньевич Кругло́в был **офице́ром**.

Когда́ я была́ **де́вочкой**, мы жи́ли в Ки́еве.

Как вы ду́маете, Во́ва ста́нет **космона́втом**?

While in the service, Stepan Evgenievich Kruglov was an officer.

When I was a little girl, we lived in Kiev.

What do you think — will Vova become a cosmonaut?

УПРАЖНЕ́НИЕ 2.2.   Кем вы хоти́те стать?

Using the following list, pick three occupations that might interest you and see if your classmates can guess which they might be.

EXAMPLE: — Кем ты хо́чешь стать — космона́втом?
          — Нет, я хочу́ стать музыка́нтом.

архите́ктор
балери́на
био́лог
врач
журнали́ст
зубно́й врач (*dentist*)
инжене́р
исто́рик
космона́вт
медсестра́
милиционе́р (*police officer*)

музыка́нт
перево́дчик (*translator, interpreter*)
преподава́тель
юри́ст (*lawyer*)
тре́нер (*coach*)
фи́зик
хи́мик
шофёр такси́
актёр, актри́са
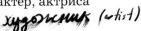 художник (*artist*)

УПРАЖНЕНИЕ 2.3.   Когда́ я была́ ма́ленькой...

Read the descriptions below and make up a similar one about yourself;
then make up one about a sister, brother, or someone else you know.

1. Когда́ Во́ва был ма́леньким, он хоте́л стать футболи́стом.
   Пото́м он хоте́л стать космона́втом. Сейча́с он хо́чет стать
   исто́риком, как Джим.

2. Когда́ Ле́на была́ ма́ленькой, она́ не зна́ла, кем она́ ста́нет. Она́
   хоте́ла стать актри́сой, а ста́ла журнали́сткой.

3. Когда́ ба́бушка была́ ма́ленькой, она́ была́ де́вочкой. Пото́м
   ста́ла де́вушкой, пото́м — жено́й, пото́м — ма́терью, а тепе́рь
   она́ ба́бушка.

4. Я был шко́льником, сейча́с я студе́нт, а че́рез два го́да я бу́ду
   инжене́ром.

THE ART OF CONVERSATION: PROMISES, THANKS, AND WISHES

Promises and thanks

Я **обеща́ла** Во́ве принести́... **Спаси́бо**, Ви́тя. От Бе́лки и от меня́.	*I promised Vova to bring . . .* *Thanks, Vitya. From Belka* *and me.*

To make a promise *to* someone, place that person in the dative case. The
phrase **Большо́е вам спаси́бо** also requires the dative case of the pronoun, but note that if the person's name is used in direct address—as in
Спаси́бо, Ви́тя—that name remains in the nominative. To express what
you are thanking someone *for*, use **за** + *acc.:* **Спаси́бо за пода́рки (за
кни́гу, за по́мощь...).**

Wishes

Жела́ю тебе́ уда́чи.	*Good luck! (I wish you* *success.)*
Жела́ю вам здоро́вья. **Жела́ем** хорошо́ провести́ вре́мя!	*I wish you good health.* *Have a good time!* (lit. *We* *wish you to spend the* *time pleasantly.)*

When using **жела́ть**, note the following:

1. The person(s) to whom the wish is extended, if expressed at all, is in
   the dative (**тебе́** and **вам** in the examples above).

2. The thing wished, if a noun, is in the genitive (**уда́чи** and **здоро́вья** in
   the examples above).

3. If the wish comprises a verbal phrase, the verb is in the infinitive
   (**провести́** in the example above).

УПРАЖНЕНИЕ 2.4.   Кто что обеща́л?

From what you know of the characters in the readings, insert names into the following sentences.

1. У Све́ты и Та́ни бу́дет новосе́лье, и _____ обеща́л (обеща́ла) пригото́вить пи́ццу.
2. В суббо́ту бу́дет конце́рт в консервато́рии, и _____ обеща́л (обеща́ла) всем биле́ты.
3. Джим лю́бит ста́рые зда́ния, и _____ обеща́л (обеща́ла) организова́ть экску́рсию по Москве́.
4. Ви́ктор хо́чет стать изве́стным (*famous*) бизнесме́ном, и _____ обеща́л (обеща́ла) написа́ть статью́ о нём.
5. Бе́лка больна́. _____ обеща́л (обеща́ла) принести́ что́-нибудь вку́сное для неё.

УПРАЖНЕНИЕ 2.5.   Что сказа́ть?

What could you say in the following situations? Choose from the following phrases, or use your own.

Спаси́бо, с удово́льствием!
Жела́ю уда́чи!
Большо́е спаси́бо!
С днём рожде́ния! (*Happy birthday!*)
Жела́ю хорошо́ провести́ вре́мя!
Ни пу́ха ни пера́![7]

[7] When students wish each other luck on a test, rather than say **Жела́ю уда́чи!**, they usually use the phrase **Ни пу́ха ни пера́!**, whose literal translation is nonsensical: *Neither fluff nor feather!* This derives from a good-luck wish for hunters and is analogous to the actors' wish *"Break a leg."* The obligatory answer is **К чёрту!** (lit. *To the devil*).

EXAMPLE: Ваш друг гово́рит, что он на́чал но́вый
би́знес. → — Жела́ю уда́чи!

1. Роди́тели ва́шего дру́га (ва́шей подру́ги) приглаша́ют вас на обе́д.
2. Ваш друг даёт вам два биле́та в теа́тр.
3. Ваш друг говори́т: — У меня́ сего́дня день рожде́ния.
4. Ва́ша подру́га говори́т: — Мы с Ве́рой за́втра е́дем в Москву́.
5. Ваш друг говори́т: — У меня́ за́втра экза́мен.
6. Ваш друг говори́т, что стол — э́то пода́рок вам.

КТО́-НИБУДЬ, ЧТО́-НИБУДЬ: *ANYONE/SOMEONE, ANYTHING/SOMETHING*

Здесь **кто́-нибудь** говори́т
по-ру́сски?
Мне ну́жно **что́-нибудь**
вку́сное для больно́й
соба́ки.

*Does anyone here speak
Russian?*
*I need something tasty for
a sick dog.*

The particle **-нибудь** turns **кто** and **что** from *who* and *what* into the indefinite *anyone/someone* and *anything/something*. The forms **кто** and **что** are declined as usual; the attached particle **-нибудь** does not change form. This particle also combines with other question words: **когда́-нибудь** (*ever, sometime*), **где́-нибудь** (*anywhere/somewhere*).

УПРАЖНЕНИЕ 2.6. **Здесь кто́-нибудь говори́т по-ру́сски?**

Match the phrases on the left with appropriate phrases on the right. Then select five questions to ask a classmate.

1. Ты сего́дня получи́л (получи́ла)...

а. на како́м-нибудь музыка́льном инструме́нте?

2. Ты ви́дел (ви́дела)...

б. когда́-нибудь в Москве́?

3. Ты вчера́ купи́ла в магази́не...

в. кого́-нибудь в столо́вой вчера́ ве́чером?

4. Сего́дня бу́дет...

г. како́й-нибудь рок-конце́рт?

5. Ты сего́дня ве́чером...

д. каки́е-нибудь пи́сьма?

6. Ты игра́ешь...

е. куда́-нибудь идёшь?

7. Ты был (была́)...

ж. что́-нибудь?

THE ART OF CONVERSATION: WRITING A PERSONAL LETTER

> *18.12.1995 г.*
>
> *Дорого́й Ге́на!*
>
> *Спаси́бо за интере́сное письмо́. Извини́, что я давно́ не писа́ла. Приве́т па́пе и ма́ме. Пиши́.*
>
> *Ве́ра.*

Дорого́й Ге́на!   18.12.1995 г.

Спаси́бо за интере́сное письмо́. Извини́, что я давно́ не писа́ла.

. . . . .

Приве́т па́пе и ма́ме. Пиши́.

Ве́ра

A personal letter in Russia typically includes four features:

1. The date is usually written numerically in the order day, month, and year, with slashes or dots separating the three, followed by **г.** (for **го́да** [*of the year*]). Some Russians use a Roman numeral for the month.

2. The return address is usually given on the envelope rather than in the letter itself.

3. The greeting **Дорого́й (Дорога́я),** followed by the addressee's name (or name and patronymic), is usually indented and followed by an exclamation mark.

4. Appropriate closings depend on how close the relationship is between the writer and the addressee. Generally the writer extends greetings to other known members of the family and may urge the addressee to write back soon.

УПРАЖНЕНИЕ 2.7. **Письмо́ ру́сскому дру́гу (ру́сской подру́ге)**

Write a letter to a Russian pen pal about your life as a student. (What school do you attend? What kind of student are you? If you've chosen a major, what are you majoring in? What courses are you taking this year? How many hours a week do you study? Where do you like to study? What did you study last night? Can you name something in particular that you learned? What would you like to learn to do outside school? Who might teach you to do it?) Close by asking your pen pal about his or her student life.

ДИАЛОГИ

ДИАЛОГ 2.1. **Ни пу́ха ни пера́!**

(Wishing good luck)

— До́брое у́тро, Та́ня. Я тебе́ звони́л не́сколько раз вчера́ ве́чером, но тебя́ не́ было до́ма.
— Да, я была́ в библиоте́ке.
— Весь ве́чер?
— Да, я там занима́лась. Учи́ла исто́рию. У меня́ за́втра экза́мен.
— Ни пу́ха ни пера́!
— К чёрту.

ДИАЛОГ 2.2.   Жела́ю уда́чи!

(Asking about someone you're trying to find)

— Прости́те, вы живёте в э́том до́ме?
— Да, а что?
— Я ви́дел, как сюда́ вошла́ краси́вая блонди́нка. Вы не зна́ете, в како́й кварти́ре она́ живёт?
— У нас в до́ме 96 кварти́р и мно́го блонди́нок!
— Я её найду́!
— Жела́ю уда́чи!

ДИАЛОГ 2.3.   Кем ты хо́чешь стать?

(Discussing professional goals)

— Кем ты хо́чешь стать?
— Не зна́ю. Мо́жет быть, исто́риком. А ты?
— Врачо́м. Я давно́ реши́ла стать врачо́м. У меня́ де́душка был врачо́м.
— А у меня́ дя́дя был исто́риком, и брат исто́рик.

УПРАЖНЕНИЕ 2.8.   Ваш диало́г

Create a dialogue in which a friend suggests that the two of you go to a movie. You turn down the invitation because you have an exam tomorrow morning. Your friend wishes you luck on the exam, and the two of you agree to go out tomorrow night.

УПРАЖНЕНИЕ 2.9.   Перево́д

"My sister wants to become an architect."
"An architect? How interesting! Does she know math well?"
"Very well. In school she was always the best student (учени́ца). At the university she's also a good student. She's very talented (тала́нтливая), and for a talented person nothing's impossible."
"That's true."

ЧАСТЬ ТРЕТЬЯ

ЧТЕНИЕ

Чёрная° кошка

black

(*Natalya Ivanovna and Sergey Petrovich step out of the apartment building.*)

НАТА́ЛЬЯ ИВ. По-мо́ему, опя́ть бу́дет дождь.

СЕРГЕ́Й ПЕТР. Дождь? Никако́го дождя́ не бу́дет. Прогно́з пого́ды хоро́ший.

НАТА́ЛЬЯ ИВ. (*Skeptically.*) Что, по ра́дио сказа́ли? Прогно́з, мо́жет быть, и хоро́ший, но посмотри́ на **не́бо**.°   *sky*

(*The professor, Tatyana Dmitrievna, Jim, Sasha, Sveta, and Tanya come out of the entrance. They greet each other and talk while walking.*)

НАТА́ЛЬЯ ИВ. Кака́я больша́я компа́ния!

ТАТЬЯ́НА ДМ. Да, у нас бу́дет экску́рсия. Илья́ Ильи́ч уже́ **давно́**° обеща́л показа́ть нам ста́рые **зда́ния**° в це́нтре Москвы́ и рассказа́ть о них.   *long ago*   *buildings*

ДЖИМ. Э́то бу́дет экску́рсия «Неизве́стная° Москва́».   *Unknown*

НАТА́ЛЬЯ ИВ. Да, э́то о́чень интере́сно.

ИЛЬЯ́ ИЛЬИ́Ч. Мо́жет быть, вы то́же хоти́те...

СЕРГЕ́Й ПЕТР. (*Interrupts him.*) Спаси́бо, мы о́чень хоти́м, но, к сожале́нию, сего́дня не мо́жем. У нас биле́ты на футбо́л — сего́дня фина́льный матч° сезо́на.   *game*

ТАТЬЯ́НА ДМ. Жаль.

СВЕ́ТА. Мы идём на авто́бусную остано́вку. Вы то́же е́дете авто́бусом?

НАТА́ЛЬЯ ИВ. Нет, мы е́дем на маши́не.

(*A black cat appears and runs in front of everyone.*)

СВЕ́ТА. Ой, чёрная ко́шка!

ТА́НЯ. Ну вот, тепе́рь у нас бу́дет неуда́ча.°   *bad luck*

СА́ША. Неуда́ча бу́дет то́лько у того́, кто пойдёт пе́рвым. Я гото́в...

ИЛЬЯ́ ИЛЬИ́Ч.	Мо́жно, я бу́ду пе́рвым? Я не **суеве́рный**.°	*superstitious*
ДЖИМ.	Извини́те, Илья́ Ильи́ч, но я ду́маю, я до́лжен идти́ пе́рвым. Э́то ру́сская чёрная ко́шка, а америка́нцы должны́ боя́ться то́лько америка́нских чёрных ко́шек.	
СА́ША.	Нет, Джим, мы не мо́жем **рискова́ть**.° Ты гость. У себя́ до́ма ты мо́жешь идти́ пе́рвым, а у нас... (*Goes forward.*)	*take chances*

(*Everyone laughs and follows Sasha, except the Silins.*)

ТАТЬЯ́НА ДМ.	А вы не идёте?	
НАТА́ЛЬЯ ИВ.	Нам на́до идти́ в другу́ю **сто́рону**,° на́ша маши́на — там.	идти́... *to go the other way*
ВСЕ.	До свида́ния... Жела́ем хорошо́ провести́ вре́мя...° Спаси́бо... **Всего́ хоро́шего**...° **И вам та́кже**...°	Жела́ем... *Have a good time!* Всего́... *Take care. / И... The same to you.*

(*Ilya Ilyich and the others leave.*)

СЕРГЕ́Й ПЕТР.	Я в чёрных ко́шек не ве́рю.	
НАТА́ЛЬЯ ИВ.	А я ве́рю.	

(*The black cat appears again and runs across the Silins' path.*)

СЕРГЕ́Й ПЕТР.	Опя́ть она́... И́ли бу́дет дождь и́ли на́ши проигра́ют.°	*will lose*
НАТА́ЛЬЯ ИВ.	Ты же сказа́л, что не ве́ришь в чёрных ко́шек!	

УПРАЖНЕ́НИЕ 3.1   Вопро́сы и отве́ты

1. Кака́я за́втра бу́дет пого́да?
2. Как вы за́втра бу́дете проводи́ть (*spend*) вре́мя?
3. Како́й ваш люби́мый вид (*kind*) спо́рта?
4. Вы лю́бите смотре́ть европе́йский футбо́л?
5. Что вы хоти́те уви́деть в Москве́?
6. В ва́шем го́роде есть ста́рые зда́ния? Они́ краси́вые?
7. Чего́ вы бои́тесь?

История на у́лицах

Many street names in Russia reflect Russians' deep respect for art, literature, music, and history. It is not uncommon for cities and towns to have streets, squares, metro stations, and the like named for composers (ул. Чайко́вского, Бороди́нский переу́лок), writers (пл. Пу́шкина, ул. Че́хова), scientists (ста́нция Менделе́евская, ста́нция акаде́мика Королёва), and other figures. There are, of course, streets named for political and military figures and movements. Until the overthrow of Soviet power in the early 1990s almost every town, no matter how small, had at least one street, square, or other public facility named for Marx, Lenin, and—depending on the size of the town—other persons of significance to the regime. Some names from that era still remain, though most have been replaced.

ГРАММАТИКА И ПРАКТИКА

УПРАЖНЕНИЕ 3.2. Хочу́, но не могу́.

Working with a classmate, practice making and turning down the following suggestions, providing an explanation.

EXAMPLE: — Вы не хоти́те пойти́ на футбо́л?
— Хочу́, но не могу́... У меня́ мно́го рабо́ты.

1. — Вы не мо́жете пригото́вить (*to cook*) пи́ццу?
   — Могу́, но не хочу́...
2. — Хоти́те пойти́ в кино́?
   — Хочу́, но не могу́...
3. — Вы не мо́жете написа́ть за меня́ (*for me*) курсову́ю?
   — Могу́, но не хочу́...
4. — Вы не хоти́те посмотре́ть фильм Эйзенште́йна «Алекса́ндр Не́вский»?[8]
   — Хочу́, но не могу́...
5. — Хоти́те пойти́ с на́ми купа́ться (*go swimming*)?
   — Хочу́, но не могу́...
6. — Вы не мо́жете помо́чь Джи́му почини́ть (*to fix*) лифт?
   — Могу́, но не хочу́...

[8] **Серге́й Миха́йлович Эйзенште́йн** (Eisenstein) (1898-1948) was a Russian film director. Some of his most celebrated works are now regarded as classics, including **Броненосец "Потёмкин"** (*The Battleship Potemkin*; 1925) and **«Алекса́ндр Не́вский»** (*Alexander Nevsky*; 1938).

ОДИН ИЗ МОИХ ДРУЗЕЙ: *A FRIEND OF MINE* = *ONE OF MY FRIENDS*

Это **один из моих бизнесов**.	*That's one of my businesses.*
Один из моих друзей очень хорошо играет на рояле.	*A friend of mine plays the piano quite well.*

To single a particular person or thing out of a group, Russians say **один (одна) из** + genitive plural.

УПРАЖНЕНИЕ 3.3.   **Мои друзья**

Do you have a friend or relative who can do something well or about whom you can say something specific? Make up five sentences by combining phrases from the left and right columns, or by creating a completion of your own.

Один из моих братьев (друзей)...	хорошо поёт (*sings*).
Одна из моих сестёр (подруг)...	прекрасно говорит по-французски.
Один из наших студентов...	любит читать детективы.
Одна из наших студенток...	сейчас живёт в Аризоне.
Один из моих соседей...	
Одна из моих кошек...	
Одна из его собак...	

DATIVE PLURAL OF POSSESSIVES, ADJECTIVES, AND NOUNS

Москвичам нравится, когда туристы говорят им, что московское метро самое красивое в мире.	*Muscovites like it when tourists tell them that the Moscow metro is the most beautiful in the world.*
Таня и Света позвонили **своим друзьям**, и пригласили их на новоселье.	*Tanya and Sveta called their friends and invited them to the housewarming.*

The plural of the dative case is highly regular; its endings are consistent: They all end in **-м** (which is also true of the dative plural pronouns **нам, вам,** and **им**).

Many nouns with unusual nominative plural forms are regular in the dative if you consider the nominative plural (as opposed to the nominative singular) stem.

Dative Plural Endings

	NOMINATIVE CASE FORMS (REFERENCE)	DATIVE CASE ENDINGS	EXAMPLES
Nouns	студе́нты студе́нтки америка́нцы роди́тели	**-ам/-ям**	студе́нтам студе́нткам америка́нцам роди́телям
Adjectives	но́вые молоды́е дороги́е ма́ленькие	**-ым/-им**	но́вым молоды́м дороги́м ма́леньким
Possessive Adjectives	мой на́ши (его́, её, их *never change*)	**-им**	мои́м на́шим

NOMINATIVE PLURAL	DATIVE PLURAL
бра́ть - я	бра́ть - ям
сыновь - я́	сыновь - я́м
до́чер - и	дочер - я́м
ма́тер - и	матер - я́м
сосе́д - и	сосе́д - ям

With the dative plural endings, you have now encountered all the Russian cases, singular and plural.

УПРАЖНЕНИЕ 3.4. Dative endings

Fill in the blanks.

1. Он помога́ет то́лько (но́вые студе́нты)
_____.

2. Мы ча́сто звони́м (ру́сские студе́нтки)_____.

3. (Мы и на́ши но́вые друзья́) _____ о́чень понра́вился Большо́й теа́тр.

4. Мы должны́ сказа́ть (иностра́нные го́сти)
_____, что за́втра бу́дет интере́сная ле́кция.

5. Что вы сказа́ли (э́тот молодо́й челове́к)
_____?

6. (Ру́сские бизнесме́ны) _____ ну́жно мно́го рабо́тать.

7. (Молоды́е тури́сты) _____ интере́сно смотре́ть футбо́л.

О РОССИИ

Ста́рая Москва́

Moscow has existed for over 800 years. Like many ancient cities, it grew out from the center, and its successive concentric rings of construction are still plainly apparent in the layout of contemporary Moscow. At the very center is the historic fortified compound called **Кремль** (*the Kremlin*). Next to it are **Кра́сная пло́щадь** (*Red Square*) and the colorful **Собо́р Васи́лия Блаже́нного** (*St. Basil's Cathedral*). Nearby is an assortment of tiny chapels three to four centuries old, czarist palaces, museums, the neoclassical **Большо́й теа́тр,** dozens of cathedrals, nineteenth-century hotels, Communist-era relics like **мавзоле́й Ле́нина** (*Lenin's mausoleum*), and nineteenth-century merchants' residences.

УПРАЖНЕНИЕ 3.5. Вопро́сы и отве́ты

1. Кому́ вы ча́ще звони́те по телефо́ну — свои́м друзья́м и́ли свои́м преподава́телям?
2. Кому́ вы ча́ще покупа́ете пода́рки — свои́м бра́тьям и сёстрам и́ли свои́м роди́телям?
3. Что вы говори́те своему́ профе́ссору, когда́ вы опа́здываете на заня́тия?
4. Что вам бо́льше нра́вится — чита́ть кни́ги и́ли смотре́ть телеви́зор? А что бо́льше нра́вится ва́шим друзья́м?
5. Вы помога́ете свои́м роди́телям и друзья́м, когда́ им нужна́ по́мощь?
6. Кому́ вы ча́ще пи́шете пи́сьма — свои́м роди́телям и́ли свои́м друзья́м?
7. Что вы говори́те де́вушке, с кото́рой вы хоти́те познако́миться (*get acquainted*) (молодо́му челове́ку, с кото́рым вы хоти́те познако́миться)?
8. Ва́ши роди́тели посыла́ют (*send*) вам де́ньги А вы им?
9. Вы всегда́ говори́те пра́вду свои́м друзья́м? А свои́м роди́телям? А свои́м профессора́м?

THE ART OF CONVERSATION: AGREEING AND DISAGREEING

Мо́жет быть, ты **прав**.   *Maybe you're right.*

One way to express agreement and disagreement is to say **Э́то ве́рно/Э́то неве́рно** (*That's right/That's not right*). Another way is to use the common short-form adjectives **прав** and **не прав (непра́в)**. Note the shifting stress.

он (я, ты)	прав / не прав
она́ (я, ты)	права́ / не права́
они́ (мы, вы)	пра́вы / не пра́вы

The forms of **прав** are used not only to signal acceptance of someone else's statement (**Да, вы пра́вы, Михаи́л Серге́евич**), but also, in the negative, as a conversational device to precede and soften an assertion you are about to make: **Мо́жет быть, я не пра́в (не права́), но мне ка́жется, что...** (*Maybe I'm wrong, but it seems to me that . . .*).

УПРАЖНЕНИЕ 3.6.   Прав и́ли не прав? Права́ и́ли не права́?

Working with a classmate, agree or disagree with the following statements by using **Вы пра́вы, он прав, она́ не права́,** and so on.

EXAMPLE: — Моя́ сестра́ говори́т, что Мадри́д — ма́ленький го́род.
             — Она́ не права́. Э́то о́чень большо́й го́род.

1. Ми́тя говори́т, что жира́фы живу́т в А́зии.
2. Мои́ друзья́ говоря́т, что Санкт-Петербу́рг — краси́вый го́род.
3. Же́ня говори́т, что Люксембу́рг — больша́я страна́.
4. Я говорю́, что «Касабла́нка» — хоро́ший фильм.
5. Сестра́ говори́т, что тигр — э́то больша́я ко́шка.
6. Мы говори́м, что в А́фрике **холо́дный** (*cold*) кли́мат.
7. Мой сосе́д говори́т, что на Аля́ске всегда́ жа́рко.

УПРАЖНЕНИЕ 3.7.   А как ты ду́маешь?

Try to find something that you and at least two of your classmates can agree on. Make statements by beginning with phrases like **По-мо́ему... Мне ка́жется, что... Я ду́маю, что... Мо́жет быть, я не прав (не права́), но...** Then invite another's comment: **А как ты ду́маешь? А как по-тво́ему?** To agree or disagree, use phrases like **Да, ты прав (права́)... Да, ве́рно... Нет, э́то непра́вильно... По-мо́ему, э́то не так...** and state your own position.

EXAMPLE: — Я ду́маю, что Э́лвис Пре́сли ещё жив (*alive*)!
             — Ве́рно! Я его́ ви́дела вчера́ на авто́бусной остано́вке!
             or
             — Нет, э́то неве́рно!

Other possible assertions might be these:

По-мо́ему, са́мый интере́сный вид спо́рта — те́ннис.
Я ду́маю, что Ни́на поёт (игра́ет на гита́ре, игра́ет в те́ннис)
   лу́чше, чем (*better than*) И́горь.
Я ду́маю, что са́мый бога́тый челове́к в ми́ре — ...
По-мо́ему, занима́ться би́знесом так же интере́сно, как...

ДИАЛОГИ

ДИАЛОГ 3.1. Какая будет погода?

(Discussing the weather)

— Как вы думаете, завтра будет хорошая погода?
— Думаю, что да. Вы не слышали прогноз погоды?
— Слышал. Прогноз хороший. Но прогноз погоды на сегодня тоже был хороший, а погода плохая, идёт дождь.
— Завтра не будет дождя. Будет хороший день.
— Будем надеяться (*let's hope*), что вы правы.

6. IV.
Солнце:
восх. 6.48,
зах. 20.18.
Долг. дня 13.30.

Москва и Московская область — облачно, временами небольшой снег, дневная температура в столице плюс 1—3, по региону 0 — плюс 5 градусов.

ДИАЛОГ 3.2. Я хочу вас пригласить...

(Invitation to a sports event)

— Вы любите футбол?
— Я больше люблю хоккей.
— Жаль. У меня есть лишний (*extra*) билет на финальный матч, и я хотел вас пригласить.
— Я с удовольствием пойду! Я люблю хоккей больше, чем футбол, но футбол я тоже люблю.

ДИАЛОГ 3.3. Что вы будете делать...?

(Invitation to an outing)

— Что вы будете делать в воскресенье?
— У нас будет экскурсия.
— Какая экскурсия?
— Экскурсия по историческим местам Москвы.
— Это, наверно, будет очень интересно.
— Вы можете пойти с нами, если хотите.

УПРАЖНЕНИЕ 3.8.   **Ваш диало́г**

Create a dialogue in which a friend invites you to go to a sporting event or on an outing. You discuss the weather, tickets, time and place to meet, preferences (sports you like and dislike or places you'd like to see), and so on.

УПРАЖНЕНИЕ 3.9.   **Перево́д**

"A friend of mine is coming from America in a week."
"Has he ever been to Moscow?"
"No. And he doesn't speak Russian. What should I show him?"
"How long will he be here?"
"Only two days. Then he's leaving for China **(Кита́й)**."
"Show him St. Basil's Cathedral and Red Square."

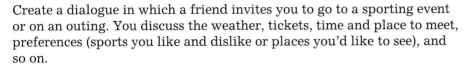

ЧАСТЬ ЧЕТВЁРТАЯ

ЧТЕНИЕ

Суеве́рия° **и приме́ты**°

У всех **наро́дов**° есть суеве́рия и приме́ты. Есть они́ и у ру́сских люде́й. И есть суеве́рные лю́ди, кото́рые ве́рят в них. Обы́чно ста́рые лю́ди **бо́лее** суеве́рные,° чем молодёжь.°

Гла́вные° катего́рии приме́т — э́то приме́ты хоро́шего и плохо́го.° **Наприме́р,**° встре́ча° с чёрной ко́шкой — э́то приме́та неуда́чи. А е́сли чёрная ко́шка перебежи́т доро́гу° — э́то совсе́м пло́хо.

Есть и други́е приме́ты неуда́чи. Е́сли вы разби́ли° зе́ркало° — э́то плоха́я приме́та. Е́сли вы забы́ли каку́ю-нибудь вещь до́ма и **верну́лись за** ней° — э́то то́же плоха́я приме́та.

superstitions / omens

peoples

бо́лее... *more superstitious / young people*
main / хоро́шего... *of good things and of bad things*
For example / encounter
перебежи́т... *crosses your path*
broke / mirror
верну́лись... *went back for it*

Есть и «па́рные» приме́ты.° Е́сли вы встре́тили челове́ка, кото́рый **несёт**° **пусто́е**° ведро́° и́ли корзи́ну,° — э́то приме́та неуда́чи. А е́сли челове́к несёт по́лное ведро́ и́ли корзи́ну, то э́то хоро́шая приме́та.

«па́рные»... *"paired" omens is carrying / empty / bucket / basket*

Вот **не́которые**° популя́рные приме́ты:

a few

Чёрная ко́шка перебежа́ла вам доро́гу.	**Вам не повезёт.**°	Вам... *You will have bad luck.*[9]
Вы встре́тили челове́ка, кото́рый несёт по́лное ведро́ и́ли корзи́ну.	Вам повезёт.°	Вам... *You will have good luck.*
Вы встре́тили челове́ка, кото́рый несёт пусто́е ведро́ и́ли корзи́ну.	Вам не повезёт.	
Вы забы́ли до́ма каку́ю-нибудь вещь и верну́лись за ней.	Вам не повезёт.	
У вас па́дает° **нож**.°	У вас бу́дет гость — мужчи́на.	*falls / knife*
У вас па́дает **ви́лка**.°	У вас бу́дет го́стья — же́нщина.	*fork*
Вы ви́дите паука́.°	Вы полу́чите письмо́.	*spider*
Вы рассы́пали° соль° **за** столо́м.°	Бу́дет ссо́ра.°	*spilled / salt / за... at the table / argument*
Вы поздоро́вались за́ руку° **че́рез** поро́г.°	Бу́дет ссо́ра.	поздоро́вались... *greeted (someone) with a hand-shake* че́рез... *across the threshold*

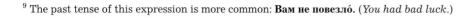

---

[9] The past tense of this expression is more common: **Вам не повезло́.** (*You had bad luck.*)

О РОССИИ

Суеве́рия и приме́ты

Russians as a people are probably no more superstitious than people in any other industrialized nation. But there are superstitions that virtually every Russian knows about—and that some actually believe in. Many Russian superstitions about good and bad luck have their roots in ancient religious beliefs and deal with ways to avoid tempting the devil. Astrology is popular with some people, and, in the late 1980s, many newspapers began carrying a daily or weekly **гороско́п** column. Here are the Russian signs of the zodiac; many of them are related to words that most Russians would recognize or that clearly suggest the constellation related to that particular sign:

	Рак (*crawfish*)	Cancer		Козеро́г (*ibex*)	Capricorn
	Близнецы́ (*twins*)	Gemini		Стреле́ц (cf. стрела́ *arrow*)	Sagittarius
	Теле́ц (*calf*)	Taurus		Скорпио́н (*scorpion*)	Scorpio
	Ове́н (*ram*)	Aries		Весы́ (*scales*)	Libra
	Ры́бы (*fish*)	Pisces		Де́ва (*maiden*)	Virgo
	Водоле́й (cf. *water pourer*)	Aquarius		Лев (*lion*)	Leo

УПРАЖНЕНИЕ 4.1. Вопро́сы и отве́ты

Are you superstitious? How about your friends? Your family? Try to find three classmates who will answer **да** to the following questions:

1. Вы ве́рите, что чёрная ко́шка — э́то приме́та неуда́чи?
2. Ваш оте́ц (ва́ша мать) ве́рит, что е́сли челове́к рассы́пал соль за столо́м, то бу́дет ссо́ра?
3. Вы ве́рите, что е́сли вы разби́ли зе́ркало, то бу́дет несча́стье (*misfortune*)?
4. Ва́ши друзья́ ве́рят, что е́сли они́ поздоро́вались за́ руку че́рез поро́г, то бу́дет ссо́ра?
5. Вы ве́рите, что е́сли па́дает нож, то бу́дет гость?

ГРАММАТИКА И ПРАКТИКА

COMPOUND COMPARATIVES

Обы́чно ста́рые лю́ди **бо́лее** суеве́рные, чем молодёжь.

Usually old people are more superstitious than young people.

The construction **бо́лее** + adjective is used to form the comparative that is used attributively. It is encountered far less frequently, however, than the short forms you already know.

THE ART OF CONVERSATION: USES OF И

У всех наро́дов есть суеве́рия **и** приме́ты.

All peoples have superstitions and omens.

The most common meaning for **и** is *and*, used to connect two or more items. When used to connect many items in a series, **и** may be placed before the first item as well as between succeeding items:

Тури́сты хотя́т уви́деть **и** Кремль, **и** Кра́сную пло́щадь, **и**...

Tourists want to see the Kremlin and Red Square and . . . .

И is used in other ways as well:

Прогно́з, мо́жет быть, **и** хоро́ший, но посмотри́ на не́бо.

The forecast may indeed be good, but look at the sky.

How best to render it in English is a matter of context.

TO CARRY: НЕСТИ́

Что же мне де́лать? Я не могу́ **нести́** хлеб в рука́х.
Éсли ви́дишь челове́ка, кото́рый **несёт** пусто́е ведро́, э́то плоха́я приме́та.

What am I to do? I can't carry the bread in my hands.
If you see a person carrying an empty bucket, it's a sign of bad luck.

The conjugation of **нести́** (*to carry*) is similar to that of **идти́**.

я нес-у́	мы нес-ём	нёс
ты нес-ёшь	вы нес-ёте	несла́
он, она́ нес-ёт	они́ нес-у́т	несло́
		несли́

Like **идти́** and **е́хать, нести́** signifies motion in one direction.

BRING, TAKE (AWAY): ПРИНОСИ́ТЬ/ПРИНЕСТИ́ AND УНОСИ́ТЬ/УНЕСТИ́

— **Принеси́** что́-нибудь
вку́сное для Бе́лки.
— Коне́чно, **принесу́**.

*"Bring (home) something
tasty for Belka."
"Of course I'll bring
(something)."*

The prefixes **при-** and **у-** that you have seen combined with verbs of
motion (**приходи́ть/прийти́** and **уходи́ть/уйти́, приезжа́ть/прие́хать**
and **уезжа́ть/уе́хать**) to render *come* and *go* (respectively) combine similarly with forms of **нести́** to mean *to bring* and *to take (away)*.

Не **уноси́** газе́ту, она́
мне нужна́.

*Don't take the newspaper
away; I need it.*

IMPERFECTIVE	PERFECTIVE	MEANING
приноси́ть (приношу́, прино́сишь)	принести́ (*like* нести́)	*to bring*
уноси́ть (*like* приноси́ть)	унести́ (*like* нести́)	*to take (away)*

УПРАЖНЕ́НИЕ 4.2.   Я пришла́ и принесла́...

Form a small circle and try chaining as many sentences of the following
type as you can without repeating anything.

EXAMPLE: — Я пришла́ в аудито́рию и принесла́ кни́ги. А ты?
— Я пришёл в аудито́рию и принёс рюкза́к. А они́?
— Они́ пришли́ в аудито́рию и принесли́ ко́шку (цветы́,
волейбо́льный мяч [*volleyball*]... и т.д.)

УПРАЖНЕ́НИЕ 4.3.   Кто принесёт пи́ццу?

You and your friends are planning a party. For variety's sake, everyone
has decided to bring something this time that she or he has never brought
before. First, make a list of the things you'll need for the party; then
make up sentences according to the example.

EXAMPLE: Обы́чно Са́ша прино́сит гита́ру, а в суббо́ту он принесёт
цветы́.

УПРАЖНЕНИЕ 4.4. **Куда́ они́ иду́т?**

Select the appropriate verbs of motion as required by context.

A. Во́семь часо́в утра́. Ба́бушка смо́трит в окно́ и ви́дит, что
Ната́лья Ива́новна (1) *выхо́дит* (идёт, выхо́дит) и́з дому и
(2) *идёт* (ухо́дит, идёт) на авто́бусную остано́вку. Обы́чно
она́ (3) *е́дет* (идёт, е́дет) на рабо́ту на авто́бусе, но
сего́дня она́ (4) *идёт* (идёт, е́дет) пешко́м (*on foot*).
Иногда́ она́ (5) *е́дет* (идёт, е́дет) на маши́не с Серге́ем
Петро́вичем. Ната́лья Ива́новна не уме́ет води́ть маши́ну.

Б. Пото́м и́з дому (1) *выхо́дит* (ухо́дит, выхо́дит) профе́ссор.
Ему́ ну́жно в университе́т. Университе́т далеко́, и он
(2) *идёт* (е́дет, идёт) на авто́бусную остано́вку. Он
(3) *е́дет* (е́дет, идёт) в университе́т на авто́бусе.

В. Пото́м (1) *выхо́дит* (ухо́дит, выхо́дит) Во́ва. Он
(2) *идёт* (е́дет, идёт) в шко́лу. Его́ шко́ла бли́зко, он
(3) *идёт* (е́дет, идёт) туда́ пешко́м. Ба́бушка ви́дит, что
Во́ва (4) *несёт* (несёт, прино́сит) волейбо́льный мяч.

Г. Де́душка не смо́трит в окно́, и ба́бушка ему́ всё расска́зывает.
Она́ говори́т, что Ната́лья Ива́новна (1) *е́дет* (е́дет, идёт)
на рабо́ту, профе́ссор (2) *е́дет* (е́дет, идёт) в университе́т,
а Во́ва (3) *идёт* (е́дет, идёт) в шко́лу.

ДИАЛОГИ

ДИАЛОГ 4.1. **Интере́сная экску́рсия**

(Making plans)

— Скажи́, ты за́втра пое́дешь с на́ми на экску́рсию?
— Не зна́ю. Ты ду́маешь, бу́дет интере́сно?
— Да! Ги́дом бу́дет наш профе́ссор исто́рии, и мы бу́дем смотре́ть
це́ркви (*churches*) и собо́ры (*cathedrals*).
— Да, э́то, наве́рно, бу́дет интере́сно. Я обяза́тельно пое́ду.

ДИАЛОГ 4.2. Вы здесь у́читесь?

(Asking about study plans)

— Когда́ вы прие́хали в Росси́ю, Джек?
— Три ме́сяца наза́д.
— Вы здесь у́читесь и́ли рабо́таете?
— Учу́сь. Я бу́ду здесь ещё семь ме́сяцев, а пото́м уе́ду домо́й, в Бо́стон.

ДИАЛОГ 4.3. Роди́тели до́ма?

(Asking if someone is home)

— Ве́ра, ты давно́ пришла́?
— Давно́.
— А роди́тели до́ма?
— Нет, ма́ма уже́ ушла́, а па́па ещё не пришёл.

УПРАЖНЕНИЕ 4.5. Ваш диало́г

Create a dialogue in which you and a Russian student whom you've met in Moscow are getting acquainted for the first time. Discuss your trip: when you arrived, why you're in Russia, how long you'll be there, what you've seen and would like to see, and so on.

УПРАЖНЕНИЕ 4.6. Перево́д

"Tell me, Ira, are all Russians superstitious?"
"Of course not! Why do you ask?"
"Yesterday when a friend and I were walking to class, a black cat crossed our path **(нам перебежа́ла доро́гу)**. My friend didn't want to go any farther **(да́льше)**.
"Well, your friend is probably superstitious, but I'm not."

Nouns

ви́лка (*gen. pl.* ви́лок)	fork
зда́ние	building
ло́жка (*gen. pl.* ло́жек)	spoon
наро́д	people; nation
не́бо	sky
нож (*gen. pl.* ножа́)	knife
приме́та	sign; omen
сове́т	advice
сторона́	direction
суеве́рие	superstition
уда́ча	success; (good) luck

Pronouns

кто́-нибудь	someone; anyone
что́-нибудь	something; anything

Adjectives

больно́й	sick
вку́сный	tasty; delicious
гла́вный	main; chief

невозмо́жный	impossible
не́который	some
прав (права́, пра́вы)	right; correct
пусто́й	empty
холо́дный	cold
чёрный	black

Verbs

A translation is listed after the perfective only if it differs from the imperfective. "X" indicates that a paired verb exists but has not yet been presented as active vocabulary. "None in this meaning" indicates that there is no perfective for the meaning given here. "None" indicates that there is no aspectual counterpart for this verb.

IMPERFECTIVE		PERFECTIVE
боя́ться (бою́сь, бои́шься)	to be afraid (of)	None
везти́ (везёт; *past* везло́) (+ *dat.*) *impersonal*	to have good luck; to be lucky	повезти́
жела́ть	to wish (someone something)	пожела́ть
изуча́ть	to study (in depth)	X
нести́ (несу́, несёшь; *past* нёс, несла́, несло́, несли́)	to carry	None
обеща́ть	to promise	Same as imperfective
предлага́ть	1. to offer; 2. to suggest	предложи́ть (предложу́, предло́жишь)
приноси́ть (приношу́, прино́сишь)	to bring	принести́ (принесу́, принесёшь; *past* принёс, принесла́, принесло́, принесли́)
рискова́ть (риску́ю, риску́ешь)	to take chances (a chance); risk (something)	X
уноси́ть (уношу́, уно́сишь)	to take away; carry away	унести́ (унесу́, унесёшь; *past* унёс, унесла́, унесло́, унесли́)
учи́ть (учу́, у́чишь)	to teach	научи́ть
учи́ться (учу́сь, у́чишься)	1. to study, to be a student 2. to learn (to do something)	1. None 2. научи́ться

IMPERFECTIVE	PERFECTIVE	
X	заболе́ть (заболе́ю, заболе́ешь)	to get sick, to fall ill
X	стать (ста́ну, ста́нешь)	to become
None	подожда́ть (подожду́, подождёшь)	to wait (a short while)

Adverbs

бо́лее (*used to form comparatives*)

давно́ — 1. long ago; 2. (for) a long time

наприме́р — for example; for instance

обяза́тельно — definitely

серьёзно — seriously

чи́сто — (it's/that's) clean

Other

за (+ *instr.*) — 1. for; to get; **верну́ться за кни́гой** (*to go back for a book*); 2. at: **за столо́м** (*at the table*)

так же... , как и... — as . . . as

че́рез (+ *acc.*) — 1. across; 2. (*indicates time from the present*) in

Idioms and Expressions

Вам не повезло́. — You had bad luck.

Вам повезло́. — You had good luck; You were lucky.

води́ть (вожу́, во́дишь) маши́ну — to drive

Всего́ хоро́шего! — Take care!

гото́виться (гото́влюсь, гото́вишься) к экза́мену — to prepare for an exam; to get ready for an exam

Жела́ю (вам) уда́чи! — Good luck!

Жела́ю (вам) хорошо́ провести́ вре́мя! — Have a good time!

(in response to **Жела́ю вам/тебе́...**)

И вам (тебе́) та́кже. — The same to you.

Мы идём в другу́ю сто́рону. — We're going the other way.

Нет ничего́ невозмо́жного. — Nothing is impossible.

Topics

Business, commerce: би́знес, компа́ния, фи́рма, «Коммерса́нт»; бизнесме́н, ме́неджер, дире́ктор, специали́ст; де́ло (дела́), делово́й челове́к, деловы́е лю́ди, прийти́ по де́лу; де́ньги, дорого́й, бога́тый, получа́ть/получи́ть беспла́тно; междунаро́дный, и́мпортный, иностра́нный; магази́н, покупа́тель, продаве́ц/продавщи́ца, покупа́ть/купи́ть, плати́ть/заплати́ть; организова́ть, импорти́ровать, экспорти́ровать, рискова́ть; уда́ча, успе́х

WORD STUDY

1. Nouns ending in **-тель**
    Nouns ending in **-тель** that are derived from verbs are always masculine. They have the meaning of "one who does" the action described by the verb, such as the English *write-writer* and *teach-teacher.* Some **-тель** nouns for which you may already know the underlying verb include **води́тель, люби́тель, писа́тель, покупа́тель, преподава́тель, роди́тели** (used mostly in plural), **слу́шатель,** and **учи́тель.**

2. Perfectivization through prefixation
    In most cases the imperfective infinitive is the base form from which perfectives are derived. The most common perfectivizing process is the addition of a prefix.

вы-	учи́ть/вы́учить[10]
на-	писа́ть/написа́ть, учи́ть/научи́ть
по-	смотре́ть/посмотре́ть, звони́ть/позвони́ть, идти́/пойти́
с-	де́лать/сде́лать

    Prefixes do not always have a perfectivizing effect, however. The **вы-** prefix has another meaning: motion out of a place **(выходи́ть/вы́йти).** In this meaning, it occurs in both members of an imperfective/perfective pair (in such cases, perfectivization is realized through other means).

3. Single-infinitive verbs
    Though most imperfective verbs have perfective counterparts, not all of them do. Some verbs, like **боя́ться** (*to fear, to be afraid*), **знать** (*to know* [*someone or something*]), and **уме́ть** (*to know* [*how to do something*]) describe continuing actions, processes, or states that cannot have a perfective (resultative) meaning. Other single-infinitive imperfective verbs that you have encountered include **занима́ться** (*to be engaged in* and *to study, to do homework*) and **разгова́ривать** (*to converse*). Still other verbs are biaspectual: One form serves in both imperfective and perfective contexts. Examples of biaspectual verbs are **атакова́ть** (*to attack*), **жени́ться** (*to marry* [*said of a man*]), and **телеграфи́ровать** (*to send a telegram*).

---

[10] When **вы-** is used as a perfectivizing prefix, it is always stressed.

3 УРОК С НОВЫМ ГОДОМ

а. Ру́сская тро́йка.   б. Дед Моро́з пришёл.   в. — Быстре́е, па́па!

In this chapter you will learn

▲ more about relative clauses

▲ to express absence in the past and future

▲ to express states and feelings with the dative case

▲ to use the reflexive pronoun **себя́**

▲ more about comparisons

▲ to use indefinite pronouns like **кто́-то** and **кто́-нибудь**

▲ to express age in the past and future

▲ to suggest joint action

▲ about New Year's customs in Russia

▲ to express holiday greetings, wishes, and toasts

ЧАСТЬ ПЕРВАЯ

Ч ТЕНИЕ

А у нас бу́дет ёлка°?

New Year's tree

(*It's early evening on December 30. Vova and Belka have come out for a walk.*)

ВО́ВА. Вот ви́дишь, соба́ка, **кому́-то°** Дед Моро́з° несёт ёлку. **Им хорошо́**!° За́втра Но́вый год, а у нас ёлки нет и, наве́рно, не бу́дет. Па́па пое́хал за ёлкой у́тром и ещё не верну́лся. Наве́рно, ему́ не повезло́.

(to) someone / Grandfather Frost
Им... Lucky them!

(*Дед Моро́з and Снегу́рочка° approach him. They are really Sasha Kruglov and Lena Silina.*)

the Snow Maiden

СА́ША. Ле́на, тебе́ не **хо́лодно**°?

ВО́ВА. Ой, Са́ша, Ле́нка, э́то вы! Я вас не узна́л. Кому́ вы ёлку несёте?

ЛЕ́НА. Мы ещё не зна́ем.

ВО́ВА. Ка́к не зна́ете?

ЛЕ́НА. Понима́ешь, э́ту ёлку нам подари́ла фи́рма, в кото́рой мы рабо́тали.

ВО́ВА. Рабо́тали?

ЛЕ́НА. Ну да, мы с Са́шей сего́дня весь день рабо́тали. Он был Де́дом Моро́зом, а я — Снегу́рочкой. И вот — получи́ли ёлку.

ВО́ВА. А почему́ то́лько одну́?

ЛЕ́НА. Потому́ что ка́ждая **па́ра**° — Дед Моро́з и Снегу́рочка — получи́ла то́лько одну́ ёлку. А па́па не купи́л ёлку?

ВО́ВА. Наве́рно, нет. Он ещё не верну́лся. Я ду́маю, что Са́ша как Дед Моро́з и джентльме́н до́лжен **отда́ть**° ёлку тебе́.

ЛЕ́НА. Во́ва, **как тебе́ не сты́дно**°!

СА́ША. Во́ва прав, ёлка твоя́!

(*The Silins' car drives up.*)

ВО́ВА. Смотри́те, вон па́па! (*Disappointed.*) Но ёлки нет.

(*Silin approaches them.*)

ВО́ВА. Па́па, ну что?

СИ́ЛИН. Купи́л, но (*opens the trunk*) ма́ленькую.

ВО́ВА. Кака́я ма́ленькая! А больши́х не́ было?

СИ́ЛИН. Была́ одна́ больша́я и краси́вая ёлка. Её купи́л како́й-то° молодо́й челове́к. Он стоя́л во́зле° э́той ёлки, **ждал свое́й о́череди**° и проси́л всех не покупа́ть её. И меня́ попроси́л. Он сказа́л, что ёлка ему́ нужна́ для **люби́мой де́вушки.**°

ВО́ВА. Наве́рно, совра́л.°

СИ́ЛИН. Мо́жет быть.

(*Another car drives up with a huge tree tied to the top of it.*)

ВО́ВА. **Вот э́то да́!**°

ЛЕ́НА. Подожди́те, э́то же Ви́ктор!

СИ́ЛИН. Ви́ктор? Како́й Ви́ктор? (*The car drives up and Viktor gets out.*) Э́то же молодо́й челове́к, кото́рый купи́л са́мую краси́вую ёлку!

ВИ́КТОР. Здра́вствуйте! Ле́на, (*points to the tree*) э́то тебе́ ма́ленький **нового́дний**° пода́рок! (*Sees the other two trees and adds in frustration*) Я **наде́юсь,**° не все э́ти ёлки твой?

ВО́ВА. Вот э́то ёлка!

СИ́ЛИН. (*To himself.*) «Ёлка для люби́мой де́вушки?» Интере́сно! На́до сказа́ть Ната́ше.

тебе́...*aren't you cold?*

pair

to give
как... *shame on you!*

some
next to
ждал... *was waiting his turn*
a girl he is in love with
lied

Вот... *Now that's a tree!*

New Year's
hope

УПРАЖНЕНИЕ 1.1. Вопро́сы и отве́ты

1. У ва́с до́ма на Но́вый год покупа́ют ёлку? А на Рождество́ (*Christmas*)? А на Ха́нуку?

2. Вам бо́льше нра́вятся больши́е и́ли ма́ленькие ёлки?

3. Ско́лько сто́ит больша́я ёлка? А ма́ленькая? У вас была́ ёлка в про́шлом году́? Ско́лько вы заплати́ли?

4. От кого́ вы обы́чно получа́ете пода́рки на Рождество́? А на день рожде́ния?

5. Что вы получи́ли на Рождество́ (на Ха́нуку)? А на день рожде́ния?

6. Кому́ вы да́рите (*give*) пода́рки на Рождество́ (на Ха́нуку)? А на день рожде́ния?

О РОССИИ

New Year's in Russia

The New Year's celebration in Russia looks like a combination of our Christmas and New Year's customs. Religious motifs were forbidden during most of the Soviet period (until the late 1980s) but have again become an important part of the holiday season. Among the popular customs is getting a fir tree and decorating it. New Year's gifts are exchanged, and there's even a Santa Claus-like figure, **Дед Моро́з** (*Grandfather Frost*). Assisted by the beautiful **Снегу́рочка** (*the Snow Maiden*), **Дед Моро́з** distributes gifts to the children. Traditional secular greetings include **С Но́вым го́дом!** (*Happy New Year!*) and **Жела́ю вам здоро́вья и сча́стья в но́вом году́!** (*I wish you health and happiness in the new year!*) The seasonal religious greeting is **С Рождество́м Христо́вым!** (*lit:* [Greetings] *with Christ's birth!*) or simply **С Рождество́м!**

© Irina Iskrinskaya/Licensed by VAGA, New York, NY

ГРАММАТИКА И ПРАКТИКА

WHO, WHICH, AND *THAT*: MORE ON **КОТО́РЫЙ** CLAUSES

У вас в университе́те есть
студе́нтки, **кото́рые** хотя́т
снять ко́мнату?

*Do you have any (female)
students at the university
who want to rent a room?*

Э́ту ёлку нам подари́ла
фи́рма, в **кото́рой** мы
рабо́тали.

*The firm at which we worked
gave us this tree.*

In relative clauses, **кото́рый** shows the *gender* and the *number* of the word it refers to, while its *case* is determined by its use in its own clause. Remember that endings of **кото́рый** are the same as those of adjectives.

f./sing.   nom.

Де́вушка, **кото́рая** разгова́ривает
с профе́ссором, моя́ сестра́.

*The girl who is talking with
the professor is my sister.*

Кото́рая here is *feminine singular* because it refers to **де́вушка**; it is *nominative* because it functions as the subject of **разгова́ривает**. Here is a different example.

m./sing.
prep.

Вот идёт челове́к, о **кото́ром**
я вам говори́л.

*There goes the person
I was telling you about.*

Кото́ром is *masculine singular* because it refers to **челове́к**; it is in the *prepositional* case because it functions as the object of the preposition **о**.

pl.   acc.

Лю́ди, **кото́рых** ты там ви́дел,
мои́ роди́тели.

*The people (whom) you saw
there are my parents.*

Here, **кото́рых** is *plural* because it refers to **лю́ди**; it is in the *accusative* case because it functions as the object of **ви́дел**.[1] Note that whereas English sometimes omits *who, which,* and *that* in relative clauses, **кото́рый** is never omitted in Russian.

---

[1] Remember to set off with commas all subordinate clauses (**где, почему́, как,** and so on), including relative clauses (**кото́рый**).

УПРАЖНЕНИЕ 1.2.   **Вот ма́льчик, кото́рого...**

Combine the two sentences with a **кото́рый** clause.

EXAMPLE: Вот ма́льчик. Его́ зову́т Ви́ктор. →
Вот ма́льчик, кото́рого зову́т Ви́ктор.

1. Э́то кварти́ра. В ней три ко́мнаты.
2. Э́то мои́ друзья́. Они́ у́чатся в консервато́рии.
3. Э́то де́вушка. С ней познако́мился Ви́ктор.
4. Э́то брат и сестра́. О них мы чита́ли.
5. Вот волейбо́льный мяч. Его́ мне подари́л па́па.
6. А э́то те́ннисная раке́тка. Её мне подари́ла ма́ма.
7. Познако́мьтесь с на́шей соба́кой Бе́лкой. Мы все её лю́бим.
8. Э́то дом. В нём живу́т хоро́шие лю́ди.
9. Э́то аспира́нт Джим. Ему́ о́чень нра́вится наш но́вый дом.
10. Э́то наш лифт. Он никогда́ не рабо́тает.
11. Вот фотогра́фии. Я вам говори́л (говори́ла) о них.
12. Э́то мои́ подру́ги. Я ча́сто пишу́ им пи́сьма.
13. Вот мои́ друзья́. Я была́ с ни́ми в теа́тре.

УПРАЖНЕНИЕ 1.3.   **Вот ёлка, кото́рую...**

Working with a classmate, combine the two nouns with a **кото́рый** clause to create a sentence for each pair of nouns.

EXAMPLE: ёлка — оте́ц → Вот ёлка, кото́рую оте́ц купи́л Ле́не.

1. челове́к — брат
2. фи́рма — ёлка
3. сапоги́ — Ви́ктор
4. де́вушка — Ле́на
5. пиани́ст — Са́ша
6. челове́к — кварти́ра № 5
7. же́нщины — пода́рки

НЕ́ БЫ́ЛО / НЕ БУ́ДЕТ + GENITIVE: EXPRESSING ABSENCE IN THE PAST AND THE FUTURE

Кака́я ма́ленькая! А больши́х **не́ было**?	*What a little one! Weren't there any big ones?*
А у нас ёлки нет и, наве́рно, **не бу́дет**.	*We don't have a tree and probably won't (have one).*

To place **нет** (+ genitive) constructions such as **воды́ нет** (*there's no water*) in the past, Russian uses **не́ было** (instead of **нет**); to put the statement in the future, Russian uses **не бу́дет**. Like **нет** (+ genitive), the verbal forms **не́ было / не бу́дет** (+ genitive) never change. Note that **не́ было** is pronounced with a single stress, as if it were one word.

УПРАЖНЕНИЕ 1.4.   **У меня́ не́ было (не бу́дет)...**

Working with a classmate, complete the sentences with negative statements.

> EXAMPLE: У тебя́ был уче́бник. А у меня́... *не́ было уче́бника.*

1. У Джи́ма есть гита́ра. А у Ви́ктора...
2. У профе́ссора была́ кни́га. А у Ле́ны...
3. У меня́ в письме́ бы́ли оши́бки. А у моего́ дру́га...
4. У нас бу́дет ёлка. А у них...
5. — В суббо́ту бу́дет ле́кция?
   — Нет,...
6. У мое́й подру́ги была́ ко́шка. А у меня́...
7. — У тебя́ за́втра бу́дут заня́тия по ру́сскому языку́?
   — Нет,...

УПРАЖНЕНИЕ 1.5.   **Explaining why**

Working with a classmate, complete the following sentences, describing why something could not (or will not) be done. Then compare your completions with those of another pair of students and decide who has the more plausible excuse.

> EXAMPLE: Ле́на хоте́ла пойти́ на конце́рт, но... *у неё не́ было биле́та.*

1. Па́па обеща́л купи́ть большу́ю нового́днюю ёлку, но не мог, потому́ что...
2. Сего́дня де́ти не бу́дут игра́ть в футбо́л, потому́ что...
3. Са́ша хо́чет купи́ть тури́стскую пала́тку, но не мо́жет, потому́ что...
4. Та́ня не пойдёт за́втра в университе́т, потому́ что...
5. Я не могу́ купи́ть но́вую маши́ну, потому́ что...
6. Я не бу́ду де́лать упражне́ние, потому́ что...
7. Ви́ктор сказа́л, что он не пойдёт на стадио́н, потому́ что...
8. Ле́на не мо́жет принести́ гита́ру, потому́ что...
9. Во́ва не пойдёт за́втра в шко́лу, потому́ что...

ВО́ВА, КАК ТЕБЕ́ НЕ СТЫ́ДНО!:   DATIVE + ADVERB CONSTRUCTIONS

Во́ва, как **тебе́** не **сты́дно**!	*Vova, shame on you!*
Ле́на, **тебе́** не **хо́лодно**?	*Lena, aren't you cold?*

Russian uses the dative with many predicative adverbs (**на́до, ну́жно, мо́жно, нельзя́, сты́дно, хо́лодно,** and so on) to form sentences. Sentences in the past and the future use the unchanging forms **бы́ло** and **бу́дет,** respectively.[2]

Ге́не бы́ло **сты́дно**, что он забы́л день рожде́ния своего́ отца́.

Gena was ashamed that he forgot his father's birthday.

Мне бу́дет **ску́чно**.

I will be bored.

УПРАЖНЕНИЕ 1.6.   Ле́не на́до бы́ло (бу́дет) купи́ть...

Place the following sentences in the past and the future:

EXAMPLE: Ле́не на́до купи́ть что́-нибудь вку́сное для Бе́лки. →
  Past: Ле́не на́до **бы́ло** купи́ть что́-нибудь вку́сное для Бе́лки.
  Future: Ле́не на́до **бу́дет** купи́ть что́-нибудь вку́сное для Бе́лки.

1. Джи́му хо́лодно.
2. Ле́не тру́дно писа́ть статью́.
3. Ви́ктору интере́сно занима́ться би́знесом.
4. Джи́му ну́жно пригото́вить пи́ццу.
5. Во́ве ну́жно написа́ть сочине́ние о пра́здниках (*holidays*).
6. Чита́ть газе́ту ему́ ску́чно.

УПРАЖНЕНИЕ 1.7.   Вам интере́сно?

Working with a classmate, complete the following sentences about yourself and others whom you know:

1. Мне бы́ло интере́сно узна́ть, что...
2. Мне ску́чно, когда́...

---

[2] When used with certain adverbs, including **на́до** and **ну́жно,** the forms **бы́ло** and **бу́дет** usually follow the adverb: **Ви́ктору на́до бы́ло купи́ть сапоги́.** (*Victor needed to buy boots.*)

3. Моему́ дру́гу бу́дет тру́дно...
4. Мое́й сестре́ нра́вится, когда́ пого́да хоро́шая, потому́ что...
5. Мне бы́ло сты́дно, когда́...
6. Вчера́ мне на́до бы́ло...
7. За́втра мне на́до бу́дет...

Диалоги

ДИАЛОГ 1.1.   У вас есть ёлка?

(Discussing plans for a holiday)

— Пе́тя, у вас до́ма есть ёлка?
— Пока́ нет (*not yet*), но бу́дет.
— Ты уве́рен? Сейча́с тру́дно купи́ть хоро́шую ёлку — ведь за́втра Но́вый год.
— Па́па всегда́ покупа́ет ёлку в после́дний день.

ДИАЛОГ 1.2.   У меня́ ёлки не бу́дет.

(Discussing plans for a holiday)

— О́ля, приве́т!
— Ми́тя, э́то ты? Я тебя́ не узна́ла. Куда́ ты идёшь?
— Мне о́чень повезло́: фи́рма, в кото́рой я рабо́тал, подари́ла мне ёлку. Мне на́до её принести́.
— А у меня́ ёлки в э́том году́ не бу́дет.
— Почему́?
— Я уезжа́ю на Но́вый год к друзья́м в Крым (*Crimea*).

ДИАЛОГ 1.3.   Па́па купи́л ёлку.

(Discussing purchases)

— Смотри́, вон па́па. Па́па, ты купи́л ёлку?
— Да, мне повезло́, я купи́л о́чень краси́вую ёлку.
— А где она́?
— Я оста́вил её в магази́не. Вы мне помо́жете принести́ её?
— Коне́чно!

УПРАЖНЕНИЕ 1.8.   **Ваш диалóг**

Create a dialogue in which you and a friend discuss plans for the holiday season (vacation travel, purchases you'll make, gifts you may receive, and so on).

УПРАЖНЕНИЕ 1.9.   **Перевóд**

"Anton, what is that? A gift? For whom?"

"It's a new CD for my sister. A new rock group **(рок-грýппа)**, [*make up a name*]."

"Where did you buy it?"

"In some store downtown. I don't remember what it's called **(как он называ́ется)**."

"I'm sure your sister will like it."

"You don't know my sister. She never likes what **(то, что)** I give her."

ЧАСТЬ ВТОРАЯ

ЧТЕНИЕ

С наступáющим!°

(*It's 11 р.м., December 31. Sveta and Tanya's guests are about to arrive.*)

СВÉТА.   Нóвый год на носý,° а мы ещё не знáем, что у нас бýдет на столé.

ТÁНЯ.   Но мы ведь так договори́лись: кáждый принесёт с собóй чтó-нибудь вкýсное. Так дáже интерéснее.

СВÉТА.   Вот уви́дишь, все принесýт **однó и тó же**.° Бýдем есть оди́н° винегрéт.°

С... Happy New Year!

на... is almost here

однó... the same thing
only / salad with beets

ТА́НЯ.	Ну заче́м ты так говори́шь! У нас уже́ есть **пирожки́**° с **мя́сом,**° пирожки́ с **капу́стой,**° пять ра́зных сала́тов, паште́т,° (*turning toward the kitchen, sniffing*) гусь° почти́ гото́в...
СВЕ́ТА.	**Кста́ти о**° гу́се. Кто его́ принёс?
ТА́НЯ.	Кто́-то позвони́л в дверь. Я **откры́ла**° и уви́дела **высо́кого**° **па́рня**° в ма́ске Де́да Моро́за. Он сказа́л: «Вот вам пода́рок от Де́да Моро́за» — и **сра́зу**° же убежа́л.°
СВЕ́ТА.	О́чень интере́сно!

pirozhki
meat / cabbage
paté / goose

Кста́ти... *speaking of*
opened
tall / guy
immediately
ran away

(*The doorbell rings. Sveta opens the door. In walks Sasha with a huge basket.*)

СА́ША.	Приве́т!
СВЕ́ТА.	Что э́то у тебя́?
СА́ША.	Э́то нового́дние пода́рки от ба́бушки. Всё сама́ де́лала. (*Begins to pull various cans and jars from the basket.*) **Солёные**° **огурцы́**° и **помидо́ры**°! Ки́слая капу́ста!° **Солёные грибы́**°! (*Puts everything on the table.*)
СВЕ́ТА.	Са́ша, а ты гурма́н°!
ТА́НЯ.	Э́то, наве́рно, о́чень **вку́сно**!
СА́ША.	(*He puts something else on the table.*) А э́то ещё вкусне́е°! Пирожки́!

pickled / cucumbers / tomatoes / Ки́слая... Sauerkraut!
mushrooms
gourmet

ещё... *even tastier*

(*The doorbell rings. In walks Jim.*)

ДЖИМ.	Здра́вствуйте! Поздравля́ю вас с наступа́ющим Но́вым го́дом!°
ТА́НЯ.	Спаси́бо, Джим, и тебя́, то́лько почему́ так официа́льно°?
ДЖИМ.	А как на́до?
ТА́НЯ.	Приве́т! С наступа́ющим!
ДЖИМ.	Спаси́бо, бу́ду знать. Я принёс... (*Places two bottles of champagne on the table.*) Э́то — вам.
СВЕ́ТА И СА́ША.	(*Excitedly.*) Вот э́то да! Францу́зское шампа́нское!

Поздравля́ю... *Happy New Year!*
formally

(*The doorbell rings. In walks Lena.*)

ЛЕ́НА.	Приве́т! С наступа́ющим!
СВЕ́ТА.	Ле́на, а где твой Ви́ктор?
ЛЕ́НА.	Почему́ «мой»? **Про́сто°** Ви́ктор. Ско́ро прие́дет. Обеща́л быть° то́чно к° Но́вому го́ду. **Делово́й°** челове́к.
СА́ША.	Про́сто Ви́ктор? Гм-гм. А как же ёлка для «люби́мой де́вушки»?
СВЕ́ТА.	Ну что ж, бу́дем провожа́ть° ста́рый год **без°** него́.
ДЖИМ.	А что э́то **зна́чит°** — «провожа́ть ста́рый год»?
ТА́НЯ.	Э́то ру́сская тради́ция. Э́то зна́чит, что ну́жно **попроща́ться°** со ста́рым го́дом, сказа́ть ему́ спаси́бо за всё хоро́шее, подня́ть бока́лы° и...
СА́ША.	...и вку́сно **пое́сть**. Тогда́ Но́вый год бу́дет таки́м же вку́сным.
ДЖИМ.	Прекра́сная тради́ция. Мне она́ о́чень нра́вится.
ТА́НЯ.	Мы то́же о́чень лю́бим э́ту тради́цию. **Прошу́ всех к столу́!°**

Just
to be here / by / Businesslike

see out / without
means

say good-bye
подня́ть... *raise our glasses*

Прошу́... *Everyone please come to the table!*

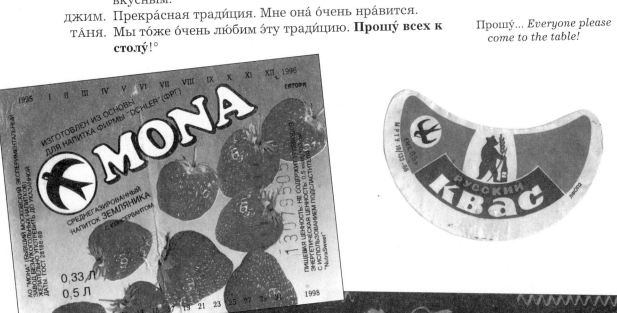

УПРАЖНЕНИЕ 2.1. **Вопро́сы и отве́ты**

1. Где вы бы́ли на Но́вый год — до́ма? У друзе́й? У роди́телей?
2. У америка́нцев есть тради́ция провожа́ть ста́рый год? А у ру́сских?
3. Что вы еди́те на Но́вый год?
4. Что вы пьёте на Но́вый год?
5. Кого́ вы поздравля́ете с Но́вым го́дом?
6. С кем вы лю́бите встреча́ть Но́вый год (*to celebrate New Year's Eve*)?
7. Когда́ вы идёте в го́сти, что вы прино́сите с собо́й?
8. Когда́ к Вам прихо́дят го́сти, они́ что́-нибудь прино́сят с собо́й?
9. Как вы ду́маете, что вкусне́е — пирожки́ с мя́сом и́ли пирожки́ с гриба́ми?

СЕБЯ: THE REFLEXIVE "ONESELF"

Ви́ктор рассказа́л Ле́не о **себе́**.
Victor told Lena about himself.

Себя́ always refers back to the subject and is neither gender- nor number-specific. Three forms cover the five cases in which it is used: **себя́, себе́,** and **собо́й**. (see page 94).

Ди́ма был большо́й эго́ист. Он люби́л то́лько **себя́,** всё де́лал то́лько для **себя́,** говори́л всегда́ о **себе́,** занима́лся то́лько **собо́й** и да́же писа́л сам **себе́** пи́сьма.

ACCUSATIVE	себя́	Мы ви́дели **себя́** по телеви́зору.	*We saw ourselves on television.*
GENITIVE	себя́	Он принёс две ча́шки ко́фе — для меня́ и для **себя́**.	*He brought two cups of coffee—(one) for me and (one) for himself.*
PREPOSITIONAL	себе́	Они́ говоря́т то́лько о **себе́** и о свои́х пла́нах.	*They talk only about themselves and their plans.*
DATIVE	себе́	Са́ша говори́л **себе́**, что не на́до волнова́ться.	*Sasha kept telling himself that he shouldn't worry.*
INSTRUMENTAL	собо́й	Ка́ждый принесёт с **собо́й** каку́ю-нибудь кассе́ту.	*Everybody will bring along a cassette.*

УПРАЖНЕНИЕ 2.2.   Джим принёс с собо́й

Fill in the blanks with the correct form of **себя́**.

1. Джим принёс с _____ две буты́лки францу́зского шампа́нского.
2. — Где па́па?
   — У _____ в кабине́те.[3]
3. — Кому́ ты купи́ла э́ти журна́лы?
   — _____ и сестре́.
4. Ма́ша купи́ла вино́ для госте́й. Для _____ она́ купи́ла я́блочный сок, потому́ что она́ не пьёт вина́.
5. Сего́дня бу́дет дождь. Возьми́те с _____ зо́нтик (*umbrella*).
6. Татья́ны Дми́триевны не́ было на ку́хне, она́ была́ у _____ в ко́мнате.
7. Све́та сказа́ла, что она́ купи́ла те́ннисные раке́тки _____ и Та́не.
8. Ви́ктор большо́й эго́ист. Он ду́мает то́лько о _____.

УПРАЖНЕНИЕ 2.3.   А что вы принесли́ с собо́й?

Who brought what to class today? Without looking around the room, list from memory as many things as possible that classmates brought with them today. See who can give the longest list.

EXAMPLE: Я принёс (принесла́) с собо́й кни́ги и ру́чки. Джон принёс с собо́й рюкза́к. Мэ́ри принесла́ с собо́й...

НОВОГО́ДНИЕ ПОДА́РКИ: SOFT ADJECTIVES

Э́то тебе́ **нового́дний** пода́рок.   *This is a New Year's present for you.*

---

[3] **У себя́** means *in one's office, home,* and so on.

Some adjectives, most of them relating to time or location and ending in **-ний**, have "soft" (palatalized) endings that are not caused by spelling rules. In contrast to hard adjective endings like those of **но́вый,** soft adjective endings use soft-series vowels:

DIFFERENCES FROM HARD ADJECTIVES	SOFT ADJECTIVES	HARD ADJECTIVES
-и- for -ы-	после́дний (уро́к) после́дние (ста́нции)	но́вый (уро́к) но́вые (пода́рки)
-е- for -о-	после́днее (письмо́) после́дней (студе́нтке)	но́вое (письмо́) но́вой (студе́нтке)
-я- for -а-	после́дняя (кни́га)	но́вая (кни́га)
-ю- for -у-	после́днюю (ёлку)	но́вую (ёлку)

УПРАЖНЕ́НИЕ 2.4.   **Hard and soft adjectives**

Complete the sentences with adjective endings.

1. Во́ве понра́вилась бо́льш_____ новогодн_____ ёлка, кото́р_____ принёс Ви́ктор.
2. Ба́бушка Са́ши сде́лала солён_____ огурцы́, ки́сл_____ капу́сту и бе́л_____ грибы́ на Но́в_____ год.
3. Мы лю́бим смотре́ть францу́зск_____ фи́льмы.
4. Вы по́няли после́дн_____ предложе́ние (*sentence*)?
5. Вам нра́вится моско́вск_____ метро́?
6. Она́ вы́учила но́в_____ пе́сню (*song*).
7. Мы лю́бим дома́шн_____ пи́ццу.
8. У меня́ есть ли́шн_____ ру́чка, я могу́ дать её тебе́.
9. У тебя́ о́чень ма́ло оши́бок в после́дн_____ зада́нии.

ТАК ДА́ЖЕ ИНТЕРЕ́СНЕЕ: SIMPLE COMPARATIVES OF ADVERBS AND PREDICATE ADJECTIVES

Э́то ещё **вкусне́е**!   *This is even tastier!*

Так да́же **интере́снее**.   *That's even more interesting.*

The comparative adverb and predicate adjective forms that you have already learned (**бо́льше, ме́ньше, ху́же, лу́чше, ле́гче**) are actually irregular (though very common) formations. The vast majority of Russian adverbs and predicate adjectives form their comparatives using the ending **-ee**.

У нас сего́дня хо́лодно, а в Москве́, наве́рно, ещё **холодне́е**.	It's cold here today, but it's probably even colder in Moscow.
Э́та ёлка краси́вая, но та — **краси́вее**.	This New Year's tree is pretty, but that one's prettier.
Та́ня говори́т бы́стро, а Све́та говори́т ещё **быстре́е**.[4]	Tanya speaks fast, but Sveta speaks even faster.

Other familiar adjectives and adverbs have irregular comparatives.

ADJECTIVE	ADVERB	COMPARATIVE
далёкий	далеко́	да́льше
дорого́й	до́рого	доро́же
чи́стый	чи́сто	чи́ще
молодо́й	мо́лодо (*rare*)	моло́же
ста́рый	ста́ро (*rare*)	ста́рше

УПРАЖНЕ́НИЕ 2.5. **...а там ещё удо́бнее.**

Work with a classmate to form comparative statements.

EXAMPLE: Здесь удо́бно, а... → Здесь удо́бно, а там ещё удо́бнее.

1. Ру́сский язы́к тру́дный, а...
2. Мой рюкза́к тяжёлый, а...
3. Ва́ша кни́га интере́сная, а...
4. Мой брат симпати́чный, а...
5. Сего́дня хо́лодно, а...
6. Моя́ ба́бушка гото́вит вку́сно, а...
7. Остано́вка авто́буса далеко́, а...

THE ART OF CONVERSATION: HOLIDAY (AND OTHER) GREETINGS

Поздравля́ю вас с наступа́ющим Но́вым го́дом!	Happy New Year! (lit. *I congratulate you with the approaching New Year!*)

Jim used this formal greeting when he arrived at the party. Tanya offered him an alternative: the shorter, more conversational **Приве́т! С наступа́ющим!** Here are some other celebratory greetings.

---

[4] When the resulting comparative form contains only three syllables, the stress usually moves to the ending (**быстре́е, вкусне́е**). Most longer comparatives involve no stress shift (**интере́снее, краси́вее**), although a few exceptions do occur (**холодне́е, тяжеле́е**).

GREETING	MEANING	RESPONSE
Holiday: С Но́вым го́дом! С Рождество́м! С пра́здником!	*Happy New Year!* *Merry Christmas!* *Happy holiday!*	И вас та́кже! И вас та́кже! И вас та́кже!
Other: С днём рожде́ния! С прие́здом! С новосе́льем!	*Happy birthday!* *Welcome!* (when someone arrives after traveling) *Happy housewarming!*	Спаси́бо! Спаси́бо! Спаси́бо!

Диалоги

ДИАЛОГ 2.1.   Что ещё ну́жно купи́ть?

(Making shopping lists)

— Что вы уже́ купи́ли и что ещё ну́жно купи́ть?
— Мы купи́ли вино́, минера́льную во́ду, сыр, колбасу́ и конфе́ты (*candy*). Ну́жно ещё купи́ть хлеб и солёные огурцы́.
— Сейча́с я сде́лаю сала́т, а пото́м пойду́ в магази́н и всё куплю́.
— Посмотри́, есть ли там паште́т.
— Я не бу́ду покупа́ть паште́т в магази́не, я его́ сама́ сде́лаю.

ДИАЛОГ 2.2.   О́чень вку́сно!

(Discussing food preferences)

— Что э́то?
— Э́то солёные помидо́ры. А вот э́то — ки́слая капу́ста.
— А что вкусне́е?
— А вы попро́буйте.
— Помидо́ры о́чень вку́сные, но ки́слая капу́ста ещё вкусне́е.

ДИАЛОГ 2.3.   Подáрки от Дéда Морóза

(Exchanging holiday wishes)

— Здрáвствуйте! С наступáющим!
— Спасúбо, и вас! Что э́то у вас?
— Э́то вам подáрки от Дéда Морóза.
— Францýзское шампáнское — э́то замечáтельно! У нас есть винó, но нет шампáнского.

УПРАЖНЕНИЕ 2.6.   Ваш диалóг

Create a dialogue in which you and a friend are planning to hold a party at your apartment. Discuss what you need to do (invite people, shop, clean, and so on) to prepare for the festivities.

УПРАЖНЕНИЕ 2.7.   Перевóд

"Everything's ready. Everyone please come to the table. It's time to see out the old year."
"Right. It's already 11:30 (**полдвенáдцатого**)."
"Viktor, pour (**наливáй**) the wine!"
"I want to propose a toast (**подня́ть тост**) to (**за** + *acc.*) the old year."

ЧАСТЬ ТРЕТЬЯ

УПРАЖНЕНИЕ 3.1.   Подготóвка к чтéнию

Here is a list of refreshments you might find at a holiday gathering in Russia. Which of them sound like something you would like to try? Which of them would also be served at a holiday gathering in America?

_____ винегрéт
_____ винó
_____ гусь
_____ кúслая капýста
_____ минерáльная водá
_____ паштéт
_____ пирожкú с капýстой
_____ пирожкú с мя́сом

_____ салáт
_____ солёные грибы́
_____ солёные огурцы́
_____ солёные помидóры
_____ солёный арбýз (*water-melon*)
_____ шампáнское

Скоре́е за стол°

(*The New Year's Eve party continues.*)

ТА́НЯ. Прошу́ всех к столу́! **До**° Но́вого го́да **оста́лось** де́сять мину́т°!

(*Everyone sits down at the table and begins passing around and serving the food.*)

Скоре́е... *Everyone to the table*
Until
оста́лось... *ten minutes are left*

— Тебе́ **положи́ть**° пирожо́к с капу́стой и́ли с мя́сом?
— Положи́ и с капу́стой и с мя́сом.
— **Переда́й,**° пожа́луйста, сала́т.
— У меня́ ви́лки нет.
— А у меня́ ли́шняя — вот, возьми́.
— На́до **попро́бовать**° э́ти пирожки́.
— Ле́на, что тебе́ положи́ть?
— Положи́ мне немно́го паште́та.
— А что э́то? Неуже́ли солёный арбу́з°?
— Не про́сто солёный арбу́з, а дома́шний° — от Алекса́ндры Никола́евны.
— А э́то что, минера́льная вода́? Нале́й° мне, пожа́луйста.

Тебе́... *Would you like*

Pass

taste

watermelon
homemade

pour

CÁША. А когда́ мы **бу́дем пить**° шампа́нское?   бу́дем... *will drink*

ТА́НЯ. Шампа́нское мы бу́дем пить за Но́вый год, а сейча́с мы
вы́пьем **вино́**° — за ста́рый.   *wine*

СВЕ́ТА. **Ребя́та,**° налива́йте! (*They pour the wine.*)   *Guys*

(*The doorbell rings.*)

ЛЕ́НА. Э́то Ви́ктор!

(*Viktor walks in.*)

ВИ́КТОР. Приве́т, с наступа́ющим! Я **чуть не**° опозда́л — не́ было   чуть... *almost*
такси́.

ТА́НЯ. Такси́стам то́же **хо́чется**° **встре́тить** Но́вый год.°   Такси́стам... *Cab drivers also*
                                                                                want / встре́тить... *to*
ВИ́КТОР. (*Looking toward the kitchen.*) Что́-то о́чень вку́сно па́хнет°!   *celebrate New Year's Eve*
                                                                                smells
ТА́НЯ. Э́то наш гусь! Гусь от Де́да Моро́за.

ВИ́КТОР. От *э́того* Де́да Моро́за!

(*Viktor pulls out the Дед Моро́з mask and puts it on. Everyone
laughs.*)

СВЕ́ТА. До Но́вого го́да пять мину́т. Кто уме́ет открыва́ть
шампа́нское?

ДЖИМ. **Дава́йте**° я откро́ю. (*He opens and pours the champagne.*)   *Let*

(*The bells of the Spassky Tower in the Kremlin ring. Everyone
counts the strokes.*)

ВСЕ. ... де́вять, де́сять, оди́ннадцать, двена́дцать!

СВЕ́ТА. С Но́вым го́дом!

ВСЕ. С но́вым **сча́стьем**°!   *happiness*

(*They raise their glasses.*)

УПРАЖНЕ́НИЕ 3.1.   **Вопро́сы и отве́ты**

1. Вы когда́-нибудь е́ли пирожки́? С чем? Как они́ вам
понра́вились?

2. Что вы обы́чно пьёте: минера́льную во́ду, вино́, шампа́нское?

3. Вы уме́ете открыва́ть шампа́нское?

4. Где вы в про́шлом году́ пра́здновали Но́вый год? Как вы
встре́тили Но́вый год?

5. С кем вы обы́чно встреча́ете Но́вый год — с роди́телями и́ли с
друзья́ми?

6. Како́й пра́здник вам нра́вится бо́льше всего́ (*most of all*)?

О РОССИИ

Как ру́сские встреча́ют Но́вый год

Food, drink, music and singing, good conversation, and dancing are central to many Russian parties. At a New Year's Eve party this is especially so. Toasts are also common. Anyone may propose a toast, and gallantry reigns: Women are toasted for their charm and beauty, guests (especially if foreign) are singled out in toasts to friendship and future cooperation. You'll hear such phrases as **За ва́ше здоро́вье** (*to your health*), **За на́шу дру́жбу** (*to our friendship*), and **За вас** (*to you*) (note the construction: **за** + accusative). Even if you don't drink alcoholic beverages, it is good manners to raise a glass of something and join in the toast.[5] As midnight approaches, revelers turn on the television to watch the nationwide broadcast from the Kremlin's Spassky Tower of the chiming of the bells, which marks the start of the new year.

Спа́сская ба́шня Кремля́.

---

[5] Social pressure to drink alcohol at Russian parties can be fairly strong, but if you do not care to imbibe, you can say **Извини́те пожа́луйста, я спиртно́го не пью** (*Please excuse me, I don't drink alcohol*) before joining toasts with your preferred beverage. If you want to stop after a few drinks, you may say **Спаси́бо, я бо́льше не хочу́ (не могу́, не бу́ду)**.

ГРАММАТИКА И ПРАКТИКА

THE ART OF CONVERSATION: MORE ON GREETINGS AND TOASTS

To offer a toast or good wishes one can say the following (note the structure):

	+ DATIVE OF PERSON	+ GENITIVE OF THING WISHED
Жела́ю *I wish*	вам (*you*)	счастли́вого Но́вого го́да! (*a Happy New Year!*)
	тебе́ (*you*)	здоро́вья! ([*good*] *health!*)
	всем (*everyone*)	сча́стья! (*happiness!*)
		хорошо́ провести́ вре́мя (*to have a good time*)

УПРАЖНЕНИЕ 3.2. **Offering toasts**

Using the elements below, make up some suitable wishes or toasts to offer at New Year's, birthdays, or weddings. Some people to honor might include **муж, жена́, роди́тели, ма́ма, па́па, друзья́, преподава́тели, хозя́йка, го́сти,** and so on.

- Жела́ю вам... (+ *adjective and noun in genitive*): хоро́шего здоро́вья, хоро́шего настрое́ния
- За ваш/вашу/ваше/ваши... (+ *noun in accusative*): успе́хи, здоро́вье, сча́стье
- За... (+ *noun in accusative*): ма́му, па́пу, на́шу хозя́йку

КТО́-ТО AND КТО́-НИБУДЬ: *SOMEONE* AND *ANYONE*

Вот ви́дишь, соба́ка,
  кому́-то Дед
Моро́з несёт ёлку.
Её купи́л **како́й-то**
  молодо́й челове́к.

*Look, dog, Grandfather Frost
is taking a New Year's tree
to someone.
Some young man bought it.*

Most question words (**кто, что, како́й, где, когда́,** and **как**) can be followed by **-то** to express that the speaker has in mind a certain person (thing, location, time, and so on), but does not know (or recall) the specific details. Contrast **-то** with **-нибудь**, in which the speaker does not have in mind a specific person (thing, location, time, and so on). Note that questions and commands often require **-нибудь**.

— **Кто́-нибудь** звони́л?	*"Did anyone call?"*
— Да, **кто́-то** звони́л, но я не зна́ю кто.	*"Yes, someone did, but I don't know who."*
— Принеси́ **что́-нибудь** вку́сное для Бе́лки.	*"Bring something tasty for Belka."*

As seen in the example showing **кому́-то**, the pronoun forms used with **-то** and **-нибудь** change case according to how they are used in the sentence.

УПРАЖНЕНИЕ 3.3.   -нибудь и́ли -то?

Two friends are deciding how to spend their evening. Fill in the blanks with either **-нибудь** or **-то**, depending on context.

— Мы весь день сиде́ли до́ма. Ты не хо́чешь куда́-_____ (1) пойти́?

— Мо́жно пойти́ в кино́, е́сли идёт что-_____ (2) интере́сное.

— Где-_____ (3) идёт «Дра́кула», но я не зна́ю где.

— Я не хочу́ смотре́ть фильм о вампи́рах.

— Позвони́ Ни́не: она́ всегда́ зна́ет, где что идёт.

— Ни́ны нет до́ма: она́ куда́-_____ (4) уе́хала.

— Мо́жно позвони́ть кому́-_____ (5) друго́му.

— А заче́м нам вообще́ идти́ в кино́, когда́ мы мо́жем посмотре́ть телеви́зор?

— А по телеви́зору сего́дня есть что-_____ (6) интере́сное?

— Вот програ́мма. Так... Поли́тика, спорт, бале́т... А что э́то?

— Кака́я-_____ (7) но́вая переда́ча.

— Я не хочу́ смотре́ть телеви́зор. Дава́й лу́чше пое́дем в рестора́н.

— В како́й?

— В како́й-_____ (8).

ОСТА́ТЬСЯ: REMAINING TIME OR QUANTITY

До Но́вого го́да **оста́лось** пять мину́т!	*There's only five minutes left 'til the New Year!*

This perfective verb is usually used in the past tense to express *remains, remaining*. When the subject is a numeral, use the neuter form of the verb (**оста́лось**) unless the numeral ends in **оди́н** or **одна́**, in which case you would use **оста́лся** or **оста́лась**, respectively (for example, **До конца́ семе́стра оста́лся оди́н ме́сяц, оста́лась одна́ неде́ля**).

УПРАЖНЕНИЕ 3.4. **До конца́ семе́стра оста́лось…**

Using the forms **оста́лся** (**оста́лось, оста́лась**), tell how much time (or other amount) remains in the following situations:

1. До конца́ семе́стра… (1 день, 2 дня, 10 дней, 2 ме́сяца)
2. До конца́ ле́кции… (1 мину́та, 2 мину́ты, 20 мину́т)
3. У меня́… (1 до́ллар, 2 до́ллара, 50 до́лларов, 23 це́нта)
4. До Но́вого го́да… (1 ме́сяц, 7 ме́сяцев)
5. До моего́ дня рожде́ния…
6. У нас… (одна́ ба́нка [*can*] огурцо́в, 2 ба́нки огурцо́в, 5 ба́нок огурцо́в)

ЕСТЬ / СЪЕСТЬ (ПОЕ́СТЬ): *TO EAT*

Э́то зна́чит, что ну́жно подня́ть бока́лы и… вку́сно **пое́сть**!	*That means one must raise our glasses and . . . eat well!*
На столе́ бы́ли пирожки́, но, ка́жется, их **съе́ла** Бе́лка!	*There were pirozhki on the table, but it looks like Belka ate them up!*

The imperfective **есть,** which has two common perfective counterparts, is conjugated as follows:

PRESENT TENSE	PAST TENSE
я ем	ел
ты ешь	е́ла
он, она́ ест	е́ло
мы еди́м	е́ли
вы еди́те	
они́ едя́т	

The perfectives **съесть** and **пое́сть** are conjugated the same way. The difference in meaning between the two perfectives is that **съесть** means *to eat up, to finish* (*a whole serving or dish of something*), while **пое́сть,** in addition to being a simple resultative perfective (*to finish eating*), may also convey the sense of *to have a bite, to have something to eat.*

УПРАЖНЕНИЕ 3.5. **Что едя́т, что пьют, что пою́т (*they sing*)?**

Selecting items from the columns below, create sentences with which a classmate can agree or disagree.

EXAMPLE: — Пингви́ны в Анта́рктике едя́т солёные помидо́ры.
— Что ты! Э́то неве́рно. Пингви́ны в Анта́рктике едя́т ры́бу.

1. Америка́нские студе́нты...
2. Ру́сские студе́нты...
3. На Но́вый год америка́нцы...
4. На Но́вый год ру́сские...
5. Когда́ я бо́лен (больна́)...
6. У́тром мы с друзья́ми...
7. Когда́ де́душка бо́лен,
   ба́бушка даёт ему́...
8. Ти́гры в зоопа́рке...
9. Пингви́ны в Анта́рктике...
10. Ру́сские де́ти...

ки́слую капу́сту
ко́фе с молоко́м
ко́фе с са́харом (*sugar*)
конфе́ты
молоко́
мя́со
пирожки́ с мя́сом
пи́ццу
ры́бу
сок
солёные огурцы́
чай с лимо́ном
чай с мёдом (*honey*)
чай с варе́ньем[6]
«Auld Lang Syne»
«В лесу́ роди́лась ёлочка»
солёные помидо́ры

THE ART OF CONVERSATION: SOFTENING ХОТЕ́ТЬ

> Такси́стам то́же **хо́чется**
> встре́тить Но́вый год.

> *Cab drivers also want to*
> *celebrate New Year's Eve.*

The construction dative + **хо́чется** (+ infinitive) expresses one's desire to do something without sounding abrupt or demanding: **Мне хо́чется пить (есть, спать)** is a little gentler than **Я хочу́ пить (есть, спать)**.

ДИАЛОГИ

ДИАЛОГ 3.1.   Я чуть не опозда́л.

(Discussing past events)

— Где вы встреча́ли Но́вый год?
— У друзе́й. Я чуть не опозда́л туда́ — не́ было такси́.
— Э́то поня́тно. Такси́стам то́же хо́чется встре́тить Но́вый год.
— Но я всё-таки не опозда́л. Мне повезло́; оди́н такси́ст е́хал на ту са́мую у́лицу, где живу́т мои́ друзья́.

---

[6] Serving tea with jam (**чай с варе́ньем**) is a favorite custom among some Russians.

ДИАЛОГ 3.2. Положи́ть вам?

(Offering and accepting food)

— Скажи́те, пожа́луйста, что э́то?
— Э́то пашта́т. Положи́ть вам?
— Да, пожа́луйста, то́лько немно́го.
— Хорошо́. И обяза́тельно попро́буйте пирожки́. Они́ о́чень вку́сные.

ДИАЛОГ 3.3. Пирожки́!

(Offering and accepting food)

— Обяза́тельно попро́буйте пирожки́.
— А с чем они́?
— Э́ти — с гриба́ми, э́ти — с мя́сом, э́ти — с капу́стой, а э́ти — с карто́шкой (*potato*).
— Я хочу́ оди́н пирожо́к с гриба́ми и оди́н с капу́стой.

УПРАЖНЕНИЕ 3.6. Ваш диало́г

Create a dialogue in which you are at a Russian party and your Russian host is urging you to try the various dishes and partake in toasts.

УПРАЖНЕНИЕ 3.7. Перево́д

"There's one minute left before the new year."
"Does everybody have champagne? It's time to raise a toast (**подня́ть тост**)."
"What are we going to drink to?"
"To the new year. To health and happiness. And also to our friendship."

ЧАСТЬ ЧЕТВЁРТАЯ

ЧТЕНИЕ

Дава́йте споём!°

(*It's an hour later. Everyone is sitting around the table.*)

ДЖИМ. Како́й хоро́ший **пра́здник**° — Но́вый год!

ТА́НЯ. Да, э́то мой са́мый люби́мый пра́здник.

ДЖИМ. После́дний раз у меня́ была́ ёлка, когда́ мне бы́ло двена́дцать лет.

ВИ́КТОР. Ребя́та, дава́йте споём!

(*Jim pulls out his guitar and sits on the floor.*)

Дава́йте... *Let's sing!*

holiday

ТА́НЯ. Джим, **сади́сь**° на дива́н, тут есть ме́сто. — *come sit*

ДЖИМ. Спаси́бо, но я люблю́ **сиде́ть**° на полу́. До́ма я всегда́ сижу́ на — *to sit*
полу́. Когда́ я сижу́ на полу́, я **чу́вствую себя́ как до́ма.**° А — *чу́вствую... feel at home*
что мы бу́дем **петь**°? — *to sing*

ЛЕ́НА. А что у вас пою́т на Но́вый год?

ДЖИМ. У нас пою́т ста́рую **пе́сню**° «Auld Lang Syne». (*Starts singing* — *song*
"Should old acquaintance be forgot . . .")

ТА́НЯ. Джим, а ты зна́ешь э́ту пе́сню по-ру́сски? (*Jim shakes his*
head.) Слу́шай:

> Забы́ть ли ста́рую **любо́вь**° — *love*
> И не грусти́ть о° ней? — *грусти́ть... yearn for*
> Забы́ть ли ста́рую любо́вь
> И **дру́жбу**° пре́жних дней°? — *friendship / пре́жних... of*
>   *days gone by*
>
> За дру́жбу ста́рую — до дна°! — *до... bottoms up*
> За сча́стье пре́жних дней!
> С тобо́й мы вы́пьем, старина́,° — *old friend*
> За сча́стье пре́жних дней.

ДЖИМ. Та́ня, ты напи́шешь мне ру́сские слова́ э́той пе́сни?

ТА́НЯ. (*Pulls a book off her shelf.*) Вот тебе́ нового́дний пода́рок —
Ро́берт Бёрнс по-ру́сски. Тут есть э́та пе́сня.

ДЖИМ. Спаси́бо, от тако́го пода́рка я не могу́ **отказа́ться.**° — *turn down*

ТА́НЯ. А тепе́рь — **та́нцы.**° — *dancing*

СВЕ́ТА. Что ты, тут ме́ста нет!

ТА́НЯ. Дава́йте вы́йдем на у́лицу. (*Goes over to the window.*)
Посмотри́те, кака́я ёлка у нас во **дворе́**°! Мы бу́дем — *courtyard*
танцева́ть° **вокру́г**° ёлки! — *dance / around*

ДЖИМ. Замеча́тельно! Я никогда́ ещё не танцева́л вокру́г ёлки.

ЛЕ́НА. И не пел «В **лесу́**° роди́лась ёлочка»? — *forest*

ДЖИМ. Что э́то тако́е?

ЛЕ́НА. Э́то, наве́рно, **еди́нственная**° пе́сня, кото́рую в Росси́и зна́ют — *the only*
абсолю́тно все. Её пою́т в де́тском саду́.° Сейча́с мы тебя́ — *де́тском... kindergarten*
нау́чим. **Вперёд!**° — *Let's go!*

(*Everyone rushes outside, laughing. They form a circle around*
the tree and, holding hands, begin to sing as they circle the
tree.)

ВСЕ. В лесу́ роди́лась ёлочка,
> В лесу́ она́ росла́.° — *grew*
> Зимо́й и ле́том стро́йная,° — *slender*
> Зелёная° была́... — *green*

СА́ША. А как **да́льше**?° Кто по́мнит? — *A... What comes next?*

(*Vova and Belka come out of the building.*)

ТА́НЯ. Во́ва, помоги́! Мы забы́ли слова́!

ВО́ВА. Бе́лка, помо́жем? (*Belka barks.*) Помо́жем!
> И вот она́ наря́дная° — *decorated*
> На пра́здник к нам пришла́
> И мно́го-мно́го **ра́дости**° — *joy*
> Дети́шкам° принесла́! — *kids*

(*Belka barks deafeningly as the revelers continue to dance*
around the tree.)

УПРАЖНЕНИЕ 4.1.   **В Аме́рике и́ли в Росси́и?**

Which of the following customs are practiced at a New Year's Eve party in America? Which in Russia? Which customs are practiced in both countries **(и в Аме́рике и в Росси́и)**?

1. _____ Провожа́ют ста́рый год.
2. _____ Пьют шампа́нское.
3. _____ Танцу́ют вокру́г ёлки.
4. _____ Пою́т пе́сню о ёлке.
5. _____ Пою́т ста́рую шотла́ндскую (*Scottish*) пе́сню.
6. _____ Получа́ют нового́дние пода́рки.

ГРАММАТИКА И ПРАКТИКА

AGE IN THE PAST AND THE FUTURE

После́дний раз у меня́ была́ ёлка, когда́ мне **бы́ло** 12 лет.

The last time I had a New Year's tree was when I was 12 years old.

To tell age in the past, use **был** with **год** for any numeral ending in **оди́н,** and use **бы́ло** with all other numerals. To tell age in the future, always use **бу́дет** regardless of the numeral.

Когда́ мне **бу́дет** 30 лет, моему́ сы́ну **бу́дет** два го́да.

When I'm thirty, my son will be two.

УПРАЖНЕНИЕ 4.2.   **Когда́ мне бы́ло пять лет...**

What were you doing at certain times in your life? What do you want to be doing in the future? Tell a classmate about your life, linking your statements to your age at the time. Then ask about the events your classmate remembers or looks forward to, also linking your questions to age.

EXAMPLE: — Где ты жил (жила́), когда́ тебе́ бы́ло пять лет?
— Когда́ мне бы́ло пять лет, я жил (жила́) в го́роде Миннеа́полис.

1. Где ты жил (жила́), когда́ тебе́ бы́ло (5 лет, 10 лет, 15 лет...)?
2. Где ты хо́чешь жить, когда́ тебе́ бу́дет (22 го́да, 50 лет, 70 лет...)?
3. Ско́лько тебе́ бы́ло лет, когда́ ты (научи́лся води́ть маши́ну, на́чал изуча́ть ру́сский язы́к, уви́дел в пе́рвый раз океа́н...)?[7]

[7] Here and elsewhere, use feminine forms as appropriate: **учи́лась, начала́, уви́дела,** and so on.

4. Чем ты хо́чешь занима́ться, когда́ тебе́ бу́дет (25 лет, 30 лет, 50 лет...)?

5. Каки́е кни́ги ты чита́л, когда́ тебе́ бы́ло (8 лет, 15 лет...), был (21 год)?

6. Каки́м спо́ртом ты занима́лся, когда́ тебе́ бы́ло (10 лет, 15 лет, 20 лет...)?

7. Каки́м спо́ртом ты бу́дешь занима́ться, когда́ тебе́ бу́дет (50 лет, 70 лет, 90 лет...)?

8. Каки́е фи́льмы тебе́ нра́вились, когда́ тебе́ бы́ло (4 го́да, 13 лет, 18 лет...)?

9. Ско́лько тебе́ бы́ло лет, когда́ ты (на́чал занима́ться спо́ртом, научи́лся чита́ть)?

САДИ́ТЬСЯ AND СИДЕ́ТЬ: *SITTING DOWN* (КУДА́) AND *SITTING* (ГДЕ)

— Джим, **сади́сь** на дива́н, тут есть ме́сто.
— Спаси́бо, но я люблю́ **сиде́ть** на полу́. До́ма я всегда́ **сижу́** на полу́.

"Jim, (come) sit on the couch, there's room here."
"Thanks, but I like to sit on the floor. At home I always sit on the floor."

The **где/куда́** distinction you encountered earlier (**Он живёт в Москве́/ Он е́дет в Москву́**) is reflected not only in travel from one place to another, but also in placement (**куда́**) vs. position (**где**). Here the difference is between **сади́ться/сесть** (*to sit down, to take a seat*) and **сиде́ть** (*to be*

in a seated position). Prepositions used with **сади́ться/сесть** (а **куда́** verb) are followed by the accusative.

сади́ться/сесть **на дива́н**	*to sit down on the couch*

Prepositions used with **сиде́ть** (а **где** verb) are followed by the appropriate locational case.

сиде́ть **у окна́** (*gen.*)	*to sit by the window*
сиде́ть **за столо́м** (*instr.*)	*to sit at the table*
сиде́ть **в маши́не** (*prep.*)	*to sit at the table*
сиде́ть **на дива́не** (*prep.*)	*to sit on the couch*

Note the conjugations, including the frequently used imperative forms:

КУДА? (НА ДИВА́Н, НА́ ПОЛ, ЗА СТОЛ)	ГДЕ? (НА ДИВА́НЕ, НА ПОЛУ́, ЗА СТОЛО́М)

сади́ться (imperfective)
  сажу́сь (*I sit down, take a seat*)
  сади́шься
  садя́тся
Imperative
  Сади́сь. (Сади́тесь.)[8] (*[Please] sit down. Have a seat.*)
	сиде́ть (imperfective)
	  сижу́ (*I sit, I'm sitting*)
	  сиди́шь
	  сидя́т
	Imperative
	  Сиди́. (Сиди́те.) (*Remain seated.*)

сесть (perfective)
  ся́ду (*I'll sit down, take a seat*)
  ся́дешь
  ся́дут
Past: сел
Imperative
  Сядь. (Ся́дьте.) (*Sit down.*)
	No true perfective.

УПРАЖНЕ́НИЕ 4.3. **Сади́тесь, пожа́луйста!**

Fill in the blanks with the correct form of **сади́ться/сесть** or **сиде́ть**.

1. Вы лю́бите _____ на полу́?
2. Де́душка _____ на дива́н и на́чал чита́ть газе́ту.
3. Почему́ вы стои́те? _____, пожа́луйста.
4. На э́том ме́сте обы́чно _____ ба́бушка.
5. Сту́льев не́ было, и мы _____ на́ пол.
6. Тебе́ удо́бно _____ на сту́ле?

---

[8] The imperative forms **сади́сь** and **сади́тесь** and the descriptive forms **сижу́, сиди́т,** and so on are probably the most useful to you.

УПРАЖНЕНИЕ 4.4.   **Что они́ говоря́т, что они́ де́лают?**

Study the scene above.

А. With your books open, make up one- or two-line phrases that the various characters could be saying: — **Сади́сь, пожа́луйста! — Спаси́бо, я люблю́ сиде́ть на полу́. — Спой свою́ люби́мую пе́сню.**

Б. Describe the scene from memory, as accurately as you can, to a classmate. Your classmate, with book open, may prompt you with questions such as **Где Джим? Кто сиди́т на дива́не? Кто стои́т в углу́?** and **Кто стои́т у окна́?**

THE ART OF CONVERSATION: *LET'S . . .*

Дава́йте with a perfective **мы**-form or the imperfective infinitive suggests a course of action (which includes the speaker) to others.[9]

> **Дава́йте вы́йдем на у́лицу!**   *Let's go outside!*
> **Све́та, дава́й занима́ться**   *Sveta, let's study together.*
>   **вме́сте.**

Дава́й(те) can also be used for *Let me (us)*. . . by changing the following verb form.

> **Дава́йте я откро́ю.**   *Let me open (it).*

---

[9] Remember that **дава́йте** is used with people you address **на вы** or with more than one person. If you are addressing only one person with whom you are on familiar terms, use **дава́й**: **Джим, дава́й пойдём к Та́не.**

УПРАЖНЕНИЕ 4.5.   Что вы ска́жете?

How would you make suggestions involving the following:

пойти́ в кино́ (в рестора́н)
смотре́ть телеви́зор
разгова́ривать о поли́тике
петь ру́сские пе́сни
прочита́ть пи́сьма
танцева́ть

сде́лать пи́ццу
занима́ться ру́сским языко́м
позвони́ть Ната́ше
ходи́ть в кино́ ка́ждый день
купи́ть пода́рок Ми́ше
что́-нибудь пое́сть

УПРАЖНЕНИЕ 4.6   Письмо́ дру́гу

Write a short letter in Russian to a Russian friend, describing your last Christmas, Hanukkah, New Year, or other important celebration.

Диалоги

ДИАЛОГ 4.1.   Како́й твой са́мый люби́мый пра́здник?

(Soliciting and giving opinions)

— Том, како́й твой са́мый люби́мый пра́здник?
— Рождество́ и Но́вый год.
— Но э́то два пра́здника, а не оди́н.
— Нет, э́то оди́н дли́нный пра́здник.

ДИАЛОГ 4.2.   То́лько я!

(Soliciting and giving opinions)

— Серёжа, како́й твой са́мый люби́мый пра́здник?
— Мой день рожде́ния, потому́ что я получа́ю мно́го пода́рков.
— Но на Но́вый год ты то́же получа́ешь мно́го пода́рков.
— Но́вый год — э́то пра́здник для всех. На Но́вый год все получа́ют пода́рки, а на мой день рожде́ния — то́лько я!

ДИАЛОГ 4.3. Дава́йте вы́йдем.

(Soliciting and giving opinions)

— Дава́йте вы́йдем на у́лицу.
— Там сейча́с о́чень хо́лодно.
— Нам не бу́дет хо́лодно, мы бу́дем танцева́ть вокру́г ёлки.
— Но танцева́ть мо́жно и в ко́мнате.
— Нет, что́ ты! Тут ма́ло ме́ста. Пошли́!

УПРАЖНЕНИЕ 4.7. Ваш диало́г

Create a dialogue in which you ask a friend about his or her preferences in music, activities, or holidays.

УПРАЖНЕНИЕ 4.8. Перево́д

"Do you like the song 'Kalinka'?"
"Very much. I really like Russian songs."
"Do you know the words to this song?"
"No, I know only the melody."
"Do you know how to play 'Kalinka'?"
"No, but I want to learn."
"I'll definitely write down the words for you."

Новые слова

Nouns

вино́	wine
гита́ра	guitar
гриб (*gen. sing.* гриба́)	mushroom
гусь *m.* (*gen. pl.* гусе́й)	goose
двор (*gen. sing.* двора́)	courtyard
Дед Моро́з	Grandfather Frost
дру́жба	friendship
ёлка (*gen. pl.* ёлок)	New Year's tree
капу́ста	cabbage
лес (*prep. sing.* в лесу́, *pl.* леса́)	forest
любо́вь (*gen. sing.* любви́) *f.*	love
мя́со	meat
огур(е́)ц (*gen. sing.* огурца́)	cucumber
о́чередь (*gen. pl.* очереде́й) *f.*	1. turn; 2. line
па́ра	1. pair; 2. couple
па́р(е)нь (*gen. pl.* парне́й) *m.*	guy; fellow
пе́сня (*gen. pl.* пе́сен)	song
пирож(о́)к (*gen. sing.* пирожка́)	pirozhok (small filled pastry)
помидо́р	tomato
пра́здник	holiday
ра́дость *f.*	joy
ребя́та (*gen.* ребя́т) *pl. colloquial*	guys
сча́стье	happiness
такси́ *m., indecl.*	taxi

Pronouns

кто́-нибудь	someone, somebody; anyone, anybody
кто́-то	someone; somebody
себя́ (*acc. and gen.; dat. and prep.* себе́; *instr.* собо́й)	oneself
что́-нибудь	something; anything
что́-то	something

Adjectives

высо́кий	1. high; 2. tall
делово́й	1. business (*adj.*); 2. businesslike
еди́нственный	(the) only
нового́дний	New Year's
холо́дный	cold

Verbs

A translation is listed after the perfective only if it differs from the imperfective. "X" indicates that a paired verb exists but has not yet been presented as active vocabulary. "None in this meaning" indicates that there is no perfective for the meaning given here. "None" indicates that there is no aspectual counterpart for this verb.

IMPERFECTIVE		PERFECTIVE	
есть (ем, ешь, ест, еди́м, еди́те, едя́т; *past* ел, е́ла, е́ло, е́ли)	to eat	1. съесть 2. пое́сть	1. to eat (up) 2. to have a bite; to have something to eat

IMPERFECTIVE		PERFECTIVE	
зна́чить (*usually* 3d pers. зна́чит)	to mean	None	
класть (кладу́, кладёшь; *past* клал, кла́ла, кла́ло, кла́ли)	to lay; to put	положи́ть (положу́, поло́жишь)	
надея́ться	to hope	X	
остава́ться (остаю́сь, остаёшься)	to be left; to remain	оста́ться (оста́нусь, оста́нешься)	
отдава́ть (отдаю́, отдаёшь)	to give	отда́ть (отда́м, отда́шь, отда́ст, отдади́м, отдади́те, отдаду́т; *past* о́тдал, отдала́, о́тдало, о́тдали)	
отка́зываться	1. to refuse; 2. to turn down	отказа́ться (откажу́сь, отка́жешься)	
открыва́ть	to open	откры́ть (откро́ю, откро́ешь)	
передава́ть (передаю́, передаёшь)	to hand, to pass	переда́ть (переда́м, переда́шь, переда́ст, передади́м, передади́те, передаду́т; *past* пе́редал, передала́, пе́редало, пе́редали)	
петь (пою́, поёшь)	to sing	спеть	
пить (пью, пьёшь)	to drink	вы́пить (вы́пью, вы́пьешь)	to drink up
про́бовать (про́бую, про́буешь)	to taste	попро́бовать	
проща́ться (с + *instr.*)	to say good-bye (to someone)	попроща́ться	
сади́ться (сажу́сь, сади́шься)	to sit down; to take a seat	сесть (ся́ду, ся́дешь; *past* сел, се́ла, се́ло, се́ли)	
сиде́ть (сижу́, сиди́шь)	to sit; to be sitting	None	
хоте́ться (хо́чется)	(*can replace* хоте́ть *to soften a preference or wish*)	None	
чу́вствовать себя́ (чу́вствую, чу́вствуешь)	to feel (some way)	None	

Comparatives

да́льше   1. further; 2. next

Adverbs

вку́сно   (it's/that's) tasty;
                       (it's/that's)
                       delicious
про́сто   simply; just
сра́зу   immediately; at
                       once
хо́лодно   (it's) cold

Other

без (+ *gen.*)   without
к (+ *dat.; when*   by
  expressing time)

Idioms and Expressions

Вам (тебе́) положи́ть... ?   (*when serving
                          food*) Would you
                          like . . . ?
Вот э́то да!   Now *that's* a . . . !
Вперёд!   Let's go!
встреча́ть/встре́тить   to celebrate New
  Но́вый год   Year's Eve
Дава́й(те)   Let's . . .

ждать свое́й о́череди   to wait one's turn
Им хорошо́!   Lucky them!
Как тебе́ (вам)   Shame on you!
  не сты́дно!
кста́ти о...   speaking of . . .
люби́мая де́вушка   the girl one is in
                          love with
минера́льная вода́   mineral water
одно́ и то же   the same thing
Прошу́ всех к столу́!   Everyone please
                          come to the
                          table!
С наступа́ющим   Happy New Year!
  (Но́вым го́дом)!
Тебе́ не хо́лодно?   Aren't you cold?
чу́вствовать себя́   to feel at home
  как до́ма
чуть не   nearly; almost

Topics

Food: хлеб, пирожки́, кре́керы, пи́цца; сала́т, винегре́т, сала́т из тунца́, карто́фельный сала́т, грибы́, (солёные) огурцы́, (солёные) помидо́ры, ки́слая капу́ста; колбаса́, мя́со, гусь; вино́, шампа́нское, конья́к, во́дка; минера́льная вода́, сок (*juice*), молоко́, чай, ко́фе; есть/съесть (пое́сть), пить/вы́пить, налива́ть/нали́ть, про́бовать/попро́бовать; вку́сный, вку́сно пое́сть

4 УРОК

ЯЗЫК—ЭТО НЕ ВСЁ!

а. Тури́сты в Санкт-Петербу́рге.
б. Москва́. Сувени́ры на Арба́те.
в. На ры́нке.

In this chapter you will learn

- ▲ more about direct and indirect requests and commands
- ▲ to express approximate quantity
- ▲ conversational ways to tell time
- ▲ more about verbs of motion
- ▲ to use **сам** for emphasis
- ▲ to express past obligations
- ▲ two ways to express *many:* **мно́го** and **мно́гие**
- ▲ to express how long something takes
- ▲ to express *each other*
- ▲ to say what year something happened
- ▲ to express the unspecified subject "they"
- ▲ about apartment buildings in Russian suburbs
- ▲ about Russian markets

ЧАСТЬ ПЕРВАЯ

Чтение

Вы зна́ете, как к нам е́хать?

ЛЕ́НА. (*On the phone.*) Та́ня, приве́т, э́то Ле́на. Вы со Све́той **свобо́дны**° за́втра ве́чером? Приходи́те ко мне. Я вас познако́млю со шве́дским° журнали́стом. Он был у нас в университе́те, и я пригласи́ла его́ **в го́сти**.° Он непло́хо говори́т по-ру́сски. Придёте? Часо́в в шесть.° У вас бу́дет Джим? О́чень хорошо́. Приходи́те с Джи́мом. Попроси́те его́ принести́ гита́ру. Пока́.

free
Swedish
в... *to come over*
Часо́в... *At about six.*

(*The Silins', next evening. Lena and Tanya are setting the table.*)

ТА́НЯ.	Он зна́ет, как сюда́ е́хать?
ЛЕ́НА.	**Никаки́х**° проблє́м. Я рассказа́ла ему́, как е́хать. Когда́ он приє́дет на на́шу остано́вку, он позвони́т из телефо́на-автома́та, и кто́-нибудь его́ встре́тит. (*The phone rings.*) Э́то, наве́рно, он. (*Answers.*) Алло́, да, э́то я. Здра́вствуйте, Карл. Вы уже́ здесь? Хорошо́. **Бу́дьте добры́,**° сто́йте у телефо́на-автома́та и **никуда́** не уходи́те.° Сейча́с мой брат вас встре́тит. (*Hangs up phone.*) Во́ва!
ВО́ВА.	(*Sullenly.*) Да? В чём де́ло?
ЛЕ́НА.	Во́вочка, ми́ленький,° у меня́ к тебе́ про́сьба. На на́шей авто́бусной остано́вке стои́т высо́кий краси́вый **иностра́нец,**° его́ зову́т Карл. Я хочу́, чтобы ты его́ встре́тил. **Подойди́**° к нему́, скажи́, что ты мой брат, и приведи́° его́ сюда́, пожа́луйста.
ВО́ВА.	(*Peevishly.*) Почему́ я? У меня́ вре́мени нет, у меня́ за́втра **контро́льная.**°
ЛЕ́НА.	Э́то всего́° пятна́дцать мину́т. Сейча́с шесть часо́в, а в че́тверть седьмо́го° ты уже́ бу́дешь до́ма. Возьми́ Бе́лку, ей пора́ **погуля́ть**.
ВО́ВА.	Ну, **ла́дно,**° то́лько **ра́ди**° Бе́лки!

Glosses (right margin):
- *No*
- Бу́дьте... *If you don't mind*
- никуда́... *don't go anywhere*
- *sweetie*
- *foreigner*
- *go over*
- *bring*
- *test*
- Э́то... *It'll only take*
- в... *at (a) quarter past six*
- *okay / for*

TOP 20 MUSIC VIDEOS ▼ **ВИДЕОКЛИПЫ**

1	NEW	**Не верь мне, милая** Влад Сташевский	1
2	NEW	**Бессонница** Алла Пугачёва	1
3	NEW	**Сказочная тайга** Агата Кристи	1
4	6	**Я тебя отвоюю** Ирина Аллегрова	4
5	8	**Я знал любовь** Александр Буйнов	2
6	7	**Подружка Маша** Владимир Пресняков мл.	2
7	1	**Весточка (Message)** Ногу Свело!	3
8	NEW	**Моя малышка** На-На	1
9	5	**Как на войне** Агата Кристи	6
10	3	**Таблетка (С добрым утром!)** Валерия	3

1995 © "ЗД". Составлено по опросу читателей

▼ **ВИДЕОАЛЬБОМЫ**

1	4	**Bon Jovi** Cross Road	2

УПРАЖНЕНИЕ 1.1.   Вопро́сы и отве́ты

1. Вы свобо́дны сего́дня ве́чером? Е́сли нет, то что вы бу́дете де́лать?
2. А вчера́ ве́чером вы бы́ли свобо́дны? Е́сли нет, что вы де́лали, е́сли э́то не секре́т?
3. А за́втра ве́чером вы бу́дете свобо́дны? У вас есть пла́ны на суббо́ту на ве́чер?
4. Кого́ вы приглаша́ете (вчера́ пригласи́ли) к себе́ в го́сти? Когда́ у вас в про́шлый раз бы́ли го́сти?
5. Ва́ши друзья́ зна́ют, как к вам е́хать? Как они́ к вам е́дут?
6. У вас до́ма есть телефо́н и́ли вы звони́те друзья́м из телефо́на-автома́та?
7. Есть ли остано́вка авто́буса бли́зко от ва́шего до́ма? Ско́лько мину́т на́до идти́ туда́?

О РОССИИ

Новостро́йки

When *Та́ня* asks *Ле́на — Он зна́ет, как сюда́ е́хать?* in reference to the impending visit by Karl, the question is not simply academic. During the Soviet years, large areas of new apartment buildings (*новостро́йки*) on the outskirts of large cities were constructed very quickly, and they all looked very much alike. They still do: Visiting someone who lives in an area one does not know well can be a challenge even for Russians living in the same city. In some areas, no matter which direction you look when getting off a bus or emerging from a metro stop, the buildings in all directions may appear pretty much the same and it can be difficult to orient yourself. Hence, Lena's suggestion to Karl that he call her from a pay phone when he reaches the bus stop, so that someone can come to meet him.

ГРАММАТИКА И ПРАКТИКА

THE по- PERFECTIVES: *A LITTLE WHILE*

Возьми́ Бе́лку, ей пора́
погуля́ть

Take Belka. It's time for her to have a (little) walk.

Whereas many perfective verbs focus on the completion and result of an action, another function of perfectivity is to focus on the limited nature of an action. Many imperfective verbs can be prefixed by **по-** to mean *for a little while, a short time*, and so on. Here are some other examples.

Вчера́ ве́чером мы снача́ла **послу́шали** му́зыку, а пото́м **поигра́ли** в ша́хматы.	*Last night we first listened to a bit of music, and then played a little chess.*

УПРАЖНЕ́НИЕ 1.2.   **Хочу́, но не могу́**

Using the phrases below, take turns with your classmates, asking and answering questions like the ones in the example.

EXAMPLE: — Ты хо́чешь посмотре́ть телеви́зор?
— Хочу́, но не могу́. У меня́ нет вре́мени.

1. погуля́ть в па́рке
2. послу́шать му́зыку Чайко́вского
3. поигра́ть в футбо́л
4. послу́шать рок-му́зыку
5. почита́ть газе́ту
6. поигра́ть в те́ннис
7. поигра́ть в баскетбо́л
8. почита́ть но́вый журна́л

УПРАЖНЕ́НИЕ 1.3.   **В гостя́х у дру́га**

You're telling a friend about a party you attended recently. Using the following verbs and phrases, make up at least five sentences describing what you did.

поигра́ть в ка́рты, ша́хматы (Кто вы́играл/проигра́л? [*Who won/lost?*])
послу́шать му́зыку (Каку́ю?)
потанцева́ть (С кем?)
разгова́ривать, поговори́ть (*to have a talk*) (С кем? О чём?)
есть, пить (Что?)
петь (Каки́е пе́сни?)

Я ХОЧУ́, ЧТО́БЫ... : INDIRECT REQUESTS

Я **хочу́, что́бы** ты его́ встре́тил.	*I want you to meet him.*

When one person makes a request of another or relays a request through a third party, Russian may use **что́бы** + past tense.

Скажи́ сестре́, **что́бы она́ написа́ла** письмо́ ба́бушке.	*Tell your sister to write a letter to Grandma.*

But with **проси́ть/попроси́ть** and a few other verbs, a simple infinitive construction (without **что́бы**) is possible.

> Попроси́те Джи́ма, что́бы он принёс гита́ру. =
> Попроси́те Джи́ма принести́ гита́ру.

УПРАЖНЕНИЕ 1.4.   **Wishes and commands with что́бы**

Working with a classmate, complete the following sentences in as many ways as you can:

1. Я хочу́, что́бы ты...
2. Ты хо́чешь, что́бы я... ?
3. Наш профе́ссор сказа́л нам, что́бы мы...
4. Моя́ подру́га про́сит (попроси́ла), что́бы я...
5. Ты не хо́чешь сказа́ть свои́м друзья́м, что́бы они́... ?

БУ́ДЬТЕ ДОБРЫ́:   IMPERATIVES IN -ь(те)

Бу́дьте добры́, сто́йте у телефо́на-автома́та и никуда́ не уходи́те.	*If you don't mind, stay at the pay phone and don't go anywhere.*

Бу́дьте represents the third and final type of imperative formation: the ending **-ь(те)** is added to verb stems that are stressed and that end in a consonant. This is the least common type of verb stem, so these imperatives are not as frequent as the **-й(те)** and **-и(те)** forms. But many high-frequency verbs exhibit this ending, including the following:

приготóвь(те)	На за́втра приготóвьте упражне́ние 3.2. *Prepare exercise 3.2 for tomorrow.*
пове́рь(те)	Пове́рьте, я его́ действи́тельно зна́ю! *Believe me, I really know him!*
отве́ть(те)	Отве́тьте, пожа́луйста, на все вопро́сы. *Answer all the questions, please.*
вста́нь(те)	Вста́ньте, когда́ с ва́ми разгова́ривает офице́р! *Stand up when an officer is speaking with you!*
забу́дь(те)	Э́то нева́жно. Забу́дьте об э́том. *It doesn't matter. Forget about it.*
ся́дь(те)	Ся́дьте на стул. Сними́те руба́шку. *Sit down on the chair. Take off your shirt.*
поста́вь(те)	Поста́вьте кни́гу на кни́жную по́лку. *Put the book on the bookshelf.*

On page 124 is a table that compares the three types of imperative endings.[1]

---

[1] Note the imperative form **поезжа́й(те)**, which serves as the imperative for both **е́хать** and **пое́хать**. Similarly, the **-езжа́й(те)** form is used as the imperative for other pairs of verbs based on the **-ехать** root: **приезжа́й(те)** for both **приезжа́ть** and **прие́хать**.

VOWEL STEM	CONSONANT STEM WITH STRESSED ENDING OR DOUBLE-CONSONANT STEM	CONSONANT STEM WITH UNSTRESSED ENDING
+ **й(те)**	+ **и(те)**	+ **ь(те)**
чита́ть: чита́-ю чита́ + й(те)	сказа́ть: скаж-у́ скаж + и́(те)	быть: бу́д-у бу́д + ь(те)
волнова́ться: волну́-юсь (не) волну́ + йся (не) волну́ + йтесь	по́мнить: по́мн-ю по́мн + и(те)	сесть: ся́д-у ся́д + ь(те)

УПРАЖНЕ́НИЕ 1.5. Imperatives

What would you say to your Russian friends in the following situations?

1. Ва́ши ру́сские друзья́ говоря́т о́чень бы́стро, и вы не понима́ете их. Вы про́сите их:...
2. Вы хоти́те, что́бы ваш друг пришёл к вам в суббо́ту. Вы звони́те ему́ и говори́те:...
3. Ва́ши друзья́ пришли́ в го́сти. Вы открыва́ете им дверь и говори́те:...
4. Ваш друг вошёл в гости́ную (*living room*) и стои́т ря́дом с дива́ном. Вы приглаша́ете его́:...
5. Ве́чером к вам приду́т ва́ши друзья́. Они́ о́чень лю́бят петь. У вас нет гита́ры, но она́ есть у ва́шего дру́га Де́йва, кото́рый то́же придёт ве́чером. Вы звони́те ему́ и про́сите:...
6. Вам звони́т ваш друг. Он хо́чет знать, узна́ли ли вы расписа́ние экза́менов (*exam schedule*). Вы отвеча́ете, что узна́ете расписа́ние за́втра и говори́те:...
7. Ваш друг не уме́ет гото́вить пи́ццу, а вы уме́ете. Он ча́сто про́сит вас:...

THE ART OF CONVERSATION: APPROXIMATE TIME, QUANTITY, AMOUNT

часо́в в шесть	*at about six*
килогра́мма три	*about three kilograms*

To render an approximate time, quantity, and so on, place the numeral (and preposition, if applicable) after the time or quantity noun (**часо́в, килогра́мма, лет,** and so on) referred to.

Ей пятьдеся́т лет.	*She's 50 years old.*
Ей лет пятьдеся́т.	*She's about 50.*

Они́ прие́дут в 10 часо́в.	*They'll arrive at 10 o'clock.*
Они́ прие́дут часо́в в 10.	*They'll arrive at about 10 o'clock.[2]*
На ле́кции бы́ло 25 челове́к.	*There were 25 people at the lecture.*
На ле́кции бы́ло челове́к 25.	*There were about 25 people at the lecture.*

УПРАЖНЕ́НИЕ 1.6.   Жизнь америка́нских студе́нтов

A Russian student is asking you questions about student life. Answer with approximations when appropriate.

1. Ско́лько часо́в в день (в неде́лю) занима́ются америка́нские студе́нты? А ско́лько часо́в в день (в неде́лю) вы занима́етесь?
2. Ско́лько часо́в в день вы смо́трите телеви́зор? А ва́ши друзья́ смо́трят телеви́зор бо́льше и́ли ме́ньше, чем вы? Вы лю́бите смотре́ть бейсбо́л (америка́нский футбо́л, гольф) по телеви́зору?
3. Вы рабо́таете? Где вы рабо́таете? Вам нра́вится ва́ша рабо́та? Вам бо́льше нра́вится рабо́тать и́ли учи́ться?
4. Ско́лько часо́в в день (в неде́лю) вы рабо́таете? Вы ду́маете, что э́то мно́го? Вы рабо́таете то́лько ле́том и́ли зимо́й то́же?
5. Ско́лько обы́чно зараба́тывает (*earns*) америка́нский студе́нт в час (в неде́лю, в ме́сяц)?
6. Вы занима́етесь спо́ртом? Каки́м ви́дом спо́рта (*which sport*) вы занима́етесь? Вы занима́етесь спо́ртом ка́ждый день? Ско́лько раз в неде́лю вы занима́етесь спо́ртом?
7. Вы лю́бите ходи́ть в рестора́ны? Как ча́сто вы хо́дите в рестора́ны?
8. Вы лю́бите ходи́ть в музе́и? Каки́е музе́и есть в ва́шем го́роде?
9. Ско́лько сто́ят джи́нсы? А ю́бка (*skirt*)? А футбо́лка (*rugby shirt*)? А кроссо́вки (*sneakers*)?

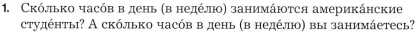

TELLING TIME: CONVERSATIONAL FORMS

В **че́тверть седьмо́го** ты уже́ бу́дешь до́ма.	=	В **семь пятна́дцать** ты уже́ бу́дешь до́ма.

Conversationally, Russian expresses *a quarter past* and *half past* by using **че́тверть** (*quarter*) and **полови́на** (*half*) followed by the genitive ordinal numeral of the coming hour. To express *at a certain time,* the preposition **в** is used, followed by **че́тверть...** or the prepositional case of **полови́на...** Russian uses **без че́тверти** followed by the cardinal numeral of the coming hour to mean both *a quarter to* and *at a quarter to*. In addition, one can always tell time with hours and minutes—for example, **семь пятна́дцать** (*seven fifteen*).

---

[2] Note, however, **о́коло ча́са** (*at about one* [*o'clock*]).

КОТО́РЫЙ ЧАС?	В КОТО́РОМ ЧАСУ́? (КОГДА́?)
Сейча́с пять часо́в.	В пять часо́в.
Сейча́с че́тверть шесто́го.	В че́тверть шесто́го.
Сейча́с полови́на шесто́го. (*Conversational:* Сейча́с полшесто́го.)	В полови́не шесто́го. (*Conversational:* В полшесто́го.)
Сейча́с без че́тверти шесть.	Без че́тверти шесть.

УПРАЖНЕНИЕ 1.7.   Когда́... ?

How would you describe your daily life? Decide on answers to the following questions; then, working with a classmate, ask and answer them using conversational forms. Write down each other's answers to check your comprehension when you're finished.

1. В кото́ром часу́ вы обы́чно встаёте? А в кото́ром часу́ вы вста́ли сего́дня у́тром?
2. В кото́ром часу́ вы обы́чно прихо́дите в университе́т? А когда́ вы пришли́ сего́дня?
3. Ско́лько сейча́с вре́мени?
4. Когда́ передаю́т (*broadcast*) но́вости по телеви́зору?
5. Когда́ начина́ется ва́ша пе́рвая ле́кция? А на́ши заня́тия по ру́сскому языку́?
6. Когда́ вы обы́чно ухо́дите из университе́та? А когда́ вы уйдёте сего́дня?
7. Ско́лько вре́мени вы обы́чно идёте (е́дете) домо́й?

Диалоги

ДИАЛОГ 1.1.   В котором часу?

(Telling or asking when)

— Катя, приходи ко мне завтра вечером. Придут мои друзья Миша и Игорь. Я давно хочу тебя с ними познакомить.
— Спасибо, с удовольствием. В котором часу?
— Часов в семь.

ДИАЛОГ 1.2.   Приходи завтра вечером.

(Inviting someone to a social gathering)

— Завтра у меня в гостях будут русские студенты, и мы будем разговаривать весь вечер только по-русски. Если ты хочешь поговорить по-русски, приходи завтра вечером.
— Обязательно приду. Что принести?
— Спасибо, ничего не нужно. Я сделаю пиццу и салат из тунца.
— Я принесу минеральную воду и пиво (beer).

ДИАЛОГ 1.3.   Просьба

(Asking a favor)

— Наташа, у меня к тебе просьба.
— Слушаю.
— Ко мне должен приехать мой коллега профессор Никольский. Он у нас ещё не был и может заблудиться. Я сказал ему, что его кто-нибудь встретит на нашей автобусной остановке. Ты не можешь встретить его?
— А когда он приедет?
— Через полчаса.

УПРАЖНЕНИЕ 1.8.   Ваш диалог

Create a dialogue in which you invite a friend to your place for a party on Saturday night. Tell who else will be there, what you will be doing, and so on, to convince your friend to come.

УПРАЖНЕНИЕ 1.9. Перево́д

"Andryusha, you've been studying all day long. It's time to take a little
 walk."

"I can't. I don't have time. I have an awful lot of work."

"Why do you have so much work?"

"Because tomorrow we have a test in physics (**по фи́зике**), and the day
 after tomorrow (**послеза́втра**) in chemistry (**по хи́мии**). And I have to
 learn thirty French verbs (**глаго́лы**). This is horrible!"

ЧАСТЬ ВТОРАЯ

ЧТЕНИЕ

Это тру́дное число́° девятна́дцать

number

(The Silins', half an hour later. Lena is getting worried.)

ЛЕ́НА. Уже́ полседьмо́го. Ничего́ не понима́ю. Где они́? (*The phone rings.*) Алло́! Карл? **Что случи́лось?**° Никого́ нет? Не мо́жет быть! Мой брат пошёл за ва́ми полчаса́ наза́д. С ним **бе́лая**° соба́ка. Вы никуда́ не уходи́ли? Нет? Хорошо́. Позвони́те мне, пожа́луйста, че́рез пять мину́т. Е́сли его́ не бу́дет, я приду́ сама́! (*She hangs up, and the phone immediately rings again.*) Алло́, Во́вка, где ты?

Что... *What happened?*

white

ВО́ВА. Мы уже́ два́дцать мину́т **хо́дим** по у́лице° **о́коло**° авто́бусной остано́вки. Тут никого́ нет!

хо́дим... *have been walking around on the street / near*

ЛЕ́НА. Ка́к э́то нет? Ничего́ не понима́ю. То́лько что звони́л Карл, он всё вре́мя стои́т на остано́вке, о́коло телефо́на-автома́та.

ВО́ВА. О́коло како́го телефо́на? Здесь оди́н телефо́н, и по нему́ пятна́дцать мину́т разгова́ривала кака́я-то **то́лстая** тётка.° (*Sarcastically.*) Мо́жет быть, *э́то* Карл?

кака́я-то... *some fat woman*
Пове́сь... *Hang up*

ЛЕ́НА. Ла́дно, я сейча́с сама́ приду́. Пове́сь тру́бку,° он до́лжен сейча́с позвони́ть. (*The phone rings again.*) Карл, мне то́лько что звони́л брат, они́ с соба́кой уже́ давно́ хо́дят по у́лице о́коло остано́вки.

КАРЛ. Ле́на, извини́те меня́, я смотрю́ о́чень внима́тельно,° но я не ви́жу **ни** ма́льчика, **ни** соба́ки.° Никого́ нет. Я ви́жу то́лько табли́чку° «Авто́бус № 12».

carefully
я... *I don't see either a kid or a dog*
sign

ЛЕ́НА. «Двена́дцать»? Как «двена́дцать»? Вы хоти́те сказа́ть «девятна́дцать»?

КАРЛ. Почему́ «*девятна́*дцать»? Вы же мне са́ми сказа́ли: «После́дняя остано́вка авто́буса но́мер *двена́*дцать». Я зна́ю э́тот авто́бус: я иногда́ **е́зжу** на нём° к свои́м друзья́м. Ну вот, я прие́хал. Всё пра́вильно, всё здесь так, как вы мне сказа́ли. О́коло остано́вки стои́т

е́зжу... *take this bus*

— Вы не ска́жете, где у́лица Лесна́я?

высо́кий дом. Я посчита́л° этажи́ — действи́тельно, шестна́дцать, всё так, как вы и сказа́ли. Ря́дом телефо́н-автома́т.

counted

ЛЁНА. **Бо́же мой**,° вы прие́хали в друго́й райо́н! Э́то я винова́та.° Я должна́ была́° написа́ть вам а́дрес!

Бо́же... *My goodness*
Э́то... *It's my fault /*
должна́... *should have*
стоя́нка... *taxi stand*

КАРЛ. Лёна, не волну́йтесь. Здесь ря́дом стоя́нка такси́.° **Шофёр**, наве́рно, зна́ет, где после́дняя остано́вка авто́буса но́мер девятна́дцать?

ЛЁНА. Да, коне́чно, шофёры такси́ зна́ют всё. Приезжа́йте **скоре́е**,° я сама́ вас встре́чу. Скажи́те шофёру, чтобы он останови́лся на **углу́**° Лесно́й и Пу́шкинского проспе́кта. Прости́те, что так получи́лось°! (*Hangs up.*) Бо́же мой, какой стыд,° какой позо́р!°

as quickly as possible
corner
turned out
какой... *how embarrassing /*
какой... *how humiliating!*

СЕРГЕ́Й ПЕТР. (*Gloomily.*) Э́то ещё не всё. Подожди́, сейча́с Во́вка вернётся...

THE ART OF CONVERSATION: REDUCING MISCOMMUNICATION

Misunderstandings like Karl's happen often enough in one's native language; in a foreign language they are virtually inevitable. Here are some steps you can take to try to avoid them.

1. *Expect misunderstandings.* The most serious barrier to effective communication is the presumption that such communication is occurring when in fact it is not.
2. *Mention generalities, then place specifics in context.* Lena might have first told Karl what general part of the city she lived in and then told him which specific bus to take. Had he known the general direction in which he should have been going, he might have been alerted to his misunderstanding when the bus moved off in another direction.
3. *Use several methods to communicate.* Lena could have written the bus number down for Karl as well as spoken it. The more methods you use to communicate, the more likely your message will get through. Notes, gestures, maps, restatement, and repetition all can help.
4. *Verify comprehension.* If Karl had repeated the directions (**Дава́йте я повторю́. Авто́бус № 12... ?**), Lena would have corrected his mistake. Or, Lena herself could have asked something like **Вы по́няли, на какой авто́бус вам на́до сесть** (*which bus you have to take*)?

УПРАЖНЕ́НИЕ 2.1.   Вопро́сы и отве́ты

1. Вы ча́сто е́здите на авто́бусе? А на такси́? Когда́ вы после́дний раз е́здили на такси́?
2. Что вы де́лаете, когда́ вам ну́жно такси́?
3. В Аме́рике есть стоя́нки такси́? А в Росси́и?

4. Как вы обы́чно е́здите к свои́м друзья́м — на авто́бусе и́ли на маши́не?

5. О́коло ва́шего до́ма есть авто́бусная остано́вка?

6. Вы когда́-нибудь сади́лись не на тот авто́бус (*got on the wrong bus*)?

7. О́коло ва́шего до́ма есть телефо́н-автома́т? Где в Аме́рике обы́чно нахо́дятся телефо́ны-автома́ты? А в Росси́и?

8. Ско́лько вам бы́ло лет, когда́ вы на́чали учи́ться в университе́те? А ско́лько вам бу́дет лет, когда́ вы зако́нчите университе́т?

9. Где вы жи́ли, когда́ вам бы́ло двена́дцать лет?

10. В како́м ве́ке (*century*) мы живём — в девятна́дцатом и́ли в двадца́том?

11. (*See the following chart.*) Ско́лько сто́ит оди́н до́ллар США? Оди́н францу́зский франк? Одна́ шве́дская кро́на?

ЦЕНТРА́ЛЬНЫЙ БАНК	
Ку́рсы устано́влены с 31 ма́рта 1995 г.	
1 австри́йский ши́ллинг	508 рубле́й
1 англи́йский фунт сте́рлингов	7928 рубле́й
1 до́ллар США	4920 рубле́й
10 испа́нских песе́т	388 рубле́й
100 италья́нских лир	286 рубле́й
1 кана́дский до́ллар	3522 рубля́
1 неме́цкая ма́рка	3578 рубле́й
1 шве́дская кро́на	666 рубле́й
10 япо́нских и́ен	569 рубле́й

О РОССИИ

Стоя́нка такси́

Although mass public transportation (**метро́, авто́бус, тролле́йбус, трамва́й**) in the large cities is extensive and reliable, these conveyances follow fixed routes; you may still need to walk a mile or more from the nearest stop to your destination, especially in the suburbs. If you're lucky, however, a taxi stand (**стоя́нка такси́**) may be located near your subway or bus stop, and you can complete your journey that way. Failing that, some people just stand at the edge of a busy street and flag down a passing car: Many owners of private cars will pick up pedestrians and—for a fee negotiated on the spot—take them somewhere if it's not too far out of the driver's way and the price is right.

ГРАММАТИКА И ПРАКТИКА

ХОДИ́ТЬ AND Е́ЗДИТЬ: MULTIDIRECTIONAL MOVEMENT

Мы уже́ пятна́дцать мину́т **хо́дим** по у́лице…	*We've been walking around on the street for fifteen minutes already . . .*
Я иногда́ **е́зжу** на э́том авто́бусе к свои́м друзья́м.	*I sometimes take this bus to visit my friends.*

The verbs **ходи́ть** and **е́здить** are examples of a special class of imperfective-only motion verbs called *multidirectional*. These verbs—in contrast to the *unidirectional* forms **идти́/пойти́** and **е́хать/пое́хать**—describe three types of motion.

1. General movement with no specific direction

Вам ну́жно мно́го **ходи́ть**.	*You have to do a lot of walking.*
Си́лины неда́вно купи́ли маши́ну и бо́льше не **е́здят** на метро́.	*The Silins bought a car recently and don't ride the subway anymore.*

2. Multiple round-trips or habitual trips

Мы **е́здим** туда́ ка́ждый год. Авто́бусы туда́ не **хо́дят**.[3]	*We go there every year. Buses don't go there.*

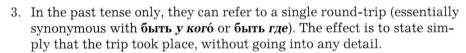

3. In the past tense only, they can refer to a single round-trip (essentially synonymous with **быть у кого́** or **быть где**). The effect is to state simply that the trip took place, without going into any detail.

Вчера́ я **ходи́л** к друзья́м. = …я был у друзе́й.	*Yesterday I visited my friends.*
В про́шлом году́ мы **е́здили** во Фра́нцию. = …мы бы́ли во Фра́нции.	*Last year we went to France.*

Both **ходи́ть** and **е́здить** are **-ишь** conjugation verbs with a stem change in the **я** form.

ХОД-И́ТЬ	Е́ЗД-ИТЬ
хож-у́	е́зж-у
хо́д-ишь	е́зд-ишь
(Note shifting stress.)	(Note stem stress.)

---

[3] Note that one says **Я е́зжу на авто́бусе** (*I travel by bus*) but **Авто́бусы туда́ не хо́дят**.

УПРАЖНЕНИЕ 2.2.   Куда́ вы хо́дите?

Where do you usually go after classes? On Fridays? Choose one element from each column to make up sentences.

в пя́тницу (суббо́ту и т.д.)	я	ходи́ть	на заня́тия
ве́чером	мой друзья́		в рестора́н
у́тром	мой брат		в бар
по́сле рабо́ты	моя́ сестра́		в спортза́л (*gym*)
	мой роди́тели		в кафете́рий
			на стадио́н
			???

УПРАЖНЕНИЕ 2.3.   Ходи́ть и́ли е́здить?

For each question in the left-hand column, choose an appropriate response from the right-hand column.

1. _____ Ва́ши друзья́ е́здят на метро́?

2. _____ Вы лю́бите е́здить на метро́?

3. _____ Вы бы́ли вчера́ у врача́?

4. _____ Что вам сказа́л врач?

5. _____ Вы хорошо́ зна́ете Фра́нцию и Герма́нию?

6. _____ Вы идёте в кино́? На како́й сеа́нс (*showing*)?

7. _____ Вам ну́жно мно́го ходи́ть.

8. _____ Вы ча́сто е́здите в Калифо́рнию?

а. На после́дний. Я всегда́ хожу́ на са́мый после́дний сеа́нс.

б. Да, я ходи́л к нему́ вчера́ у́тром.

в. Нет, я предпочита́ю (*prefer*) е́здить на авто́бусе.

г. Но я не люблю́ ходи́ть пешко́м (*on foot*), я люблю́ е́здить на маши́не.

д. Да, мы ча́сто е́здим в Евро́пу.

е. Да, я е́зжу туда́ ка́ждый год.

ж. Нет, они́ е́здят то́лько на такси́.

з. Он сказа́л, что мне ну́жно мно́го ходи́ть.

УПРАЖНЕНИЕ 2.4.   Моё де́тство

Where did you go as a child? Find someone else in the class who has at least two childhood experiences similar to yours.

Когда́ я был ма́леньким (была́ ма́ленькой)...

...я ча́сто ходи́л (ходи́ла) в кино́. (А вы? Вы то́же ча́сто ходи́ли в кино́?)

...я е́здил (е́здила) в шко́лу на велосипе́де (*bicycle*). (А вы?...)

...мы е́здили ка́ждое воскресе́нье на пляж (*beach*). (А вы?...)

...я люби́л (люби́ла) ходи́ть в го́сти к ба́бушке. (А вы?...)

...я не люби́л (люби́ла) ходи́ть к врачу́. (А вы?...)

...я ходи́л (ходи́ла) в ту же (*the same*) шко́лу, в кото́рую ходи́л мой па́па/брат (ходи́ла моя́ ма́ма/сестра́) (А вы?...)

САМ, САМА́, СА́МИ: THE EMPHATIC "ONESELF"

Приезжа́йте скоре́е, я сама́
вас встре́чу.

Come as quickly as possible;
I'll meet you myself.

Сам is used to provide emphasis. **Сам (сама́, само́, са́ми)** exhibits the same kind of gender and number agreement as **рад** and **гото́в**. Note the stress.

— Хо́чешь, я тебе́ помогу́
написа́ть статью́?
— Нет, я **сам (сама́)** э́то
сде́лаю.

"Do you want me to help you
write the article?"
"No, I'll do it myself."

— Вы уже́ зна́ете, когда́ она́
уезжа́ет?
— Нет. Она́ **сама́** э́того ещё
не зна́ет.

"Do you know when she's
leaving?"
"No. She herself doesn't know
yet."

УПРАЖНЕНИЕ 2.5.   Нет, я сам (сама́)…

Working with a classmate, answer the following, using a form of **сам**:

1. Хо́чешь, я пригото́влю обе́д?
2. Хо́чешь, я скажу́ ма́ме, что случи́лось?
3. Хо́чешь, я позвоню́ твоему́ профе́ссору?
4. Я встре́чу твою́ подру́гу на авто́бусной остано́вке.
5. Я напишу́ ба́бушке о твоём общежи́тии.
6. Я помогу́ твоему́ бра́ту написа́ть сочине́ние.
7. Я встре́чу твои́х роди́телей о́коло ста́нции метро́.

ОНА́ ДОЛЖНА́ БЫЛА́… : *SHE SHOULD HAVE,* *SHE WAS SUPPOSED TO . . .*

Я должна́ была́ написа́ть
вам а́дрес!

I should have written down
the address for you!
or
I was supposed to write down
the address for you!

The past tense of a **до́лжен** + infinitive phrase is made by inserting, after the **до́лжен** form, the appropriate form of **был (была́, бы́ло, бы́ли)** that agrees with the subject.

Они́ **должны́ бы́ли** прие́хать
час наза́д.

They should have arrived
(were supposed to arrive) an
hour ago.

Ви́ктор **до́лжен был** ждать
Са́шу в гости́нице.

Viktor was supposed to wait
(should have waited) for
Sasha at the hotel.

УПРАЖНЕНИЕ 2.6. **Тру́дная жизнь студе́нта**

You and a friend are commiserating about your busy lives. Using elements suggested below (or other ideas of your own), make up sentences about things you were supposed to do but did not. See which of you can make the longer list.

EXAMPLE: На про́шлой неде́ле я до́лжен был (должна́ была́) написа́ть курсову́ю по исто́рии, но у меня́ не́ было вре́мени.

В понеде́льник (во вто́рник, в сре́ду и т. д.) Вчера́ ве́чером На про́шлой неде́ле Три дня наза́д Сего́дня у́тром В про́шлом году́ ???	я до́лжен был я должна́ была́	написа́ть курсову́ю купи́ть пода́рок сестре́ снять но́вую кварти́ру сде́лать дома́шнее зада́ние позвони́ть ба́бушке заплати́ть за телефо́н (*pay my telephone bill*) пойти́ с дру́гом в спортза́л занима́ться в библиоте́ке помо́чь бра́ту с уро́ками пое́хать в Росси́ю ???	но у меня́ не́ было де́нег. но у меня́ не́ было вре́мени. но я совсе́м забы́л (забы́ла) об э́том. но я про́сто не мог (не могла́). но его́ (её) не́ было до́ма. но ко мне пришли́ друзья́. но друзья́ пригласи́ли меня́ в го́сти. ???

ЭТО Я ВИНОВА́ТА: SHORT-FORM ADJECTIVES AND PARTICIPLES

Вы со Све́той **свобо́дны** за́втра ве́чером? Э́то я **винова́та**.

Are you and Sveta free tomorrow evening? That's my fault.

Like **рад, гото́в, прав,** and **уве́рен,** the forms **свобо́ден** and **винова́т** (and their corresponding feminine, neuter, and plural forms) are commonly used as predicates.[4] The short-form participles **откры́т** (*open*) and **закры́т** (*closed*) behave very similarly to the short-form adjectives.

Окно́ **откры́то**. Все магази́ны и рестора́ны **закры́ты**.

The window is open. All the stores and restaurants are closed.

---

[4] Short-form adjectives are usually used predicatively: **Ты гото́ва?** (*Are you ready?*). In addition, they often refer to a delimited or temporary state: **Вчера́ она́ была́ больна́** (*She was ill yesterday*), whereas their corresponding long forms, which may also be used predicatively, often describe long-standing or inherent conditions: **Она́ больна́я** (*She's in ill health*). Some words, like **рад** and **до́лжен,** have no long form at all.

УПРАЖНЕНИЕ 2.7.   **Я о́чень рад (ра́да)!**

How might you respond to the statements on the left? Work with a classmate to decide on one or two appropriate answers for each statement
given. Some ideas are provided at right.

1. Мне сказа́ли, что за́втра не
   бу́дет заня́тий.

2. Я вчера́ звони́л (звони́ла)
   тебе́, но, ка́жется, ты мне
   дал (дала́) не тот но́мер.

3. У нас сего́дня бу́дет
   контро́льная по
   ру́сскому языку́.

4. Ты не хо́чешь пойти́
   за́втра в кино́ (на конце́рт,
   на футбо́л...)?

5. Конце́рт (матч...)
   начина́ется в 7 часо́в.

6. Конце́рт (матч...)
   начина́ется в 7 часо́в. Мы
   должны́ вы́йти и́з дому
   в 6.

7. Нам ну́жно купи́ть
   молоко́.

8. За́втра у нас бу́дут го́сти.

Я о́чень рад (ра́да).
Винова́т (винова́та).
Но уже́ по́здно! Все
   магази́ны закры́ты!
Э́то ужа́сно!
Э́то замеча́тельно!
Хорошо́, я бу́ду гото́в
   (гото́ва).
Ты ду́маешь, что магази́ны
   ещё откры́ты?
Я не уве́рен (уве́рена).
Ты уве́рен (уве́рена)?
Ты гото́в (гото́ва)?
???

ДИАЛОГИ

ДИАЛОГ 2.1.   **Вы зна́ете, как туда́ е́хать?**

(Getting/giving directions)

— Мне ну́жно за́втра пое́хать в телеце́нтр.[5]
— Вы зна́ете, как туда́ е́хать?
— Не уве́рен (уве́рена).
— Снача́ла на метро́ до ста́нции «Ботани́ческий сад», а пото́м на
   девятна́дцатом авто́бусе.
— А где остано́вка авто́буса?
— О́коло ста́нции метро́, совсе́м ря́дом.

---

[5] **телеце́нтр = телевизио́нный центр**

ДИАЛОГ 2.2. **Он éдет к нам в пéрвый раз**

(Problem solving: lost person)

— Дя́дя Ми́ша до́лжен был прие́хать час наза́д.
— Он зна́ет, как к нам е́хать? Ведь он е́дет к нам в пе́рвый раз.
— Да. И ещё я сказа́ла ему́, что́бы он позвони́л с на́шей авто́бусной остано́вки.
— Мо́жет быть, он заблуди́лся? Ведь в на́шем микрорайо́не все дома́ одина́ковые (*the same*).
— А мо́жет быть, телефо́н-автома́т не рабо́тает. Наве́рно, ну́жно пойти́ на остано́вку и встре́тить его́.

ДИАЛОГ 2.3. **Как к вам éхать?**

(Getting/giving directions)

— Приезжа́йте к нам за́втра ве́чером.
— С удово́льствием. Как к вам е́хать?.
— Вам ну́жно сесть на пя́тый авто́бус (*get on bus number five*) и прое́хать три остано́вки. Авто́бус остана́вливается на углу́ Лесно́й и Пу́шкинского проспе́кта. Когда́ вы вы́йдете из авто́буса, вы уви́дите о́коло остано́вки высо́кий дом, шестна́дцать этаже́й. Э́то наш дом. Второ́й подъе́зд, кварти́ра № 76.
— Зна́чит, седьмо́й эта́ж?
— Э́то у вас в Аме́рике кварти́ра № 76 всегда́ на седьмо́м этаже́, № 87 на восьмо́м и так да́лее. А у нас не так. На́ша кварти́ра — на четвёртом этаже́.

УПРАЖНЕНИЕ 2.8. **Ваш диало́г**

Create a dialogue in which you invite a friend over for dinner. Your friend asks for directions. Use some of the reducing miscommunication strategies mentioned in this section.

УПРАЖНЕНИЕ 2.9. **Перево́д**

"It's one o'clock at night, the buses aren't running. We'll go home by taxi. Do you have a taxi stand **(стоя́нка такси́)** here?"
"Yes, next to the building."
(*At the taxi stand.*)
(*Driver.*) "Where do you want to go? **(Куда́ вам éхать?)**"
"To Lesnaya Street. A big building on the corner of Lesnaya and Pushkin Prospekt."
(*Driver.*) "I know that building, my friends live there. Get in **(сади́тесь)**."

ЧАСТЬ ТРЕТЬЯ

ЧТЕНИЕ

Вы так хорошо́ вы́ɪучили язы́к за оди́н год°?

за... *in one year*

(*Sasha and Jim visiting Sveta and Tanya.*)

ДЖИМ. Са́ша, в **консервато́рии** есть иностра́нные студе́нты?

СА́ША. Коне́чно. Мно́гие из них ста́ли **изве́стными°** **музыка́нтами**.

famous

ДЖИМ. А у вас, Све́та?

СВЕ́ТА. У нас мно́го иностра́нцев. В мое́й **гру́ппе** у́чатся два студе́нта из И́ндии, оди́н из Вьетна́ма и оди́н из Брази́лии.

ДЖИМ. Они́ зна́ли ру́сский язы́к, когда́ они́ прие́хали сюда́?

СВЕ́ТА. Нет, они́ зна́ли то́лько «Спаси́бо», «Пожа́луйста» и «Я тебя́ люблю́». Все они́ **це́лый** год° учи́лись на подготови́тельном° факульте́те — занима́лись то́лько ру́сским языко́м.

це́лый... *for a whole year / preparatory*

ДЖИМ. И так хорошо́ вы́ɪучили язы́к за оди́н год? Я учи́л ру́сский язы́к шесть лет.

СВЕ́ТА. Но ты учи́л ру́сский язы́к в Аме́рике, а они́ учи́ли его́ здесь. Они́ ещё до́ма зна́ли, что им на́до бу́дет мно́го занима́ться. Они́ занима́лись ру́сским языко́м шесть дней в неде́лю, шесть часо́в ка́ждый день. Ка́ждый день они́ слы́шали ру́сскую речь,° ви́дели ру́сскую **рекла́му**,° смотре́ли ру́сские **фи́льмы**

слы́шали... *heard Russian being spoken / commercials*

и телепередáчи, **пытáлись**° читáть рýсские газéты. Сейчáс
они говорят по-рýсски óчень хорошó, а вначáле° им бы́ло
óчень трýдно: они ничегó не моглú сказáть и ничегó не
понимáли. Они дéлали ошúбки не тóлько в языкé — они не
знáли нáшей **жúзни,**° не понимáли мнóгих нáших традúций и
чáсто **попадáли впросáк.**°

tried
at first

life
попадáли... *made blunders*

ДЖИМ. (*Whispers into Tanya's ear.*) Тáня, что знáчит «попадáли
впросáк»?

ТÁНЯ. (*Whispers something back to him.*)

ДЖИМ. Понимáю, спасúбо. Свéта, расскажú, как они попадáли
впросáк.

СВÉТА. Я вам расскажý истóрию с нáшим вьетнáмцем Нгуéном. Нет,
я передýмала,° не бýду расскáзывать. Лýчше я приглашý
Нгуéна в гóсти, и мы попрóсим егó, чтóбы он сам рассказáл о
свои́х пéрвых мéсяцах здесь.

changed my mind

УПРАЖНÉНИЕ 3.1.   **Вопрóсы и отвéты**

1. Как дóлго (*How long*) вы ужé ýчите рýсский язы́к — бóльше
гóда úли мéньше гóда?

2. В нáшем университéте (коллéдже) есть инострáнные студéнты?
Откýда они — из Япóнии? Из Китáя (*China*)? Из Úндии?

3. Вы знáете инострáнных студéнтов в нáшем университéте?

4. В нáшей грýппе есть инострáнные студéнты?

5. Вы когдá-нибудь приглашáли в гóсти какóго-нибудь
инострáнного студéнта? Когдá это бы́ло?

6. Какóй язы́к должны́ знать инострáнные студéнты, котóрые
ýчатся в америкáнских университéтах? А какóй язы́к вы
должны́ учúть, éсли вы хотúте учúться в Гермáнии (в Мéксике,
во Фрáнции)?

7. Скóлько раз в недéлю вы занимáетесь рýсским языкóм?
Скóлько часóв в день вы им занимáетесь?

8. Вы когдá-нибудь пытáлись читáть рýсскую газéту úли рýсский
журнáл? Вам бы́ло трýдно?

9. Вы дéлаете мнóго ошúбок, когдá вы говорúте по-рýсски? А
когдá вы пúшете?

10. Как вы дýмаете, вы чéрез год бýдете говорúть по-рýсски
свобóдно (*fluently*)?

ГРАММАТИКА И ПРАКТИКА

МНÓГО VS. МНÓГИЕ

У нас **мнóго** инострáнцев.	*We have a lot of foreigners.*
Мнóгие из них стáли извéстными музыкáнтами.	*Many of them have become famous musicians.*

In the first example, **мнóго** establishes a particular quantity (*a lot of, many foreigners*). In the second example, **мнóгие** is used to refer to many members of a particular group. **Мнóгие** is always plural and can be used as an adjective or a noun: **мнóгие, но не все** (*many, but not all*). Unlike adverbs of quantity (**мнóго, мáло, скóлько, нéсколько**), which require that a following noun be in the genitive case, **мнóгие**, when used as an adjective, is always in the case of the noun that it modifies.

Еë родѝтели жѝли во **мнóгих** стрáнах.	*Her parents lived in many countries.*
У **мнóгих** студéнтов (*genitive*) есть машѝны.	*Many students have cars.*

УПРАЖНÉНИЕ 3.2. Мнóго ѝли мнóгие?

Working with a classmate, fill in the blanks with **мнóго** or the appropriate case of **мнóгие**. Then complete the sentence.

1. В нáшем университéте _____ студéнтов. _____ из них...
2. _____ инострáнцы не знáют, что...
3. У _____ студéнтов нет...
4. Во _____ городáх Амéрики есть...
5. Лéтом _____ студéнты рабóтают...
6. _____ из нас лю́бят...
7. У _____ моѝх друзéй есть...
8. В нáшем дóме _____ квартѝр. Во _____ из них...
9. Мой друг бывáл во (*has been in*) _____ стрáнах и говорѝт, что...

УПРАЖНÉНИЕ 3.3. День Лéны

Lena has told some friends about her day yesterday. First, assign logical times (on the hour or the half or quarter hour) to the things she says she did, then arrange them in chronological order.

EXAMPLE: В **полседьмо́го** она́ вста́ла.

а. _____ В _____ она́ верну́лась домо́й.
б. _____ В _____ она́ пошла́ в университе́т.
в. _____ В _____ она́ пришла́ на заня́тия по
английскому языку́.
г. _____ В _____ она́ легла́ спать (_went to bed_).
д. _____ В _____ она́ пошла́ в спортза́л.
е. _____ В _____ она́ начала́ де́лать дома́шнее
зада́ние.
ж. _____ В _____ она́ ко́нчила де́лать дома́шнее
зада́ние.
з. _____ В _____ она́ се́ла за́втракать (_to eat break-fast_).

ЗА + TIME EXPRESSION: HOW LONG SOMETHING TAKES

Вы так хорошо́ вы́учили **язы́к за оди́н год**?	_You learned the language that well in (just) a year?_

За + a time expression in the accusative renders how long it takes (took, will take) to accomplish something. Note that both perfective and imperfective verbs may be used, depending on context.

Мы э́то сде́лаем **за пять мину́т**.	_It'll take us five minutes to get that done._
	and
	We'll have that done in five minutes.
Я обы́чно де́лаю дома́шнее зада́ние **за час**.	_It usually takes me an hour to do my homework._

УПРАЖНЕНИЕ 3.4. **How long does it take?**

How long does it take to do the following things? Complete the sentences
with phrases like **за час, за две неде́ли, за пятна́дцать мину́т,** and so on.

1. Ле́на научи́лась води́ть маши́ну...
2. Вчера́ ве́чером я вы́учил (вы́учила) но́вые слова́ из э́того
   уро́ка...
3. Джим лю́бит гото́вить пи́ццу. Он мо́жет пригото́вить
   пи́ццу...
4. Та́ня зна́ет не́сколько языко́в. Она́ научи́лась говори́ть по-
   францу́зски... , по-италья́нски — ... и по-испа́нски — ...
5. Са́ша сказа́л, что у него́ есть друг, кото́рый зако́нчил
   университе́т...
6. Вчера́ Во́ва до́лжен был вы́учить наизу́сть (*by heart*) два
   стихотворе́ния (*poems*) Пу́шкина, и он их вы́учил о́чень
   бы́стро — ...
7. Контро́льная была́ лёгкая, и Во́ва написа́л её...

УПРАЖНЕНИЕ 3.5. **Вам бы́ло ве́село?**

You're telling a classmate about some things you and/or your
other friends have done recently. Your classmate asks questions
about those events (some suggestions are given) and you provide
answers.

EXAMPLE: — Мы с друзья́ми встреча́ли Но́вый год у мои́х
          роди́телей.
          — Вам там бы́ло ве́село?
          — Нет, нам бы́ло о́чень ску́чно.

1. В про́шлом году́ я забы́л
   поздра́вить ба́бушку с днём
   рожде́ния (*wish my grandmother happy birthday*).
2. Я неда́вно прочита́ла пи́сьма
   Че́хова.
3. На про́шлой неде́ле я был
   на ле́кции по археоло́гии.
4. Моя́ подру́га е́здила
   про́шлым ле́том в Евро́пу.
5. Я помо́г своему́ дру́гу
   почини́ть (*to fix*) компью́тер.
6. Вчера́ я весь день смотре́л
   ста́рые фи́льмы.
7. Вчера́ мы ходи́ли в го́сти к
   ру́сским студе́нтам.

Вам (тебе́, ей, э́то и т.д.) бы́ло
   ...тру́дно?
   ...интере́сно?
   ...ску́чно ?
   ...легко́?
   ...удо́бно?
   ...сты́дно?
   ...поня́тно?
   ...ве́село

О РОССИИ

История на у́лицах

*I*f our Professor Petrovsky were helping Karl find his way around Moscow or other cities, street names would give him many opportunities for mini-lectures on Russian history.

For instance, **Ле́нинский проспе́кт** is the name of a major street in both St. Petersburg and Moscow. Both were named for **Влади́мир Ильи́ч Ле́нин,** an early leader of the Communist Party. In October 1917 **Ле́нин** guided the **большевики́** in seizing power from a parliamentary government that had ruled since the czar's abdication earlier that year. Until his death in 1924 he was the head of state of the **Сою́з Сове́тских Социалисти́ческих Респу́блик** (CCCP—USSR, *The Union of Soviet Socialist Republics*), which incorporated most of the former Russian empire.

Many Russian streets are named for great figures in the arts. **У́лица Че́хова** is a Moscow street honoring author **Анто́н Па́влович Че́хов,** who wrote around the turn of the century and penned over 500 short stories. His five plays are considered by many to have changed the style of playwrighting for the 20th century. Many of these are well known in English-speaking countries, including **Ча́йка** (*The Seagull*), **Вишнёвый сад** (*The Cherry Orchard*), and **Три сестры́** (*The Three Sisters*).

Менделе́евская у́лица in Moscow honors one of the many great scientists in Russian history. Among other accomplishments, the chemist **Дми́трий Менделе́ев** is remembered for devising the periodic table of the elements now studied by almost every student of chemistry or physics throughout the world.

ДИАЛОГИ

Discussing language study

ДИАЛОГ 3.1.   Како́й язы́к ты учи́ла в шко́ле?

— Како́й иностра́нный язы́к ты учи́ла в шко́ле?
— Францу́зский.
— А в университе́те?
— Англи́йский.
— Зна́чит, ты свобо́дно (*fluently*) говори́шь на двух[6] языка́х?
— К сожале́нию, я не говорю́ на э́тих языка́х, а то́лько чита́ю.

---

[6] This is the prepositional case form of **два.**

ДИАЛОГ 3.2. Какой язык ты изучала в университете?

— Нина, какой язык ты изучала в университете?
— Английский. В школе я учила французский. В университете я сначала хотела заниматься французским, но потом передумала и решила (*decided*) изучать английский.
— Ты очень хорошо говоришь по-английски. А по-французски ты тоже хорошо говоришь?
— К сожалению, хуже, чем по-английски.

ДИАЛОГ 3.3. Сколько лет вы изучали русский язык?

— Вы давно в России?
— Я приехал (приехала) три месяца назад.
— Вы очень хорошо говорите по-русски. Сколько лет вы изучали русский язык?
— Я изучал (изучала) русский язык пять лет — два года в школе и три года в университете. Здесь у меня много практики — я говорю со своими русскими друзьями только по-русски.

УПРАЖНЕНИЕ 3.6. Ваш диалог

Create a dialogue in which you, an American studying in Moscow, are talking to a Russian friend about your study of Russian before coming to Russia. Mention your adjustment(s) to the language and the culture since your arrival.

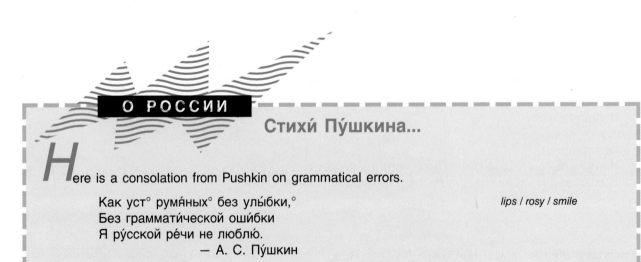

О РОССИИ

Стихи Пушкина...

Here is a consolation from Pushkin on grammatical errors.

Как уст° румяных° без улыбки,°
Без грамматической ошибки
Я русской речи не люблю.
— А. С. Пушкин

lips / rosy / smile

УПРАЖНЕНИЕ 3.7. **Перево́д**

"Do you have foreign students at the university?"

"Yes, we have a lot of foreigners."

"And do they all know Russian well?"

"Of course. They take classes (**слу́шают ле́кции**) and write term papers in Russian. We even have foreigners who speak Russian almost without an accent."

ЧАСТЬ ЧЕТВЁРТАЯ

Чтение

Им нас не поня́ть!°

(*A week later at Sveta and Tanya's, with Nguyen. Everyone is eating and drinking around a table.*)

Им... *They can't understand us!*

НГУЕ́Н. Джим, вы в Росси́и в пе́рвый раз?

ДЖИМ. Нгуе́н, мы ведь **договори́лись,**° что бу́дем говори́ть друг дру́гу «ты».

agreed

НГУЕ́Н. Да, коне́чно, про́сто мне ну́жно **привы́кнуть**° к э́тому. Ты в Росси́и в пе́рвый раз?

get used to

ДЖИМ. Нет, я уже́ был здесь три го́да наза́д — по **обме́ну,**° когда́ я учи́лся на тре́тьем ку́рсе. Э́то была́ моя́ пе́рвая пое́здка° **за грани́цу.**°

по... *on an exchange program*

trip

за... *abroad*

НГУЕ́Н. Тебе́ бы́ло, наве́рно, гора́здо ле́гче, чем нам. Когда́ ты прие́хал сюда́, ты знал ру́сский язы́к, а мы совсе́м ничего́ не зна́ли. **Пе́рвое вре́мя**° нам бы́ло о́чень тру́дно.

Пе́рвое... *At first*

ДЖИМ. Мне то́же бы́ло тру́дно.

НГУЕ́Н. Но ты, наве́рно, никогда́ не попада́л впроса́к так, как я. Мы с друзья́ми **до сих пор**° **са́ми над собо́й смеёмся,**° когда́ **вспомина́ем**° оди́н **слу́чай.**°

до... *even now* / са́ми... *laugh at ourselves* *recall* / *incident*

ТА́НЯ. Расскажи́, Нгуе́н.

НГУЕ́Н. Сейча́с расскажу́. Э́то случи́лось че́рез ме́сяц **по́сле**° моего́ *after*
приезда́° в Москву́. В нача́ле октября́ был пра́здник — День *arrival*
учи́теля. Моя́ гру́ппа **реши́ла**° подари́ть цветы́ на́шей *decided*
преподава́тельнице ру́сского языка́. Мы пошли́ на **ры́нок**.° *market*
Там бы́ло мно́го краси́вых цвето́в, но бо́льше всего́ нам
понра́вился вено́к° из цвето́в с краси́выми чёрными *wreath*
ле́нтами.° Мы реши́ли его́ купи́ть. **Продаве́ц**° спроси́л, что *ribbons / The sales clerk*
написа́ть на венке́. Мы сказа́ли ему́, что́бы он написа́л и́мя
на́шей преподава́тельницы — Ири́на Серге́евна. Он написа́л
золоты́ми° бу́квами: «Дорого́й Ири́не Серге́евне от *gold*
студе́нтов». Мы заплати́ли де́ньги и пришли́ с венко́м в
общежи́тие. Когда́ дежу́рная° уви́дела вено́к, она́ спроси́ла у *woman on duty*

— Цветы́ мы покупа́ем на ры́нке.

нас, кто **у́мер**.° И тут мы узна́ли, что таки́е венки́ в Росси́и покупа́ют то́лько на по́хороны.°[7] (*Everybody laughs.*)

died
funeral

СА́ША. Что же вы подари́ли Ири́не Серге́евне?

НГУЕ́Н. Мы пое́хали ещё раз на ры́нок и купи́ли Ири́не Серге́евне **кра́сные**° и **жёлтые**° ро́зы.

red / yellow

ДЖИМ. Да, Нгуе́н, я тебе́ сочу́вствую.° Вам о́чень повезло́, что дежу́рная уви́дела вено́к! (*Motions in the direction of Sveta, Tanya, and Sasha, who are still laughing.*) Им нас не поня́ть!

sympathize

УПРАЖНЕ́НИЕ 4.1.   **Вопро́сы и отве́ты**

1. Вы когда́-нибудь учи́лись по обме́ну в друго́й стране́? Где и когда́ э́то бы́ло?

2. Вы хоти́те учи́ться в друго́й стране́? Е́сли да, в како́й стране́ вы хоти́те учи́ться?

3. Вы иногда́ смеётесь над собо́й, когда́ ду́маете о свое́й жи́зни? Вы мо́жете рассказа́ть о том, как вы попада́ли впроса́к?

4. Вы когда́-нибудь дари́ли кому́-нибудь цветы́? Вы ча́сто э́то де́лаете? Где вы покупа́ете цветы́?

5. В Аме́рике при́нято приноси́ть цветы́ на по́хороны? А венки́ из цвето́в?

О РОССИИ

На ры́нке

Nguyen mentions going to a market (*ры́нок*) to buy flowers. Farmers' markets in big cities and elsewhere existed even under the Soviet regime, but the number of private sellers—at large, well-established markets, on city squares, at crosswalks, near metro stops, and even outside stores—has exploded since then. All kinds of things are sold: foodstuffs, flowers, cigarettes, newspapers, clothing, footwear. Some markets are specialized: cleaning supplies, building materials, pets. Others provide greater variety. Although bargaining for price at these markets is not the rule, it is not unknown, especially among older people. Often the seller names a price, but then lowers it if a potential customer begins to walk away.

---

[7] **По́хороны** is a plural-only noun.

ГРАММАТИКА И ПРАКТИКА

ДРУГ ДРУГА: *EACH OTHER*

Нгуéн, мы ведь договори́лись, что бу́дем говори́ть **друг дру́гу** «ты».	*Nguyen, we agreed to say "ty" to each other.*
Лю́ди ча́сто остана́вливают **друг дру́га,** чтóбы спроси́ть чтó-нибудь.	*People frequently stop each other to ask something.*

In this phrase the first **друг** never changes; the second one shows the appropriate case ending, which is always masculine singular. If a preposition is involved, it goes between the two words: **Они́ всегда́ ду́мают друг о дру́ге**. (*They're always thinking about each other.*)

УПРАЖНЕНИЕ 4.2.   Немнóго о себé

Which of the following verbs and phrases could you use in sentences about yourself, your friends, or your family?

EXAMPLE: Мой брат и моя́ сестра́ не понима́ют друг дру́га.

...друг дру́га... (ждать; понима́ть; ви́деть; люби́ть)

...друг о дру́ге... (волнова́ться [*worry*]; ду́мать; пóмнить; говори́ть)

...друг дру́гу... (звони́ть; меша́ть; нра́виться; расска́зывать обо всём; ве́рить; писа́ть пи́сьма; задава́ть вопрóсы; покупа́ть подáрки)

...друг для дру́га... (мнóго де́лать; покупа́ть продýкты)

...друг над дру́гом... (смея́ться)

...друг у дру́га... (проси́ть совéта)

...друг с дру́гом... (ча́сто разговáривать по телефóну)

УПРАЖНЕНИЕ 4.3.   Скóлько сантимéтров...?

How well do you know your weights and measures? Answer with exact figures.

1. В однóм килогра́мме _____ грамм.
2. В однóй ми́ле _____ фýтов.
3. В однóй ми́ле _____ я́рдов.
4. Оди́н метр — э́то _____ сантимéтров.
5. В однóм дóлларе _____ цéнтов.
6. В однóм фýнте (*pound*) _____ гра́мма.

7. В одно́м ча́се _____ мину́т, а в одно́й мину́те —
_____ секу́нд.

8. Ноль по Це́льсию (*Celsius*) — э́то _____ по
Фаренге́йту.

THE ART OF CONVERSATION: A TOUCH OF "CLASS"

The word "class" (in its academic senses) is rendered in various ways in
Russian, depending on what you are saying.

1. To refer to classes in high school, use **уро́к**. The plural **уро́ки** can
also mean "homework."

Сейча́с у меня́ уро́к фи́зики.	*I have a physics class now.*
За́втра у нас не бу́дет уро́ков.	*There's no school (There are no classes) tomorrow.*
Сде́лай уро́ки, а пото́м мо́жешь посмотре́ть телеви́зор.	*Do your homework, then you can watch television.*

2. To refer generally to a college-level class or classes, use **заня́тия**
(neuter plural).

Мне пора́, я опозда́ю на заня́тия.	*I have to go; I'll be late to class.*
Мне на́до гото́виться к заня́тиям.	*I have to get ready for class.*
Вчера́ на заня́тиях по ру́сскому языку́ мы говори́ли о Петре́ I.	*Yesterday in Russian class we talked about Peter the First.*
По́сле заня́тий мы с друзья́ми ча́сто хо́дим в кафе́.	*After classes my friends and I often go to a cafe.*

В общежи́тии Моско́вского
университе́та.

3. Use **лéкция** or **семинáр** to refer to particular types of classes.

В 9 часóв у меня́ лéкция по фи́зике.	*At 9:00 I have a physics lecture.*
Днём у меня́ семинáр по истóрии.	*In the afternoon I have a history seminar.*

4. To refer to your classmates as a group, use **грýппа**.

В моéй грýппе мнóго инострáнцев.	*In my class (section) there are many foreigners.*

УПРАЖНЕНИЕ 4.4.   О вáшем университéте

A Russian student journalist is interviewing you about your college or university. If you don't know the answer to a question, make a reasonable approximation.

1. Скóлько студéнтов в вáшем университéте (коллéдже)? А профессорóв?
2. Скóлько стóят учéбники (*textbooks*) на оди́н семéстр?
3. Вы получáете стипéндию (*scholarship*)? Скóлько вы получáете в год (в семéстр, в мéсяц)?
4. Скóлько вы плáтите за обучéние (плáта за обучéние = *tuition*) в университéте?
5. Скóлько вáши студéнты обы́чно плáтят за кварти́ру? А за общежи́тие?
6. Как вы дýмаете, скóлько книг в библиотéке вáшего университéта?
7. Скóлько студéнтов в вáшей грýппе по рýсскому языкý?
8. Скóлько кýрсов вы слýшаете в э́том семéстре?

В КАКÓМ ГОДУ́?   USING ORDINAL NUMERALS

Я в пéрвый раз поéхала за грани́цу в 1994 (ты́сяча девятьсóт девянóсто **четвёртом**) годý.	*I went abroad for the first time in 1994.*

To tell in what year something occurred you use ordinal numerals. Russians rarely write these numerals as words, but you must understand them when spoken and be able to say them accurately.

Here they are for review:

11th	оди́ннадцатый	20th	двадцáтый
12th	двенáдцатый	30th	тридцáтый
13th	тринáдцатый	40th	сороковóй
14th	четы́рнадцатый	50th	пятидеся́тый
15th	пятнáдцатый	60th	шестидеся́тый
16th	шестнáдцатый	70th	семидеся́тый
17th	семнáдцатый	80th	восьмидеся́тый
18th	восемнáдцатый	90th	девянóстый
19th	девятнáдцатый	100th	сóтый

To say *in (a certain year)*, the construction is **в** + ordinal (in prepositional case) + **году́**. Note that only the last element of the numeral shows the ordinal case ending.

> — Моя́ сестра́ родила́сь в
> 1980 (ты́сяча девятьсо́т
> **восьмидеся́том**) году́.

"My sister was born in 1980."

In speech Russians often leave out "19-" from the year when there is no chance of confusion with another century.

> — Моя́ сестра́ родила́сь в
> **восьмидеся́том**[8] году́.

"My sister was born in '80."

In writing, Russians usually abbreviate forms of **год** to **г.** (or **гг.** for plural forms).

> — Колу́мб откры́л Аме́рику
> в 1492 г. (в ты́сяча четы́реста
> девяно́сто второ́м году́).

"Columbus discovered America in 1492."

The years 2000 and beyond are referred to as follows:

> Я зако́нчу университе́т
> (*I'll graduate*)...

> в 2000 (двухты́сячном) году́.
> в 2001 (две ты́сячи пе́рвом) году́.
> в 2002 (две ты́сячи второ́м) году́.
> в 2003 (две ты́сячи тре́тьем) году́.

УПРАЖНЕ́НИЕ 4.5. **Совреме́нная (*modern*) исто́рия**

In addition to being able to give your own birth year in Russian, can you express when the following events of the 20th century occurred?

> EXAMPLE: В како́м году́ откры́ли (*discovered*) пеницилли́н? (1929)
> → Пеницилли́н откры́ли в ты́сяча девятьсо́т два́дцать
> девя́том году́.

1. В како́м году́ вы роди́лись? — Я роди́лся (родила́сь) в
   _____ году́.
2. В како́м году́ Ле́нин и большевики́ взя́ли власть (*power*) в
   Росси́и? (1917)
3. В како́м году́ появи́лось (*appeared*) звуково́е кино́? (1927)
4. В како́м году́ у́мер Э́лвис Пре́сли? (1977)
5. В како́м году́ уби́ли президе́нта Ке́ннеди (*was President Kennedy killed*)? (1963)
6. В како́м году́ ко́нчилась Втора́я мирова́я война́ (*World War II*)? (1945)

---

[8] Russians have no written equivalent of our abbreviated form of years and decades ('94, '80s). Such words can be expressed in words, but not in figures.

7. В каком году́ был пе́рвый полёт (*flight*) челове́ка в ко́смос? (1961)

8. В каком году́ был пе́рвый конце́рт «Би́тлзов» в Аме́рике? (1964)

9. В каком году́ начала́сь Пе́рвая мирова́я война́? (1914) А в како́м году́ она́ ко́нчилась? (1918)

10. В како́м году́ появи́лись пе́рвые насто́льные (*desktop*) компью́теры? (1977)

Космона́вт Валенти́на Терешко́ва.

ГОВОРЯ́Т, ЧТО… : SUBJECTLESS ОНИ́ FORMS

Таки́е венки́ в Росси́и **покупа́ют** то́лько на по́хороны.	*Such wreaths are bought in Russia only for funerals.* or *They buy wreaths like this in Russia only for funerals.*

Contemporary Russian frequently uses subjectless verbs in the **они́** form to express statements with no specific subject.

Говоря́т, что за́втра бу́дет дождь.	*It's supposed to rain tomorrow.* or *They say it will rain tomorrow.*
В Росси́и о́чень **лю́бят** футбо́л.	*Soccer is very popular in Russia.* or *In Russia they really like soccer.*
Что об э́том **пи́шут** в газе́тах?	*What's being written (what are they writing) about this in the papers?*

УПРАЖНЕ́НИЕ 4.6.   Немно́го об Аме́рике

As a foreign student in Russia you'll be asked many questions about your country. What kinds of general statements can you make?

1. В америка́нских газе́тах сейча́с мно́го пи́шут о(б)
_____ .

2. У нас лю́бят смотре́ть _____ по телеви́зору.

3. В Аме́рике игра́ют в _____, но не игра́ют в
_____ .

4. Говоря́т, что в Аме́рике мно́го _____, но э́то не так.

5. У нас ча́сто да́рят _____ на Рождество́.

6. У нас по телеви́зору ча́сто пока́зывают
_____ .

ИАЛОГИ

Что вы мо́жете мне посове́товать (*advise me to do*)?

(Asking for advice)

— Вам бы́ло тру́дно, когда́ вы в пе́рвый раз прие́хали в Москву́?
— О́чень тру́дно, потому́ что я пло́хо знал (зна́ла) ру́сский язы́к. Кро́ме того́, я ма́ло знал (зна́ла) о Росси́и, поэ́тому я де́лал (де́лала) оши́бки не то́лько в языке́.
— Я вас хорошо́ понима́ю, потому́ что я здесь в пе́рвый раз и мне о́чень тру́дно. Что вы мне мо́жете посове́товать (*advise me to do*)?
— Я сове́тую вам смотре́ть ру́сские фи́льмы и телепереда́чи, слу́шать ра́дио и разгова́ривать с друзья́ми то́лько по-ру́сски.

День учи́теля

(Choosing a gift of appreciation)

— Нам о́чень нра́вится на́ша преподава́тельница ру́сского языка́. Мы хоти́м подари́ть ей цветы́.
— Че́рез неде́лю бу́дет пра́здник — День учи́теля. Все преподава́тели лю́бят, когда́ студе́нты да́рят им цветы́ в э́тот день. А у вас в Аме́рике то́же есть тако́й пра́здник?
— По-мо́ему, нет.
— Жаль. Зна́чит, ва́ши преподава́тели не зна́ют, лю́бят их студе́нты и́ли нет?

ДИАЛОГ 4.3   Где вы рабóтаете в Москвé?

(Getting acquainted)

— Где вы рабóтаете в Москвé?
— В телекомпáнии CNN.
— Вы здесь с семьёй?
— Да, моя́ женá (мой муж) рабóтает в рýсско-америкáнской фи́рме, а дéти ýчатся в рýсской шкóле.
— Вáши дéти бýдут óчень хорошó говори́ть по-рýсски.
— Почемý «бýдут»? Они́ ужé прекрáсно говоря́т.

УПРАЖНЕНИЕ 4.7.   Ваш диалóг

Create a dialogue in which you describe to a Russian friend a cultural faux pas that a foreign student friend of yours once made in America.

УПРАЖНЕНИЕ 4.8.   Перевóд

"Were you at the market yesterday?"
"Yes, I had to buy some flowers for our teacher. There were a lot of flowers there. I bought the prettiest ones—red and yellow roses. There were also **(ещё)** wreaths made of flowers there."
"It's good that you didn't buy a wreath! In Russia they buy such wreaths only for funerals."

Nouns

грýппа	group; section; class (at a university, etc.)
жизнь *f.*	life
консерватóрия	conservatory
контрóльная *noun, declines like adj.*	test; quiz
музыкáнт	musician
обмéн	exchange
половúна	half
продав(é)ц *(gen. sing.* продавцá)/продавщи́ца	sales clerk

реклáма	1. advertising; 2. commercial; advertisement
ры́н(о)к	market
слýчай	incident
ýг(о)л *(gen. sing.* углá, *prep. sing.* **в углý, на углý**)	corner
фильм	film; movie
чéтверть *(gen. pl.* четвертéй)	quarter
числó *(pl.* чи́сла, *gen. pl.* чи́сел)	1. number; 2. (day of month) date
шофёр	driver; chauffeur

Adjectives

бéлый	white
жёлтый	yellow
золотóй	gold; golden
извéстный (извéстен, извéстна)	well-known

кра́сный	red
свобо́дный (свобо́ден, свобо́дна)	free
то́лстый	fat; stout
це́лый	whole

Numerals

со́тый	100th
ты́сячный	1,000th
двухты́сячный	2,000th
миллио́нный	1,000,000th

Verbs

A translation is listed after the perfective only if it differs from the imperfective. "X" indicates that a paired verb exists but has not yet been presented as active vocabulary. "None in this meaning" indicates that there is no perfective for the meaning given here. "None" indicates that there is no aspectual counterpart for this verb.

IMPERFECTIVE		PERFECTIVE
вспомина́ть	to recall	вспо́мнить (вспо́мню, вспо́мнишь)
гуля́ть (гуля́ю, гуля́ешь)	to walk; to go for a walk; to take a walk	погуля́ть
е́здить (е́зжу, е́здишь) *multidir. of* е́хать	to go (by vehicle); to ride; to drive	None
подходи́ть (подхожу́, подхо́дишь)	to walk up to; to go over to	подойти́ (подойду́, подойдёшь; *past* подошёл, подошла́, подошло́, подошли́)
получа́ться (*3rd pers. only*)	to turn out	получи́ться (*3rd pers. only* полу́чится)
привыка́ть (к + *dat.*)	to get used to	привы́кнуть (привы́кну, привы́кнешь; *past* привы́к, привы́кла, привы́кло, привы́кли)
пыта́ться	to try; to attempt	попыта́ться
реша́ть	to decide	реши́ть (решу́, реши́шь)
смея́ться (смею́сь, смеёшься)	1. to laugh; 2. (над + *instr.*) to laugh at; to make fun of	None
умира́ть	to die	умере́ть (умру́, умрёшь; *past* у́мер, умерла́, у́мерло, у́мерли)
ходи́ть (хожу́, хо́дишь) *multidir. of* идти́	1. to go; 2. to walk	None

Adverbs

никуда́	nowhere; not . . . anywhere
скоре́е	quickly; as quickly as possible

Other

за (+ *acc.* to indicate how long it takes to complete something)	in; it takes . . .
ла́дно	okay
ни... ни	neither . . . nor; (negation +) either . . . or
о́коло (+ *gen.*)	near; close to
по́сле (+ *gen.*)	after
ра́ди (+ *gen.*)	for (the sake of)

Idioms and Expressions

без че́тверти три	a quarter to three
Бо́же мой!	My goodness!
будь добр (добра́), бу́дьте добры́	would you mind . . . ; if you don't mind
(быть) в гостя́х	(to be) visiting
до сих пор	until now; even now
за грани́цу	abroad
Им нас не поня́ть.	They can't understand us.
пе́рвое вре́мя	at first
по обме́ну	on an exchange program; as an exchange student
пое́здка за грани́цу	a trip abroad
пое́хать за грани́цу	to go abroad
попада́ть/попа́сть впроса́к	to make a blunder

пригласи́ть (+ *acc.*) в го́сти	to invite (someone) over
че́тверть седьмо́го	a quarter past six
Что случи́лось?	What happened?

Topics

Colors: бе́лый, голубо́й (*light blue*), жёлтый, зелёный (*green*), золото́й, кра́сный, се́рый (*gray*), си́ний (*dark blue*), чёрный

Visiting: пригласи́ть в го́сти, идти́/пойти́ в го́сти, быть в гостя́х, е́здить к друзья́м; а́дрес, но́мер телефо́на; е́хать, пое́хать, прие́хать, авто́бус, авто́бусная остано́вка, после́дняя остано́вка, тролле́йбус, стоя́нка такси́, у́гол Лесно́й и Пу́шкинского проспе́кта, телефо́н-автома́т; встре́тить, привести́; есть сала́т из тунца́ (пи́ццу, десе́рт...), пить чай (ко́фе, вино́...), разгова́ривать о поли́тике (о спо́рте...), смотре́ть телеви́зор, петь, танцева́ть

Studying a foreign language: учи́ть ру́сский (францу́зский, испа́нский...) язы́к, занима́ться ру́сским (францу́зским, испа́нским...) языко́м, занима́ться ру́сским языко́м два часа́ в день, (хорошо́) знать ру́сский язы́к, (хорошо́) говори́ть по-ру́сски, писа́ть друзья́м по-ру́сски; заня́тия по ру́сскому языку́, ле́кция по исто́рии Росси́и; контро́льная, экза́мен; смотре́ть ру́сские фи́льмы и телепереда́чи, чита́ть ру́сские газе́ты (журна́лы, кни́ги), слу́шать ра́дио и кассе́ты; подготови́тельный факульте́т, студе́нт, аспира́нт

5 УРОК
СКОРЕЕ ВЫЗДОРАВ-ЛИВАЙТЕ!

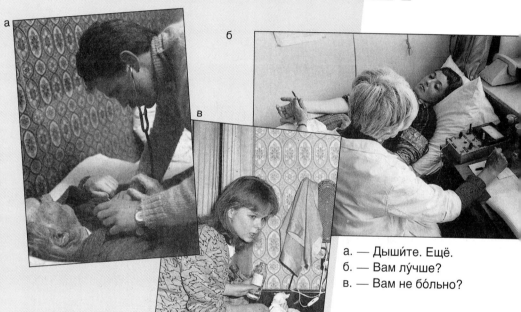

а. — Дыши́те. Ещё.
б. — Вам лу́чше?
в. — Вам не бо́льно?

In this chapter you will learn

▲ more about comparisons
▲ to express the means by which something is done
▲ expressions associated with health
▲ more about using negatives
▲ to use the partitive genitive
▲ more about imperatives
▲ more about reflexive verbs
▲ more on expressions of quantity
▲ to express *from*
▲ more about expressing future action
▲ about the Russian health care system

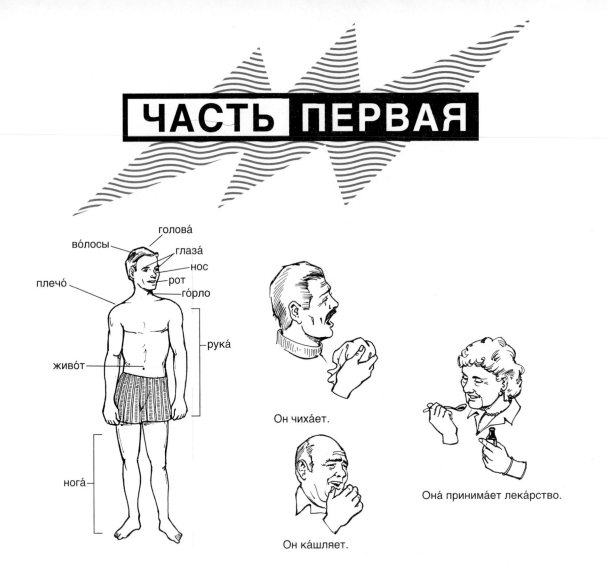

голова́

во́лосы

глаза́

нос

рот

го́рло

плечо́

рука́

живо́т

нога́

Он чиха́ет.

Он ка́шляет.

Она́ принима́ет лека́рство.

Ч ТЕНИЕ

Дома́шний° до́ктор

home

> *(The professor greets Grandma Kruglov as he is on his way out of the building.)*

ПРОФЕ́ССОР.	Здра́вствуйте, Алекса́ндра Никола́евна. (*Sneezes.*) Прости́те.
БА́БУШКА.	**Бу́дьте здоро́вы,**° Илья́ Ильи́ч.
ПРОФЕ́ССОР.	Спаси́бо. (*Sneezes again.*)
БА́БУШКА.	А вы, я ви́жу, **си́льно простуди́лись.**° Зачём вы на у́лицу вы́шли?

Бу́дьте... *Bless you!*

си́льно... *caught a bad cold*

ПРОФÉССОР. Мне нýжно купи́ть кóе-каки́е° продýкты.

БÁБУШКА. Ах, Илья́ Ильи́ч, **рáзве так мóжно°**? В гóроде эпидéмия **гри́ппа.°** Возвращáйтесь немéдленно° домóй. Я куплю́ вам всё, что нýжно. Мой Степáн Евгéньевич тóже **болéет.°** Я егó **лечý°** домáшними **срéдствами.°** Они́ лýчше **любы́х°** лекáрств. Éсли хоти́те, я вас тóже могý **полечи́ть.**

ПРОФÉССОР. Спаси́бо, Алексáндра Николáевна, но мне нелóвко° вас **беспокóить.°**

БÁБУШКА. **Никакóго беспокóйства.°** Я вас вы́лечу° лýчше, чем любóй врач. Вот уви́дите. Иди́те домóй, а я к вам придý чéрез полчасá. Хорошó?

ПРОФÉССОР. Хорошó. **Откровéнно говоря́,°** я действи́тельно плóхо **себя́ чýвствую.°**

БÁБУШКА. Ну вот, я же ви́жу. Что вам купи́ть в магази́не?

ПРОФÉССОР. Молокó, минерáльную вóду[1] и хлеб, пожáлуйста.

БÁБУШКА. Всё куплю́. А вы иди́те домóй. Вы **температýру мéрили**?°

ПРОФÉССОР. Сегóдня не мéрил, а вчерá былá нормáльная.

БÁБУШКА. Так э́то же бы́ло вчерá! Нáдо измéрить сегóдня! (*Looks at him closely.*) Я увéрена, что у вас высóкая температýра.

ПРОФÉССОР. (*At home, trying to telephone his office.*) Э́то Шýрочка? Что? **Не тудá попáл?°** Извини́те. (*Redials.*) Здрáвствуйте, Шýрочка, э́то Илья́ Ильи́ч. Я, кáжется, заболéл. Да, навéрно, грипп. Шýрочка, у меня́ к вам прóсьба. У меня́ в четы́ре часá семинáр — отмени́те° егó, пожáлуйста. Нет, спаси́бо, мне ничегó не нýжно. До свидáния.

some

рáзве... how could you possibly do that?
flu / immediately

is sick / treat / домáшними... home remedies
any / medicines

мне... I feel uncomfortable to bother

Никакóго... It's no trouble at all. / will cure

Откровéнно... Frankly speaking
плóхо... don't feel well

Вы... Did you take your temperature?

Не тудá... Did I get the wrong number?

cancel

---

[1] Note the stress change from the nominative (**водá**).

УПРАЖНЕНИЕ 1.1. Вопро́сы и отве́ты

1. Вы ча́сто просту́живаетесь?
2. Что у вас боли́т (*aches*), когда́ вы просту́живаетесь? Голова́ (*head*)? Го́рло (*throat*)? Живо́т (*stomach*)? Вы чиха́ете (*sneeze*)? Ка́шляете (*cough*)?
3. Вас кто-нибудь ле́чит, когда́ вы просту́живаетесь? И́ли вы ле́читесь са́ми?
4. Что вы де́лаете, когда́ вы себя́ пло́хо чу́вствуете?
5. Кака́я температу́ра счита́ется (*is considered*) норма́льной для челове́ка (по Фаренге́йту и по Це́льсию)?
6. Вы ча́сто ме́рите температу́ру, когда́ вы боле́ете?
7. Каки́е лека́рства вы принима́ете (*take*), когда́ у вас на́сморк (*head cold*)? Что ещё? А вы принима́ете витами́н С?[2]
8. Вы хо́дите к врачу́, когда́ у вас на́сморк? И́ли врач прихо́дит к вам?
9. Что вы пьёте, когда́ у вас на́сморк и́ли ка́шель (*cough*)? Горя́чий (*hot*) чай (*tea*)? Чай с лимо́ном? А что вы еди́те?

О РОССИИ

По Фаренге́йту, по Це́льсию

In the United States, temperatures are expressed in degrees Fahrenheit (named after the inventor of the scale), on which water freezes at 32 degrees and boils at 212 degrees. In Russia, however—as in most countries of the world—temperatures are expressed in degrees Celsius (also named after the inventor of the scale). On this scale, water freezes at 0 degrees and boils at 100 degrees. Normal body temperature is 98.6 **по Фаренге́йту**, but is 37 **по Це́льсию**. To help you decide what to wear when reading or hearing a weather report in which temperatures are given **по Це́льсию,** the following rhyme may be useful:

Thirty is hot,
Twenty is nice,
Ten is cold,
Zero is ice.

---

[2] Russian uses the Latin representation for vitamins (as it does for chemical elements), but pronounces them as if they were written thus: A = **А**, B = **Бэ**, C = **Цэ**, D = **Дэ**.

ГРАММАТИКА И ПРАКТИКА

ЛУ́ЧШЕ ЛЮБЫ́Х ЛЕКА́РСТВ: COMPARISONS WITHOUT **ЧЕМ**

Дома́шние сре́дства лу́чше **любы́х лека́рств**.	*Home remedies are better than any medicines.*

When using a simple comparative form, many Russians leave out **чем** and express the second element in the genitive case. Here are some more examples (with the corresponding **чем** constructions in parentheses).

Мой брат поёт лу́чше **меня́**. (Мой брат поёт лу́чше, чем я.)	*My brother sings better than I do.*
Ваш портфе́ль ле́гче **моего́**. (Ваш портфе́ль ле́гче, чем мой.)	*Your briefcase is lighter than mine.*
Их маши́на нове́е **на́шей**. (Их маши́на нове́е, чем на́ша.)	*Their car is newer than ours.*

УПРАЖНЕ́НИЕ 1.2. **Мой па́па вы́ше твоего́!**

You and a friend are comparing your lives and surroundings. Try to top whatever your friend says. Make up at least five exchanges.

EXAMPLE:
— Моя́ кварти́ра краси́вая.
— А моя́ кварти́ра краси́вее твое́й!

Here are some adjectives and their comparative forms to help you get started (some forms will be new to you).

бога́тый	бога́че
большо́й	бо́льше
высо́кий	вы́ше
дорого́й	доро́же
интере́сный	интере́снее
лёгкий	ле́гче
молодо́й	моло́же
но́вый	нове́е
плохо́й	ху́же
просто́й	про́ще
симпати́чный	симпати́чнее
ста́рый	ста́рше
тру́дный	трудне́е
хоро́ший	лу́чше
чи́стый	чи́ще

ДОМА́ШНИМИ СРЕ́ДСТВАМИ: MEANS AND INSTRUMENTS

Я его́ лечу́ **дома́шними сре́дствами**.	*I'm treating him with home remedies.*

The instrumental case can be used without a preposition to show the instrument or means by which something is accomplished. The instrumental form of **что** is **чем**, which asks *how, by what means?*[3]

— **Чем** вы ле́читесь, когда́ вы просту́живаетесь?	*"What do you treat yourself with when you have a cold?"*
— **Аспири́ном** и **горя́чим ча́ем**.	*"Aspirin and hot tea."*
— **Чем** вы пи́шете, **карандашо́м**?	*"What are you writing with, a pencil?"*
— Нет, **ру́чкой**.	*"No, a pen."*

In some contexts **как** elicits the means or instrument by which something is accomplished.

— **Как** вы пое́дете сего́дня домо́й?	*"How are you getting home today?"*
— **Авто́бусом**. (На авто́бусе.)	*"By bus."*

УПРАЖНЕ́НИЕ 1.3. **Чем вы... ?**

Answer the questions using the items in the following list.

авто́бус	ключ
аспири́н	маши́на
горя́чий ча́й с мёдом (*honey*)	мел (*chalk*)
дома́шние сре́дства	термо́метр

1. Чем вы ме́рите температу́ру, когда́ вы больны́?
2. Как вы обы́чно е́здите в университе́т?
3. Чем вы ле́читесь (*treat yourself*), когда́ у вас боли́т голова́?
4. Чем вы ле́читесь, когда́ у вас боли́т го́рло?
5. Чем вы открыва́ете дверь?
6. Чем пи́шут на доске́ (*chalkboard*)?

INSTRUMENTAL CASE: REVIEW

Here is a summary of the uses of the instrumental case.

1. The instrumental with the preposition **с** meaning *with*.

С кем вы говори́ли по телефо́ну?	*With whom were you speaking on the phone?*

---

[3] The instrumental form of **что** is a different **чем** from the conjunction used in making comparisons.

2. The instrumental with prepositions denoting place.

Я **за** ва́ми.	*I'm behind you.*
Пе́ред до́мом стоя́ла маши́на.	*In front of the apartment house was a car.*
Стол стои́т **ме́жду** кни́жной по́лкой и окно́м.	*The table is between the bookshelf and the window.*

3. The instrumental of being and becoming, especially with **быть** and **стать** (as well as a few other verbs).

Я хочу́ стать **врачо́м**.	*I want to be a doctor.*
Когда́ я была́ **де́вочкой,** мы жи́ли в Санкт-Петербу́рге.	*When I was a little girl, we lived in St. Petersburg.*
Вы когда́-нибудь рабо́тали **Де́дом Моро́зом**?	*Have you ever worked as Ded Moroz?*

4. The instrumental with **занима́ться**.

Мы занима́емся **ру́сским языко́м** уже́ полго́да.	*We've been studying Russian for half a year (already).*
Ви́ктор занима́ется **би́знесом**.	*Viktor's (involved) in business.*

5. The instrumental expressing the means by which something is accomplished.

Мы ме́рим температу́ру **термо́метром**.	*We take (our) temperature with a thermometer.*
Мы е́дем в Москву́ **маши́ной**.	*We're going to Moscow by car.*

6. Times of the day and seasons of the year expressed with adverbs identical in form to the instrumental case.

У́тром и **днём** мы рабо́таем, **ве́чером** мы отдыха́ем, а **но́чью** мы спим.	*In the morning and afternoon we work, in the evening we relax, and at night we sleep.*
О́сенью, зимо́й и **весно́й** мы у́чимся, а **ле́том** у нас кани́кулы.	*In the fall, winter and spring we go to school, and in the summer we have vacation.*

УПРАЖНЕ́НИЕ 1.4. **Вопро́сы и отве́ты**

Working with a classmate, practice asking and answering the following questions:

1. С кем вы ча́сто говори́те по телефо́ну?
2. Когда́ вы обы́чно занима́етесь?
3. Вы рабо́таете? Когда́ у вас бо́льше рабо́ты — ле́том и́ли зимо́й?
4. Вы лю́бите смотре́ть телеви́зор? Когда́ вы обы́чно смо́трите телеви́зор — у́тром и́ли ве́чером?
5. Кто сиди́т за ва́ми в на́шей аудито́рии? А пе́ред ва́ми?

6. Как вы сегодня поедете домой — машиной, автобусом или на метро?

7. Кем вы хотите стать, когда закончите университет?

8. Вы когда-нибудь занимались бизнесом? Каким бизнесом вы занимались?

THE ART OF CONVERSATION: WHEN SOMEONE HAS A COLD

Here are some things you might say to someone who is ill.

Как вы себя чувствуете?	*How are you feeling?*
Будьте здоровы! Будь здоров (здорова)!	*Gesundheit! Bless you!* (when someone sneezes)
Что у вас болит?	*Where do you hurt?*
Вы сильно простудились.	*You've caught a bad cold.*
Скорее выздоравливайте!	*Get well soon!*

УПРАЖНЕНИЕ 1.5. Будьте здоровы!

Give an appropriate response or ask an appropriate question for each of the following situations:

1. A male friend sneezes.
2. A female friend sneezes.
3. A teacher sneezes.
4. Your best friend looks ill. Ask how he or she feels.
5. An older acquaintance returns to work after being ill for three days.
6. You have a bad headache. Your teacher asks «**Как вы себя чувствуете?**»
7. Your leg (**нога**) aches. Your friend asks «**Как ты себя чувствуешь сегодня?**»

ДИАЛОГИ

ДИАЛОГ 1.1. Что тебе купить?

(Offering assistance)

— Я иду в магазин. Что тебе купить?

— Купи мне, пожалуйста, хлеб и молоко.

— Сколько тебе купить молока?

— Два паке́та.
— А хле́ба?
— Купи́ мне кру́глый (*round*) чёрный.

ДИАЛОГ 1.2.   Вы больны́?

(Inquiring about health)

— Ве́ра Никола́евна, что с ва́ми (*what's the matter with you*)? Почему́ вы ка́шляете? Вы больны́?
— Да, я простуди́лась. У меня́ боли́т голова́, и я себя́ о́чень пло́хо чу́вствую.
— У вас, наве́рно, грипп. Не выходи́те сего́дня на у́лицу.
— К сожале́нию, я не могу́, мне обяза́тельно ну́жно пое́хать в университе́т. У меня́ сего́дня ле́кция на тре́тьем ку́рсе.
— Но вы не мо́жете разгова́ривать! Как вы бу́дете чита́ть ле́кцию (*give a lecture*)?

ДИАЛОГ 1.3.   Дома́шние сре́дства

(**Разгово́р по телефо́ну:** Inquiring about health)

— Серёжа, э́то ты? Почему́ у тебя́ тако́й стра́нный го́лос (*voice*)?
— Я бо́лен. О́чень си́льно простуди́лся.
— Я не зна́ла, что ты бо́лен. Ты давно́ боле́ешь?
— Уже́ не́сколько (*several*) дней.
— Ты у врача́ был?
— У меня́ есть дома́шний врач. Меня́ ле́чит ба́бушка: она́ зна́ет все дома́шние сре́дства и говори́т, что они́ лу́чше любы́х лека́рств.

УПРАЖНЕНИЕ 1.6.   Ваш диало́г

Create a dialogue in which you encounter a friend on the street or in class. Your friend seems to be coming down with something. Offer to help.

УПРАЖНЕНИЕ 1.7.   Перево́д

"What's (the matter) with you?"
"I've gotten sick. I probably have the flu."
"Have you taken your temperature?"
"In the morning my temperature was normal, but now I don't know."
"You need to take your temperature again. Do you have aspirin at home?"
"I'm not sure."
"Okay. Go home, and I'll go to the drugstore and buy you some aspirin."
"Thanks a lot."

ЧАСТЬ ВТОРАЯ

ЧТЕНИЕ

Ура́, у нас эпиде́мия!

(*Vova and his friend Petya nearly collide with Grandma Kruglov on the stairs.*)

ВО́ВА. Ох, Алекса́ндра Никола́евна, извини́те, пожа́луйста.

БА́БУШКА. Ничего́. Куда́ э́то вы так спеши́те? В **шко́лу**° опа́здываете?   *school*

ПЕ́ТЯ. Нет, в шко́лу мы сего́дня не идём.

ВО́ВА. Сего́дня уро́ков не бу́дет!

БА́БУШКА. Почему́?

ВО́ВА. Неуже́ли вы не зна́ете? В го́роде эпиде́мия гри́ппа. Все
шко́лы в на́шем райо́не **закры́ты**.° Поэ́тому мы с Пе́тькой   *closed*
пойдём снача́ла в **кино́,**° а пото́м на като́к.°   *the movies / skating rink*

166

БА́БУШКА. Ничего́ не понима́ю. В шко́лу ходи́ть нельзя́, а в кино́ и на като́к мо́жно?

ВО́ВА. Коне́чно, мо́жно. Эпиде́мия — э́то замеча́тельно! Э́то как ещё одни́ **кани́кулы.**° А сейча́с мы бежи́м в **поликли́нику**° **вы́звать** па́пе врача́.° Он заболе́л.

ещё... another vacation / outpatient clinic
вы́звать... to get a doctor for Dad

БА́БУШКА. Врача́ мо́жно вы́звать по телефо́ну.

ВО́ВА. Па́па всё у́тро звони́л в поликли́нику. Телефо́н **за́нят.**° Наве́рно, все заболе́ли и все туда́ звоня́т. Поэ́тому он попроси́л меня́ отнести́° в поликли́нику э́ту запи́ску.° Тут его́ фами́лия, и́мя и о́тчество, год **рожде́ния**° и а́дрес.

is busy

to take / note

birth

БА́БУШКА. Иди́те скоре́е. Кто́-нибудь есть до́ма?

ВО́ВА. Нет. Ма́ма ушла́ на рабо́ту, а Ле́нка — в университе́т на семина́р. До́ма то́лько па́па и Бе́лка.

БА́БУШКА. Бе́лка па́пе **ча́ю**° с лимо́ном не даст.

tea

ВО́ВА. Да, э́того она́ ещё не уме́ет.

БА́БУШКА. Хорошо́, иди́те в поликли́нику, а я позвоню́ па́пе. Мо́жет быть, ему́ что́-нибудь ну́жно.

ВО́ВА. Спаси́бо, Алекса́ндра Никола́евна.

ПЕ́ТЯ. Во́вка, скоре́е, сеа́нс **начина́ется**° в 10.30!

сеа́нс... the movie starts

В но́вой поликли́нике.

УПРАЖНЕ́НИЕ 2.1. Вопро́сы и отве́ты

1. Когда́ вы учи́лись в шко́ле, у вас когда́-нибудь закрыва́ли (*closed*) шко́лу из-за (*because of*) эпиде́мии? А из-за плохо́й пого́ды?

2. Есть ли в ва́шем университе́те (колле́дже) поликли́ника? Где она́? Вы туда́ ча́сто хо́дите?

3. В ва́шем го́роде когда́-нибудь была́ эпиде́мия гри́ппа?

4. Вы обы́чно де́лаете приви́вку про́тив гри́ппа (*flu shot*)?

5. В како́м ме́сяце ну́жно де́лать приви́вку про́тив гри́ппа?

6. Что вы де́лаете, когда́ в ва́шей семье́ кто́-нибудь бо́лен?

7. У вас хоро́ший аппети́т, когда́ вы больны́?

8. Кому́ вы звони́те, когда́ вы больны́ и вам что́-нибудь ну́жно?

9. Вы мо́жете вы́звать врача́, когда́ вы больны́? И́ли вы должны́ пое́хать к врачу́?

10. Когда́ лю́ди ча́ще (*comparative of* ча́сто) просту́живаются — ле́том и́ли зимо́й?

ГРАММАТИКА И ПРАКТИКА

THE ART OF CONVERSATION: DESTINATION OR LOCATION?

> Ле́на ушла́ **в университе́т** **на семина́р**.
>
> *Lena has gone to a seminar at the university.*

In English you might express your destination as an event (*to a seminar*) coupled with the location where this event takes place (*at the university*). Russians treat both elements as destinations, as the object of motion (**в университе́т** [*acc.*] **на семина́р** [*acc.*]).

A similar sense of direction is evident in this example.

> Позвони́те мне **домо́й**.
>
> *Call me at home.*

In this instance the destination adverb **домо́й** is used (not the locational adverb **до́ма,** which would be closer to the English).

Э́ТОГО ОНА́ ЕЩЁ НЕ УМЕ́ЕТ: DIRECT OBJECTS AND NEGATION

> Что, **уро́ков** не вы́учили?
>
> *What, haven't you learned your lessons?*

> **Э́того** она́ ещё не уме́ет.
>
> *She doesn't know how to do that yet.*

Whereas the accusative is usually used to express a direct object, the genitive is sometimes used for this purpose in negated sentences. This is particularly true with **это** (as in the above example) and with verbs of perception (**я не ви́дел э́того фи́льма, я не слы́шал расска́за**). The genitive is also used to distinguish general direct objects from specific ones. Compare: **Мы не ви́дели *автóбуса*** (*We didn't see <u>any</u> bus*) (general, in genitive) with **Мы не ви́дели *автóбус*** (*We didn't see <u>the</u> bus*) (specific, in accusative). Other examples that you have seen include these.

Вы **такóго** не éли!	*You've never eaten anything like it!*
Сáмого глáвного ты не знáешь.	*You don't know the most important thing.*
Спаси́бо, я **спиртнóго** не пью.	*Thanks, (but) I don't drink (any) alcohol.*

The genitive is always used for direct objects when they are modified by such negatives as **никакóй, ни оди́н**.

— Вы ви́дели крáсную маши́ну?	*"Did you see a red car?"*
— Я **никакóй крáсной маши́ны** не ви́дел.	*"I didn't see any red car."*

If the conjunction **ни… ни** (*neither . . . nor*) is used with the objects of a negated verb, the objects are in the genitive case.

— Что вы бóльше лю́бите — хоккéй и́ли футбóл?	*"What do you like best, hockey or soccer?"*
— Я не люблю́ **ни хоккéя, ни футбóла**.	*"I don't like either hockey or football."*

УПРАЖНЕНИЕ 2.2. **Я мя́са не ем.**

Reply negatively to the following questions using the genitive case:

EXAMPLE: — Вам передáть мя́со? (*May I pass you the meat?*)
— Спаси́бо, я мя́са не ем.

1. Вам передáть ры́бу (*fish*)?
2. Вам передáть салáт?
3. Вам передáть пирожки́?
4. Вам положи́ть помидóры?
5. Хоти́те капу́сту?
6. Вам передáть икру́ (*caviar*)?
7. Вам передáть винó?
8. Вам нали́ть (*pour*) чай и́ли кóфе?
9. Вам нали́ть шампáнское?
10. Вам передáть минерáльную вóду?
11. Вы прóбовали суп?
12. Вы прóбовали паштéт?

УПРАЖНЕНИЕ 2.3.   **Вы что́-нибудь слы́шали?**

You are being interviewed as a possible witness to an accident, but you have seen and heard nothing.

1. Вы ви́дели что́-нибудь необы́чное о́коло своего́ до́ма вчера́ в три часа́ дня?
2. Вы ви́дели каку́ю-нибудь маши́ну?
3. Вы что́-нибудь слы́шали?
4. Я спра́шиваю, где вы бы́ли вчера́ ве́чером, — вы по́няли мой вопро́с?
5. Вы вчера́ пи́ли во́дку?

ЧА́Ю: THE PARTITIVE GENITIVE

Бе́лка па́пе **ча́ю с** лимо́ном не даст.

Belka won't give Dad tea with lemon.

When talking about substances such as foods, Russians use the partitive genitive. As its name implies, the partitive refers to a part of the larger quantity. It is somewhat similar to the English use of *some* or *any*.

ACCUSATIVE	PARTITIVE GENITIVE
Они́ о́чень лю́бят сала́т. *They really like salad.*	Тебе́ положи́ть сала́та? *May I give you some salad?*

At mealtime you often hear both accusative and partitive constructions.

Переда́йте **мя́со**, пожа́луйста.

Pass the meat, please.
   [used when the speaker is asking for the whole plate to be passed]

Положи́те мне **мя́са**, пожа́луйста.

Give me some meat, please.
   [used when the speaker is asking for a serving, not the whole plate]

For a few masculine nouns, the partitive may be expressed either by the
regular genitive or by a special partitive form ending in **-y** or **-ю**.

NOMINATIVE (У вас есть... ?)	GENITIVE (Нет, у нас нет...) AND PARTITIVE (Дáйте, пожáлуйста...)	PARTITIVE ONLY (Дáйте, пожáлуйста...)
сыр суп чай	сы́ра су́па ча́я	сы́ру су́пу ча́ю

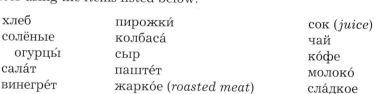

Друзья́ за столо́м.

УПРАЖНЕНИЕ 2.4. За столо́м

Imagine that you are having a meal in a Russian home. Working with one
or two classmates, decide who will be the host(s) and who will be the
guest(s) and create a mealtime dialogue. Complete the following sentences using the items listed below:

хлеб
солёные
  огурцы́
сала́т
винегре́т

пирожки́
колбаса́
сыр
паште́т
жарко́е (*roasted meat*)

сок (*juice*)
чай
ко́фе
молоко́
сла́дкое

1. Переда́йте, пожа́луйста...
2. Хоти́те ещё немно́го... ?
3. Положи́ть вам... ?
4. Мо́жно вам нали́ть... ?
5. Налéйте мне, пожа́луйста...
6. Положи́те мне, пожа́луйста...
7. Я о́чень люблю́...

Диалоги

ДИАЛОГ 2.1. **Уро́ков не бу́дет!**

(Making plans; asking permission)

— Ва́ня, пора́ встава́ть, в шко́лу опозда́ешь.
— Ма́ма, сего́дня уро́ков не бу́дет!
— Э́то почему́?
— Потому́ что в го́роде эпиде́мия гри́ппа и шко́лы закры́ты!
— Отку́да ты зна́ешь?
— По телеви́зору сказа́ли!
— Что же ты бу́дешь де́лать це́лый день?
— Пойду́ снача́ла в кино́, а пото́м на като́к. Мо́жно?
— На като́к мо́жно, а в кино́ нельзя́. Ты ведь сам сказа́л, что в го́роде эпиде́мия гри́ппа.

ДИАЛОГ 2.2. **Вы́зови ему́ врача́!**

(Requesting assistance for illness)

— Ма́ша, у нас не рабо́тает телефо́н, я тебе́ звоню́ из телефо́на-автома́та. Па́па заболе́л. Пожа́луйста, позвони́ в поликли́нику и вы́зови ему́ врача́.
— Хорошо́, я попро́бую. Но ты ведь зна́ешь, что вы́звать врача́ по телефо́ну почти́ невозмо́жно. Телефо́н поликли́ники всё вре́мя за́нят.
— Да, осо́бенно сейча́с, когда́ в го́роде така́я эпиде́мия гри́ппа... Хорошо́, не на́до туда́ звони́ть. Я напишу́ запи́ску и попрошу́ на́шего сосе́да Ми́шу отнести́ её в поликли́нику.
— Но ведь Ми́ша в шко́ле!
— Нет, он сего́дня не пошёл в шко́лу. Все шко́лы в на́шем райо́не закры́ты из-за эпиде́мии.

ДИАЛОГ 2.3. **Дай мне ча́ю с лимо́ном!**

(Requesting and offering assistance)

— Ми́ша, отнеси́, пожа́луйста, э́ту запи́ску в поликли́нику.
— А кто у вас заболе́л?
— Никола́й Ива́нович. Вот ви́дишь — я здесь написа́л его́ фами́лию, и́мя и о́тчество, год рожде́ния и наш а́дрес.
— Хорошо́, сейча́с побегу́ в поликли́нику. Мо́жет, вам ну́жно что́-нибудь купи́ть?

— Да, вот тебе́ де́ньги, купи́ мне де́сять лимо́нов, пожа́луйста.
— Так мно́го?
— Никола́ю Ива́новичу всё вре́мя хо́чется пить, он всё вре́мя про́сит: «Дай мне ча́ю с лимо́ном!»

УПРАЖНЕНИЕ 2.5.   Ваш диало́г

Create a dialogue in which you are running an errand for a family member or roommate who is ill. You meet a friend, who asks you where you're hurrying to.

УПРАЖНЕНИЕ 2.6.   Перево́д

"Aleksandra Nikolaevna, my dad's gotten sick."
"What's the matter with him?"
"Nobody knows. Probably the flu. He wants you to call him. He says that you already cured him once. He doesn't trust (**ве́рить**) doctors, he trusts only you."
"Tell him I'll definitely call."
"Thanks a lot!"

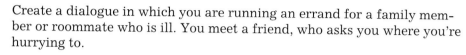

ЧАСТЬ ТРЕТЬЯ

ЧТЕНИЕ

Карто́шка° — лу́чшее° лека́рство

potatoes / best

(The professor's apartment. The doorbell rings and he opens the door. There stands Grandma Kruglov with two shopping bags.)

ПРОФЕ́ССОР.   Алекса́ндра Никола́евна, дорога́я, спаси́бо большо́е. Неуже́ли э́то всё мне? Мне так мно́го не ну́жно. Я о́чень ма́ло ем.

БА́БУШКА.   Подожди́те, Илья́ Ильи́ч, подожди́те. Проду́кты то́лько в одно́й су́мке.° В друго́й су́мке лека́рства.

bag

ПРОФЕ́ССОР.	Неуже́ли э́то всё лека́рства?	
БА́БУШКА.	Вы посмотри́те, каки́е э́то лека́рства. Их в **апте́ке**° не продаю́т. (*Retrieves from the bag a large saucepan, a basin, a towel, glass jars, and paper bags.*)	*drugstore*
ПРОФЕ́ССОР.	Что э́то?	
БА́БУШКА.	Э́то моя́ дома́шняя апте́ка. Вы ведь не то́лько **чиха́ете**.° У вас **на́сморк,**° **ка́шель,**° вам тру́дно говори́ть.° Как вы бу́дете ле́кции чита́ть°?	*sneeze* *runny nose / cough /* вам... *you're having trouble talking* ле́кции... *to give lectures*
ПРОФЕ́ССОР.	Да, э́то больша́я пробле́ма.	
БА́БУШКА.	Сейча́с я бу́ду вас лечи́ть. У меня́ свой **ме́тод**. Я так всегда́ ле́чу моего́ Степа́на Евге́ньевича.	

(*Pours hot water into the basin and sprinkles in mustard. Places the basin underneath the table. Puts the saucepan on the table. The professor follows her movements, looking bewildered.*)

БА́БУШКА.	Ся́дьте на стул, **сними́те**° носки́° и опусти́те° **но́ги**° в во́ду.	*take off / socks / lower / feet*
ПРОФЕ́ССОР.	О́чень **горячо́**°!	*hot*
БА́БУШКА.	Ничего́, ничего́! Тепе́рь сними́те руба́шку,° я **поста́влю**° вам на **спи́ну**° горчи́чники.° Прекра́сное сре́дство от **просту́ды**.° (*Puts mustard plasters on the professor's back, covers them with a towel, and places a bathrobe over everything. Points to the saucepan.*) А тепе́рь сними́те кры́шку.° (*The professor takes the lid off the saucepan, releasing a cloud of steam.*)	*shirt / will put* вам... *on your back / mustard plasters*[4] от... *for a cold* *lid*
ПРОФЕ́ССОР.	Что э́то? Горя́чая карто́шка? Что с ней де́лать?	
БА́БУШКА.	Илья́ Ильи́ч, э́то лека́рство от ка́шля! Опусти́те **го́лову**° и дыши́те.° Я вам обеща́ю, что ка́шель **пройдёт**.°	*head* *breathe / will pass*

(*The professor obediently lowers his head over the saucepan; Grandma Kruglov covers his head with a towel. The doorbell rings.*)

---

[4] A mustard plaster—a piece of paper treated with mustard powder that turns into a paste when dipped into hot water—was also a common home cold remedy in the United States in the early part of the 1900s.

БÁБУШКА. Не **беспокóйтесь,°** Илья́ Ильи́ч, я откро́ю. (*Opens door.*) Пожа́луйста, проходи́те.

worry

(*Jim enters the room and looks with dismay at the professor.*)

ДЖИМ. Илья́ Ильи́ч, **что с ва́ми°**? (*The professor motions that he cannot speak.*)

что... what's the matter with you?

БÁБУШКА. Джим, профéссор сейчáс не мóжет разговáривать. Я егó лечу́.

ДЖИМ. Я никогдá такóго **рáньше°** не ви́дел. Э́то не **опáсно°**? (*Coughs.*)

before / dangerous

(*The professor gestures that it's not dangerous.*)

БÁБУШКА. Вот ви́дите, Джим. Кстáти, а почему́ вы **кáшляете**? Вы тóже простуди́лись? Хоти́те, я и вас полечу́?

ДЖИМ. Спаси́бо, Алексáндра Николáевна, но **лу́чше не нáдо.°**

лу́чше... better you didn't

УПРАЖНÉНИЕ 3.1. Вопрóсы и отвéты

1. Вы знáете каки́е-нибудь срéдства от просту́ды?
2. Каки́е вы знáете лекáрства от кáшля?
3. Вы обы́чно лéчитесь домáшними срéдствами и́ли лекáрствами, котóрые мóжно купи́ть в аптéке?
4. Вы чáсто звони́те свои́м друзья́м (хóдите к свои́м друзья́м), когдá они́ болéют?
5. Ваш друг заболéл (Вáша подру́га заболéла). Что ему́ (ей) ну́жно? Что вы ему́ (ей) принесёте? (Каки́е лекáрства? Каки́е проду́кты?)

О РОССИИ

Health care in Russia

Folk medicine is still popular among many Russians. This may be due in part to the fact that standard medical care in Russia has not been consistently available in areas outside major population centers. Since 1991—the beginning of the post-Soviet era—many commercial clinics have opened, and this trend may spread. It remains to be seen, however, whether these clinics will provide better overall medical care in the near future. Meanwhile, many Russians continue to rely on crowded government clinics and their tried-and-true **домáшние срéдства**. Although some of these home remedies may strike many foreigners as strange, we should remember that folk medicine has yielded many useful drugs now widely accepted in standard medical practice.

ГРАММАТИКА И ПРАКТИКА

УПРАЖНЕНИЕ 3.2. Где мóжно найтú... ?

You are planning a party at which you will send your Russian friends on a scavenger hunt. Which five of the following will be the easiest to find? Which five will be the most difficult? What other items might you add to the list?

билéт на концéрт
фотогрáфия америкáнского президéнта
нóмер телефóна вáшего преподавáтеля
лекáрство от грúппа
ключ от машúны
билéт в кинó
мéню рýсского ресторáна
вчерáшняя газéта
бутúлка винá úли шампáнского
бáнка (*jar*) солёных помидóров
букéт цветóв

ASPECT AND IMPERATIVES

Сáдьте на стул, **снимúте**
носкú и **опустúте** нóги
в вóду.

Sit down on the chair, take off your socks, and put your feet in the water.

Imperatives can be formed from both aspects of a verb; often the choice is a matter of tone. As a general rule, for positive commands the perfective is usually neutral in style, as when Aleksandra Nikolaevna gives orders to the professor. By contrast, the imperfective shows more emotional coloring and is typical of social situations where the "command" is more of an invitation.

Входúте, пожáлуйста.
Садúтесь.

Come in, please. Sit down. (Please take a seat.)

For negative commands, the imperfective is usually used; the perfective, by contrast, conveys a more specific tone, as in a warning.

| *Imperfective:* | **Не говорú** емý, что мáма больнá. | *Don't tell him that Mom is ill.* |
| *Perfective:* | Смотрú, **не скажú** емý, что мáма больнá.[5] | *Make sure you don't tell him that Mom is ill.* |

---

[5] The use of **смотрú** in this and similar contexts adds force to the imperative and corresponds to English phrases such as *mind, take care, make sure, be careful.*

УПРАЖНЕНИЕ 3.3.   Императи́вы

Which imperatives might you hear in the following contexts?

1. Вы идёте к дру́гу (к подру́ге). Он (она́) открыва́ет вам дверь и говори́т...
2. Вы у ва́шего преподава́теля. Он (она́) приглаша́ет вас посиде́ть и поговори́ть с ним (с ней) по-ру́сски. Он (она́) вам говори́т...
3. Вы у врача́. Он (она́) хо́чет вас послу́шать (*listen to your heart and lungs*). Что он (она́) говори́т?
4. На у́лице в Санкт-Петербу́рге иностра́нец спра́шивает прохо́жего (*passerby*), где ста́нция метро́. Иностра́нец говори́т...
5. Вы не мо́жете откры́ть дверь свое́й кварти́ры. В э́то вре́мя подхо́дит ваш сосе́д. Что вы ему́ говори́те?
6. Вы больны́. Вы хоти́те полечи́ться (*treat yourself*) горчи́чниками, но не мо́жете их са́ми себе́ поста́вить. В э́то вре́мя прихо́дит ваш друг. Вы ему́ говори́те...

КОГДА́ НАЧИНА́ЕТСЯ ЛЕ́КЦИЯ?   TRANSITIVE AND REFLEXIVE VERBS

Ба́бушка **ле́чит** профе́ссора.	*Grandmother is treating the professor.*
Я всегда́ **лечу́сь** дома́шними сре́дствами.	*I always treat myself with home remedies.*

Whereas some verbs have only reflexive forms (**боя́ться, нра́виться, смея́ться**), many others are used both transitively (i.e., they take a direct object, as **лечи́ть**) and reflexively (as **лечи́ться** [*to treat oneself*]).

TRANSITIVE VERBS	REFLEXIVE VERBS
закрыва́ть/закры́ть (*to close [something]*): Джим закрыва́ет дверь. (*Jim is closing the door.*)	закрыва́ться/закры́ться (*to close*): Осторо́жно, две́ри закрыва́ются. (*Careful, the doors are closing.*)
начина́ть/нача́ть (*to begin [something]*): Профе́ссор начина́ет ле́кцию. (*The professor is beginning the lecture.*)	начина́ться/нача́ться (*to begin*): Ле́кция начина́ется в 9.30. (*The lecture begins at 9:30.*)

Some imperfective transitive verbs take on a passive-voice meaning when used reflexively.

Э́то сло́во **пи́шется** так...	*This word is spelled thus . . .*
Э́то лека́рство **продаётся** то́лько по реце́пту.	*This medicine is sold only by prescription.*

Finally, note that you have encountered a verb in which the imperfective is reflexive while the perfective is not: **садиться/сесть**. This is merely a difference in form, however; this verb pair does not exhibit any reflexive vs. transitive contrast of the type discussed above.

УПРАЖНЕНИЕ 3.4.   Вопро́сы и отве́ты

Working with a classmate, take turns asking and answering the following questions:

1. Когда́ начина́ются ва́ши заня́тия по ру́сскому языку́?
2. Когда́ конча́ются ва́ши заня́тия по ру́сскому языку́?
3. Когда́ вы на́чали учи́ться говори́ть по-ру́сски?
4. Когда́ вы на́чали води́ть маши́ну?
5. Вы е́здили домо́й на кани́кулы? Е́сли да, когда́ вы верну́лись в университе́т?
6. Когда́ но́чью жа́рко, вы открыва́ете до́ма о́кна? А когда́ хо́лодно?
7. Когда́ вы больны́, вы ле́читесь са́ми и́ли вызыва́ете врача́?
8. Кто ле́чит ва́шу мать, когда́ она́ больна́ (ва́шего отца́, когда́ он бо́лен)?
9. Ваш университе́т когда́-нибудь закрыва́ется? Е́сли да, то когда́?
10. Когда́ вы на́чали занима́ться вчера́ ве́чером? А когда́ ко́нчили? А когда́ начнёте и когда́ ко́нчите занима́ться сего́дня ве́чером?
11. Когда́ начина́ются ле́тние (*summer*) кани́кулы в ва́шем университе́те? А зи́мние (*winter*)?
12. Когда́ начина́ются и когда́ конча́ются экза́мены в ва́шем университе́те?
13. Когда́ открыва́ются и когда́ закрыва́ются магази́ны в ва́шем го́роде?

ДИАЛОГИ

ДИАЛОГ 3.1.   У неё на́сморк и ка́шель.

(Discussing health and treatment)

— Алло́?
— Ни́на, приве́т, э́то я. Серге́й сказа́л, что ма́ма больна́. Что с ней?
— Она́ простуди́лась. Вчера́ она́ всё вре́мя чиха́ла. У неё на́сморк, ка́шель, ей тру́дно говори́ть.
— Вы вы́звали врача́?

— Нет, она́ не хо́чет вызыва́ть врача́.
— Тогда́ лечи́те её дома́шними сре́дствами: ста́вьте ей раз в день горчи́чники и дава́йте ей чай с лимо́ном.

ДИАЛО́Г 3.2.   Я поста́влю вам горчи́чники.

(Discussing health and treatment)

— Мэ́ри, у вас на́сморк? Где вы простуди́лись?
— Вчера́ я до́лго гуля́ла в па́рке. День был холо́дный, — наве́рно, я там простуди́лась.
— На́до пойти́ к врачу́.
— Я не люблю́ ходи́ть к врача́м.
— Хоти́те, я приду́ к вам ве́чером и поста́влю вам горчи́чники?
— А что тако́е горчи́чники?
— Неуже́ли у вас в Аме́рике нет горчи́чников?

ДИАЛО́Г 3.3.   Не бо́йтесь, э́то не опа́сно.

(Discussing medicine)

— Джордж, вы больны́. Я бу́ду вас лечи́ть дома́шними сре́дствами.
— Спаси́бо, но я не хочу́ лечи́ться дома́шними сре́дствами. Я бою́сь.
— Не бо́йтесь, э́то не опа́сно. Мно́гие врачи́ счита́ют, что горчи́чники — о́чень хоро́шее сре́дство от просту́ды.
— Нет, я лу́чше бу́ду принима́ть аспири́н.
— Когда́ у вас был на́сморк, вы принима́ли аспири́н. Когда́ у вас был грипп, вы то́же принима́ли аспири́н. Вы, наве́рно, ду́маете, что аспири́н — э́то лека́рство от всех боле́зней.
— В Аме́рике мно́гие так ду́мают.

УПРАЖНЕ́НИЕ 3.5.   Ваш диало́г

Create a dialogue in which you are sick and a Russian friend wants to administer home remedies. The more remedies your friend suggests, the more insistent you become about using what you believe are more standard medicines.

УПРАЖНЕ́НИЕ 3.6.   Перево́д

"Boris Mikhailovich, here's your medicine—hot potatoes."
"And what should I do with it?"
"Take off the lid **(кры́шка)**, lower **(опусти́те)** your head and breathe."
"I can't! It's too hot!"
"It's good that it's hot. I promise you that your cough will go away **(пройдёт)**."

ЧАСТЬ ЧЕТВЁРТАЯ

Чтение

Кака́я у вас температу́ра?

(*The Silins'. Sergei Petrovich is lying on the couch. The phone rings.*)

СЕРГЕЙ ПЕТР. Да, я слу́шаю. Здра́вствуйте, Алекса́ндра Никола́евна. Нет, нет, спаси́бо, мне ничего́ не ну́жно. У меня́ всё есть. Я жду врача́. (*The doorbell rings.*) Извини́те, ка́жется, врач пришёл. (*He goes over to open the door; Sveta is there.*)

СВЕ́ТА. Здра́вствуйте, Серге́й Петро́вич.

СЕРГЕЙ ПЕТР. Здра́вствуйте, Све́та. Извини́те, но я бо́лен и жду врача́.

СВЕ́ТА. Я врач, кото́рого вы вызыва́ли.

СЕРГЕЙ ПЕТР. Вы — врач? Но вы же ещё студе́нтка!

СВЕ́ТА. В го́роде эпиде́мия гри́ппа, враче́й не **хвата́ет,°** а у меня́   не... *there aren't enough* большо́й о́пыт рабо́ты на ско́рой по́мощи.

СЕРГЕЙ ПЕТР. А е́сли я опа́сно бо́лен?

СВЕ́ТА. Не беспоко́йтесь. Я зна́ю, что де́лать. Лу́чше расскажи́те, что с ва́ми.

СЕРГЕЙ ПЕТР.	У меня́ **боли́т**° голова́, я ка́шляю, чиха́ю, у меня́ на́сморк. У меня́ боли́т **го́рло,**° боли́т спина́. У меня́ всё боли́т.	*hurts* *throat*
СВЕ́ТА.	Кака́я у вас температу́ра?	
СЕРГЕ́Й ПЕТР.	Три́дцать во́семь и три.°	*38.3°C*
СВЕ́ТА.	Я должна́ вас **послу́шать**.° Сними́те руба́шку. (*Takes a stethoscope from her bag and begins listening to him.*) Дыши́те. Ещё. Ещё. Так, хорошо́. Тепе́рь не дыши́те. **Сно́ва**° дыши́те. Откро́йте **рот**.° Скажи́те «А-а-а-а!»	*вас... listen to your heart and lungs* *again / mouth*
СЕРГЕ́Й ПЕТР.	А-а-а-а!	
СВЕ́ТА.	Типи́чная **карти́на**.° Никаки́х сомне́ний.° У вас грипп. Сейча́с я вам **вы́пишу реце́пт**.° Вам ну́жен антибио́тик, кото́рый продаю́т то́лько по реце́пту. Когда́ Во́ва пойдёт в апте́ку, **пусть** он ку́пит° вам ещё и лека́рство от ка́шля.	*picture / doubts* *я... I'll write you out a pre-scription* *пусть... have him buy*
СЕРГЕ́Й ПЕТР.	Реце́пт не ну́жен?	
СВЕ́ТА.	Нет, э́то лека́рство мо́жно купи́ть без реце́пта. **Принима́йте**° по две табле́тки три ра́за в день.°	*take / по... two pills three times a day*
СЕРГЕ́Й ПЕТР.	И э́то всё?	
СВЕ́ТА.	Нет, не всё. Когда́ Ната́лья Ива́новна вернётся с рабо́ты, попроси́те её поста́вить вам горчи́чники и дать вам молоко́ с со́дой° и мёдом.°	*baking soda / honey*
СЕРГЕ́Й ПЕТР.	**Ненави́жу**° молоко́ с со́дой! Све́та, а больни́чный лист°? Мне ну́жен больни́чный лист!	*I hate / больни́чный... medical excuse*
СВЕ́ТА.	Я вы́пишу вам больни́чный° на три дня.° Он бу́дет в поликли́нике, в регистрату́ре. Е́сли вы бу́дете себя́ хорошо́ чу́вствовать, придёте че́рез три дня в поликли́нику и врач вы́пишет вас на рабо́ту.°	*Я... I'll write you out a medical excuse / на... for three days* *вы́пишет... will clear you for work*
СЕРГЕ́Й ПЕТР.	А е́сли я бу́ду себя́ пло́хо чу́вствовать?	
СВЕ́ТА.	Не беспоко́йтесь, Серге́й Петро́вич, я же ва́ша сосе́дка. **Я зайду́**° к вам **послеза́втра**.°	*will stop by / the day after tomorrow*
СЕРГЕ́Й ПЕТР.	Заходи́те лу́чше за́втра. Я угощу́ вас° молоко́м с со́дой и мёдом!	*угощу́... will treat you to*
СВЕ́ТА.	У вас не опа́сная **боле́знь,**° Серге́й Петро́вич: вы не **потеря́ли**° **чу́вства ю́мора**. **Скоре́е выздора́вливайте!**°	*У... You're not dangerously sick* *не... haven't lost / чу́вства... sense of humor / Скоре́е... Get well soon!*

УПРАЖНЕ́НИЕ 4.1. Вопро́сы и отве́ты

1. Как вы себя́ чу́вствуете сего́дня?
2. Вы в э́том году́ боле́ли гри́ппом?
3. У вас иногда́ боли́т голова́? Како́е лека́рство вы принима́ете, когда́ у вас боли́т голова́?
4. Что у вас боли́т, когда́ у вас грипп?
5. Вы хо́дите к врачу́ и́ли вы ле́читесь са́ми, когда́ у вас грипп?
6. Каки́ми лека́рствами (и́ли каки́ми дома́шними сре́дствами) вы ле́читесь, когда́ у вас на́сморк?
7. Вы когда́-нибудь пи́ли молоко́ с со́дой и мёдом? Как вы ду́маете, э́то вку́сно?

8. Каки́е лека́рства мо́жно купи́ть в Аме́рике без реце́пта (*without a prescription*)? Каки́е продаю́т то́лько по реце́пту?
9. Как до́лго вы себя́ пло́хо чу́вствуете, когда́ у вас грипп? (Два-три дня? Неде́лю? Две неде́ли?)

О РОССИИ

Больни́чный лист

When Russian workers are sick, they cannot just call their office or place of work and tell the secretary that they're going to use their sick days. Rather, they must obtain a written medical excuse from their local clinic, affirming that the illness is real. This excuse, called a **больни́чный лист,** notes the dates when patients should be excused from work. While on the **больни́чный,** patients continue to receive their regular salary. When the doctor feels that they are ready to return to work, he or, more often, she writes on the **больни́чный** the date when they can do so. This is what Sveta is referring to when she says «...**врач вы́пишет вас на рабо́ту**».

ГРАММАТИКА И ПРАКТИКА

ВРАЧЕ́Й НЕ ХВАТА́ЕТ: MORE ON QUANTITY AND THE GENITIVE

В го́роде эпиде́мия гри́ппа, враче́й не **хвата́ет**...

There's a flu epidemic in the city; there aren't enough doctors . . .

In addition to adverbs of quantity taking the genitive (**мно́го, ма́ло, немно́го, ско́лько,** and so on), the verb **хвата́ть/хвати́ть** (*to be enough, sufficient*) does so as well. The logical subject appears in the genitive singular if it is a mass noun: **Молока́ нам хва́тит** (*We'll have enough milk*) and in the genitive plural if it is a count noun: **У нас не хвата́ет компью́теров** (*We don't have enough computers*). The following forms of this verb are virtually the only ones you will encounter.

Past:	хвата́ло, хвати́ло
Present:	хвата́ет
Future:	хва́тит

An idiomatic use of this construction is the phrase **Спаси́бо, хва́тит!** (*Thanks, that's enough!*), which you might use if someone is filling your plate with food or your glass with drink.

УПРАЖНЕ́НИЕ 4.2.   Чего́ не хвата́ет?

What are you short of? Working with a classmate, complete the following sentences with the items listed below; then provide an appropriate response.

де́ньги	авто́бусы	библиоте́ки
компью́теры	ме́бель	хоро́ший стадио́н
ла́мпы	туале́тная бума́га	ко́фе
пи́сьменный стол	(*toilet paper*)	кинотеа́тры
профессора́	апте́ка	дива́н
соль *f.*	магази́ны	теа́тр
столы́	шокола́д	сту́лья

EXAMPLE: — У нас в университе́те не хвата́ет... компью́теров. →
            — (Да,) нам ну́жно бо́льше компью́теров.

1. У нас в общежи́тии не хвата́ет...
2. Когда́ мы бы́ли в похо́де, нам не хвати́ло...
3. В мое́й ко́мнате не хвата́ет...
4. Я хоте́л(а) купи́ть фотоальбо́м, но у меня́ не хвати́ло...
5. У нас в кафете́рии не хвата́ет...
6. В на́шем го́роде не хвата́ет...
7. В на́шем микрорайо́не не хвата́ет...

ПУ́СТЬ ОН КУ́ПИТ ЛЕКА́РСТВО: THIRD-PERSON IMPERATIVES

Когда́ Во́ва пойдёт в апте́ку, **пусть** он ку́пит вам лека́рство.	*When Vova goes to the drugstore, have (let) him buy you the medicine.*

Пусть + a third-person verb (imperfective present or perfective future) renders *Let (Have) him (her, them) do something.* Compare this with the construction **Дава́й(те) я/мы** + verb (imperfective or perfective future) that renders *Let me (us) do something.*

Дава́йте я откро́ю шампа́нское.	*Let me open the champagne.*
Пу́сть Са́ша откро́ет шампа́нское.	*Let (have) Sasha open the champagne.*

УПРАЖНЕНИЕ 4.3.   Я не хочу́…

Which of the following would you rather not do? Have a friend offer an alternative.

EXAMPLE: идти́ в поликли́нику →
— Я не хочу́ идти́ в поликли́нику.
— Пра́вильно. Пусть Ви́ктор идёт в поликли́нику.

гото́вить обе́д	танцева́ть вокру́г ёлки
писа́ть сочине́ние (*composition*)	сиде́ть на полу́
встреча́ть иностра́нного го́стя	идти́ на конце́рт рок-му́зыки
гуля́ть с соба́кой	

ИЗ, С, ОТ + GENITIVE: EXPRESSING *FROM*

В мое́й гру́ппе у́чатся два студе́нта **из** Инди́и…	*In my class there are two students from India . . .*
Когда́ Ната́лья Ива́новна вернётся **с** рабо́ты…	*When Natalya Ivanovna returns from work . . .*
Я получи́ла письмо́ **от** дру́га (письмо́ **из** университе́та).	*I received a letter from my friend (a letter from the university).*

All of the *motion from* prepositions take the genitive. The following table illustrates the series of corresponding prepositions used to indicate *motion toward, location at,* and *motion from.*

	MOTION TOWARD (КУДА́?)	LOCATION AT (ГДЕ?)	MOTION FROM (ОТКУ́ДА?)
ENCLOSED PLACES	**в** + accusative Они́ е́дут **в Москву́.** (*They're going to Moscow.*)	**в** + prepositional Они́ **в Москве́.** (*They're in Moscow.*)	**из** + genitive Они́ е́дут **из Москвы́.** (*They're coming from Moscow.*)
FUNCTIONS, EVENTS[6]	**на** + accusative Они́ е́дут **на конце́рт.** (*They're going to a concert.*)	**на** + prepositional Они́ сейча́с **на конце́рте.** (*They're at a concert now.*)	**с** + genitive Они́ е́дут **с конце́рта.** (*They're coming from a concert.*)
PEOPLE	**к** + dative Они́ е́дут **к ба́бушке.** (*They're going to Grandmother's [house].*)	**у** + genitive Они́ **у ба́бушки.** (*They're at Grandmother's [house].*)	**от** + genitive Они́ е́дут **от ба́бушки.** (*They are coming from Grandmother's [house].*)

---

[6] Remember that a few nouns indicating places also require the prepositions generally associated with functions and events: **на стадио́н/на стадио́не/со стадио́на, на по́чту/на по́чте/с по́чты, на ста́нцию/на ста́нции/со ста́нции, на вокза́л/на вокза́ле/с вокза́ла.**

Они́ е́дут к ба́бушке.

Они́ у ба́бушки.

Они́ е́дут от ба́бушки.

УПРАЖНЕНИЕ 4.4. **Отку́да ты идёшь?**

Some friends meet on their way home from various places. Choose a situation below (or make up one of your own) and create a brief (four to six lines) dialogue around it.

EXAMPLE: Ви́ктор, врач

— Приве́т, Ви́ктор. Как дела́?

— Ничего́. Иду́ от врача́.

— От врача́? А почему́ ты был у врача́? Что с тобо́й?

— Я простуди́лся. У меня́ температу́ра.

— А что говори́т врач?

— Он говори́т, что у меня́ грипп.

— Грипп? Это пло́хо.

1. Ле́на, конце́рт

2. Во́ва, библиоте́ка

3. Серге́й Петро́вич, рабо́та

4. Са́ша, ба́бушка

5. Джим, университе́т

6. Ви́ктор, Ле́на

КОГДА́ ВО́ВА ПОЙДЁТ В АПТЕ́КУ... : PLANNING THE FUTURE

Когда́ Во́ва **пойдёт** в апте́ку, пусть он ку́пит...

Е́сли вы **бу́дете** себя́ хорошо́ **чу́вствовать**...

When Vova goes to the drugstore, have him buy . . .

If you feel well (at some time in the future) . . .

Russians use the future (imperfective and perfective) in subordinate clauses that refer to a future time or future condition. Note that English speakers use the present tense in such cases.

УПРАЖНЕНИЕ 4.5.   **Éсли/Когда́...**

You're planning an excursion to a soccer match, followed by dinner with some Russian friends. Complete the following sentences:

1. Éсли бу́дет хоро́шая пого́да…
2. Éсли бу́дет плоха́я пого́да…
3. Éсли кто́-нибудь уви́дит Ви́ктора…
4. Когда́ мы прие́дем на стадио́н…
5. Éсли на́ша кома́нда вы́играет (*wins*)…
6. Éсли на́ша кома́нда проигра́ет (*loses*)…
7. Когда́ матч ко́нчится…
8. Когда́ мы прие́дем домо́й…
9. Мы бу́дем о́чень ра́ды, е́сли…
10. Мы пригото́вим пи́ццу, когда́…
11. Мы посмо́трим фильм, когда́…

WORD STUDY

The Medical Profession

As is true with other scientific vocabulary, much medical terminology has come into both Russian and English from the classical languages. Connect the specialist with the specialty, noting consistent suffixes and stress patterns.

СПЕЦИАЛИ́СТ	СПЕЦИА́ЛЬНОСТЬ
гинеко́лог	онколо́гия
дермато́лог	эпидемиоло́гия
кардио́лог	кардиоло́гия
онко́лог	гинекология
офтальмо́лог	психиатри́я
ревмато́лог	педиатри́я
уро́лог	дерматоло́гия
эндокрино́лог	ревматоло́гия
эпидемио́лог	уроло́гия
педиа́тр	эндокриноло́гия
психиа́тр	хирурги́я

Диалоги

ДИАЛОГ 4.1.   **У меня́ всё боли́т.**

(Telling symptoms to a doctor)

— До́ктор, я себя́ пло́хо чу́вствую.
— Что у вас боли́т?

— У меня болит голова, болит спина. У меня всё болит.
— Когда вы заболели?
— Я уже несколько дней плохо себя чувствую.
— Снимите рубашку, я вас послушаю.

ДИАЛОГ 4.2.   Вот вам рецепт.

(Getting a medical examination and prescription)

— Какая у вас температура?
— Тридцать восемь и три.
— Я должна вас послушать. Снимите рубашку. Дышите. Ещё. Не дышите.
— Что у меня, доктор?
— У вас грипп. Вот вам рецепт, принимайте по две таблетки три раза в день.
— Спасибо, доктор.
— Кроме того, вам нужно много пить. Пейте молоко с содой и мёдом и чай с лимоном.

ДИАЛОГ 4.3.   Сколько лет вашему дедушке?

(Discussing health)

— Врача вызывали?
— Да, у нас заболел дедушка.
— Что с вашим дедушкой?
— Он говорит, что у него всё болит.
— Он давно болеет?
— Да, уже лет тридцать.
— Что?! А сколько лет вашему дедушке?
— Девяносто восемь.

УПРАЖНЕНИЕ 4.6.   Ваш диалог

Create a dialogue in which you're seeing a doctor about a complaint. It turns out that working with the doctor in the clinic that day is someone with whom you had a class several years ago; your former classmate is now in medical school and is visiting the clinic to see how the doctors work. Catch up on each other's lives.

УПРАЖНЕНИЕ 4.7. **Перево́д**

"You have the flu. You may not go to work."

"Doctor, I need a medical excuse."

"Don't worry. I'll write you out a medical excuse for three days (**на три дня**). After three days come to the medical clinic. If you feel well, I'll release you for work."

"Thanks, doctor. I'm sure that in three days I'll feel fine."

Nouns

апте́ка	drugstore; pharmacy
боле́знь *f.*	sickness; disease
голова́ (*acc. sing.* го́лову, *pl.* го́ловы, *gen. pl.* голо́в, *dat. pl.* голова́м)	head
го́рло	throat
грипп	influenza; flu
до́ктор (*pl.* доктора́)	doctor
кани́кулы *pl.*	vacation
карти́на	picture
карто́шка *colloquial*	1. potatoes; 2. a potato
ка́ш(е)ль (*gen.* ка́шля) *m.*	cough
кино́ *neut., indecl.*	(the) movies
лека́рство (от + *gen.*)	medicine (*for something*)
ме́тод	method
на́сморк	runny nose
нога́ (*acc. sing.* но́гу, *pl.* но́ги, *gen. pl.* ног, *dat. pl.* нога́м)	1. leg; 2. foot
поликли́ника	outpatient clinic
просту́да	a cold
реце́пт	prescription
рожде́ние	birth
р(о)т (*gen. sing.* рта, *prep. sing.* во рту)	mouth
спина́ (*acc. sing.* спи́ну, *pl.* спи́ны)	(body part) back
сре́дство	remedy
температу́ра	temperature
чай	tea
шко́ла	school
эпиде́мия	epidemic

Adjectives

горя́чий	hot
дома́шний	1. home (*adj.*); 2. homemade; home-cooked
за́нятый (за́нят, занята́, за́нято, за́няты)	busy
здоро́вый	healthy
лу́чший	better; best
любо́й	any
опа́сный	dangerous

Verbs

A translation is listed after the perfective only if it differs from the imperfective. "X" indicates that a paired verb exists but has not yet been presented as active vocabulary. "None in this meaning" indicates that there is no perfective for the meaning given here. "None" indicates that there is no aspectual counterpart for this verb.

IMPERFECTIVE		PERFECTIVE
беспоко́ить (беспоко́ю, беспоко́ишь)	to bother	None
беспоко́иться (беспоко́юсь, беспоко́ишься)	to worry	None
боле́ть[1] **(боле́ю, боле́ешь)**	to be ill; to be sick	None
боле́ть[2] (*3rd pers. only* **боли́т, боля́т**)	to ache; to hurt	None
вызыва́ть	to call; to get (a doctor, etc.)	**вы́звать (вы́зову, вы́зовешь)**
выпи́сывать	to write out	**вы́писать (вы́пишу, вы́пишешь)**
закрыва́ть	to close; to shut	**закры́ть (закро́ю, закро́ешь;** *past passive participle* **закры́тый)**
заходи́ть (захожу́, захо́дишь) (к + *dat.*)	to stop by; to stop at	**зайти́ (зайду́, зайдёшь;** *past* **зашёл, зашла́, зашло́, зашли́)**
измеря́ть	to measure; to take (someone's temperature)	**изме́рить (изме́рю, изме́ришь)**
ка́шлять	to cough	**ка́шлянуть (ка́шляну, ка́шлянешь)** (*one-time action*)
лечи́ть (лечу́, ле́чишь)	to treat (medically)	**вы́лечить**[7] **(вы́лечу, вы́лечишь)** — to cure
ме́рить (ме́рю, ме́ришь)[8]	to measure; to take (someone's temperature)	X
начина́ться (*3rd pers. only*)	to start; to begin (*intransitive*)	**нача́ться** (*3rd pers. only* **начнётся, начну́тся;** *past* **начался́, начала́сь, начало́сь, начали́сь)**
принима́ть (лека́рство)	to take (medicine)	**приня́ть (приму́, при́мешь;** *past* **при́нял, приняла́, при́няло, при́няли)**

[7] This is not a true perfective of **лечи́ть,** but as a practical matter it performs that function in many contexts.
[8] The imperfectives **измеря́ть** and **ме́рить** are synonymous.

IMPERFECTIVE		PERFECTIVE
просту́живаться	to catch cold	простуди́ться (простужу́сь, просту́дишься)
проходи́ть (прохо́дит, прохо́дят)	(*of pain, cough, etc.*) to pass; to go away	пройти́ (пройдёт, пройду́т; *past* прошёл, прошла́, прошло́, прошли́)
снима́ть	to take off	снять (сниму́, сни́мешь)
теря́ть	to lose	потеря́ть
хвата́ть (хвата́ет) (+ *gen.*) *impersonal*	there is (there are) enough	хвати́ть (хва́тит; *past* хвати́ло) (+ *gen.*) *impersonal*
чиха́ть	to sneeze	чихну́ть (чихну́, чихнёшь) (*one-time action*)
чу́вствовать (чу́вствую, чу́вствуешь) себя́	to feel (good, bad etc.)	None

Adverbs

послеза́втра	the day after tomorrow
ра́ньше	1. earlier; 2. before
сно́ва	again

Other

пусть...	let . . .; have (someone do something)
ра́зве?	really?
ура́!	hurrah!

Idioms and Expressions

Будь здоро́в (здоро́ва)!; Бу́дьте здоро́вы!	(*when someone sneezes*) Bless you!, Gesundheit!
Вы не туда́ попа́ли.	(*over the telephone*) You got the wrong number.
Лу́чше не на́до.	(*in response to a suggestion*) Better you didn't.; It's/That's not a good idea.
Никако́го беспоко́йства.	It's no trouble at all.

откров́енно говор́я	frankly speaking
parenthetical	
пл́охо себ́я чу́вствовать	not to feel well
Р́азве так м́ожно?	How could you possibly do that?
с́ильно простуд́иться	to catch a bad cold
Скор́ее выздор́авливайте!	Get well soon!
Что с в́ами (тоб́ой)?	What's the matter with you?
чу́вство ю́мора	sense of humor

Topics

Parts of the body: голов́а, руќа, ноѓа, спин́а, жив́от (*stomach*); в́олосы (*hair*), лиц́о (*face*), глаз́а (*eyes*), нос (*nose*), рот; ѓорло
Health care: бол́еть[1] (Он́а ч́асто бол́еет), б́олен (больн́а, больн́ы), чу́вствовать себ́я (пл́охо), Как вы себ́я чу́вствуете?; бол́еть[2] (У мен́я бол́ит голов́а; Что у вас бол́ит?), бол́езнь, эпид́емия, грипп; просту́да, н́асморк, ќашель, просту́живаться/простуд́иться, ќашлять, чих́ать, Бу́дьте здор́овы!; м́ерить (измер́ять/изм́ерить) температу́ру, выс́окая температу́ра, норм́альная температу́ра; апт́ека, рец́епт, леќарство (от ќашля), ср́едство от просту́ды, леч́ить дом́ашними ср́едствами, ст́авить горч́ичники, ќашель прош́ёл (пройд́ёт, не прох́одит); поликл́иника, врач, д́октор, вызыв́ать/в́ызвать врач́а, леч́ить, выл́ечивать/в́ылечить, вып́исывать/в́ыписать рец́епт, приним́айте по две табл́етки три р́аза в день; Скор́ее выздор́авливайте!

STUDY TIP

Multicase and Multiuse Prepositions

If you've not done so already, start to compile your own reference list of prepositions that take multiple cases and/or have multiple meanings. This list will be especially helpful to you if you include examples (in Russian) of uses you have already encountered.

- **в** + acc. = motion toward: **Н́ина ид́ёт в магаз́ин.**
- **в** + acc. = *per:* **Я звон́ю дру́гу три р́аза в нед́елю.**
- **в** + acc. = time or day when: **Мы встр́етимся в субб́оту, в пять час́ов.**
- **в** + prep. = location where: **Он́и жив́ут в Москв́е.**
- **в** + prep. = month or year when: **Он́а родил́ась в апр́еле. Он́и жени

́лись** (*got married*) **в пр́ошлом году́.**

Include in your list particular phrases that might not fit into a pattern but are nonetheless common: **в кот́ором часу́?** (*at what time?*). In addition to **в**, other multicase and multiuse prepositions you have encountered include **на, с, за,** and **у**.

6 УРОК 8 МАРТА

a. Изма́йловский ры́нок.
   Чего́ тут то́лько нет!
б. Матрёшки.
в. Каки́е краси́вые сувени́ры!

In this chapter you will learn

▲ to express the time and date when something occurs

▲ to express curiosity

▲ to use adjectives as nouns

▲ to talk about things that could happen or could have happened

▲ to pose questions asking for suggestions or advice

▲ to talk about placing things in different positions

▲ about word order in Russian

▲ about the March 8 holiday

▲ about diminutives

ЧАСТЬ ПЕРВАЯ

ЧТЕНИЕ

Оди́н из са́мых люби́мых пра́здников

(Ilya Ilyich and Jim are at the professor's home a few days before March 8.)

ДЖИМ. Илья́ Ильи́ч, все мужчи́ны везде́ говоря́т то́лько об одно́м — о пода́рках же́нщинам **к**° 8-о́му Ма́рта. Я зна́ю об э́том пра́зднике о́чень ма́ло — ведь у нас тако́го пра́здника нет. Я ду́мал, что э́то революцио́нный пра́здник — **Междунаро́дный же́нский день.**°

ИЛЬЯ́ ИЛЬИ́Ч. Джим, э́то и так и не так. У э́того пра́здника о́чень интере́сная исто́рия. Ра́ньше э́то действи́тельно был **ску́чный° официа́льный** пра́здник. У нас их бы́ло мно́го. Но **постепе́нно**° все забы́ли о его́ революцио́нном происхожде́нии.° Мужчи́ны осо́бенно лю́бят э́тот пра́здник, потому́ что им прия́тно° **хотя́ бы**° раз в году́ **каза́ться** себе́ до́брыми и **внима́тельными.**°

(Jim looks questioningly at him.)

В э́тот день, Джим, мужчи́ны **стара́ются**° де́лать до́ма всю рабо́ту, кото́рую обы́чно де́лают же́нщины. Мужчи́ны в э́тот день да́рят же́нщинам пода́рки,

for

Междунаро́дный... *International Women's Day*

boring
gradually
origin
им... *they like* / хотя́... *at least*
каза́ться... *to appear kind and attentive*

try

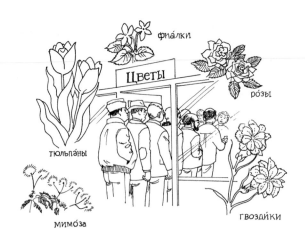

цветы́, говоря́т им комплиме́нты, а же́нщины
стара́ются быть осо́бенно краси́выми. Вы, наве́рно,
заме́тили, что после́дние **не́сколько**° дней везде́   *few*
продаю́т мимо́зу. 8 Ма́рта — э́то и си́мвол **весны́**.°   *spring*

джим.   А когда́ вы **поздравля́ете**° же́нщин у себя́ на рабо́те?   *extend greetings to*
Ведь 8 Ма́рта — **нерабо́чий день**.°   нерабо́чий... *day off*

илья́ ильи́ч.   Мы поздравля́ем свои́х колле́г-же́нщин седьмо́го
ма́рта, а восьмо́го мы пра́зднуем Же́нский день до́ма.
Я всегда́ **посыла́ю**° **поздрави́тельные откры́тки**° свои́м   *send* / поздрави́тельные...
колле́гам-же́нщинам, кото́рые рабо́тают **за грани́цей**.°   *greeting cards*
На́ши же́нщины привы́кли, что их всегда́ поздравля́ют   за... *abroad*
с Же́нским днём, а в други́х стра́нах, как и у вас, в
Аме́рике, тако́го пра́здника нет.

джим.   Я всё по́нял. Сего́дня я сде́лаю **спи́сок**° всех **знако́мых**   *list*
же́нщин°... Э́то бу́дет дли́нный спи́сок.   всех... *all the women I know*

илья́ ильи́ч.   Джим, но не обяза́тельно поздравля́ть *всех* знако́мых
же́нщин.

джим.   Почему́? Я наде́юсь, что им э́то бу́дет **прия́тно**.° А мне   им... *they'll like it*
бу́дет прия́тно каза́ться себе́ до́брым и внима́тельным.

УПРАЖНЕ́НИЕ 1.1.   **Вопро́сы и отве́ты**

1. В на́шей стране́ пра́зднуют 8 Ма́рта?
2. Есть ли у нас пра́здник, кото́рый похо́ж на 8 Ма́рта? Как он
   называ́ется? Как его́ пра́зднуют?
3. Каки́е пода́рки да́рят же́нщинам в э́тот день?
4. Как вы ду́маете, ну́жен ли Междунаро́дный *мужско́й* день?
5. Вы когда́-нибудь да́рите цветы́ ма́ме, сестре́ и́ли люби́мой
   де́вушке? Когда́ вы э́то де́лаете?
6. Каки́е цветы́ вы лю́бите: мимо́зу, тюльпа́ны (*tulips*), ро́зы,
   фиа́лки (*violets*)?
7. В на́шей стране́ при́нято (*considered appropriate*), что́бы
   же́нщина дари́ла цветы́ мужчи́не?
8. Вы когда́-нибудь кому́-нибудь говори́те комплиме́нты? Кому́?
   Каки́е комплиме́нты вы говори́те?

О РОССИИ

Восьмо́е Ма́рта и два́дцать тре́тье февраля́

As **8 Ма́рта** approaches, most men and boys arrange gifts, flowers, and/or cards for the important women in their lives. It is not unusual for Russian male classmates to begin collaborating on a gift for each female teacher. Like Sasha and his grandfather in the next scene, many men even prepare meals and clean the house for **8 Ма́рта,** thus assuming for one day tasks that female family members usually do the rest of the year.

About three weeks earlier, many women and girls observe an analogous celebration for the men and boys in their lives: **23 февраля́.** This was originally a celebration of the Soviet armed forces, known as **День а́рмии,** but its purpose gradually came to include all males. Although it is not a day off (**выходно́й день),** it is still observed.

	ЯНВАРЬ					ФЕВРАЛЬ					МАРТ				
Пн		6	13	20	27		3	10	17	24		3	10	17	24	31
Вт		⑦	14	21	28		4	11	18	25		4	11	18	25
Ср	①	8	15	22	29		5	12	19	26		5	12	19	26
Чт	2	9	16	23	30		6	13	20	27		6	13	20	27
Пт	3	10	17	24	31		7	14	21	28		7	14	21	28
Сб	4	11	18	25		1	8	15	22		1	⑧	15	22	29
Вс	5	12	19	26		2	9	16	23		2	9	16	23	30

	АПРЕЛЬ					МАЙ					ИЮНЬ				
Пн		7	14	21	28		5	12	19	26		2	9	16	23	30
Вт	1	8	15	22	29		6	13	20	27		3	10	17	24
Ср	2	9	16	23	30		7	14	21	28		4	11	18	25
Чт	3	10	17	24		1	8	15	22	29		5	12	19	26
Пт	4	11	18	25		2	⑨	16	23	30		6	13	20	27
Сб	5	12	19	26		3	10	17	24	31		7	14	21	28
Вс	6	13	20	27		4	11	18	25		1	8	15	22	29

	ИЮЛЬ					АВГУСТ					СЕНТЯБРЬ				
Пн		7	14	21	28		4	11	18	25		1	8	15	22	29
Вт	1	8	15	22	29		5	12	⑲	26		2	9	16	23	30
Ср	2	9	16	23	30		6	13	20	27		3	10	17	24
Чт	3	10	17	24		7	14	21	28		4	11	18	25
Пт	4	11	18	25		1	8	15	22	29		5	12	19	26
Сб	5	12	19	26		2	9	16	23	30		6	13	20	27
Вс	6	13	20	27		3	10	17	24	31		7	14	21	28

	ОКТЯБРЬ					НОЯБРЬ					ДЕКАБРЬ				
Пн		6	13	20	27		3	10	17	24		1	8	15	22	29
Вт		7	14	21	28		4	11	18	25		2	9	16	23	30
Ср	1	8	15	22	29		5	12	19	26		3	10	17	24	31
Чт	2	9	16	23	30		6	13	20	27		4	11	18	25
Пт	3	10	17	24	31		⑦	14	21	28		5	12	19	26
Сб	4	11	18	25		1	8	15	22	29		6	13	20	27
Вс	5	12	19	26		2	9	16	23	30		7	14	21	28

ГРАММАТИКА И ПРАКТИКА

THE ART OF CONVERSATION: THE CONJUNCTION ВЕДЬ

Я зна́ю об э́том пра́зднике о́чень ма́ло — **ведь** у нас тако́го пра́здника нет.

I know very little about this holiday; after all, we don't have any such holiday.

The highly conversational word **ведь** defies any single translation. It appears in statements as a marker of facts or ideas that the speaker is reasonably sure the addressee is aware of.

WRITING DATES

When writing dates, Russians follow the European pattern day/month/year. Various written forms are possible.

> 25 декабря́ 1996
> 25/12/96
> 25.12.96
> 25/XII-96
> 25 дек. 1996 г.

Sometimes, the case ending of an ordinal numeral in a date is shown following the numeral: **6-о́е (шесто́е) января́, 25-ого (два́дцать пя́того) апре́ля, к 8-о́му (восьмо́му) Ма́рта, в 1945-ом (со́рок пя́том) году́**. Standard written Russian does not consistently show these case reminders.

TELLING WHEN: КОГДА́ Э́ТО СЛУЧИ́ЛОСЬ? КОГДА́ Э́ТО БУ́ДЕТ?

У́тром я рабо́таю, а **ве́чером** занима́юсь.	*In the morning I work, and in the evening I study.*
Я всегда́ встаю́ **в семь часо́в**.	*I always get up at seven o'clock.*
На про́шлой неде́ле у Та́ни и Све́ты бы́ло новосе́лье.	*Last week Tanya and Sveta had a housewarming.*

You have already encountered many of the ways to express when something occurs. They can be summarized by time period.

TIME PERIOD	CONSTRUCTION	EXAMPLES
During a part of the day or season of the year	Adverbial forms (identical to instrumental case forms)	у́тром, днём, ве́чером, но́чью весно́й, ле́том, о́сенью, зимо́й
At a specific time of day or on a specific day of the week	**в** + accusative[1]	в два часа́, в че́тверть шесто́го в четве́рг, в суббо́ту
During/in a certain week	**на** + prepositional	на про́шлой неде́ле, на э́той неде́ле
In a certain month or year	**в** + prepositional	в ма́рте в про́шлом году́

---

[1] There are two exceptions: *On the half hour* (6:30 = **в полови́не седьмо́го**) uses **в** + prepositional (but you can say **в полседьмо́го** to avoid this difficulty); and *on the three-quarter hour* (6:45 = **без че́тверти семь**) does not use **в** at all.

Giving actual dates when something occurred or will occur requires special attention. For example, the following statement does not fall into any of the above patterns.

Мы поздравляем свойх коллёг-женщин **седьмого марта**, а **восьмого** мы празднуем Женский день дома.

We congratulate our female colleagues on the 7th of March, and on the 8th we celebrate Women's Day at home.

With specific dates, the case used for the initial element stated (day, date, month, or year) varies; thereafter, the genitive is used as the "add-on" case. The following table summarizes the case requirements when handling dates.

— Когда родилась твоя сестра?
— Она родилась...

IF YOU BEGIN WITH THE . . .	DAY	DATE	MONTH	YEAR
Year In 1984				...в 1984-ом году. (**в** + prepositional)
Month In March, 1984			...в марте (**в** + prepositional)	1984-го года (genitive as "add-on" case)
Date On March 22, 1984[2]		...22-го (genitive)	марта (genitive as "add-on" case)	1984-го года (genitive as "add-on" case)
Day On Friday, March 22, 1984	...в пятницу (**в** + accusative)	22-го (genitive as "add-on" case)	марта (genitive as "add-on" case)	1984-го года (genitive as "add-on" case)

---

[2] Note that in English both "On the 22nd of March" and "On March 22nd . . ." are acceptable, but in Russian one always begins with the numerical date.

УПРАЖНЕНИЕ 1.2. История Америки

Your Russian friends are preparing for an exam on American history and culture and have asked you to help. Making educated guesses at words you do not know, match the events with the dates, and read the dates aloud in Russian.

1. _____ День Независимости США[3] празднуется (*is celebrated*)...
2. _____ Вторая мировая война кончилась...
3. _____ Декларация независимости США была принята (*was adopted*)...
4. _____ Колумб открыл (*discovered*) Америку...
5. _____ Первый «Супер бол» был...
6. _____ День Благодарения отмечается...
7. _____ — Мы празднуем Рождество...
   — А мы празднуем Хануку...
8. _____ Праздник «Халлоуин» отмечается...
9. _____ Президента Линкольна убили...
10. _____ Учебный год начинается...
11. _____ Летние каникулы начинаются...

а. 15 апреля 1865 г.[4]
б. 25 декабря.
в. 31 октября.
г. 4 июля.
д. в 1492 г.
е. в 1776 г.
ж. в 1945 г.
з. в 1967 г.
и. в декабре.
к. в ноябре.
л. в мае или в июне.
м. в августе или в сентябре.

УПРАЖНЕНИЕ 1.3. Когда родилась ваша сестра?

Can you tell a Russian acquaintance about some important dates in your life? Prepare answers to the following questions; then ask them of others and write down the answers you hear (in Russian style) so you can check your comprehension.

1. Когда вы родились?
2. Когда родился ваш брат (отец, дедушка, дядя...)?
3. Когда родилась ваша сестра (мама, бабушка, тётя...)?
4. Когда вы поступили (*entered*) в университет?

---

[3] **США** (Соединённые Штаты Америки) = USA (United States of America)
[4] Note the abbreviation **г.** (**гг.** in plural contexts) for **год, года,** or **году** following the number.

5. Когда́ вы зако́нчите университе́т?
6. Вы хоти́те пое́хать в Росси́ю? Когда́ вы хоти́те туда́ пое́хать?
7. В како́м году́ вы ко́нчили шко́лу?
8. Како́го числа́ был День Благодаре́ния (*Thanksgiving*) в про́шлом году́?
9. Когда́ начался́ уче́бный (*academic*) год в ва́шем университе́те? А когда́ он зако́нчится (*will end*)?
10. Когда́ зака́нчивается (*ends*) пе́рвый семе́стр? А когда́ начина́ется второ́й?

УПРАЖНЕНИЕ 1.4.   С днём рожде́ния!

Scan the following article and try to figure out the birthdays of the sports figures mentioned. Then fill in the table.

С днем рождения!

29 марта 1964 года родился Александр Волков. Баскетболист. Заслуженный мастер спорта. Чемпион Олимпиады-88.

31 марта 1967 года родился Андрей Мазунов, мастер спорта международного класса по настольному теннису. Бронзовый призер чемпионатов мира 1989 и 1991 годов.

31 марта 1971 года родился Павел Буре, хоккеист. Чемпион мира 1990 г.

1 апреля 1971 года родился Владимир Сельков. Мастер спорта международного класса по плаванию. Бронзовый призер чемпионата мира 1991-го, чемпион Европы 1991 года.

3 апреля 1964 года родился Андрей Ломакин, хоккеист, заслуженный мастер спорта, чемпион зимних Олимпийских игр 1988 года.

4 апреля 1972 года родилась Наталья Полозкова. Мастер спорта международного класса по конькобежному спорту. Чемпионка Европы 1991 года на дистанции 500 м.

	BIRTH DATE	NAME	SPORT
1.			
2.			
3.			
4.			
5.			
6.			

Диалоги

ДИАЛОГ 1.1.   У тебя́ уже́ есть пода́рок для ма́мы?

(Discussing gifts)

— Бо́ря, ско́ро 8 Ма́рта. У тебя́ уже́ есть пода́рок для ма́мы?
— Я хочу́ подари́ть ей цветы́ и конфе́ты (*candy*). Конфе́ты я уже́
  купи́л, а цветы́ куплю́ за́втра.
— Но на́ша ма́ма не ест конфе́т. Она́ на дие́те.
— Ничего́, мы ей помо́жем.

ДИАЛОГ 1.2.   Подари́ де́вушкам цветы́.

(Asking for advice)

— Серёжа, помоги́ мне. Я сде́лал спи́сок всех знако́мых же́нщин. Их
  о́чень мно́го — три́дцать шесть. Неуже́ли я до́лжен им всем купи́ть
  пода́рки?
— Ну что ты, Джек! Купи́ пода́рок свое́й де́вушке и цветы́ остальны́м
  (*remaining*) де́вушкам в свое́й гру́ппе. И, коне́чно, купи́ краси́вые
  поздрави́тельные откры́тки.
— Но 8-о́го ма́рта в университе́те нет заня́тий.
— А ты подари́ де́вушкам цветы́ 7-о́го ма́рта.

ДИАЛОГ 1.3.   У вас в Аме́рике пра́зднуют... ?

(Discussing cultural differences)

— Скажи́те, Тед, у вас в Аме́рике пра́зднуют 8 Ма́рта?
— Нет. У нас тако́го пра́здника нет.
— Жаль. А у вас есть како́й-нибудь пра́здник, когда де́ти
  поздравля́ют свои́х мам?
— Да, коне́чно. У нас есть пра́здник День Ма́тери.
— А когда́ его́ пра́зднуют?
— Во второ́е воскресе́нье ма́я.

УПРАЖНЕНИЕ 1.5.   Ваш диало́г

Create a dialogue in which you and a best friend, about to graduate from
college and go your separate ways, establish a location and a date some

time in the distant future when you promise to meet again. Carry this to an absurd level of detail, specifying the precise location of a bus stop, restaurant, or phone booth in any city you choose, and a precise time, day, month, and year.[5]

УПРАЖНЕНИЕ 1.6. **Перево́д**

"Have you already bought your gifts?"

"Gifts? What gifts?"

"You mean (**ра́зве**) you don't know? On the 8th of March men give gifts or flowers to the women they know. It's a big holiday—International Women's Day."

"My goodness! I had completely forgotten about that. Thanks for telling me. Today is March third. There's less than a week left!"

ЧАСТЬ ВТОРАЯ

Чтение

Пода́рок к 8-о́му Ма́рта

(March 6. The Kruglovs' apartment. Sasha and his grandfather are sitting in the kitchen.)

ДЕ́ДУШКА. Интере́сно, где Алекса́ндра? **Обе́дать**° пора́, а её всё° нет. *to have dinner / still*

СА́ША. Да, есть о́чень хо́чется...

---

[5] An old Soviet joke—a not-too-overdrawn commentary on the shortage of both goods and services during the Soviet years—had a customer placing an order for a car and setting up the delivery date, which was to be some five years down the road. When everything had been specified down to the hour, the customer suddenly recollected, "Oh no, that won't work. I have a plumber coming that afternoon."

(They hear the entryway door opening, and in a moment Grandma, smiling, appears in the kitchen.)

ДÉДУШКА.   А мы ужé волнýемся. Где ты былá так дóлго?

БÁБУШКА.   В óчереди два часá стоя́ла.

СÁША.   В óчереди? Где? За чем?

БÁБУШКА.   Сейчáс расскажý. Идý домóй и вúжу: в магазúне «Посýда»° большáя óчередь. Я хотéла **мúмо** пройтú° — ведь нам посýда не нужнá, но мне стáло интерéсно, почемý в óчереди однú мужчúны стоя́т. Подхожý, спрáшиваю, что даю́т.° Какóй-то симпатúчный молодóй человéк мне всё **объяснúл**°: привезлú° кофéйные набóры°.[6] Кофéйник и две чáшечки° с блю́дцами.° Óчень **красúво**° и недóрого. Прекрáсный подáрок к 8-óму Мáрта. Я, конéчно, тóже стáла в óчередь. Заплатúла в кáссу,° взялá набóр. Идý домóй и дýмаю: зачéм я его купúла?

СÁША.   (*Interrupting.*) Бáбушка, а действúтельно, зачéм тебé кофéйный набóр?

БÁБУШКА.   **Что ты хóчешь э́тим сказáть?**°

СÁША.   Я хочý сказáть, что вы с дéдом° **кóфе** не пьёте. Вы же чай лю́бите, а чáйный сервúз[6] у нас есть. И вообщé, в э́той óчереди дóлжен был стоя́ть я, а не ты, потомý что мне óчень нýжен подáрок к 8-óму Мáрта. Я ужé три дня **хожý по магазúнам,**° но не могý купúть хорóший подáрок.

ДÉДУШКА.   С кем кóфе пить бýдешь?

БÁБУШКА.   А тебé обязáтельно нáдо всё знать! Сáшенька, берú набóр!

СÁША.   (*Hugs and kisses Grandma.*) Бáбушка, как я тебя́ люблю́! Ты дáже не знáешь, как ты мне помоглá!

БÁБУШКА.   Почемý не знáю? Я ещё когдá в óчереди стоя́ла, знáла, кто полýчит э́тот набóр!

"Dishware" / мúмо... *to pass by*

что... *what they're selling*
explained / *they brought*
sets / *small cups* / *saucers*
pretty

Заплатúла... *I paid the cashier*

Что... *What are you trying to say?*
grandpa

хожý... *have been going from store to store*

---

[6] **Набóр** is the general term for a "set" of anything (screwdrivers, a teapot with two cups, and so on). **Сервúз** is a more specific and formal term for a complete dinnerware or beverage service for a large group of people (6, 12, or 24).

Чай из самова́ра!

УПРАЖНЕ́НИЕ 2.1.   Вопро́сы и отве́ты

1. Вы когда́-нибудь покупа́ете пода́рки свои́м роди́телям?[7] А
    друзья́м? Вы кому́-нибудь покупа́ете цветы́? А что ещё вы
    покупа́ете?
2. Что вы обы́чно да́рите дру́гу (подру́ге, бра́ту, сестре́) на день
    рожде́ния? А на сва́дьбу (*wedding*)?
3. Вы лю́бите ходи́ть по магази́нам? Вы ча́сто э́то де́лаете? С кем
    вы обы́чно хо́дите по магази́нам?
4. Вы ча́сто стои́те в о́череди, когда́ вы хо́дите по магази́нам?
5. У вас до́ма есть кофе́йный и́ли ча́йный серви́з? Вы его́ купи́ли
    и́ли вам его́ подари́ли?
6. Вы бо́льше лю́бите чай и́ли ко́фе? Вы пьёте чай с молоко́м? С
    лимо́ном? С са́харом? А ко́фе вы пьёте с молоко́м? С са́харом?
7. Как вы ду́маете, кофе́йный набо́р — э́то хоро́ший пода́рок?

О РОССИИ

Что даю́т?

Shortages and lines were endemic during the Communist era.
Whenever people saw a line, they immediately asked **Что даю́т?**, step-
ping in line to ensure that they did not miss out on something needed.
Now supplies are better and lines are shorter, but the phrase is still the
most common equivalent of *What are they selling?*

---

[7] **Покупа́ть/купи́ть что-то *для кого́*** (object of preposition in genitive) and **покупа́ть/купи́ть
что-то *кому́*** (indirect object in dative) are both correct.

ГРАММАТИКА И ПРАКТИКА

THE ART OF CONVERSATION: EXPRESSING CURIOSITY

Интере́сно, где Алекса́ндра?	*I wonder where Aleksandra is?*

Starting a sentence with **интере́сно** followed by a clause that is introduced by a question word is like beginning a sentence in English with *I wonder . . .*

УПРАЖНЕ́НИЕ 2.2. Вопро́сы, вопро́сы!

Working with a classmate, develop a short dialogue based on one of the following situations. Use one or more examples of an appropriate direct question such as, **Скажи́те, пожа́луйста...** or **Вы не зна́ете/не ска́жете...** or an expression of curiosity such as **Интере́сно,...**

1. Вы тури́ст, вы пе́рвый раз в Москве́.
2. Вы хоти́те узна́ть, что коллекциони́рует (*collects*) ваш ру́сский друг.
3. Вы хоти́те узна́ть, ско́лько сто́ит биле́т в кинотеа́тр.
4. Ва́ша сестра́ получи́ла письмо́ от дру́га, и вы хоти́те узна́ть, где он сейча́с рабо́тает.
5. За́втра день рожде́ния ва́шей ма́тери (ва́шего дру́га), и вы не зна́ете, что ей (ему́) подари́ть.
6. Вы забы́ли, когда́ у вас консульта́ция в университе́те.
7. Вы не зна́ете, в каки́х кинотеа́трах идёт (*is playing*) но́вый фильм.
8. Вы забы́ли, како́й авто́бус идёт в центр го́рода.

ADJECTIVES AS NOUNS

Все мужчи́ны говоря́т то́лько об **одно́м...**	*All the men talk about only one thing . . .*
Са́мого гла́вного ты не зна́ешь...	*You don't understand the most important thing . . .*

Adjectives are sometimes used without nouns, thus becoming nouns themselves. If the reference is to something unnamed (as in the examples above), the adjectives are neuter. A plural reference is also common.

Ста́рые ча́сто не понима́ют **молоды́х**.	*Old (people) often don't understand the young.*

Some adjectives have become so common as nouns that the understood noun has ceased to be used, though its gender is still reflected:

шампа́нское (вино́)	курсова́я (рабо́та)
ва́нная (ко́мната)	контро́льная (рабо́та)
ру́сский (челове́к)	знако́мый (челове́к)
ру́сская (же́нщина)	знако́мая (же́нщина)

Adjectives used as nouns (and family names with adjective endings, such as **Достое́вский, Страви́нский, Толсто́й,** and so on) are declined as adjectives of the appropriate gender.

УПРАЖНЕНИЕ 2.3. **Adjectives as nouns and pronouns**

Fill in the blanks, using the words below. Indicate in the parentheses the case used.

ру́сские	шампа́нское
гла́вное	контро́льная
ва́нная	

1. В 6:00 Рома́н встал и пошёл в _____ (_____).
2. На стадио́не бы́ло мно́го америка́нцев и _____ (_____).
3. За́втра Но́вый год, и мы его́ встре́тим до́ма. Я должна́ купи́ть пять буты́лок _____ (_____).
4. Когда́ студе́нты ко́нчили писа́ть _____ (_____), они́ вы́шли из аудито́рии.
5. Са́мого _____ (_____) он не зна́ет.

УПРАЖНЕНИЕ 2.4. **Ура́, коне́ц семе́стра!**

You're getting ready for the end of the term and planning a graduation party for a friend. Using the following words and sentences, indicate what must be done and the order in which you'd take care of things.

друзья́	наш преподава́тель
шампа́нское	ку́хня
гита́ра	ва́нная
гости́ная (*living room*)	пере́дняя (*entry hall*)
пи́во (*beer*)	сла́дкое (*dessert*)

1. _____ На́до убра́ть (*clean up*) кварти́ру: _____, _____, _____ и _____.
2. _____ На́до позвони́ть _____.
3. _____ На́до пригласи́ть _____.
4. _____ На́до купи́ть мно́го _____, _____ и _____.
5. _____ На́до попроси́ть дру́га принести́ _____.

USE OF THE DATIVE CASE: SUMMARY

1. To show the recipient of something

> дава́ть/дать ... кни́гу, ключ ... **дру́гу, ма́тери**
> говори́ть/сказа́ть ... пра́вду, комплиме́нт ... **подру́ге, отцу́**
> писа́ть/написа́ть ... письмо́, откры́тку ... **преподава́телю,**
>   **ба́бушке**
> покупа́ть/купи́ть ... пода́рки, цветы́ ... **друзья́м, роди́телям**
> приноси́ть/принести́ ... шампа́нское, журна́л ... **сестре́, му́жу**

Some verbs take only the dative (indirect object):

> звони́ть/позвони́ть ... **сы́ну, до́чери**
> отвеча́ть/отве́тить ... **де́душке, врачу́**[8]
> помога́ть/помо́чь ... **дру́гу, ма́ме**

2. In certain impersonal expressions

> **мне (ему́, ей...)** мо́жно/нельзя́ + infinitive
> **мне (ему́, ей...)** ну́жно/на́до + infinitive
> **мне (ему́, ей...)** пора́ + infinitive

Many of these describe a physical or mental state.

> **мне (ему́, ей...)** хо́лодно/жа́рко
> **мне (ему́, ей...)** интере́сно/ску́чно
> **мне (ему́, ей...)** ве́село/гру́стно
> **мне (ему́, ей...)** прия́тно/неприя́тно
> **мне (ему́, ей...)** тру́дно/легко́

3. With certain prepositions

> к: **(идти́) к ба́бушке, к 8-о́му Ма́рта, к Же́нскому дню**
> по: **по телефо́ну, по телеви́зору, по доро́ге**

4. When expressing age

> **мне (ему́, ей...)** девятна́дцать лет

5. Other constructions

> **мне (ему́, ей...)** ка́жется
> **мне (ему́, ей...)** хо́чется
> **мне (ему́, ей...)** нра́вится, понра́вилось...
> **мне (ему́, ей...)** везёт, повезло́
> **мне (ему́, ей...)** ну́жен (нужна́, ну́жно, нужны́) + noun (in nomi-
>   native case)

---

[8] Remember, however, that **спра́шивать/спроси́ть** takes the accusative (**Она́ спроси́ла**
ма́му...) or the genitive with **у** (**Она́ спроси́ла у ма́мы...**).

УПРАЖНЕНИЕ 2.5.   **Мой брат гото́вится к 8-о́му Ма́рта.**

Мари́на is on the phone telling her friend **Ра́йса** about her brother's preparations for **8 Ма́рта**. Supply endings or logical pronouns (in some cases more than one interpretation may be acceptable) and be prepared to discuss the various uses of the dative.

1. Мой брат не знал, что купи́ть ма́м____ к восьм____ Ма́рта.
2. Я _____ сказа́ла: — Мо́жет быть, подари́ть _____ цветы́?
3. Он _____ отве́тил: — Цветы́, цветы́... Ка́ждый год цветы́. Ты не ду́маешь, что же́нщин____ неинтере́сно получа́ть ка́ждый год цветы́? Мо́жет быть, на́ш____ ма́т____ хо́чется что́-нибудь друго́е!
4. Бе́дный (*poor*) мой брат! _____ ка́жется, что он пло́хо понима́ет же́нщин. _____ всегда́ нра́вятся цветы́! Мужчи́н____ не на́до до́лго ду́мать о том, что _____ купи́ть. Наприме́р, па́па всегда́ покупа́ет цветы́, когда́ мы идём к ба́бушк____ в го́сти.
5. Ой, извини́, Ра́я. Мой брат говори́т, что _____ сро́чно (*urgently*) ну́жен телефо́н. И _____ пора́ идти́ на рабо́ту. Пока́!

УПРАЖНЕНИЕ 2.6.   **Но́вое знако́мство**

While visiting Moscow, you and a friend are going to a party where you're sure to meet some Russians. They might ask you questions like these. Try to answer them.

1. Где вы у́читесь? На како́м вы ку́рсе?
2. Вам нра́вится ваш университе́т? Что вам там бо́льше всего́ нра́вится?
3. Вам нра́вится Росси́я? Что вам нра́вится (и́ли не нра́вится) у нас?
4. Вам тепе́рь ле́гче говори́ть по-ру́сски, чем два ме́сяца наза́д?
5. Вы ходи́ли когда́-нибудь на футбо́льный матч? Вам понра́вилось и́ли вам бы́ло ску́чно?
6. Вы ча́сто пи́шете домо́й пи́сьма о том, что вы де́лаете в Росси́и? Кому́ вы пи́шете?
7. Вы покупа́ете ру́сские сувени́ры? Кому́ вы их да́рите?

Что вам бо́льше нра́вится?

Диалоги

ДИАЛОГ 2.1.   Что даю́т?

(Asking what's for sale; requires three speakers)

— Кака́я больша́я о́чередь! А что даю́т?
— Не зна́ю. Я сама́ то́лько что подошла́.
— Сейча́с я кого́-нибудь спрошу́. Молодо́й челове́к, скажи́те, пожа́луйста, что даю́т?
— Кофе́йные набо́ры. О́чень краси́вые.
— На́ши и́ли и́мпортные?
— Белору́сские. Как вы ду́маете, э́то на́ши и́ли и́мпортные?[9]

ДИАЛОГ 2.2.   Тебе́ обяза́тельно на́до всё знать!

(Asking for personal information)

— Али́са, куда́ ты идёшь?
— В рестора́н.
— А с кем, е́сли э́то не секре́т?
— А тебе́ обяза́тельно на́до всё знать! Не скажу́.

ДИАЛОГ 2.3.   Подари́те ей...

(Asking for advice on presents)

— Мне о́чень ну́жен хоро́ший пода́рок к 8-о́му Ма́рта. Что вы посове́туете?
— Для како́го во́зраста (age)?
— Как вам сказа́ть? Я ду́маю, что ей лет со́рок пять, но она́ говори́т, что ей три́дцать шесть.
—А что она́ говори́ла в про́шлом году́?
— Она́ говори́ла, что ей три́дцать шесть. Она́ уже́ не́сколько лет говори́т, что ей три́дцать шесть.
— Тогда́ подари́те ей вот э́ту кни́гу. У неё хоро́шее назва́ние: «Же́нщина без во́зраста».

---

[9] Before 1991 Russians called all Soviet products **на́ши** (*domestic*). After the breakup of the Soviet Union, however, Russians have been uncertain whether products from the former non-Russian republics are **на́ши** or **и́мпортные**.

УПРАЖНЕНИЕ 2.7. **Ваш диало́г**

Create a dialogue in which you seek the advice of a friend or salesclerk
on what might make a good birthday gift for another friend (or relative).

УПРАЖНЕНИЕ 2.8. **Перево́д**

"I wonder where Dima[10] is? He should have returned two hours ago."
"Why do you need him?"
"He promised that we'd go shopping this afternoon. I have to buy (some)
 gifts."
"You'll stand in line in every store because today everybody's buying
 gifts for March Eighth."

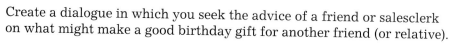

ЧАСТЬ ТРЕТЬЯ

ЧТЕНИЕ

Пода́рок купи́ть всегда́ нелегко́°

всегда́... *is never easy*

Scene A

(Vova and his friend Petya meet Jim on the street.)

пе́тя. Здра́вствуйте!
джим. Приве́т, ребя́та! Куда́ бежи́те?
во́ва. В шко́лу. Же́нщин поздравля́ть.
джим. Каки́х же́нщин?

---

[10] **Ди́ма** is short for **Дми́трий**. Another nickname for **Дми́трий** is **Ми́тя**.

ВÓВА.	Нáших, конéчно. Вот вúдишь — **тюльпáны**° для Татья́ны Михáйловны. Это нáша учúтельница. И фиáлки° для всех девчóнок° в клáссе. Четы́рнадцать букéтиков.
	tulips
	violets
	girls (colloquial)

ДЖИМ. Где вы купúли такúе красúвые цветы́? Я в магазúнах такúх не вúдел.

ВÓВА. На ры́нке. Цветы́ нýжно покупáть тóлько на ры́нке úли **вóзле**° метрó. (*Sure that they're talking about Lena.*) Тóлько гвоздúки° не покупáй, осóбенно бéлые. Гвоздúки она́ не лю́бит.

ДЖИМ. (*Impressed by the knowledgeable Vova.*) Ты дýмаешь?

ВÓВА. Я увéрен. На все сто **процéнтов**.°

ДЖИМ. Бýду знать.° Какúе у вас красúвые тюльпáны! И крáсные, и **жёлтые,**° и дáже фиолéтовые! Мóжет быть, мне тóже купúть тюльпáны?

ВÓВА. (*Importantly.*) Лýчше **рóзы**. Это, конéчно, дóрого, но **зато́**° óчень красúво.

ДЖИМ. Спасúбо за совéт. Покá!

ВÓВА. Покá! Желáю **успéха**!°

near

carnations

На... *One hundred percent.*

Бýду... *I'll remember that.*
yellow

но... *but*

Желáю... *Best of luck!*

Scene B

(*Three hours later. Viktor walks up to a dejected Jim.*)

ВИКТОР. Привéт, Джим. Почемý ты такóй **грýстный**°? Чтó-нибудь случúлось?

ДЖИМ. Мне сегóдня не везёт. Мне нýжно купúть подáрок к 8-óму Мáрта. Я цéлый день хожý по магазúнам, но никáк не могý решúть, что купúть. Éсли бы я знал, что это бýдет так трýдно, я бы попросúл друзéй **прислáть**° чтó-нибудь из Амéрики.

ВИКТОР. Да, хорóший подáрок купúть всегдá нелегкó. А что ты хóчешь ей подарúть? **Духú**?° **Космéтику**?°

ДЖИМ. Я не знáю, какúе духú она́ лю́бит. Космéтикой она́, по-мóему, не **пóльзуется**.° Не знáю, что дéлать.

ВИКТОР. У меня́ идéя! Сейчáс мы пойдём в одúн магазúн и кýпим прекрáсный подáрок! Такóй подáрок не сты́дно подарúть дáже люб́úмой дéвушке!

ДЖИМ. Вúктор, это замечáтельно! А что это за подáрок?

ВИКТОР. Я тебé расскажý **по дорóге**.°

sad

to send

Perfume? / Makeup?

не... *doesn't use*

по... *on the way*

УПРАЖНЕНИЕ 3.1.   Вопро́сы и отве́ты

1. Вам когда́-нибудь дари́ли цветы́? Кто вам их дари́л? Каки́е цветы́ вам нра́вятся?
2. Есть ли в ва́шем го́роде ры́нок, где мо́жно купи́ть цветы́? И́ли цветы́ продаю́т то́лько в магази́нах?
3. Вы ча́сто да́рите цветы́ свое́й ма́ме? Что вы ей подари́ли в про́шлом году́ на День Ма́тери?
4. Кому́ ещё вы да́рите цветы́? Каки́е цветы́ вы обы́чно да́рите?
5. Вы когда́-нибудь дари́ли цветы́ своему́ преподава́телю?
6. Каки́е пода́рки (сувени́ры) вы посыла́ете свои́м друзья́м в други́е стра́ны?
7. Люби́те ли вы получа́ть в пода́рок духи́ и́ли одеколо́н[11] (*cologne*)?
8. Вы обы́чно до́лго хо́дите по магази́нам, когда́ вам ну́жно купи́ть пода́рок?
9. Что вы хоте́ли бы получи́ть в пода́рок ко дню рожде́ния?

ГРАММА́ТИКА И ПРА́КТИКА

THE ART OF CONVERSATION: CONTRASTS USING ЗАТО́

> Э́то до́рого, но **зато́** о́чень краси́во.   *It's expensive but very pretty.*

Зато́ is used when making a statement that contains both a negative and a compensatory positive feature of the person or thing being discussed. Usually the negative element comes first, followed by the contrasting compensatory quality.

УПРАЖНЕНИЕ 3.2.   Ведь и́ли зато́

Jim is writing a letter home to his Russian teacher. Help him decide from context whether to fill in the blanks with **ведь** or **зато́**.

1. Все мужчи́ны говоря́т то́лько о пода́рках же́нщинам — _____ за́втра 8 Ма́рта.
2. 8 Ма́рта мужчи́ны да́рят же́нщинам пода́рки: _____ 8 Ма́рта — э́то же́нский пра́здник.

---

[11] **Одеколо́н** is from the French phrase *eau de cologne* and is written as one word.

3. В этот день в Москве трудно купить цветы — _____
все мужчины дарят женщинам цветы.

4. Цветы очень дорого стоят, _____ они очень красивые.

5. 7 марта я целый день ходил по магазинам — _____
мне нужно было купить много подарков.

6. Я очень устал и ничего не купил, но _____ я встретил
Виктора, и он помог мне купить подарок Тане.

ЕСЛИ БЫ Я ЗНАЛ... : THE CONDITIONAL-HYPOTHETICAL MOOD

Если **бы** я знал,... я **бы**
попросил...

*If I had known, . . . I would
have asked . . .*

If . . . consequence statements can be presented as either likely to happen
(often called *actual* or *real*) or unlikely to happen (often called
conditional-hypothetical[12]). Compare these two sentences.

CONDITIONAL-REAL
Если он мне поможет, мы
всё сделаем за два часа.

*If he helps me, we'll get it all
done in two hours.*

CONDITIONAL-HYPOTHETICAL
Если бы он мне помог, мы
бы всё сделали за два
часа.

*If he helped me (If he were to
help me), we'd get it all
done in two hours.*

and

*If he had helped me, we'd
have gotten it all done in
two hours.*

The first sentence describes a situation that the speaker regards as likely
to happen and, if it does, it will have a definite consequence. The second
sentence describes the same situation in a more doubtful light than the
first; this is called the conditional or hypothetical mood. Notice that the
second sentence has two English renderings: a present/future meaning
and a past meaning. Russian uses the same construction for both and
distinguishes present/future meanings (*if-X-were-to-happen*) from past
meanings (*if-X-had-happened*) by context.
The key elements of a conditional-hypothetical construction are

1. **если бы** + past tense in the *if* (hypothetical) clause
2. **бы** + past tense in the *consequence* (main) clause

In the consequence clause, the **бы** may precede or follow the verb:

Если бы у меня были
деньги, я **купила бы**
(я **бы купила**) машину.

{ *If I had the money, I'd buy a
car.*
*If I'd had the money, I'd have
bought a car.*

---

[12] Conditional-hypothetical statements are also sometimes called "contrary-to-fact" statements.

As in English, either clause may come first in a sentence.

Я бы пошёл с ва́ми **éсли бы** у меня́ бы́ло вре́мя.

Éсли бы у меня́ бы́ло вре́мя, я **бы пошёл** с ва́ми.

I'd go (I'd have gone) with you if I had (if I'd had) the time. If I had (If I'd had) the time, I'd go (I'd have gone) with you.

УПРАЖНЕНИЕ 3.3.   **Хоро́ший пода́рок тру́дно купи́ть!**

Getting the right Women's Day gifts can be difficult. Match the following incomplete sentences, which state some of the pitfalls our male characters have encountered, with the completions on the right.

1. _ж_ Éсли бы Джим не встре́тил Во́ву,…
2. ____ Éсли бы Джим знал, что цветы́ ну́жно покупа́ть на ры́нке,…
3. _г_ Éсли бы Джим бо́льше знал о пра́зднике 8 Ма́рта,…
4. _б_ Éсли бы 8 Ма́рта бы́ло рабо́чим днём,…
5. _в_ Éсли бы Алекса́ндра Никола́евна не ста́ла в о́чередь,…
6. ____ Éсли бы Джим знал, что ему́ бу́дет так тру́дно реши́ть, что купи́ть,…
7. _а_ Éсли бы на ры́нке не́ было роз,…
8. _е_ Éсли бы он знал, каки́е духи́ она́ лю́бит,…

а. Джим купи́л бы Та́не краси́вые тюльпа́ны.
б. мужчи́ны поздравля́ли бы свои́х колле́г-же́нщин в э́тот день.
в. она́ бы не купи́ла кофе́йный набо́р.
г. он бы не проси́л Илью́ Ильича́ рассказа́ть ему́ об э́том пра́зднике.
д. он бы сра́зу туда́ пое́хал.
е. он купи́л бы ей духи́.
ж. он не знал бы, что цветы́ ну́жно покупа́ть на ры́нке.
з. он попроси́л бы друзе́й присла́ть что́-нибудь из Аме́рики.

УПРАЖНЕНИЕ 3.4.   **О чём вы мечта́ете?**

Have you ever dreamed about how things could be different if you were rich, living somewhere else, and so on? Complete four or five of the following sentences and compare your answers with those of your classmates. Who has the biggest or most unique dreams?

1. Éсли бы я был (была́) президе́нтом США,…
2. Éсли бы я жил (жила́) в Калифо́рнии (в Росси́и, в А́фрике),…
3. Éсли бы у меня́ бы́ло мно́го де́нег,…
4. Éсли бы я стал (ста́ла) врачо́м,…
5. Éсли бы я был чемпио́ном (была́ чемпио́нкой) ми́ра по гимна́стике,…
6. Éсли бы я был (была́) актёром (актри́сой),…
7. Éсли бы у нас сего́дня был пра́здник,…

8. Éсли бы у меня была больша́я, но́вая маши́на,...
9. Éсли бы я игра́л (игра́ла) на роя́ле (на гита́ре, на саксофо́не),...
10. Éсли бы я вы́играл (вы́играла) лотере́ю (*lottery*),...

WORD STUDY

Diminutives

Это фиа́лки для всех **девчо́нок** в кла́ссе. Четы́рнадцать **буке́тиков**.	*These are violets for all the girls in our class. Fourteen bouquets.*

Spoken Russian is rich in diminutives, which are formed by using suffixes that impart a sense of physical smallness, endearment, or affection.[13] (They can also convey irony, disparagement, or belittlement in some contexts.) Personal names can have diminutive forms, with the same effect. Diminutives are common in children's speech as well as in adult speech to and about children, so you should become familiar enough with common forms to recognize them.

-ик:	кот (*cat,* male)	ко́тик (*kitty,* male)[14]
	брат (*brother*)	бра́тик (no English equivalent)
	буке́т (*bouquet*)	буке́тик (*little bouquet*)
-ок:	го́род (*city; town*)	городо́к (*small town*)

THE ART OF CONVERSATION: WHEN YOU HAVE SOMETHING IN MIND

Сейча́с мы пойдём в **оди́н** магази́н...	*Now we'll go to a (certain) store . . .*

In this context **оди́н** is not expressing a quantity but rather indicates that the speaker has in mind a particular store instead of other possible stores.

Я зна́ю **одного́** челове́ка, кото́рый...	*I know a (certain) person who . . .*
Мне сказа́ли об **одно́м** музе́е, где...	*They told me about a (certain) museum where . . .*

ЧТО МНЕ ДЕ́ЛАТЬ?: ASKING FOR SUGGESTIONS OR ADVICE

Мо́жет быть, **мне** то́же **купи́ть** тюльпа́ны?	*Maybe I, too, should buy some tulips?*

---

[13] English uses diminutives, too (cat/kitty, dog/doggy, Bill/Billy), but not nearly as extensively as Russian.
[14] The diminutive for a female cat (**ко́шка**) is **ко́шечка**.

A question that has the person who performs an action in the dative case followed by an infinitive may be used when asking for suggestions, advice, and so on.

Что мне подари́ть Та́не на день рожде́ния?	*What should I give Tanya for her birthday?*
Мне ну́жен биле́т на по́езд. Куда́ мне позвони́ть?	*I need a train ticket. Where should I call?*

УПРАЖНЕ́НИЕ 3.5. Что ему́ (ей) де́лать?

Make suggestions to help your friends resolve the following situations:

EXAMPLE: Ваш друг си́льно простуди́лся. Что ему́ де́лать? →
Ему́ на́до вы́звать врача́ и́ли пойти́ в поликли́нику.

1. Макси́м то́лько что вспо́мнил, что за́втра день рожде́ния его́ ма́тери. Что ему́ де́лать?
2. Ири́на опозда́ла на заня́тия по ру́сскому языку́. Что ей сказа́ть преподава́телю?
3. Ива́н идёт к свои́м друзья́м в го́сти. Что ему́ взять с собо́й?
4. Мари́на была́ больна́ три дня. Кому́ ей позвони́ть, чтобы узна́ть дома́шнее зада́ние?
5. Ру́сские друзья́ На́ди пригласи́ли её на футбо́льный матч, а ей э́то неинтере́сно. Что ей сказа́ть им?

ДИАЛОГИ

ДИАЛОГ 3.1. Цветы́ мо́жно купи́ть во́зле (*beside*) метро́.

(Asking for advice about where to buy something)

— Каки́е краси́вые цветы́! Где ты их купи́л?
— На ры́нке.
— Мне то́же ну́жно купи́ть цветы́, но я не могу́ пое́хать на ры́нок. Нет вре́мени. Что де́лать?
— Цветы́ мо́жно купи́ть во́зле метро́. Во́зле на́шей ста́нции метро́ всегда́ продаю́т цветы́. Но э́то до́рого — доро́же, чем на ры́нке.
— Зато́ бы́стро.

ДИАЛОГ 3.2.   Для кого́ э́ти цветы́?

(Discussing gifts)

— Для кого́ э́ти цветы́?
— Для на́ших де́вушек. У нас в гру́ппе шесть де́вушек.
— Но у тебя́ не шесть буке́тов, а гора́здо бо́льше.
— Пра́вильно. Фиа́лки — для де́вушек, гвозди́ки — для на́ших преподава́тельниц, а тюльпа́ны — для на́шей секрета́рши Ле́ночки.
— А для кого́ ро́зы?
— Ро́зы для Мари́и Макси́мовны. Она́ у нас в общежи́тии са́мая гла́вная. Она́ о́чень до́брая и внима́тельная. И она́ по́мнит все на́ши дни рожде́ния и всех нас поздравля́ет! Мы все её о́чень лю́бим!

ДИАЛОГ 3.3.   Купи́ть хоро́ший пода́рок тру́дно.

(Planning for shopping)

— Пётр, ты уже́ купи́л пода́рок Та́не к 8-о́му Марта?
— Ещё нет. Я ника́к не могу́ реши́ть, что ей купи́ть.
— Но до 8-о́го Ма́рта оста́лся то́лько оди́н день!
— Ничего́. Сего́дня я бу́ду ходи́ть по магази́нам. Мо́жет быть, я куплю́ ей францу́зские духи́. А за́втра у́тром я пойду́ на ры́нок и куплю́ ей цветы́.
— Но францу́зские духи́ — э́то о́чень до́рого!
— Но ведь э́то для Та́ни!

УПРАЖНЕНИЕ 3.6.   Ваш диало́г

A roommate or friend of yours has just returned from a trip. Create a dialogue in which you take note of (and compliment) something he or she has bought and ask where he or she got it and whom it is for.

УПРАЖНЕНИЕ 3.7.   Перево́д

"Where did you buy such lovely flowers?"
"At the market."
"Darn! (**Вот доса́да!**) I didn't know that you have to buy flowers at the market. I need a gift for Natasha. I was shopping all day but couldn't find (**найти́**) anything. If I had known, I'd have gone to the market, too."
"You can go there tomorrow. The market opens (**начина́ет рабо́тать**) early."
"That's what I'll do. (**Я так и сде́лаю.**) It's better I give her flowers than makeup."

ЧАСТЬ ЧЕТВЁРТАЯ

ЧТЕНИЕ

С праздником!

(March 8. The Silins' apartment. Natalya Ivanovna is standing at the window, looking out at the street.)

НАТА́ЛЬЯ ИВ. Посмотри́те, вон Джим идёт с буке́том роз.

ВО́ВА. *(Casually.)* Э́то я ему́ посове́товал° купи́ть ро́зы.
(Lena looks quizzically at Vova.)

Э́то... *I was the one who told him*

НАТА́ЛЬЯ ИВ. Скоре́е! Он сейча́с бу́дет здесь. *(Lena's quizzical look shifts to her mother.)* Ле́на, накрыва́й на стол.° Ставь **таре́лки,° ча́шки.°** Во́ва, неси́ из ку́хни заку́ски.°

накрыва́й... *set the table*
таре́лки / ча́шки / заку́ски
plates / cups / appetizers

(After a few moments the doorbell rings. Natalya Ivanovna opens the door and finds Viktor holding flowers and two boxes.)

ВИ́КТОР. Здра́вствуйте, Ната́лья Ива́новна. Поздравля́ю вас с пра́здником. *(He gives her flowers and a box of candy.)*

НАТА́ЛЬЯ ИВ. *(Bewildered.)* Спаси́бо.

ЛЕ́НА. *(Appears at the doorway.)* Ви́тя, приве́т!

ВИ́КТОР. С пра́здником! Будь всегда́ тако́й же краси́вой! *(Gives her flowers and a box.)*

217

ЛЕ́НА.   Спаси́бо, Ви́тя! **Проходи́,**° бу́дем чай пить.   *Come in*

(*From inside Vova shrieks "Джим!" Then Vova himself
appears.*)

ВО́ВА.   Джим, я хочу́ тебе́ показа́ть... (*Sees Viktor, falls silent.*)

ВИ́КТОР.   Е́сли тебе́ ну́жен Джим, ты, я ду́маю, **найдёшь**° его́ в   *will find*
кварти́ре № 7.

(*Vova looks dumbly at him. At this moment Jim rings
the bell at apartment 7. Tanya answers.*)

ДЖИМ.   (*Extends roses to Tanya.*) Поздравля́ю с пра́здником.

ТА́НЯ.   Каки́е чуде́сные° ро́зы! Спаси́бо, Джим. Заходи́,   *gorgeous*
пожа́луйста! (*They enter the room.*)

ДЖИМ.   (*He holds out the box.*) Э́то тебе́. Наде́юсь, тебе́
понра́вится.

ТА́НЯ.   Спаси́бо. Я уве́рена, что понра́вится. Сейча́с
поста́влю цветы́ в во́ду, а пото́м откро́ю **коро́бку.**°   *box*

ДЖИМ.   А э́ти цветы́ — для Татья́ны Дми́триевны и для
Све́ты.

(*The doorbell rings a second time. Tanya goes to answer
it. Sasha enters with flowers and a box.*)

СА́ША.   (*Hands Tanya one of the bouquets.*) С пра́здником!

ТА́НЯ.   Са́шенька, спаси́бо. Заходи́. Све́та то́лько что
звони́ла, она́ бу́дет че́рез два́дцать мину́т. А Джим
уже́ здесь.

СА́ША.   Приве́т, Джим!

ДЖИМ.   Приве́т!

СА́ША.   Та́ня, а Татья́на Дми́триевна до́ма?

ТА́НЯ.   Да, она́ на ку́хне. Мы с ней гото́вим заку́ски.

СА́ША.   Джим, дава́й поздра́вим Татья́ну Дми́триевну.

ДЖИМ.   Пойдём!

СА́ША И ДЖИМ.   (*Going into the kitchen.*) Здра́вствуйте, Татья́на
Дми́триевна, с пра́здником! (*They hand her the
flowers.*)

ТАТЬЯ́НА ДМ. Спаси́бо, ма́льчики. Каки́е чуде́сные цветы́!

(*The doorbell rings a third time. Tatyana Dmitrievna answers. The professor is there, holding three bouquets of violets and the familiar box.*)

ПРОФЕ́ССОР. Здра́вствуйте, Татья́на Дми́триевна. **Разреши́те**° поздра́вить вас с пра́здником. (*Somewhat embarrassed.*) А э́то небольшо́й пода́рок... (*He gives her a box and a bouquet of violets.*)

Allow (me)

ТАТЬЯ́НА ДМ. Спаси́бо, Илья́ Ильи́ч, вы так внима́тельны. Заходи́те, пожа́луйста.

ПРОФЕ́ССОР. Спаси́бо. А э́то цветы́ для ва́ших де́вушек. Наде́юсь, они́ до́ма?

(*They enter the living room, where Tanya, Jim, and Sasha are seated.*)

Добрый день, молоды́е лю́ди! Та́ня, поздравля́ю вас с пра́здником. (*Gives her flowers.*)

ТА́НЯ. Спаси́бо, Илья́ Ильи́ч.

ПРОФЕ́ССОР. А где же Све́та?

ТА́НЯ. Све́та ско́ро вернётся. Посмотри́те, како́й чуде́сный набо́р мне подари́л Джим! Спаси́бо, Джим.

(*The professor turns pale.*)

СА́ША. Како́е совпаде́ние°! У меня́ то́чно **тако́й же**° набо́р для Све́ты.

coincidence / тако́й... *the same*

(*The professor is crestfallen.*)

ТАТЬЯ́НА ДМ. Илья́ Ильи́ч, что с ва́ми?

ПРОФЕ́ССОР. Нет-нет, всё в поря́дке. Про́сто я хоте́л сде́лать вам оригина́льный пода́рок... *unique gift*

сделать подарок – to make/give a gift

ДЖИМ. Неуже́ли и у *вас* тако́й же набо́р?

ПРОФЕ́ССОР. (*Nodding sadly, opening shopping bag.*) Увы́...°

Alas . . .

ТАТЬЯ́НА ДМ. Но ведь э́то замеча́тельно, что они́ одина́ковые°!

identical

(*Sveta enters.*)

СВЕ́ТА. Здра́вствуйте. Каки́е краси́вые ча́шки! Чьи э́то?

СА́ША. Э́то — Татья́ны Дми́триевны, э́то — Та́нины,° а э́то твои́.

Tanya's

ТАТЬЯ́НА ДМ. **Наконе́ц,**° в на́шей кварти́ре есть оди́н большо́й серви́з!

at last

УПРАЖНЕ́НИЕ 4.1.   Вопро́сы и отве́ты

1. Вы когда́-нибудь дари́ли кому́-нибудь конфе́ты? Кому́?
2. Что вы да́рите ма́тери (отцу́, сестре́, бра́ту, ба́бушке, де́душке, подру́ге, дру́гу) на день рожде́ния? А что они́ да́рят вам?
3. Что вы бо́льше лю́бите: получа́ть пода́рки и́ли дари́ть пода́рки?
4. Вам когда́-нибудь дари́ли что́-нибудь оригина́льное?
5. Как вы ду́маете, соба́ка и́ли ко́шка — э́то оригина́льный пода́рок?

О РОССИИ

Чай и закуски

Guests visiting a Russian home anytime after noon will most likely be offered something to eat and drink. If the visit is near mealtime, guests may be offered a multicourse feast; otherwise, they may be offered something lighter. The drink will likely be **чай** but could be **кóфе, фруктóвый чай,** or—especially in the summer—**сок** (*juice*), **минерáльная водá, лимонáд и́ли пéпси,** or any combination of the preceding.[15] To eat you may be offered **закýски** (*appetizers),* **бутербрóды** (*open-faced sandwiches*), or dessertlike fare, such as **печéнье** (*cookies*), **торт** (*cake*), **пирóжные** (*pastries*), or **кекс** (*small pound cakes with raisins*).

ГРАММАТИКА И ПРАКТИКА

VERBS OF PLACEMENT

Лéна **постáвила** на стол тарéлки и чáшки.

Lena put plates and cups on the table.

Russian has no verb as general as the English verb *to put*. Rather, Russian makes a distinction between something that is placed in a standing position (such as a vase, cup, and anything with a base, even a small one such as that beneath a saucer or plate) and something that is placed lying down (such as a knife or fork on a table, clothing in a suitcase, or food on a plate). Some items may be placed either way, and the verb used changes accordingly: A book, for example, may be placed standing up on a bookshelf or lying down on a bookshelf or table; a suitcase may be placed standing up in a corner or lying flat on a bed.

The "placement" verbs are **кудá?**-verbs: Because they indicate motion they are followed by **в** or **на** + accusative (when a destination is expressed). The main verbs are shown in the chart.

---

[15] If you ask for water, you will probably be served **минерáльная водá, сок,** or **лимонáд,** because Russians are not used to drinking tap water, which is often unsafe. Note also that if your host offers **вóдочка,** you will be served *a little drink of* **вóдка,** not water, the diminutive of which is **водúчка.**

	IMPERFECTIVE	PERFECTIVE	
To place (standing up)	ста́вить ста́в-лю ста́в-ишь	поста́вить поста́в-лю поста́в-ишь	*Imperative* стаь
To place (lying down)	класть клад-у́ клад-ёшь	положи́ть полож-у́ полож-ишь	клади
To place (hanging up)	ве́шать ве́ша-ю ве́ша-ешь	пове́сить пове́ш-у пове́с-ишь	/ повесь

УПРАЖНЕНИЕ 4.2. Ле́на накры́ла на стол

Fill in the blanks with verbs that describe how Lena set the table, using **поста́вила, положи́ла,** and **принесла́** according to context.

Ле́на (1) _*поста́вила*_ цветы́ в ва́зу. Пото́м она́
(2) _____ ва́зу с цвета́ми на стол. Она́
(3) _____ из ку́хни ча́шки с блю́дцами, ло́жки и
таре́лки. Она́ (4) _____ на стол ча́шки,
(5) _____ ря́дом с ни́ми таре́лки и
(6) _____ ло́жки. Ря́дом с ка́ждой таре́лкой она́
(7) _____ салфе́тку (*napkin*). Она́
(8) _____ из ку́хни ча́йник, откры́ла
коро́бку (*box*) конфе́т и (9) _____ её
на стол. Ря́дом с конфе́тами она́ (10) _____
большо́й пиро́г. Пото́м она́ (11) _____ из
ку́хни молоко́ и лимо́н. Когда́ пришёл Ви́ктор, всё
бы́ло гото́во.

УПРАЖНЕНИЕ 4.3. Но́вый това́рищ по ко́мнате

You've just gotten a new roommate. Help your new roommate unpack by suggesting where to put things.

EXAMPLE: — Куда́ мне положи́ть (поста́вить, пове́сить [*hang*]) ____ ?

— Положи́ (поста́вь, пове́сь) ____ в/на ____ .

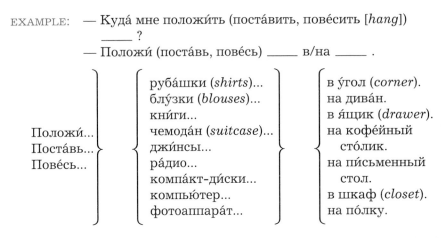

Положи́...
Поста́вь...
Пове́сь...

руба́шки (*shirts*)...
блу́зки (*blouses*)...
кни́ги...
чемода́н (*suitcase*)...
джи́нсы...
ра́дио...
компа́кт-ди́ски...
компью́тер...
фотоаппара́т...

в у́гол (*corner*).
на дива́н.
в я́щик (*drawer*).
на кофе́йный сто́лик.
на пи́сьменный стол.
в шкаф (*closet*).
на по́лку.

RUSSIAN WORD ORDER: STATEMENTS

As you have seen, Russian word order can be quite different from that of English. Because of the endings on Russian words, understanding the function of a given word in a sentence (for example, a subject or object) is not so dependent on the word's position in the sentence as is the case with English. This does not mean, however, that Russian word order is completely free; in fact, Russian word order carries a great deal of meaning. This can best be seen with paired statements and questions.

THE STATEMENT . . .	ANSWERS THE QUESTION . . .
В про́шлом году́ мы жи́ли в Москве́.	Где вы жи́ли в про́шлом году́?
Мы жи́ли в Москве́ в про́шлом году́.	Когда́ вы жи́ли в Москве́?

In these sentences you can see a fundamental principle of Russian word order at work: New or important information comes at the end of the sentence. Here is another example.

На про́шлой неде́ле у Та́ни и Све́ты бы́ло новосе́лье.   *Last week Tanya and Sveta had a housewarming.*

The preceding sentence contains three pieces of information: *what* took place, *when* it took place, and *where* it took place. Without surrounding context, the most natural thing to focus on is *what*; the rest is secondary information. Thus, **бы́ло новосе́лье** (the core information) comes last. Other emphases can be expressed, however, simply by putting one of the other elements last (note how the English must be reworded and/or explained to reflect these variations).

У Тáни и Свéты бы́ло
новосéлье **на прóшлой
недéле**.

*Tanya and Sveta had their
housewarming last week.
(You thought it was next
week? Too bad.)*

WB 169-170

На прóшлой недéле бы́ло
новосéлье **у Тáни и Свéты**.

*Last week it was Tanya and
Sveta who had a house-
warming. (I've been to so
many housewarmings
lately, I'm losing track.)*

A good way to choose the correct word order for what you want to say is
to ask yourself what question you want your statement to answer, then
formulate the statement so the element answering the question comes last.

УПРАЖНÉНИЕ 4.4. **Word order in statements**

Read each statement below and indicate which of the two questions it
answers. Then make up a statement that answers the other question.

1. В 1945-ом годý роди́лся мой отéц.
   а. Кто роди́лся в 1945-ом годý?
   б. Когдá роди́лся ваш отéц?
2. Я емý посовéтовал купи́ть рóзы.
   а. Кто емý посовéтовал купи́ть рóзы?
   б. Что вы емý посовéтовали купи́ть?
3. Джи́ма ты найдёшь в кварти́ре № 7.
   а. Где я найдý Джи́ма?
   б. Когó я найдý в кварти́ре № 7?
4. Свéта придёт чéрез двáдцать минýт.
   а. Кто придёт чéрез двáдцать минýт?
   б. Когдá придёт Свéта?
5. Цветы́ нýжно покупáть на ры́нке и́ли вóзле метрó.
   а. Где нýжно покупáть цветы́?
   б. Что нýжно покупáть на ры́нке и́ли вóзле метрó?

WORD STUDY

Russian word formation

The more Russian you know, the more you can make intelligent guesses at (and help yourself to remember) new words. You will increasingly find words composed of elements that are already familiar to you. Many Russian words are composed of three elements: a *prefix*, a *root*, and a *suffix* (which is often followed by a grammatical *ending*). Consider the following adjectives that you have encountered:

WORD	PREFIX	ROOT	SUFFIX (+ ENDING)
бездóмный	без- *without* (**без**)	-дом- *home* (**дом**)	-н-ый
междунарóдный	между- *between* (**мéжду**)	-народ- *people* (**нарóд**)	-н-ый

ИАЛОГИ

ДИАЛОГ 4.1. **Поздравля́ю вас с 8-ы́м Ма́рта!**

(Giving holiday greetings)

— Здра́вствуйте, Шу́рочка! Поздравля́ю вас с 8-ы́м Ма́рта и с днём рожде́ния!
— Спаси́бо, Илья́ Ильи́ч! Вы всегда́ так внима́тельны! Каки́е чуде́сные ро́зы! Сейча́с я поста́влю их в во́ду.
— А э́то вам пода́рки.
— Спаси́бо, но заче́м же два пода́рка?
— Оди́н — ко дню рожде́ния и оди́н — к 8-о́му Ма́рта.
— Два пода́рка — э́то мно́го.
— Нет, для са́мой лу́чшей секрета́рши в ми́ре э́то совсе́м немно́го!

ДИАЛОГ 4.2. **Что нам де́лать?**

(Inviting someone to dance)

— Мари́на, мо́жно пригласи́ть вас на та́нец (*dance*)?
— Прости́те, но...
— Что с ва́ми? Вы себя́ пло́хо чу́вствуете?
— Нет-нет, всё в поря́дке. Но я хочу́ уе́хать домо́й.
— Домо́й? Почему́?
— Посмотри́те — у Та́ни тако́е же пла́тье (*dress*), как у меня́...
— И из-за э́того вы хоти́те уе́хать домо́й? Ну что вы! Лу́чше посмотри́те на Са́шу. А тепе́рь на Макси́ма. И на Ви́ктора. У них то́чно таки́е же га́лстуки (*ties*), как у меня́. Что же нам де́лать? Всем уе́хать домо́й?
— То́ля, вы пра́вы. Дава́йте пока́жем всем, что у нас есть чу́вство ю́мора!

ДИАЛОГ 4.3. **Мне ну́жен ваш сове́т.**

(Asking for advice)

— Ве́ра Па́вловна, спаси́бо вам за сове́т. Я купи́л Ни́не фотоальбо́м[16] «Аме́рика», она́ была́ о́чень ра́да.

---

[16] This is a false cognate. What does it really refer to?

— И я ра́да, что ей альбо́м понра́вился. Пётр Степа́нович, а мне
ну́жен ваш сове́т. У меня́ бу́дут го́сти из Аме́рики, журнали́сты.
Мне хо́чется подари́ть им что́-нибудь на па́мять (*as a memento*).
Как вы ду́маете, что им мо́жет понра́виться?

— Подари́те им что́-нибудь ру́сское. Я да́же зна́ю что! Я ви́дел в До́ме
Кни́ги краси́вые ка́рты ста́рой Москвы́! Э́то замеча́тельный
пода́рок, осо́бенно для журнали́стов! Ва́ши журнали́сты бу́дут
смотре́ть на них и вспомина́ть Росси́ю и вас.

— Спаси́бо, Пётр Степа́нович. Прекра́сный сове́т!

УПРАЖНЕНИЕ 4.5. **Ваш диало́г**

Create a dialogue in which you drop in at a friend's house to deliver a
late birthday present (or a gift for some other occasion) and are offered
refreshments.

УПРАЖНЕНИЕ 4.6. **Перево́д**

"Hi, Galya.[17] Happy eighth of March. Here are (**Э́то тебе́**) (some) flowers
  for you."
"Thanks, Seryozha.[18] How pretty! I'll put them in water right away. If
  I'd known you were coming, I'd have fixed a pizza. Come into the
  kitchen, we'll have tea."
"Thanks, I'd be glad to. Listen, Galya, do you like Italian movies?"
"Very much. Why do you ask?"
"There's a new Italian film playing at the 'Rossiya.' I really want to see
  it. Do you want to go?"
"Gladly. When do you want to go? Unfortunately, today and tomorrow
  I'm very busy."
"Maybe next Saturday?"
"Great!"

Nouns

весна́	spring
духи́ (*pl. only; gen.* духо́в)	perfume
зима́ (*acc. sing.* зи́му, *pl.* зи́мы)	winter

знако́мый *noun, declines like adj.*	acquaintance
коро́бка (*gen. pl.* коро́бок)	box
косме́тика	makeup; cosmetics
ко́фе *m. indecl.*	coffee
ле́то	summer
о́сень *f.*	fall; autumn
откры́тка (*gen. pl.* откры́ток)	postcard
проце́нт	percent

---

[17] **Га́ля** is short for **Гали́на**.
[18] **Серёжа** is short for **Серге́й**.

ро́за	rose	
спи́с(о)к	list	
таре́лка (*gen. pl.* таре́лок)	plate; dish	
тюльпа́н	tulip	
успе́х	success	
ча́шка (*gen. pl.* ча́шек)	cup	

Adjectives

внима́тельный	attentive
гру́стный	sad
знако́мый	acquainted
же́нский	woman's; women's
междунаро́дный	international
официа́льный	official
ску́чный	boring

Verbs

A translation is listed after the perfective only if it differs from the imperfective. "X" indicates that a paired verb exists but has not yet been presented as active vocabulary. "None in this meaning" indicates that there is no perfective for the meaning given here. "None" indicates that there is no aspectual counterpart for this verb.

IMPERFECTIVE		PERFECTIVE
за́втракать	to have breakfast; to have lunch	поза́втракать
каза́ться (кажу́сь, ка́жешься)	to seem	показа́ться
находи́ть (нахожу́, нахо́дишь)	to find	найти́ (найду́, найдёшь; *past* нашёл, нашла́, нашло́, нашли́)
обе́дать	to have dinner; to have lunch	пообе́дать
объясня́ть	to explain	объясни́ть (объясню́, объясни́шь)
поздравля́ть	to congratulate; to wish a happy . . .	поздра́вить (поздра́влю, поздра́вишь)
по́льзоваться (по́льзуюсь, по́льзуешься)	to use; to make use of	воспо́льзоваться
посыла́ть	to send	посла́ть (пошлю́, пошлёшь)
присыла́ть	to send	присла́ть (пришлю́, пришлёшь)
разреша́ть	to allow; to permit	разреши́ть (разрешу́, разреши́шь)
стара́ться	to try	постара́ться
у́жинать	to have supper	поу́жинать

Adverbs

краси́во	(it's/that's) beautiful; (it's/that's) pretty
наконе́ц	at last; finally
нелегко́	(it's/that's) not easy; (it's/that's) difficult
не́сколько	a few; several; some
постепе́нно	gradually
прия́тно	(it's/that's) nice; (it's/that's) pleasant

Other

во́зле (+ *gen.*)	near; by; beside; next to
зато́ (*often* но зато́)	but (then); but on the other hand
к (+ *dat.*)	for

Idioms and Expressions

Жела́ю успе́ха!	Best of luck!; Hope you're successful!
за грани́цей	abroad
Им бу́дет прия́тно.	They'll like it; That'll make them feel good.
Интере́сно, где... (когда́... и т. д.)	I wonder where . . . (when . . . , etc.)
Мне бу́дет прия́тно (+ *infin.*)	It'll make me feel good . . .
на все сто проце́нтов	one hundred percent
по доро́ге	on the way; along the way
поздрави́тельная откры́тка	greeting card
Поздравля́ю!	Congratulations!
пройти́ ми́мо	to pass by

Проходи́(те)!	(*when inviting someone in*) Come in!
Разреши́те (+ *infin.*)	Allow me to . . .
тако́й же	the same
ходи́ть по магази́нам	to shop; to go shopping; to go from store to store
хотя́ бы	at least
Что ты хо́чешь э́тим сказа́ть?	What are you trying to say?; What do you mean by that?

Topics

Gift giving: оригина́льный (хоро́ший, прекра́сный, чуде́сный...) пода́рок, пода́рок ко дню рожде́ния, пода́рок к 8-о́му Ма́рта; конфе́ты (коро́бка конфе́т), духи́, косме́тика, кофе́йный набо́р, ча́йный серви́з, магнитофо́н, кассе́та, гита́ра, кни́га, энциклопе́дия, ру́сские сувени́ры, золоты́е часы́, маши́на, пое́здка в Пари́ж; цветы́, буке́т, ро́за, тюльпа́н, фиа́лка, гвозди́ка, мимо́за; магази́н, ры́нок; дорого́й, недорого́й, это до́рого (недо́рого); дари́ть/подари́ть, покупа́ть/купи́ть, посыла́ть/посла́ть, присыла́ть/присла́ть; поздравля́ть/поздра́вить, говори́ть комплиме́нты

Holidays: пра́здник, са́мый люби́мый пра́здник, междунаро́дный пра́здник, религио́зный пра́здник; пода́рок к пра́зднику (к Но́вому го́ду, к 8-о́му Ма́рта); пра́здновать/отпра́здновать, поздравля́ть/поздра́вить, поздра́вить роди́телей (подру́гу, своего́ профе́ссора) с пра́здником; поздрави́тельная откры́тка, дома́шний а́дрес, посыла́ть/посла́ть, присыла́ть/присла́ть; С пра́здником!, Поздравля́ю тебя́ (вас) с пра́здником!, Разреши́те поздра́вить вас с пра́здником!, С Но́вым го́дом!, И вас та́кже!, С Рождество́м!, С днём рожде́ния!

7
УРОК

МЫ ИДЁМ В БОЛЬШОЙ ТЕАТР!

а. Теа́тр уж по́лон...
   (А.С. Пу́шкин)
б. Москва́. Большо́й теа́тр.
в. Кто бу́дет чемпио́ном?

In this chapter you will learn

▲ to decline proper nouns and surnames

▲ more about discussing interests

▲ more about verbs of motion

▲ more about expressing wishes and offering suggestions

▲ to express the generic "you"

▲ to make explanations and excuses

▲ about sports in Russia

▲ about attending the theater in Russia

▲ some Russian proverbs

УПРАЖНЕНИЕ 1.1. Подготовка к чтению

Write five words or phrases that relate to each of the following two categories:

СПОРТ	ÓПЕРА, БАЛÉТ, ТЕÁТР
1. _матч_	_Щелкунчик_
2. _фигурное катание_	_Спящая красавица_
3. _мировой чемпион_	_Лебединое озеро_
4. _судья - judge_	
5. _команда_	

Skim the reading for more words or phrases you can add to each list.

6. _____   _____
7. _____   _____
8. _____   _____
9. _____   _____
10. _____   _____

Я óперу не óчень люблю́.

(At the Silins'. Viktor is visiting Lena.)

ВИ́КТОР. У меня́ хоро́шая но́вость.° Я **доста́л**° четы́ре биле́та в °*news / got*
Большо́й теа́тр на «Евге́ния Оне́гина». Как ты
ду́маешь, твои́ роди́тели пойду́т с на́ми? Спекта́кль° — °*performance*
в воскресе́нье ве́чером.

ЛÉНА. Замеча́тельно! **Представля́ю,**° как э́то бы́ло тру́дно — °*I can imagine*
биле́ты в Большо́й. Ты говори́шь — в воскресе́нье?

ВИ́КТОР. Да, а что? Ты занята́?

ЛЕ́НА.   Нет, я не занята́, но у меня́ пробле́ма: я должна́ **сро́чно**° взять интервью́ у спортсме́на.° А у меня́ нет никаки́х иде́й, и я не зна́ю **ни одного́** спортсме́на.

right away

взять... to interview an athlete / ни... not a single

ВИ́КТОР.   **Мо́жет быть,** я **смогу́**° тебе́ помо́чь. Ты слы́шала тако́е и́мя — Воло́дя Ма́нин?

will be able

ЛЕ́НА.   И́мя **знако́мое,**° но не по́мню, кто э́то.

familiar

ВО́ВА.   (*From the next room.*) Ты что, Ле́нка! Э́то же центр-фо́рвард «Спартака́»! Э́то са́мый **знамени́тый**° хоккеи́ст на **све́те**°!

famous

world

ВИ́КТОР.   Мы с ним учи́лись в одно́м **кла́ссе.**°

в... in the same class

(*Vova runs out of his room and into his parents'.*)

ВО́ВА.   (*Shouting.*) Па́па, па́па, ты зна́ешь — Ви́ктор учи́лся в одно́м кла́ссе с Ма́ниным!

ЛЕ́НА.   (*To Viktor.*) Но я же ничего́ не зна́ю о Ма́нине. И, открове́нно говоря́, никогда́ не **интересова́лась**° хокке́ем. О чём я бу́ду его́ спра́шивать?

никогда́... (I) was never interested in

ВИ́КТОР.   У тебя́ **впереди́**° ещё це́лая неде́ля. Я тебе́ дам почита́ть не́сколько стате́й о Ма́нине, принесу́ фотогра́фии — и ты **пригото́вишь**° вопро́сы.

ahead

will prepare

СЕРГЕ́Й ПЕТР.   (*Appearing in the doorway of Lena's room.*) Ви́ктор, неуже́ли вы зна́ете Ма́нина? Э́то невероя́тно°! А вы зна́ете, что в воскресе́нье фина́льный **матч** на **пе́рвенство**° Росси́и ме́жду «Спартако́м» и «Дина́мо»? (*Sadly.*) Биле́ты доста́ть невозмо́жно.

unbelievable

championship

ЛЕ́НА.   Па́почка, Ви́ктор нас всех приглаша́ет в воскресе́нье в Большо́й теа́тр на «Евге́ния Оне́гина». Когда́ ты после́дний раз был в Большо́м?

СЕРГЕ́Й ПЕТР.   Не по́мню. Наве́рно, лет два́дцать наза́д. Когда́ за твое́й ма́мой уха́живал.° (*To Viktor.*) Ви́ктор, **раз**° вы зна́ете Ма́нина, мо́жет быть, вы смо́жете доста́ть биле́ты на фина́л°? Я, открове́нно говоря́, о́перу не о́чень люблю́.

was courting / since

championship game

ВИ́КТОР.   Хорошо́, Серге́й Петро́вич. Я попро́бую доста́ть вам биле́т.

ВО́ВА.   (*Imploringly.*) Два биле́та...

р. 118

УПРАЖНЕНИЕ 1.2. **Вопро́сы и отве́ты**

1. Вы интересу́етесь спо́ртом?
2. Како́й вид спо́рта вы лю́бите бо́льше всего́? Хокке́й? Футбо́л? Баскетбо́л?
3. Вы когда́-нибудь бы́ли в о́пере? Когда́ вы в после́дний раз бы́ли в о́пере и́ли на конце́рте?
4. Как вы ду́маете, тру́дно доста́ть биле́ты в теа́тр в ва́шем го́роде? А биле́ты на баскетбо́льный матч?
5. Где мо́жно купи́ть биле́ты на конце́рт ро́к-му́зыки? Э́то мо́жно сде́лать по телефо́ну?
6. В ва́шем го́роде есть теа́тр, где мо́жно послу́шать о́перу? Как он называ́ется?
7. Вы когда́-нибудь слу́шали по ра́дио и́ли смотре́ли по телеви́зору интервью́ со спортсме́ном? А с музыка́нтом? Когда́ э́то бы́ло?
8. Е́сли бы вы бы́ли журнали́стом (журнали́сткой), у кого́ вы бы хоте́ли взять интервью́? Почему́? Каки́е вопро́сы вы бы за́дали ему́ (ей)?

О РОССИИ

Спорт

Visitors to Russia are likely to find much about Russian sports that is familiar to them: Many people—especially males—follow their favorite teams faithfully and idolize the best athletes. International events like the Olympics and the World Cup draw enormous TV audiences. **Футбо́л** is clearly the most popular sport, but **хокке́й, баскетбо́л, бокс, те́ннис, волейбо́л,** and **фигу́рное ката́ние** (*figure skating*) also attract many fans.

There are some differences, however: Baseball and American football are not widely known in Russia, nor (so far) are the enormous salaries of North American professional stars. Major sports clubs like **«Дина́мо»** have teams competing in several sports. A number of special sports schools in the largest cities accept the most athletically talented children, provide them with coaching, and expect at least eight hours of practice per day. These schools have produced many athletes who eventually became Olympic champions. However, since 1991, funding for these and other special schools (in the arts, languages, and sciences) has been much less secure than it was in the Soviet period.

ГРАММАТИКА И ПРАКТИКА

PROPER NOUNS—DECLINED OR NOT DECLINED?
Я ЧИТА́Ю «ПРА́ВДУ»

Ви́ктор доста́л биле́ты на **«Евге́ния Оне́гина»**.	*Viktor got tickets to Eugene Onegin.*
Э́то матч ме́жду **«Спартако́м»** и **«Дина́мо».**[1]	*This is a match between "Spartak" and "Dinamo."*

Proper nouns, even those in quotation marks, are declined except when preceded by a noun that categorizes them. Compare the examples above with the following:

Ви́ктор доста́л биле́ты на о́перу **«Евге́ний Оне́гин»**.	*Viktor got tickets to the opera Eugene Onegin.*
Э́то ма́тч ме́жду кома́ндами **«Спарта́к»** и **«Дина́мо»**.	*This is a match between the teams "Spartak" and "Dinamo."*

---

[1] **Дина́мо** is a neuter noun of Greek origin that is not declined.

In the second set of examples, the "category" nouns (**óперу** and **комáндами**) show the required case ending. The nouns in quotation marks are not declined, even though they are in apposition to the "category" nouns.[2] However, when proper nouns stand in apposition and no quotes are involved, all words are declined:

Вы знáете хоккеúста **Мáнина**?

Do you know the hockey player Manin?

УПРАЖНЕНИЕ 1.3. Ты читáл (читáла) «Войнý и мир»?

You've just arrived in Russia for a semester of study and have met a Russian student in your dormitory. Your new friend is asking you about Russian books, magazines, movies, and so on that you may have encountered.

EXAMPLE: — Ты читáл (читáла) «Áнну Карéнину»?
— Да, читáл (читáла). Кнúга мне óчень понрáвилась.
or
— Нет, ещё не читáл (читáла), но óчень хочý прочитáть её.

Working with a classmate, use the items below to make up similar exchanges.

Ты был (былá) в… ?
Ты вúдел (вúдела)… ?
Ты знáешь… ?
Ты лю́бишь… ?
Ты чтó-нибудь знáешь о (об)… ?
Тебé нрáвится… ?
Ты слýшал (слýшала)… ?
Ты читáл (читáла)… ?

я хочу поиграть
I want to go

рóк-мýзыку
Большóй теáтр
газéта «Извéстия»
«Прáвда»
газéта «Аргумéнты и фáкты»
музéй Эрмитáж
мýзыка Чайкóвского
ромáны (*novels*) Достоéвского
Третьякóвская галерéя
фильм «Алексáндр Нéвский»
футболúст Семёнов
«Евгéний Онéгин»
футбóльный матч
концéрт рóк-мýзыки

SPECIAL MODIFIER: ВЕСЬ

Вúктор приглашáет нас **всех** в Большóй теáтр.

Viktor is inviting us all to the Bolshoi Theater.

---

[2] *Apposition* refers to a construction in which a noun (or noun phrase) is placed after another as an explanatory equivalent, such as "Tom" in the sentence *My brother, Tom, was born in Massachusetts.*

All the forms of **весь** function as adjectives (*all, entire*).[3] The neuter form **всё** (*everything*), and the plural form **все** (*everybody, everyone*) also function as pronouns. The declension of **весь** mixes characteristics of noun and adjective forms.

	MASCULINE	NEUTER	FEMININE	PLURAL
Nominative	весь	вс-ё	вс-я	вс-е
Accusative	Nom. or Gen.	вс-ё	вс-ю	Nom. or Gen.
Genitive	вс-его	вс-его	вс-ей	вс-ех
Prepositional	(обо) вс-ём	(обо) вс-ём	(о) вс-ей	(о) вс-ех
Dative	вс-ему́	вс-ему́	вс-ей	вс-ем
Instrumental	вс-ем	вс-ем	вс-ей	вс-е́ми

Two of these forms, **всего́** and **всех**, are commonly used in the following expressions:

бо́льше всего́	*most of all, more than anything else*
лу́чше всего́	*best of all, better than anything else*
бо́льше всех	*more than anyone else*
лу́чше всех	*better than anyone else*
Бо́льше **всего́** Во́ва лю́бит хокке́й.	*Vova likes hockey most of all (more than anything else).*
Мы все лю́бим хокке́й, но Во́ва лю́бит хокке́й бо́льше **всех**.	*We all like hockey, but Vova likes hockey more than anyone else does.*

УПРАЖНЕНИЕ 1.4. Я всю ночь не спала́!

Ма́ша is telling her friend Йра about the terrible night she had last night. Help her use the correct forms of **весь, всё, вся,** and **все** in the following dialogues. Decline as necessary.

(*Ýтро. Ма́ша звони́т свое́й подру́ге Йре.*)

МА́ША. До́брое ýтро, Йра! Это Ма́ша. Как дела́?
ЙРА. Приве́т, Ма́ша. У меня́ (1) _все_ норма́льно. А у тебя́?
МА́ША. У меня́ (2) _все_ пло́хо. Я больна́.
ЙРА. Что у тебя́ боли́т?
МА́ША. (3) _Всё_ боли́т. Я не спала́ (4) _всю_ ночь. Я не пойдý сего́дня на заня́тия и бýду (5) _весь_ день спать.

---

[3] The adjective **весь** always agrees in case with the noun it modifies, even though its English equivalent *all* is sometimes rendered as *all of*: *All* (or *All of*) *my friends play hockey.* (**Все мои́ друзья́ игра́ют в хокке́й.**)

ЙРА. Правильно, не ходи в университет. Я тебе вечером позвоню и расскажу (6) _____*все*_____ новости.

(*Вечер. Йра звонит Маше.*)

ЙРА. Маша, как ты?

МАША. Спасибо, лучше. Но я (7) _____*весь*_____ день спала и теперь, наверно, не буду спать (8) _____*всю*_____ ночь. Что нового в университете?

ЙРА. Тебе от (9) _____*всех*_____ привет. Нина получила фотографии от своей подруги из Америки и (10) _____*всем*_____ их показывала. Есть и другие новости. Хочешь, я зайду к тебе и (11) _____*всё*_____ расскажу?

МАША. Конечно!

ЧЕМ ВЫ ИНТЕРЕСУЕТЕСЬ?

Я никогда не интересовала**сь хоккеем**.	*I've never been interested in hockey.*
Хоккей меня не интересует.	*Hockey doesn't interest me.*

Интересоваться + instrumental (of the object of interest) is an alternative to **интересовать** + accusative (of the person who is or isn't interested).

УПРАЖНЕНИЕ 1.5.   Больше всего я интересуюсь...

Below is a list of things you might be interested in. On a slip of paper, complete the following sentence with an item from the list or something else you're interested in:

Больше всего я интересуюсь .

Trade your slip of paper with a classmate, trade that slip of paper with a different classmate, and then trade again with someone else. Now try to recover your slip of paper and find out who wrote the one you are holding by moving about the classroom, saying what you are most interested in, and asking what your classmates are most interested in:

Больше всего я интересуюсь... А ты? Чем ты больше всего интересуешься?

американская литература	искусство (*art*)	политика
астрономия	кинематография	психология
биология	классическая музыка	русский язык
география	компьютеры	спорт
геология	мода (*fashion*)	экономика
европейская история		???

Диалоги

ДИАЛОГ 1.1. О вку́сах не спо́рят.

(Discussing preferences: sports)

— У меня́ есть биле́ты на хокке́й на э́ту суббо́ту. Хо́чешь пойти́?
— Спаси́бо, но я не о́чень люблю́ хокке́й.
— А каки́е ви́ды спо́рта ты лю́бишь?
— Гимна́стику и те́ннис.
— Но ведь смотре́ть хокке́й намно́го интере́снее, чем смотре́ть гимна́стику.
— О вку́сах не спо́рят! (*There's no accounting for taste!*)

ДИАЛОГ 1.2. Не зна́ю, что де́лать.

(Giving advice on dating)

— Не зна́ю, что де́лать. Я пригласи́л Ле́ну на футбо́льный матч, но она́ сказа́ла, что футбо́л её не интересу́ет.
— Пригласи́ её на бале́т и́ли в теа́тр.
— Вчера́ я пригласи́л её в теа́тр, но она́ сказа́ла, что её и теа́тр не интересу́ет.
— Всё поня́тно. Мо́жно дать тебе́ сове́т? Пригласи́ не Ле́ну, а Та́ню. Мне ка́жется, что её интересу́ет всё, что интересу́ет тебя́.

ДИАЛОГ 1.3. Что ты предпочита́ешь?

(Asking about preferences)

— Я доста́л два биле́та на бале́т и два биле́та на футбо́л. Два биле́та для нас с тобо́й и два — для твои́х роди́телей. Что ты предпочита́ешь?
— Коне́чно, бале́т!
— Отли́чно! Мы пойдём с тобо́й на бале́т, а твои́м роди́телям отдади́м биле́ты на футбо́л.
— Па́па бу́дет сча́стлив. А ма́ма, открове́нно говоря́, футбо́л не лю́бит.
— Но она́ лю́бит па́пу — зна́чит, пойдёт с ним на футбо́л.

УПРАЖНЕНИЕ 1.6.　**Ваш диало́г**

Create a dialogue in which you and a friend are planning to go to a sporting or cultural event. Discuss your preferences, settle on an event, and arrange a time and a place to meet.

УПРАЖНЕНИЕ 1.7.　**Перево́д**

"Vanya, I have two tickets for the theater for Friday (**на пя́тницу**). Do you want to go with me?"

"Gladly! What's playing?"

"Chekhov's *Three Sisters*. My friend gave me the tickets an hour ago as he was leaving for the airport."

"What theater are we going to?"

"To the MKhAT." [4]

"Great! Let's meet at half past seven at the entrance to the theater."

"Agreed."

УПРАЖНЕНИЕ 2.1.　**Подгото́вка к чте́нию**

Based on what you read in Часть пе́рвая, try to guess which of our characters—**Ле́на, Во́ва, Ви́ктор, Серге́й Петро́вич**—is likely to have the following lines in this scene.

1. _____ В воскресе́нье я за тобо́й зае́ду.
2. _____ Для тебя́ действи́тельно нет ничего́ невозмо́жного.
3. _____ Когда́ я могу́ взять интервью́?
4. _____ Мы с Во́вой идём на хокке́й, а пото́м мы с тобо́й — в Большо́й теа́тр.
5. _____ Ура́! Ура́! Ура́!
6. _____ Я договори́лся с Ма́ниным.

---

[4] The MKhAT (**МХАТ, Моско́вский Худо́жественный академи́ческий теа́тр**) is a well-known Russian theater that was founded in 1898 and quickly became famous for its innovative presentations of Chekhov's plays. When referred to orally it is pronounced [мммхат].

ЧТЕНИЕ

Договорились!

(The phone rings at the Silins'. Lena answers. It's Viktor.)

ВИ́КТОР. Приве́т. Я договори́лся с Ма́ниным. Он обеща́л дать тебе́ интервью́. И переда́й Серге́ю Петро́вичу, что он мо́жет получи́ть два биле́та в ка́ссе № 8 пе́ред нача́лом ма́тча.

ЛЕ́НА. Замеча́тельно! Спаси́бо, Ви́тя! А когда́ я могу́ взять интервью́?

ВИ́КТОР. Мы с тобо́й должны́ быть в воскресе́нье в 2:30 у **вхо́да**° на стадио́н. Там мы полу́чим про́пуск.°

entrance
pass

ЛЕ́НА. Ви́тя, для тебя́ действи́тельно нет ничего́ невозмо́жного.

ВИ́КТОР. Ты уже́ мне э́то говори́ла.

ЛЕ́НА. Тогда́ э́то была́ шу́тка, а тепе́рь я говорю́ серьёзно... Зна́ешь, я о́чень волну́юсь. Э́то моё пе́рвое интервью́ с таки́м изве́стным челове́ком.

ВИ́КТОР. Не волну́йся. Всё бу́дет в поря́дке. **На вся́кий слу́чай**,° я бу́ду ря́дом.

На... Just in case

ЛЕ́НА. Нет-нет, я пойду́ одна́. Я же не могу́ брать тебя́ с собо́й на ка́ждое интервью́.

ВИ́КТОР. Почему́? Я бы не возража́л.

ЛЕ́НА. *(Smiling.)* Я ду́маю, бу́дет лу́чше, е́сли я пойду́ одна́.

ВИ́КТОР. Наве́рно, ты права́. Ита́к,° в воскресе́нье я за тобо́й **зае́ду**.° В час три́дцать.

So
я... I'll pick you up

ЛЕ́НА.	Хорошо́, я бу́ду гото́ва. Мы **успе́ем°** зае́хать домо́й и переоде́ться° пе́ред теа́тром?
ВИ́КТОР.	Коне́чно, вре́мени **доста́точно.°**
ЛЕ́НА.	Прекра́сно. Тогда́ до воскресе́нья. Договори́лись?
ВИ́КТОР.	Договори́лись.

Мы... *Will we have time to change clothes*

вре́мени... *we'll have enough time*

(*Lena hangs up the phone and goes into her parents' room.*)

ЛЕ́НА.	Па́па, то́лько что звони́л Ви́ктор. Он доста́л тебе́ и Во́вке биле́ты на хокке́й.
СЕРГЕ́Й ПЕТР.	Твой Ви́ктор — замеча́тельный па́рень! Во́ва, ты слы́шал? Мы идём на фина́л!
ВО́ВА.	(*Racing into the room.*) Ура́! Ура́! Ура́!
НАТА́ЛЬЯ ИВ.	Ничего́ не понима́ю. Мы же идём в Большо́й теа́тр!
СЕРГЕ́Й ПЕТР.	Не волну́йся. Мы с Во́вой идём на хокке́й, а пото́м мы с тобо́й — в Большо́й теа́тр. Вре́мени доста́точно — матч конча́ется в 5 часо́в.
НАТА́ЛЬЯ ИВ.	Но ты же до́лжен верну́ться домо́й и переоде́ться.
СЕРГЕ́Й ПЕТР.	Я всё успе́ю. Что́бы **попа́сть** на° фина́льный матч, я гото́в на любы́е же́ртвы°!

попа́сть... *to get to see*
любы́е... *any sacrifices*

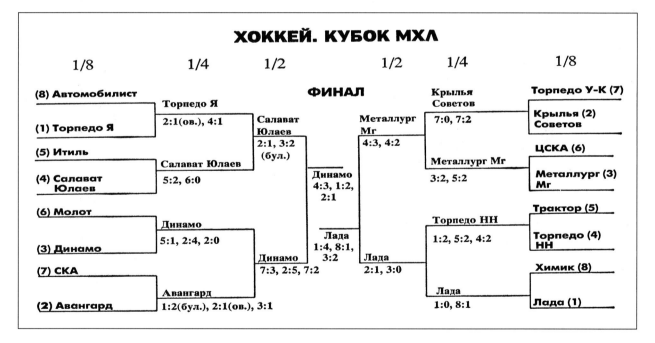

ХОККЕЙ. КУБОК МХЛ

1/8	1/4	1/2		1/2	1/4	1/8
			ФИНАЛ		Крылья Советов	Торпедо У-К (7)
(8) Автомобилист	Торпедо Я					
	2:1(ов.), 4:1	Салават Юлаев		Металлург Мг	7:0, 7:2	Крылья (2) Советов
(1) Торпедо Я		2:1, 3:2 (бул.)		4:3, 4:2		
(5) Итиль					Металлург Мг	ЦСКА (6)
	Салават Юлаев				3:2, 5:2	Металлург (3) Мг
(4) Салават Юлаев	5:2, 6:0		Динамо 4:3, 1:2, 2:1			
(6) Молот					Торпедо НН	Трактор (5)
	Динамо				1:2, 5:2, 4:2	Торпедо (4) НН
(3) Динамо	5:1, 2:4, 2:0		Лада 1:4, 8:1, 3:2			
(7) СКА		Динамо		Лада		Химик (8)
		7:3, 2:5, 7:2		2:1, 3:0	Лада	
(2) Авангард	Авангард 1:2(бул.), 2:1(ов.), 3:1				1:0, 8:1	Лада (1)

УПРАЖНЕ́НИЕ 2.2.   **Вопро́сы и отве́ты**

1. Вы зна́ете како́го-нибудь изве́стного спортсме́на и́ли спортсме́нку?
2. Каки́ми ви́дами спо́рта вы интересу́етесь?
3. Е́сли бы у вас бы́ли биле́ты на бале́т и на хокке́й (в оди́н и тот же день), куда́ бы вы пошли́?

4. Вы читáете в газéтах и журнáлах статьи́ о спóрте и спортсмéнах?

5. Кто сáмый знамени́тый футболи́ст в Амéрике? А бейсболи́ст? А баскетболи́ст? А хоккеи́ст? А тенниси́ст?

6. Скóлько стóит билéт на óперу и́ли на балéт? А в кинó? А на футбóльный матч? А на концéрт рóк-мýзыки?

7. Что, по-вáшему, труднéе — достáть билéты на концéрт и́ли на баскетбóльный матч?

8. В вáшем гóроде есть стадиóн, где мóжно смотрéть хоккéй? Как он называ́ется?

ГРАММАТИКА И ПРАКТИКА

ЗАЕЗЖÁТЬ/ЗАÉХАТЬ: *TO STOP BY, TO DROP IN*

Мы **заéдем** домóй и переодéнемся пéред теáтром.	*We'll stop at home and change clothes before the theater.*

The prefix **за-** on the combining form of a verb of motion (**заезжáть/ заéхать** or **заходи́ть/зайти́**) indicates that the subject stops by one place while on the way to another (by vehicle or on foot, respectively). It renders phrases like "I'll pick you up (at) . . ." and "I'll stop at the grocery store (for) . . . ."

The person or thing to be picked up is expressed by **за** + instrumental; the place where one is stopping is expressed by a **кудá** word or phrase.

Я за тобóй **заéду** в 1:30.	*I'll pick you up at 1:30.*
По дорóге в университéт я **зайдý** в аптéку за аспири́ном (к бáбушке за письмóм, в библиотéку за кни́гой...)	*On the way to the university I'll stop by the drugstore for aspirin (Grandma's for a letter, the library for a book . . .)*

УПРАЖНÉНИЕ 2.3.   По дорóге домóй...

Decide on a stop you might make or an errand you might do on the way home, then form a circle with your classmates and see who can remember the longest string of errands.

EXAMPLE: — По дорóге домóй я зайдý к бáбушке за письмóм, Ли́за зайдёт на пóчту за мáрками, Пáвел зайдёт в магази́н за продýктами...

Я БЫ НЕ ВОЗРАЖА́Л: ADDITIONAL USES OF БЫ

Я **бы** не **возража́л**.	*I wouldn't object (I wouldn't mind).*

Here are two additional uses of **бы**. Remember that **бы** is always used with a past-tense form of the verb.

Expressing a wish (often emotional)

Éсли **бы** она́ **была́** здесь!	*If only she were here!*
Éсли **бы** сейча́с **бы́ло** ле́то!	*If only it were summer!*
Я **хоте́л бы** пойти́ на фина́л.	*I'd like to go to the final match.*

Offering a suggestion or advice

Ты ска́жешь ба́бушке об э́том? Я **бы сказа́л**.	*Are you going to tell Grandma about that? I would (tell her).*
Ты **бы** ей **помо́г (помогла́)**!	*Why don't you (You should) help her!*

УПРАЖНЕ́НИЕ 2.4.   Éсли бы...

Which of our characters might say the following? In some cases, more than one answer may be possible.

1. _____ Éсли бы у меня́ бы́ли биле́ты на фина́л!
2. _____ Éсли бы у меня́ был авто́граф Ма́нина!
3. _____ Ты бы принёс мне статьи́ о Ма́нине.
4. _____ Éсли бы я был изве́стным хоккеи́стом!
5. _____ Ты бы пошёл в Большо́й теа́тр на «Евге́ния Оне́гина».
6. _____ Éсли бы я могла́ порабо́тать журнали́сткой в Аме́рике.
7. _____ Éсли бы вы смогли́ доста́ть биле́ты на фина́л по хокке́ю!
8. _____ Ты бы пошёл погуля́ть с соба́кой.

УСПЕ́ТЬ: *TO HAVE ENOUGH TIME, TO MANAGE*

Мы **успе́ем** зае́хать домо́й и переоде́ться пе́ред теа́тром?	*Will we have time (manage, be able) to stop at home and change before the theater?*

The perfective verb **успе́ть** indicates managing to do something when time is a factor. It is often followed by a perfective infinitive phrase.

УПРАЖНЕНИЕ 2.5. **Не успе́ю...**

Most students rarely have the time to do all they want or need to do. Replace the phrases in parentheses with ones of your own, and see how many variations on the following statements your class (or a small group) can come up with.

1. Я не успе́ю сего́дня (написа́ть письмо́ роди́телям), потому́ что (мне ну́жно гото́виться к экза́мену).
2. Мне ну́жно бы́ло быть (в университе́те в 10 часо́в), и поэ́тому я не успе́ла (зайти́ в библиоте́ку).
3. (Ле́кция) начина́ется в два часа́, а сейча́с то́лько двена́дцать. Я успе́ю (зайти́ в магази́н за проду́ктами).
4. Я по́здно вы́шел и́з дому и не успе́л (на авто́бус).[5]

УПРАЖНЕНИЕ 2.6. **А ты успе́ешь... ?**

You and a friend are talking about how busy everyone is. Complete the following dialogues:

EXAMPLE: — Сего́дня я бу́ду о́чень за́нят (занята́).
— А ты успе́ешь зако́нчить перево́д?
— Коне́чно, (не) успе́ю.

1. — Мы провели́ весь день на стадио́не.
   — А вы успе́ли... ?
2. — Мой друг доста́нет биле́ты на фина́л.
   — А он успе́ет... ?
3. — Я зае́ду за тобо́й в 6 часо́в.
   — А ты успе́ешь... ?
4. — Я вчера́ ходи́л (ходи́ла) к врачу́.
   — А ты успе́л (успе́ла)... ?

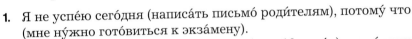

Диалоги

Making plans

ДИАЛОГ 2.1. **Мне ну́жно зае́хать в апте́ку.**

(Discussing errands)

— Ната́ша, я сего́дня прие́ду домо́й по́здно.
— Почему́?

---

[5] **И́з дому** means *out of one's home*; **из до́ма** means *out of the/a building*. In contemporary Russian the distinction between these two phrases is becoming increasingly blurred, with **и́з дому** becoming more common.

— Мне ну́жно зае́хать в апте́ку за лека́рством и на стадио́н за
биле́тами. А пото́м я ещё зайду́ к Петру́ Петро́вичу.
— Что ты бу́дешь де́лать у Петра́ Петро́вича?
— Ната́ша, ну почему́ ты всегда́ хо́чешь всё знать!

ДИАЛОГ 2.2. Е́сли захо́чешь, то успе́ешь.

(Planning for a date)

— Конце́рт начина́ется в 8 часо́в. Я зае́ду за тобо́й в 7.
— Хорошо́, я бу́ду гото́ва. Ты прие́дешь <u>пря́мо с рабо́ты</u>? *straight from work*
— Нет, я зае́ду домо́й переоде́ться.
— Приезжа́й в 6 часо́в, к обе́ду. У нас бу́дет вку́сный обе́д.
— Спаси́бо, но я не зна́ю, успе́ю ли я к обе́ду.
— Е́сли захо́чешь, то успе́ешь.

ДИАЛОГ 2.3. Приходи́те к нам.

(Inviting someone to your home)

— Джим, приходи́те к нам в суббо́ту ве́чером, е́сли вы не за́няты.
— Спаси́бо, с удово́льствием.
— С ва́ми о́чень хотя́т познако́миться на́ши друзья́, кото́рые неда́вно
е́здили в Аме́рику. Кста́ти, они́ живу́т ря́дом с ва́ми и мо́гут за
ва́ми зайти́. *°by the way*
— А э́то удо́бно? Ведь мы не знако́мы.
— Они́ зна́ют, что вас зову́т Джим, а их зову́т О́ля и Ми́ша. Тепе́рь вы
уже́ <u>почти́ знако́мы</u>! *almost acquainted*

УПРАЖНЕНИЕ 2.7. Ваш диало́г

Create a dialogue in which you arrange to go somewhere with a friend.
Discuss when and where to drop by and pick your friend up in your car
(or on foot).

УПРАЖНЕНИЕ 2.8. Перево́д

"Lara, where are you going?"
"To the library. I have to study."
"Will you be there for long?"
"I don't know. Two or three hours. The library closes at five o'clock.
  Then I have to stop by the store for bread."
"Don't forget that at seven we're going to the movies. Will you have
  enough time to do everything you have to?"
"Of course. See you (**уви́димся**) at seven."

ЧАСТЬ ТРЕТЬЯ

УПРАЖНЕНИЕ 3.1.   Подготовка к чтению

Each of the following sentences contains one or two new words. Match the Russian sentence with its English translation. Then, for each new Russian word or phrase, underline its English counterpart.

1. _б_ Встретимся в **антракте** в фойе первого этажа.
2. _в_ Манин забросил **решающую шайбу**.
3. _д_ Нам нужно **сдать пальто** в гардероб.
4. _е_ Ты можешь получить пальто **без очереди**.
5. _а_ У нас в театрах программы дают **бесплатно**.
6. _г_ Это **запрещено** — нас не **пустят** в зал.

а. In theaters at home they give out programs for free.
б. Let's meet in the foyer of the first floor during the intermission.
в. Manin drove in the deciding goal.
г. That's forbidden; they won't let us into the hall.
д. We have to check our coats in the cloakroom.
е. You can get your coat without standing in line.

Век живи, век учись°

Век... *Live and learn*

(*Sunday evening. Natalya Ivanovna, Lena, and Viktor are standing in front of the Bolshoi Theater.*)

НАТАЛЬЯ ИВ. Ничего не понимаю. Где Силин? Матч давно кончился. (*To Lena and Viktor.*) Вы их не видели на стадионе?

ЛЕНА. Нет, мы уехали сразу же после интервью. Но я смотрела последний период по телевизору и знаю, что Манин забросил **решающую**° шайбу° за пять минут до конца° матча. Он действительно замечательный хоккеист.

scored / deciding / goal
за... *five minutes before the end*

244

НАТА́ЛЬЯ ИВ. Меня́ не интересу́ет ваш Ма́нин. Меня́ интересу́ет мой Си́лин!

ВИ́КТОР. Посмотри́те, вон Джим и Та́ня иду́т. Джим! Та́ня!

(Jim and Tanya walk up.)

ТА́НЯ. До́брый ве́чер. Вы то́же идёте на «Евге́ния Оне́гина»?

ВИ́КТОР. Да. Москва́ тако́й «ма́ленький» го́род, что у вхо́да в Большо́й теа́тр обяза́тельно встре́тишь знако́мых.

ДЖИМ. Я о́чень мно́го слы́шал о Большо́м теа́тре.

ЛЕ́НА. А ты лю́бишь о́перу?

ДЖИМ. Открове́нно говоря́, не о́чень. До́ма я в о́перу не хожу́. Но Большо́й теа́тр — э́то совсе́м **друго́е де́ло**°...

ЛЕ́НА. Я ду́маю, что тебе́ понра́вится. А где вы сиди́те?

ТА́НЯ. В амфитеа́тре.° А вы?

ЛЕ́НА. В парте́ре.° Иди́те скоре́е, ско́ро начнётся. **Встре́тимся**° в **антра́кте**° в фойе́° пе́рвого этажа́.

ДЖИМ. А почему́ вы не идёте?

ЛЕ́НА. Мы ждём па́пу.

(Tanya and Jim walk away.)

(The lobby of the Bolshoi. The second bell rings. Tanya and Jim go inside.)

э́то... *that's quite a different matter*

rear orchestra

orchestra / Let's meet

intermission / lobby

ТА́НЯ. Скоре́е! Нам ну́жно **сдать пальто́**° в **гардеро́б**.°

ДЖИМ. Заче́м? Дава́й возьмём их с собо́й.

ТА́НЯ. Что ты! Нас не пу́стят в **зал**.° Нет, пальто́ ну́жно сдать,
но зато́ мы возьмём в гардеро́бе бино́кль. Когда́ берёшь
бино́кль, пото́м мо́жно получи́ть пальто́ без о́череди.
Э́то сто́ит недо́рого.

ДЖИМ. Век живи́, век учи́сь.

*(They go off to the cloakroom and soon return to the foyer.
At the door to the hall they are met by an usher.)*

БИЛЕТЁРША.° Каки́е у вас места́?

ТА́НЯ. Амфитеа́тр, шесто́й ряд, места́ 24 и 25.

БИЛЕТЁРША. Сюда́, пожа́луйста *(indicating the way)*.

ДЖИМ. Спаси́бо.

БИЛЕТЁРША. Програ́ммку хоти́те?

ДЖИМ. *(He takes a program from the usher.)*
Спаси́бо.

(The usher looks at him quizzically.)

ТА́НЯ. *(She hands the usher money.)* Вот
пожа́луйста.

ДЖИМ. Извини́, Та́ня, я не знал, что за програ́ммку
на́до плати́ть. У нас в теа́трах програ́ммки
обы́чно даю́т беспла́тно.

ТА́НЯ. Тепе́рь ты зна́ешь. Скоре́е, Джим, сейча́с
начнётся увертю́ра.

сдать... *check our coats /
coat check (room)*

Нас... *They won't let us into
the auditorium.*

Usher (female)

УПРАЖНЕ́НИЕ 3.2.   **Вопро́сы и отве́ты**

1. Когда́ вы после́дний раз бы́ли в теа́тре (на конце́рте, в о́пере, на
   бале́те)? Что вы смотре́ли? С кем вы ходи́ли?

2. Вам понра́вился спекта́кль (конце́рт, бале́т и т. д.)?

3. С кем вы обы́чно хо́дите в теа́тр (на конце́рт, в о́перу, на бале́т)?
   И́ли вы хо́дите оди́н (одна́)?

4. Вы встре́тили кого́-нибудь из знако́мых, когда́ вы в про́шлый
   раз бы́ли в теа́тре (на конце́рте, в о́пере, на бале́те)?

5. Что, по-ва́шему, бо́льше лю́бят молоды́е америка́нцы — кино́,
   конце́рт, бале́т и́ли о́перу?

6. В америка́нских теа́трах есть гардеро́б?

7. Где вы лю́бите сиде́ть — в амфитеа́тре и́ли в парте́ре?

8. Как вы ду́маете, биле́ты в теа́тр (на конце́рт и т. д.) — э́то
   хоро́ший пода́рок?

9. Вы когда́-нибудь дари́ли кому́-нибудь биле́ты в теа́тр (на
   конце́рт и т. д.) на день рожде́ния и́ли на како́й-нибудь
   пра́здник? Кому́?

О РОССИИ

Вéчер в теáтре

A visit to the theater in Russia offers the opportunity to observe certain cultural norms. As Jim discovers, coats and hats must be checked in the **гардерóб**. There, for a modest fee, you can rent binoculars. This not only affords you a better view of the performers, but also allows you to pick up your coat after the performance without having to stand in line. Programs are not handed out gratis, but must be purchased. A series of bells advises patrons to find (or return to) their seats. If you pass by already-seated patrons in your row to reach your seat, the custom is to face the people you are passing. When applauding the performance, Russians don't whistle; whistling in a theater (or even at a sports event) expresses strong *dis*approval.

ГРАММАТИКА И ПРАКТИКА

THE ART OF CONVERSATION: THE GENERIC *YOU*

Когдá **берёшь** бинóкль, потóм мóжно получúть пальтó без óчереди.

If (when) you rent binoculars, you can get your coat afterwards without standing in line.

В Москвé не **заблýдишься**, éсли **знáешь** названия стáнций метрó.

In Moscow you won't get lost if you know the names of the metro stations.

Век **живú**, век **учúсь**.

Live and learn. (lit: Live a century, learn a century.)

Ты forms are normally reserved for use with family and friends. These forms often occur in sayings, proverbs, and when generalizing (rather than speaking directly to someone). In this usage, the subject pronoun **ты** is usually omitted.

УПРАЖНЕ́НИЕ 3.3. **Ру́сские посло́вицы**

There are many parallels between Russian and English proverbs
(**посло́вицы**). In Russian, generic **ты** forms are common, much as generic
you forms are common in English. By making good guesses, match the
Russian proverbs with their English counterparts.

1. __*e*__ A man is known by the
   company he keeps.
2. __*g*__ Don't buy a pig in a
   poke.
3. __*i*__ Don't put off till
   tomorrow what you can do
   today.
4. __*a*__ Live and let live.
5. __*v*__ They are rich who have
   true friends.
6. __*w*__ Haste makes waste.
7. __*б/м/й*__ Speak less, but do
   more.
8. __*y*__ You scratch my back,
   and I'll scratch yours.

а. Живи́ и жить дава́й други́м.
б. Ме́ньше говори́, да бо́льше
   де́лай.
в. Не име́й сто рубле́й, а име́й
   сто друзе́й.
г. Не откла́дывай на за́втра то,
   что мо́жешь сде́лать
   сего́дня.
д. Не покупа́й кота́ в мешке́.
е. Скажи́ мне, кто твой друг, и
   я скажу́ тебе́, кто ты.
ж. Ти́ше е́дешь — да́льше
   бу́дешь.
з. Ты — мне, я — тебе́.

REVIEW OF UNIDIRECTIONAL AND MULTIDIRECTIONAL MOTION

As you know, motion in one direction is rendered by the unidirectional
verbs **идти́** and **е́хать**. Other types of motion (habitual trips, round trips,
motion in many directions, random motion) require the multidirectional
verbs **ходи́ть** and **е́здить**. The examples below contrast motion in one
direction with habitual or regular trips.

— Куда́ ты **идёшь**?
— В университе́т.
— Ты ка́ждый день **хо́дишь**
   в университе́т?
— Нет, по суббо́там я
   рабо́таю.

"Where are you going?"
"To the university."
*"Do you go to the university
   every day?"*
"No, on Saturdays I work."

— Ты **е́дешь** в Но́вгород?
— Нет. Я ча́сто **е́зжу** туда́,
   но сего́дня я **е́ду** в Псков.

"Are you going to Novgorod?"
*"No. I go there frequently, but
   today I'm going to Pskov."*

In the past tense, the verbs **ходи́ть** and **е́здить** can convey the same
meaning as **быть (где)**:

— Где вы бы́ли вчера́?
— Мы **ходи́ли** в теа́тр.
   (Мы **бы́ли** в теа́тре.)

"Where were you last night?"
"We went to the theater."
   ("We were at the theater.")

Он **е́здил** в Ки́ев (**был** в Ки́еве) и верну́лся в пять часо́в утра́.

He went to Kiev and came back at five in the morning.

The following example shows the use of a multidirectional verb to indicate motion in many directions.

— Са́ша, где ты был вчера́ ве́чером?

— **Ходи́л** по магази́нам. Мне на́до бы́ло купи́ть пода́рок к 8-о́му Ма́рта.

"Sasha, where were you last night?"

"I went from store to store. I had to buy a gift for the 8th of March."

Multidirectional verbs are also used to indicate random motion with no specific direction.

Я мно́го **хожу́** пешко́м.   *I walk a lot.*

In summary, the movement described by these verbs of motion can be represented as follows:

а.   **идти́** or **е́хать**: motion in one direction

б.   **ходи́ть** or **е́здить**: other types of motion (habitual trips, round trips, motion in many directions, random motion)

УПРАЖНЕ́НИЕ 3.4.   **Я ходи́л в кино́**

For each of the following sentences, decide whether a verb of type (а) or type (б) (see above) would be needed. Do not try to translate the sentences.

1. _____ After the game we just drove around town.
2. _____ My history professor goes to Russia every year.
3. _____ I went to the movies last night.
4. _____ My son is two years old and is already walking by himself.
5. _____ She goes to the library every evening.
6. _____ Tomorrow we're going to St. Petersburg.
7. _____ Where are you going?
8. _____ We were on our way to class when it started to rain.

УПРАЖНЕНИЕ 3.5.   Куда́ ты шёл (шла), когда́ я тебя́ ви́дел (ви́дела)?

Working with a classmate, create a dialogue around this scenario: As you were walking across campus yesterday you did not see your classmate, but your classmate saw you. Now your classmate is asking where you were going at the time.

EXAMPLE: — Трэ́си, я тебя́ ви́дел (ви́дела) вчера́ днём. Куда́ ты шла?

— Вчера́ днём? Наве́рно, на ле́кцию по исто́рии.

УПРАЖНЕНИЕ 3.6.   Где ты был (была́)?

Choose a place you went to (or might have gone) yesterday evening (**в библиоте́ку, в кино́, на конце́рт, в апте́ку...**) and with a classmate create a dialogue about where you were when a friend tried to call.

EXAMPLE: — Я звони́л (звони́ла) тебе́ вчера́ ве́чером, но тебя́ не́ было.

— Когда́ ты звони́л (звони́ла)?

— Часо́в в во́семь.

— Да, меня́ не́ было. Я ходи́л (ходи́ла) в (на)...

— А ты ча́сто хо́дишь в (на)... ?

— Раз в неде́лю (*or some other frequency*).

УПРАЖНЕНИЕ 3.7.   Ходи́ть и́ли идти́? Е́здить и́ли е́хать?

Select the correct verb in this conversation between Grandma Kruglov and Серге́й Петро́вич.

(*Grandma Kruglov is walking along the street. Серге́й Петро́вич, who is driving, stops the car and lowers the window.*)

— Алекса́ндра Никола́евна, вы далеко́ (идёте/хо́дите)[1]? Я могу́ вас подвезти́ (*give a ride*).

— Спаси́бо, Серге́й Петро́вич, я (иду́/хожу́)[2] в бу́лочную (*bakery*), э́то ря́дом. И вообще́ я бо́льше люблю́ (идти́/ходи́ть),[3] чем (е́хать/е́здить).[4] А куда́ вы (е́дете/е́здите)[5]?

— Снача́ла в магази́н радиотова́ров (*electronics*). Я (е́ду/е́зжу)[6] туда́ ка́ждую неде́лю. Пото́м я (е́зжу/пое́ду)[7] в спорти́вный магази́н, пото́м в апте́ку, а пото́м (е́зжу/зае́ду)[8] за Ната́шей.

— Что же, вы то́лько (е́дете/е́здите)[9] на маши́не и совсе́м пешко́м не (идёте/хо́дите)[10]?

— Да нет, иногда́ (иду́/хожу́)[11] — когда́ лома́ется (*breaks down*) маши́на.

ПОЙТИ AND ПОЕХАТЬ: *TO SET OUT*

Нины нет. Она **пошла** в библиотеку.

Nina's not here. She's gone to the library.

The perfectives **пойти** and **поехать** commonly express *setting off for* some destination. In the preceding example, the speaker is saying that Nina is not at home; she has gone to the library. The speaker doesn't really know where Nina is, but does know where Nina was headed when she left. The same is true with **поехать**.

Неделю назад мой дядя **поехал** в Европу.

A week ago my uncle went to Europe.

The speaker is telling us that his uncle has left for Europe; he's no longer here. The following example shows how the perfective verbs **пойти** and **поехать** are commonly used to express change of direction or new destination during a trip already under way.

Мы сейчас **едем** в аптеку.
Потом мы **поедем** к бабушке.

We're going to the store now. Then we'll go to Grandma's.

In the first sentence, the speaker is just about to leave for the drugstore (or is on his way). He then tells us that once he has been at the drugstore, he will set out for a new destination.

УПРАЖНЕНИЕ 3.8. **Ходить или идти/пойти?**

Select the correct verb in this conversation.

(*На улице*)

— Лена, куда ты (идёшь/ходишь)[1]?
— Сейчас я (иду/хожу)[2] в магазин. Потом я вернусь домой, переоденусь и (пойду/хожу)[3] на занятия.
— Но сегодня суббота. Ты ведь по субботам обычно не (идёшь/ходишь)[4] в университет.
— Я не сказала, что (пойду/хожу)[5] в университет. Я сказала, что (пойду/хожу)[6] на занятия.
— Не понимаю.
— Ну почему ты не понимаешь? По субботам я (иду/хожу)[7] на занятия по английскому языку.

УПРАЖНЕНИЕ 3.9.   **Мы éздим тудá кáждое лéто.**

Where will you be going this summer? Where did you vacation as a child? Working with a classmate, create a conversation around summer trips.

EXAMPLE: — Скóро лéтние (*summer*) канúкулы.
Что ты бýдешь дéлать?
— Мы с родúтелями поéдем в (на)...
— Вы éдете тудá в пéрвый раз?
— Нет, мы éздим тудá кáждый год.

УПРАЖНЕНИЕ 3.10.   **Диалóги**

Working with a classmate, prepare a short (four- or six-line) dialogue based on one of the following themes:

1. Last night you called a friend about a homework question and he/she was not in. You meet as you walk into class today and ask where he/she was last night.
2. You meet a friend on the street and ask where he/she is going. He/She tells you, and you ask if this person goes there often.

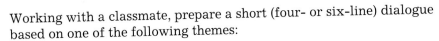

ДИАЛОГ 3.1.   **Хóчешь пойтú?**

(Arranging a theater date)

— Ты чáсто хóдишь в теáтр?
— Не óчень. Послéдний раз я былá в теáтре год назáд. А почемý ты спрáшиваешь?
— Моя́ сестрá рабóтает в теáтре «Совремéнник». Она далá мне билéты на «Гáмлета» на зáвтра. Хóчешь пойтú?
— Спасúбо, с удовóльствием. Все говоря́т, что э́то óчень хорóший спектáкль.
— Встрéтимся óколо теáтра за полчасá до начáла, хорошó?
— Хорошó. У глáвного вхóда.

ДИАЛОГ 3.2.   У нас ра́зные вку́сы.

(Discussing preferences)

— Вы смотре́ли вчера́ телеспекта́кль по тре́тьему кана́лу (*channel*)?
— К сожале́нию, нет. У нас с му́жем ра́зные вку́сы: я люблю́ концéрты и спекта́кли, а он лю́бит смотре́ть спорт. Вчера́ он весь ве́чер смотре́л хокке́й...
— Я хорошо́ вас понима́ю. У меня́ до́ма ра́ньше бы́ло то же са́мое.
— И что же вы сде́лали?
— Купи́ла ещё оди́н телеви́зор.

ДИАЛОГ 3.3.   Ну́жно сдать пальто́.

(Checking coats at a theater)

— Скоре́е, до нача́ла спекта́кля оста́лось всего́ не́сколько мину́т, а нам ещё ну́жно сдать пальто́ в гардеро́б.
— А нельзя́ взять их с собо́й и сдать в гардеро́б во вре́мя антра́кта?
— Нет, в пальто́ нас в зал не пу́стят.
— Что же де́лать?
— Я ду́маю, что мы успе́ем. Но наро́ду мно́го, поэ́тому дава́й возьмём в гардеро́бе бино́кль, что́бы по́сле спекта́кля не стоя́ть в о́череди.

УПРАЖНЕНИЕ 3.11.   Ваш диало́г

Create a dialogue based on one of the following themes:

1. You and a friend are talking about the kinds of events (sports, plays, movies, concerts) you like to attend. You focus on an event your friend attended last week and ask whether this friend will go to a specific one that is coming up.
2. Your father (mother, friend, and so on) travels a lot. Pick a city or country this person likes to visit and describe to a friend how often he/she goes there and what he/she likes to do there.

УПРАЖНЕНИЕ 3.12.   Перево́д

"Where did you buy such lovely flowers? In a store?"
"No, at the market."
"They're very pretty. I need a gift for Ira. I've been shopping all day, and I can't find anything. I didn't know you could buy flowers at the market."
"You can go there tomorrow. The market opens early."
"Great. I'll go there early in the morning and buy her roses."

ЧАСТЬ ЧЕТВЁРТАЯ

УПРАЖНЕНИЕ 4.1 **Подгото́вка к чте́нию**

What is the most likely ending for this scene? Before reading the scene, take a class vote on the following endings, or provide a possible ending of your own.

1. _____ Си́лин успе́ет прие́хать в теа́тр до нача́ла спекта́кля.
2. _____ Си́лин немно́го опозда́ет и прие́дет в теа́тр че́рез не́сколько мину́т по́сле нача́ла спекта́кля.
3. _____ Си́лин опозда́ет и прие́дет в теа́тр во вре́мя антра́кта.
4. _____ Си́лин совсе́м не прие́дет в теа́тр.
5. _____ ... ???

Лу́чше по́здно, чем никогда́.°

(*Lena, Viktor, and Natalya Ivanovna are standing at the entrance to the Bolshoi. People come up and question them.*)

ЖЕ́НЩИНА.	У вас нет ли́шнего биле́тика?
МУЖЧИ́НА.	Мо́жет быть, у вас есть ли́шний биле́т?
НАТА́ЛЬЯ ИВ.	У меня́ нет ли́шнего биле́та! И не бу́дет! (*To Lena and Viktor.*) Иди́те скоре́е, оста́лось пять мину́т до нача́ла. А я бу́ду ждать па́пу.
ВИ́КТОР.	Ната́лья Ива́новна, мо́жет быть, вы пойдёте с Ле́ной, а я подожду́ Серге́я Петро́вича?

(*At this moment a taxi races up to the Bolshoi, and Серге́й Петро́вич, beaming, jumps out. He is wearing blue jeans and a red "Spartak" rugby shirt.*)

НАТА́ЛЬЯ ИВ.	Что случи́лось? Почему́ ты так по́здно? Что за вид?!°
СЕРГЕ́Й ПЕТР.	Ура́! Двойна́я° побе́да°!

Лу́чше... *Better late than never.*

Что... *What a sight you are! Double / victory*

254

ЛЕ́НА.	Почему́ двойна́я?
СЕРГЕ́Й ПЕТР.	**Во-пе́рвых,°** «Спарта́к» — чемпио́н Росси́и по хокке́ю.° А **во-вторы́х,°** мы с Во́вкой получи́ли авто́граф Ма́нина. **Пришло́сь,°** коне́чно, подожда́ть немно́го...
НАТА́ЛЬЯ ИВ.	(*Threateningly.*) Зна́чит, ты опозда́л **из-за°** авто́графа? Посмотри́ на себя́. В джи́нсах и футбо́лке тебя́ в теа́тр не пу́стят. Бо́же мой, в пе́рвый раз за два́дцать лет я реши́ла пойти́ с тобо́й в Большо́й теа́тр — и тако́й фина́л°...
СЕРГЕ́Й ПЕТР.	(*Hopefully.*) Так я могу́ е́хать домо́й?
НАТА́ЛЬЯ ИВ.	(*Sternly.*) Ты сейча́с пое́дешь домо́й, переоде́нешься и вернёшься сюда́ ко второ́му **де́йствию.°** Вот твой биле́т. Встре́тимся в антра́кте в фойе́ пе́рвого этажа́.
ШОФЁР ТАКСИ́.	(*То Серге́й Петро́вич.*) Ну что, шеф,° пое́хали?
СЕРГЕ́Й ПЕТР.	(*Gloomily.*) Пое́хали...

In the first place / чемпио́н... Russian hockey champion
in the second place
We had to
because of

и... and look how it turned out

act

boss

(*Natalya Ivanovna, Lena, and Viktor run up the steps to the doors of the Bolshoi Theater.*)

УПРАЖНЕ́НИЕ 4.2. Вопро́сы и отве́ты

1. В Аме́рике лю́ди ча́сто спра́шивают друг дру́га «У вас есть ли́шний биле́т?» у вхо́да в теа́тр? А у вхо́да на стадио́н?

2. Вы когда́-нибудь опа́здывали на конце́рт? Вы ча́сто опа́здываете на конце́рты (заня́тия и т. д.)? А ва́ши друзья́?

3. Когда́ начина́ются вече́рние спекта́кли в америка́нских теа́трах?

4. Кака́я университе́тская кома́нда была́ в про́шлом году́ чемпио́ном Аме́рики по футбо́лу? А по бейсбо́лу? А по баскетбо́лу? А по хокке́ю?

5. Вы когда́-нибудь бра́ли авто́граф у како́го-нибудь изве́стного арти́ста и́ли спортсме́на? Вы собира́ете (*collect*) авто́графы?

ГРАММАТИКА И ПРАКТИКА

DECLENSION OF SURNAMES

Ви́ктор учи́лся с **Ма́ниным**!	*Viktor went to school with Manin!*
Я ничего́ не зна́ю о **Ма́нине**.	*I don't know anything about Manin.*

The two most common forms of Russian surnames are the adjective type (for example, **Петро́вский** for a man, **Петро́вская** for a woman) and the noun type (for example, **Си́лин** or **Кругло́в** for a man, **Си́лина** or **Кругло́ва** for a woman). The adjective type declines like an adjective for the appropriate gender and number.

	MASCULINE	FEMININE	PLURAL
Nominative	Петро́вск-**ий**	Петро́вск-**ая**	Петро́вск-**ие**
Accusative	Петро́вск-**ого**	Петро́вск-**ую**	Петро́вск-**их**
Genitive	Петро́вск-**ого**	Петро́вск-**ой**	Петро́вск-**их**
Prepositional	(о) Петро́вск-**ом**	(о) Петро́вск-**ой**	(о) Петро́вск-**их**
Dative	Петро́вск-**ому**	Петро́вск-**ой**	Петро́вск-**им**
Instrumental	Петро́вск-**им**	Петро́вск-**ой**	Петро́вск-**ими**

Noun-type surnames mix characteristics of adjective and noun declensions.

	MASCULINE	FEMININE	PLURAL
Nominative	Си́лин	Си́лин-**а**	Си́лин-**ы**
Accusative	Си́лин-**а**	Си́лин-**у**	Си́лин-**ых**
Genitive	Си́лин-**а**	Си́лин-**ой**	Си́лин-**ых**
Prepositional	(о) Си́лин-**е**	(о) Си́лин-**ой**	(о) Си́лин-**ых**
Dative	Си́лин-**у**	Си́лин-**ой**	Си́лин-**ым**
Instrumental	Си́лин-**ым**	Си́лин-**ой**	Си́лин-**ыми**

УПРАЖНЕ́НИЕ 4.3. Вы зна́ете, кто э́то?

Complete the following sentences, using these names in their proper cases.

А. Алекса́ндра Никола́евна Кругло́ва   Ната́лья Ива́новна Си́лина
Илья́ Ильи́ч Петро́вский   Ле́на Си́лина
Воло́дя Ма́нин

   1. Ви́ктор попроси́л своего́ дру́га, хоккеи́ста
   <u>Воло́ду Ма́нина</u>_____, дать интервью́
   <u>Ле́ней Си́линой</u>_____ .

   2. Са́ша хоте́л познако́мить Све́ту со свое́й ба́бушкой,
   _____ .

   3. Э́то кни́га на́шего профе́ссора, _____
   _____ .

   4. Ле́на пришла́ с ма́терью, _____ .

Б. Достое́вский   Петруше́вская
   «Евге́ний Оне́гин»   Чайко́вский

   5. Я хоте́л (хоте́ла) бы прочита́ть рома́ны _____
   по-ру́сски.

   6. Моя́ сестра́ (ма́ма, ба́бушка) о́чень лю́бит му́зыку
   _____ .

   7. Ты что́-нибудь зна́ешь о писа́тельнице _____?

   8. Ви́ктор доста́л биле́ты на о́перу _____ .

THE ART OF CONVERSATION: EXPLANATIONS, EXCUSES

Ты опозда́л **из-за** авто́графа?   *You're late because of an*
                                        autograph?

Из-за + genitive explains causality (and often refers to circumstances that cause an unfavorable result or consequence). In many instances it parallels explanations using **потому́ что**.

Ты опозда́л **из-за** авто́графа?   =   Ты опозда́л, потому́ что ты
                                        хоте́л взять авто́граф?

Из-за followed by **того́, что** introduces a clause.

Я оста́лась до́ма **из-за того́,**   *I stayed home because the car*
что (потому́ что) слома́лась   *broke down.*
маши́на.

УПРАЖНЕ́НИЕ 4.4. **Почему́?**

Practice making excuses you might need in the next few days, using the following situations and excuses (or others of your own creation).

Я не успе́ла написа́ть   ...из-за боле́зни.
   письма́   ...из-за мете́ли (*blizzard*).
Она́ не пришла́ на семина́р   ...и опя́ть из-за тебя́.
Мы опя́ть опозда́ем   ...из-за того́, что у меня́
Аэропо́рт закры́т   бы́ло мно́го рабо́ты.
???   ???

THE ART OF CONVERSATION: SPECIAL USES OF ОДИ́Н

Да́йте мне **одну́** ро́зу.	*Give me one rose.*
Я не зна́ю ни **одного́** спортсме́на.	*I don't know even one (a single) athlete.*

In addition to its numerical meaning, here are some other uses of **оди́н**:

Лу́чше я пойду́ **одна́**.	*It's better that I go alone.*
Мы с Ма́ниным учи́лись в **одно́м** кла́ссе.	*I was in the same class as Manin (in school).*
В о́череди **одни́** мужчи́ны стоя́т.	*There are only men standing in line.*
Я зна́ю **одну́** де́вушку, кото́рая...	*I know a (certain) girl who . . .*

The forms of **оди́н** always agree in gender, case, and number with the noun modified. Its forms mix characteristics of adjective and noun endings.

	MASCULINE	NEUTER	FEMININE	PLURAL
Nominative	оди́н	одн-о́	одн-а́	одн-и́
Accusative	Nom. or Gen.	одн-о́	одн-у́	Nom. or Gen.
Genitive	одн-ого́	одн-ого́	одн-о́й	одн-и́х
Prepositional	(об) одн-о́м	(об) одн-о́м	(об) одн-о́й	(об) одн-и́х
Dative	одн-ому́	одн-ому́	одн-о́й	одн-и́м
Instrumental	одн-и́м	одн-и́м	одн-о́й	одн-и́ми

УПРАЖНЕНИЕ 4.5.   Я не зна́ю ни одного́...

Working in small groups, list as many occupations or professions as you can. Review their genitive singular and genitive plural forms, then see how many of them your group can "chain" in the following manner:

Student 1: Я зна́ю мно́го студе́нтов, но не зна́ю ни одного́ спортсме́на.
Student 2: Я зна́ю мно́го спортсме́нов, но не зна́ю ни одного́ врача́.
Student 3: Я зна́ю мно́го враче́й, но не зна́ю ни одно́й медсестры́.
Student 4: Я зна́ю мно́го медсестёр, но не зна́ю...

УПРАЖНЕНИЕ 4.6.   Я предпочита́ю... оди́н (одна́).

Which of the following activities do you like to do alone (**оди́н, одна́**), and which do you like to do with friends?

EXAMPLE: Смотре́ть телеви́зор я люблю́ с друзья́ми, а в кино́ предпочита́ю ходи́ть оди́н (одна́).

готóвить пи́ццу   слу́шать му́зыку
занима́ться в библиотéке   смотрéть футбóл
ката́ться на велосипéде (*to go bike riding*)   учи́ть ру́сские слова́
пра́здновать день рождéния   ходи́ть на стадиóн
пра́здновать Нóвый год   ходи́ть по магази́нам

Диалоги

ДИАЛОГ 4.1.   Плохóй день

(Making excuses)

— У меня́ сегóдня был такóй плохóй день.
— Плохóй? Почему́?
— У́тром я проспа́л (*overslept*), не успéл на автóбус и из-за э́того опозда́л на рабóту.
— Но ты и вчера́ опозда́л на рабóту.
— У тебя́ сли́шком харóшая па́мять (*memory*).

ДИАЛОГ 4.2.   Почему́ вы так пóздно?

(Explaining tardiness)

— Лéна, Ви́ктор, почему́ вы так пóздно?
— Мы жда́ли арти́стов, хотéли попроси́ть у них автóграфы.
— Зачéм вам автóграфы арти́стов?
— Ты всегда́ прóсишь автóграфы у спортсмéнов. Тебé нужны́ автóграфы спортсмéнов, а нам — автóграфы арти́стов.
— Но ведь спортсмéны — э́то совсéм другóе дéло!

ДИАЛОГ 4.3.   У вхóда в Большóй теа́тр

(Selling and buying extra tickets)

— У когó есть ли́шний билéтик? Прости́те, у вас нет ли́шнего билéтика?
— У меня́ есть оди́н ли́шний билéт. Балкóн, пéрвый ряд.
— Скóлько я вам дóлжен (должна́)?
— Билéт стóит пять ты́сяч рублéй.
— Вот, пожа́луйста, дéньги. И огрóмное вам спаси́бо (*And many, many thanks*).

УПРАЖНЕНИЕ 4.7. **Ваш диало́г**

Create your own dialogue in which you must explain a failure or make an excuse to a friend.

УПРАЖНЕНИЕ 4.8. **Перево́д**

"Do you want to go to a concert tomorrow night?"
"Gladly. Do you have tickets?"
"No, but I'm sure that we'll be able to buy them before the start."
"But at rock concerts it's hard to buy tickets before the start."
"Who told you that it's a rock concert? It's a concert of opera (**о́перный**) music."
"But I don't like opera! Why didn't you tell me right away?"
"Why didn't you ask?"

УПРАЖНЕНИЕ 4.9. **Что бу́дет да́льше?**

What will happen to our characters in the last chapter? Working with two or three classmates, select three characters and write a short scene involving them. For example, you might write a scene that shows how you think the relationship between Та́ня and Джим will end. Or you might write something about Во́ва, Бе́лка, and профе́ссор Петро́вский. Be prepared to perform your scene for the rest of the class.

Nouns

антра́кт	intermission
вход	entrance
гардеро́б	coat check (room)
де́йствие	act (in a play, opera, etc.)
зал	auditorium; hall
класс	(a group of students) class
кон(е́)ц (*gen. sing.* **конца́**)	end
матч	match; game
пальто́ *neut. indecl.*	overcoat
пе́рвенство	championship
побе́да	victory

ряд (*gen. sing.* **ря́да** but 2, 3, 4 **ряда́**; *prep. sing.* **ряду́**; *pl.* **ряды́**)	row
свет	world

Adjectives

знако́мый	1. acquainted; 2. familiar
знамени́тый	famous
оди́н	*numeral* one; *pronoun* one; *adj.* 1. alone; 2. a (certain); 3. the same; 4. only
реша́ющий	deciding; decisive

Verbs

A translation is listed after the perfective only if it differs from the imperfective. "X" indicates that a paired verb exists but has not yet been presented as active vocabulary. "None in this meaning" indicates that there is no perfective for the meaning given here. "None" indicates that there is no aspectual counterpart for this verb.

IMPERFECTIVE		PERFECTIVE
встреча́ться (с + *instr.*)	to meet; to get together (with)	встре́титься (встре́чусь, встре́тишься)
достава́ть (достаю́, достаёшь)	to get; to obtain	доста́ть (доста́ну, доста́нешь)
заезжа́ть	(в or на + *acc.* or к + *dat.*) to stop in (at); to stop by (at); to drop by; (за + *instr.*) to pick up (someone or something); to stop by (some place) (for something)	зае́хать (зае́ду, зае́дешь)
интересова́ться (интересу́юсь, интересу́ешься) (+ *instr.*)	to be interested in	None in this meaning
мочь (могу́, мо́жешь, мо́жет, мо́жем, мо́жете, мо́гут; *past* мог, могла́, могло́, могли́)	to be able	смочь
попада́ть (в or на + *acc.*)	to get to (a place or event); to get into	попа́сть (попаду́, попадёшь; *past* попа́л, попа́ла, попа́ло, попа́ли)
предпочита́ть	to prefer	X
представля́ть себе́	to imagine	предста́вить (предста́влю, предста́вишь) себе́
приходи́ться (прихо́дится) (+ *dat.* + *infin.*) *impersonal*	to have to	прийти́сь (придётся; *past* пришло́сь) *impersonal*
реша́ть	to decide	реши́ть (решу́, реши́шь)

(*continued*)

IMPERFECTIVE		PERFECTIVE
сдава́ть (сдаю́, сдаёшь)	to check (in a coat check room)	сдать (сдам, сдашь, сдаст, сдади́м, сдади́те, сдаду́т; *past* сдал, сдала́, сда́ло, сда́ли)
успева́ть (+ *infin.*)	to have time (to); to manage (to)	успе́ть (успе́ю, успе́ешь)

Adverbs

впереди́	ahead
доста́точно	enough
сро́чно	1. urgently; (it's/that's) urgent; 2. immediately; right away

Idioms and Expressions

Век живи́, век учи́сь!	Live and learn!
во-вторы́х *parenthetical*	in the second place
во-пе́рвых *parenthetical*	in the first place
друго́е де́ло	(that's) a different matter; (that's) another matter
Лу́чше по́здно, чем никогда́.	Better late than never.
на вся́кий слу́чай	just in case
ни оди́н (ни одного́, etc.)	not a single
О вку́сах не спо́рят.	There's no accounting for taste.

Other

из-за (+ *gen.*)	because of
раз *conjunction*	since

Topics

Leisure: гуля́ть в па́рке, ходи́ть в кино́, слу́шать му́зыку, смотре́ть телеви́зор, чита́ть газе́ты (журна́лы, детекти́вы...), писа́ть пи́сьма друзья́м, игра́ть с соба́кой (ко́шкой); встреча́ться с друзья́ми, разгова́ривать о поли́тике, танцева́ть; петь в хо́ре, игра́ть в анса́мбле, игра́ть на роя́ле, (гита́ре, саксофо́не...); занима́ться спо́ртом, ходи́ть на стадио́н, ходи́ть ле́том в похо́ды, ката́ться на лы́жах (*to ski*);

смотре́ть футбо́л (хокке́й, фигу́рное ката́ние...) по телеви́зору, игра́ть в баскетбо́л (те́ннис, ша́хматы...)

Going to the theater/opera/ballet: купи́ть (доста́ть) биле́т в теа́тр, ли́шний биле́т(ик); биле́ты на «Евге́ния Оне́гина» («Бори́са Годуно́ва», «Лебеди́ное о́зеро» [*Swan Lake*]...); переоде́ться пе́ред теа́тром, встре́титься в фойе́, сдать пальто́ в гардеро́б, взять в гардеро́бе бино́кль, купи́ть програ́ммку; парте́р, амфитеа́тр, балко́н, ряд, ме́сто; о́пера, бале́т, дра́ма; орке́стр, увертю́ра; пе́рвый (второ́й, тре́тий) звоно́к, де́йствие, пе́рвое (второ́е, тре́тье) де́йствие; те́нор, барито́н, бас, сопра́но, контра́льто, хор; балери́на, при́ма-балери́на, кордебале́т

Music: игра́ть на роя́ле (скри́пке [*violin*], виолонче́ли, гита́ре, саксофо́не...), игра́ть в орке́стре (анса́мбле, три́о, кварте́те...), петь в хо́ре, слу́шать му́зыку; конце́рт, инструмента́льная му́зыка, вока́льная му́зыка, лёгкая му́зыка, рок, джаз; пиани́ст, виолончели́ст, гитари́ст, саксофони́ст; симфо́ния, сона́та, конце́рт (для фортепиа́но с орке́стром); письмо́ Татья́ны из о́перы «Евге́ний Оне́гин», дуэ́т из о́перы Пуччи́ни «То́ска»; наро́дная пе́сня, пе́сня, на слова́ Бе́ллы Ахмаду́линой, пе́сня из кинофи́льма «Ма́ленькая Ве́ра»

Sports: купи́ть (доста́ть) биле́т на матч (на фина́л...), про́пуск на стадио́н; матч на пе́рвенство Росси́и (по футбо́лу, хокке́ю...), фина́льный матч (фина́л); знамени́тый футболи́ст (хоккеи́ст...), чемпио́н Росси́и (Евро́пы, ми́ра...) по хокке́ю (футбо́лу...); заби́ть гол (в футбо́ле), забро́сить ша́йбу (в хокке́е); побе́да; смотре́ть матч по телеви́зору

8

ДО СВИДАНИЯ, МОСКВА, ДО СВИДАНИЯ!

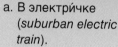

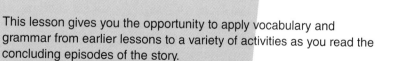

а. В электри́чке (*suburban electric train*).

б. На вокза́ле.

в. Ри́жский вокза́л в Москве́.

▲ This lesson gives you the opportunity to apply vocabulary and grammar from earlier lessons to a variety of activities as you read the concluding episodes of the story.

ЧАСТЬ ПЕРВАЯ

УПРАЖНЕНИЕ 1.1.   Подготовка к чтению

Jot down—in English or Russian—the first five ideas that come to mind when you think of going away for the summer. Then read the dialogue below and write down the five things you think Jim and Tanya are most concerned about as the school year comes to an end.

Чтение

Когда вы уезжаете?

(*Monday. Ilya Ilyich phones Jim.*)

ПРОФЕ́ССОР. Джим, нам на́до встре́титься. Вы ведь зна́ете, что я ско́ро уезжа́ю со студе́нтами в Арха́нгельск. **Бу́дем собира́ть° материа́лы** по исто́рии ру́сского **Се́вера.°** *(we) will gather / North*

ДЖИМ. (*Enthusiastically.*) Э́то, наве́рно, бу́дет о́чень интере́сная **пое́здка°**! А когда́ вы уезжа́ете, Илья́ Ильи́ч? *trip*

ПРОФЕ́ССОР. Че́рез неде́лю.

ДЖИМ. Хорошо́, Илья́ Ильи́ч. Когда́ я могу́ к вам прийти́?

ПРОФЕ́ССОР. Приходи́те в четве́рг в де́сять утра́. Да, кста́ти, у меня́ **освободи́лось°** одно́ ме́сто в гру́ппе, и я сего́дня **предложи́л°** его́ Та́не. Она́ ведь о́чень **спосо́бная°** де́вушка, **не так ли°**? *became available / offered / talented / не... isn't that so?*

ДЖИМ. (*Stunned.*) Да, коне́чно, о́чень спосо́бная...

(*Jim immediately calls Tanya.*)

ДЖИМ. Та́ня, э́то я. Илья́ Ильи́ч то́лько что мне сказа́л, что ты пое́дешь с его́ гру́ппой в Арха́нгельск.

ТА́НЯ. Да. Ты зна́ешь, мне так повезло́. Мно́гие хоте́ли пое́хать, но в гру́ппе не́ было мест. И **вдруг°** сего́дня освободи́лось *suddenly*

264

место, и Илья́ Ильи́ч предложи́л мне пое́хать. Я
поду́мала, что ты **всё равно́**° че́рез де́сять дней
уезжа́ешь, и **согласи́лась.**°

всё... *in any case*
agreed

ДЖИМ. (*After a pause.*) Ты права́. (*Sadly.*) Э́то, наве́рно, бу́дет
о́чень интере́сная пое́здка...

ТА́НЯ. (*In a conciliatory voice.*) Джим, у нас ещё це́лая неде́ля
впереди́.

ДЖИМ. Да, коне́чно, це́лая неде́ля — э́то о́чень мно́го. Ты не
забы́ла, что в э́ту суббо́ту мы идём с тобо́й в **рестора́н**?

ТА́НЯ. Я всё по́мню. А в како́й рестора́н?

ДЖИМ. Рестора́н «Пра́га», **у**° ста́нции метро́ «Арба́тская».

near

ТА́НЯ. Послу́шай, Джим... Приезжа́й сего́дня ве́чером!

УПРАЖНЕ́НИЕ 1.2.   Вопро́сы и отве́ты

1. Вы лю́бите путеше́ствовать (*to travel*)?
2. Вы когда́-нибудь бы́ли в Кана́де? В Ме́ксике? В Евро́пе? В
   Росси́и?
3. Кака́я страна́ вам бо́льше всего́ понра́вилась? А како́й го́род?
   Почему́?
4. Где вам бо́льше нра́вится кли́мат — на **восто́ке** (*east*) США и́ли
   на **за́паде** (*west*), в Калифо́рнии?
5. Вы когда́-нибудь жи́ли (бы́ли) на **ю́ге** (*south*) США? Како́й там
   кли́мат?
6. А на Аля́ске вы когда́-нибудь бы́ли? Како́й там кли́мат?
7. Каки́е шта́ты нахо́дятся на се́веро-восто́ке (*northeast*) США?
8. Вы предпочита́ете путеше́ствовать по Аме́рике и́ли по Евро́пе?
9. Как вы предпочита́ете путеше́ствовать — на по́езде, на
   маши́не, на велосипе́де?
10. С кем вы обы́чно путеше́ствуете?

О РОССИИ

Арха́нгельск

Арха́нгельск, a port city almost due north of Moscow, is located just a few hundred miles south of the Arctic Circle. Despite its location **Арха́нгельск** has a surprisingly mild climate as a result of warm ocean currents that keep the city ice-free throughout the year. For that reason it played a very important role during World War II as a shipping terminal for incoming war supplies from allied nations. The recent discovery of a large oil field east of **Арха́нгельск** has once again made this city a focus of international attention.

ГРАММАТИКА И ПРАКТИКА

УПРАЖНЕНИЕ 1.3. После́дняя неде́ля

It's the last week of classes before summer vacation. Indicate which of the following items would be on your list of things to do. Then pick three of the items to which you would give a particularly high priority and—speaking only Russian—try to find a classmate with the same priorities.

_____ написа́ть курсову́ю по исто́рии (филосо́фии, эконо́мике...)
_____ посове́товаться с преподава́телем ру́сского языка́...
_____ поговори́ть с хозя́ином (хозя́йкой) кварти́ры
_____ прода́ть ме́бель
_____ прости́ться с друзья́ми
_____ сдать экза́мены
_____ узна́ть о рабо́те
_____ упакова́ть оде́жду, кни́ги
_____ подгото́виться к (*prepare for*) экза́менам

УПРАЖНЕНИЕ 1.4. Roots

For each verb on the left, find its meaning on the right; then write any related word(s) you already know that contain the same root. To help you, roots have been underlined.

	RUSSIAN VERB	MEANING	RELATED WORD(S)
1.	_б._ уменьша́ть	**a.** to approve	_____
2.	_а._ одобря́ть	**б.** to be bored	_скучно_

3. *д* ускоря́ть   **в.** to clean   _____

4. *б* скуча́ть   **г.** to free   _____

5. *и* доверя́ть   **д.** to improve   _____

6. *ж* улучша́ть   **е.** to reduce   _____

7. *г* освобожда́ть   **ж.** to simplify   _____

8. *ж* упроща́ть   **з.** to speed up   _____

9. *в* чи́стить   **и.** to trust   _____

Spotting roots

The more Russian you know, the more you will be able to guess the meaning of words based on those you already know. Even without context, it is often possible to recognize a new word if you have already seen its root in another word.

боле́ть — **бол**е́знь — **бол**ьно́й — **бол**ьни́чный лист — за**бол**е́ть
Как вы по**жив**а́ете? — **жи**ть — **жи**знь

Often the roots are partially obscured by prefixes, suffixes, endings, or consonant mutations.

УПРАЖНЕНИЕ 1.5.   Что вы хоти́те де́лать ле́том?

Here are some ways you might spend the summer. Pick one that would interest you (or make up your own) and see if you can find a classmate who shares your interest by asking each other about summer plans.

EXAMPLE: — Что ты хо́чешь де́лать ле́том?
             — Я хочу́ ка́ждый день игра́ть в гольф. А ты?
             — Я хочу́ ходи́ть в музе́и.

1. ходи́ть в похо́ды, на рыбалку (go fishing)
2. загора́ть (*lie out in the sun*) sunbathe на пля́же во Флори́де beach
3. игра́ть в те́ннис с Андрэ́ А́гасси
4. мно́го гуля́ть *to stroll*
5. пое́хать в Росси́ю
6. пое́хать к друзья́м (дя́де, ба́бушке) в го́сти
7. прочита́ть «А́нну Каре́нину»
8. рабо́тать в рестора́не (в зоопа́рке, в «Ди́сней Уо́рлд»,...)
9. рабо́тать над диссерта́цией
10. слу́шать курс по матема́тике (фи́зике, ру́сскому языку́, биоло́гии...)
11. учи́ть бра́та (сестру́, дру́га) води́ть маши́ну
12. учи́ться игра́ть на роя́ле (гита́ре, саксофо́не...)

УПРАЖНЕНИЕ 1.6. Вы хоти́те рабо́тать в Росси́и?

Your Russian instructor has brought into class an announcement about summer opportunities for foreign students in Russia. Some possibilities include

- serving as an exhibit guide for American firms participating in trade fairs in Russia
- working for a Western television network as a translator, driver, or secretary
- escorting musical groups or sports teams as an assistant manager/language aide
- serving with a religious or humanitarian organization
- helping scientists at an institute in Novosibirsk learn English
- caring for animals at an endangered-species preserve on Lake Baikal
- working as an editorial intern in a Russian publishing house that prepares English-language editions of books to be sold in the West
- being a counselor at a camp for young children in a rural area south of St. Petersburg
- assisting Russian businesses in Moscow establish contacts with similar businesses in Europe and North America

You decide you want to go. As a part of the application to the cooperating Russian organization, you must write a short letter in Russian introducing yourself—your studies, your interests, your family, and why you want to go to Russia.

ДИАЛОГИ

Discussing summer plans

ДИАЛОГ 1.1. Не хо́чешь пое́хать с на́ми?

— Э́рик, ты, ка́жется, хоте́л пое́хать в Росси́ю? У нас в гру́ппе освободи́лось ме́сто. Не хо́чешь пое́хать с на́ми?

— Спаси́бо, но я уже́ договори́лся о пое́здке.

— Жаль. У нас хоро́шая гру́ппа и интере́сный маршру́т (*itinerary*). Кро́ме того́, на́ша пое́здка сто́ит недо́рого. А с кем ты е́дешь, е́сли не секре́т?

— Мне óчень повезлó: освободи́лось мéсто в грýппе бизнесмéнов, и
мне предложи́ли поéхать с ни́ми.
— Но ведь ты не бизнесмéн!
— Затó я хорошó говорю́ по-рýсски.

— Скóро кани́кулы. Что ты бýдешь дéлать лéтом?
— У меня́ больши́е пла́ны. Пóсле экза́менов я поéду в Атла́нту к
ба́бушке. Я всегда́ éзжу к ней во врéмя лéтних кани́кул и на
Рождествó.
— А кто пла́тит за билéты?
— Конéчно, ба́бушка!
— Ты дóлго бýдешь у ба́бушки?
— Две недéли. Потóм я полечý на Гава́йи. К тёте (*aunt*).
— Интерéсно, кто на э́тот раз пла́тит за билéт — неужéли ты сама́?
— Ну что ты! Откýда у бéдной студéнтки таки́е дéньги?

УПРАЖНЕНИЕ 1.7.   **Ваш диалóг**

Create a dialogue in which you and a friend are discussing your respective summer plans. One of you will be traveling, the other will be working or taking classes.

ЧАСТЬ ВТОРАЯ

УПРАЖНЕНИЕ 2.1.   **Подгото́вка к чтéнию**

Think about going out for a celebration at a fancy restaurant. What
would you expect to find there (as compared with a moderately priced
restaurant)? Write down (in English or Russian) six ideas that come to
mind.

Чтение

Мир тесен!°

Мир... *It's a small world!*

(*Saturday, 7 P.M. Jim and Tanya approach the Prague restaurant. At the entrance is a doorman and a sign reading* **Мест нет**.°)

Мест... *No space available.*

ДЖИМ. (*To the doorman.*) У нас зака́зан сто́лик° на семь ве́чера.

У... *We have a table reserved*

ШВЕЙЦА́Р.° Фами́лия?

doorman

ДЖИМ. Кругло́в.

ШВЕЙЦА́Р. (*Looks at a list.*) Заходи́те, пожа́луйста.

ТА́НЯ. (*As they enter, Tanya looks at Jim in surprise.*) «Кругло́в»?

ДЖИМ. В э́тот рестора́н попа́сть невозмо́жно. Но мне повезло́. Са́ша бу́дет всё ле́то игра́ть здесь в **орке́стре**. Это он **заказа́л**° для нас сто́лик. (*They are greeted by the maître d'.*)

Это... *He's the one who reserved*

МЕТРДОТЕ́ЛЬ.° До́брый ве́чер! Ва́ша фами́лия?

maître d'

ДЖИМ. Кругло́в.

МЕТРДОТЕ́ЛЬ. Сюда́, пожа́луйста.

(*He shows them to a table. They see Ilya Ilyich and Tatyana Dmitrievna sitting at another table in a corner. Jim notices them.*)

ДЖИМ. По-мо́ему, не мы одни́ отмеча́ем° в э́том рестора́не нача́ло экспеди́ции в Арха́нгельск.

taking note of
are celebrating

ТА́НЯ. Вы, как всегда́, пра́вы, «**господи́н**° Кругло́в». (*Hesitantly.*) Джим, тебе́ не ка́жется, что Илья́ Ильи́ч и

Mr.

Татьяна Дми́триевна... что ме́жду Илье́й Ильичо́м и Татья́ной Дми́триевной...

ДЖИМ. (*Smiling.*) Они́, наве́рно, говоря́т **то же са́мое°** о нас. то... *the same thing*

(*They sit down. A waiter gives them menus. They look at the menus, and after a short while the waiter returns.*)

ОФИЦИА́НТ.° **Вы уже́ вы́брали?°** * *waiter /* Вы... *Have you decided?*

ДЖИМ. Да, мы гото́вы. Сала́т из кра́бов, сала́т «Весна́», котле́ты по-ки́евски — две **по́рции.°** **Десе́рт** мы зака́жем пото́м. *servings*

ОФИЦИА́НТ. А что вы бу́дете пить? Вино́? Шампа́нское?

(*Jim looks inquiringly at Tanya.*)

ТА́НЯ. (*Undecided.*) Что́-нибудь лёгкое.° *light*

ОФИЦИА́НТ. Я вам рекоменду́ю кра́сное «Каберне́».

ДЖИМ. Хорошо́, **буты́лку°** «Каберне́». *bottle*

(*The waiter takes the menus and leaves. The band starts to play and Jim sees couples dancing.*)

А у нас в рестора́нах орке́стров нет. Я ещё никогда́ не **танцева́л°** в рестора́не. Идём танцева́ть, я тебя́ приглаша́ю! никогда́... *have never danced*

ТА́НЯ. С удово́льствием. (*They stand up.*) Посмотри́, кто за роя́лем сиди́т! Пойдём, ска́жем Са́ше спаси́бо.

ДЖИМ. Пойдём.

(*Walking toward the band they pass the table of Ilya Ilyich and Tatyana Dmitrievna.*)

ТАТЬЯ́НА ДМ. Илья́ Ильи́ч, а вот Та́ня с Джи́мом!

ПРОФЕ́ССОР. Мир те́сен!

ДЖИМ. До́брый ве́чер!

ТА́НЯ. **Прия́тного аппети́та!°** Прия́тного... *Bon appétit!*

ПРОФЕ́ССОР. Спаси́бо. До́брый ве́чер, молоды́е лю́ди. Кста́ти, Та́ня, я хоте́л вам сказа́ть, что я уже́ заказа́л такси́, чтобы за́втра ве́чером е́хать на вокза́л. Вы мо́жете пое́хать со мной, е́сли вы хоти́те. И я наде́юсь, что Джим **не отка́жется°** нас **проводи́ть.°** не... *won't refuse / to see off*

ТА́НЯ. Большо́е спаси́бо, Илья́ Ильи́ч. Джим, ты не отка́жешься?

ДЖИМ. Коне́чно, нет!

ТА́НЯ. Вам здесь нра́вится, Татья́на Дми́триевна?

ТАТЬЯ́НА ДМ. О́чень нра́вится. Я всю жизнь живу́ в Москве́, но в э́том рестора́не я в пе́рвый раз. Спаси́бо Са́ше — э́то он заказа́л нам сто́лик.

ТА́НЯ. (*Smiling, to Ilya Ilyich.*) Так ва́ша фами́лия сего́дня то́же Кругло́в?

УПРАЖНЕНИЕ 2.2.   **Вопро́сы и отве́ты**

1. Где обы́чно едя́т америка́нские студе́нты — в кафе́ и́ли в рестора́нах? А вы? Вы ча́сто хо́дите в Макдо́нальдс и́ли Пи́цца Хат?

2. Вы когда́-нибудь обе́дали в хоро́шем рестора́не? Где и когда́ э́то бы́ло? С кем вы там бы́ли? Это сто́ило до́рого? Вы что́-нибудь отмеча́ли?

3. Како́й рестора́н в ва́шем го́роде са́мый дорого́й? Вы там когда́-нибудь обе́дали? Как вы ду́маете, э́то хоро́ший рестора́н?

4. Что вы обы́чно зака́зываете, когда́ вы обе́даете в рестора́не?

5. Вы обы́чно даёте официа́нту (официа́нтке) на чай (*tip*)?

6. Вы когда́-нибудь рабо́тали официа́нтом (официа́нткой)? Вам посети́тели дава́ли на чай?

7. Ско́лько при́нято дава́ть на чай в Аме́рике — де́сять проце́нтов, пятна́дцать проце́нтов, два́дцать проце́нтов? А в Росси́и?

8. Вы когда́-нибудь танцева́ли в рестора́не? Если да, то где и когда́ э́то бы́ло? С кем вы танцева́ли?

О РОССИИ

Где едя́т в Росси́и

At the end of the last scene we learned that Jim had invited Tanya out to dinner in a restaurant. The «**Пра́га**» (Prague) is one of Moscow's best and most expensive, but there is a wide range of eating establishments in all Russian cities. Here are some of the more common types of establishments.

рестора́н   a full-service restaurant. Most are currently so expensive that only the wealthy can afford to eat there.

кафе́   a cafe. The term is currently very popular and covers a wide range of eating establishments. Russians of relatively modest means who want a pleasant evening out would be likely to seek a nice cafe.

буфе́т   a snack bar, found in train stations, airports, hotels, theaters, and also in many workplaces. Usually offers cold sandwiches, snacks, soft drinks, coffee, and tea.

столо́вая   a cafeteria. This term is currently out of fashion and refers mostly to cafeterias in schools, universities, and workplaces.

ча́йная   a cafeteria serving tea and snacks.

пельме́нная   a fast-food shop specializing in **пельме́ни** (noodle dumplings filled with meat, similar to ravioli).

шашлы́чная   a fast-food shop specializing in **шашлы́к** (shish kebab).

(*continued*)

пирожко́вая   a fast-food shop specializing in **пирожки́** (pastries filled with meat, rice, potatoes, or the like).

пивно́й бар   a bar serving alcoholic beverages. The clientele in such places is usually male. Any inexpensive establishment that sells alcoholic drinks may colloquially be called a **забега́ловка,** which is not a compliment (that is, "fast food" used disparagingly).

Мы лю́бим джаз!

О РОССИИ

Ве́чер в хоро́шем рестора́не

*D*ining out in a fancy restaurant—a place with a **швейца́р** (*doorman*) and/or valet parking, a **метрдоте́ль** (*maître d'*), fine linens, candles, excellent food and beverages, good service, and possibly a dance floor and a small **орке́стр**—is a special treat for most people, Russians included. In the Soviet era, such restaurants were expensive and difficult for most citizens to get into, but most people could occasionally get in with a little planning and a good-sized bribe for the **швейца́р.** Now, however, prices in many places are so high (even by Western standards) that such restaurants are out of the question for all but the wealthiest members of Russian society. Even if one comes up with the money, tables may be hard to get and reservations are often necessary. Unless, that is, one happens to have connections at the restaurant through an employee. . . .

Грамматика и практика

The many uses of на

Here are some of the many uses you have encountered of the preposition **на**:

на + accusative
1. Motion *to* a place or activity

  Антóн идёт на рабóту.

  Зáвтра вéчером мы идём на балéт.

  Ирúна постáвила шампáнское на стол.

2. *For* a particular time or event

  Сдéлайте э́то, пожáлуйста, на срéду.

  Вот вáше задáние на бýдущую недéлю.

  На день рождéния бáбушка подарúла мне компáкт-диск.

3. Other uses

  Мой брат стáрше меня́ на два гóда.

  Скóлько нáдо дать официáнту на чай?

  Я хочý заказáть стол на четверы́х (*for four people*).

на + prepositional
1. Location *at, on,* with respect to a place or activity

  Антóн был весь день на рабóте.

  Вчерá вéчером мы бы́ли на концéрте.

  Что э́то там, на столé? Шампáнское?

2. *By,* expressing conveyance

  Вы éдете на машúне úли на автóбусе?

3. *During* a certain week

  Вы бýдете свобóдны на слéдующей недéле?

4. Other uses

  Бáбушка на пéнсии.

  Вадúм женúлся на Ирúне.

УПРАЖНЕНИЕ 2.3. Я хотéл бы заказáть стóлик.

Read the dialogue, then use it as a model to create your own dialogue in which you call to reserve a table at a restaurant for a certain day and time.

(*You dial the number of the cafe. Someone answers the phone.*)

— Кафе́ «Бе́лые но́чи».[1]
— До́брый день. Я хоте́л бы заказа́ть сто́лик на за́втра.
— На ско́лько челове́к?
— На четверы́х (*for four*).
— На како́е вре́мя?
— На семь ве́чера, пожа́луйста.
— Фами́лия?
— Кругло́в.
— Сто́лик на четверы́х, на за́втра на семь ве́чера.
— Большо́е спаси́бо.

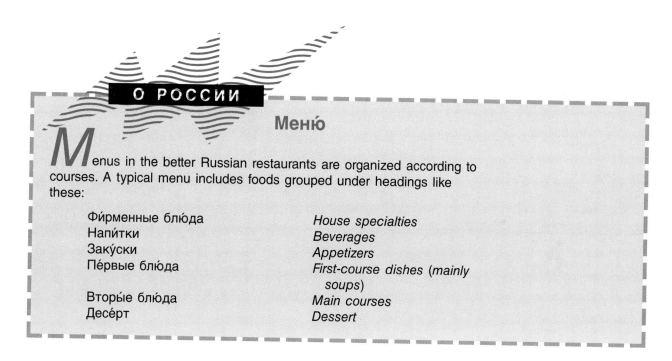

О РОССИИ

Меню́

Menus in the better Russian restaurants are organized according to courses. A typical menu includes foods grouped under headings like these:

Фи́рменные блю́да	House specialties
Напи́тки	Beverages
Заку́ски	Appetizers
Пе́рвые блю́да	First-course dishes (*mainly soups*)
Вторы́е блю́да	Main courses
Десе́рт	Dessert

УПРАЖНЕ́НИЕ 2.4. В рестора́не

You and a friend are in a restaurant and are about to order from the menu on page 276. You have 300,000 rubles between you to spend. What items would you select? Having made your decision, develop a dialogue with a waiter following the model in the reading.

---

[1] **«Бе́лые но́чи»** is how Russians refer to the few weeks in summer when the sun does not completely set in northern areas. The **бе́лые но́чи** evoke a romantic, almost holiday, spirit among Russians.

Меню
Кафе «Лира»

Холодные закуски
Ассорти рыбное	44300-00
Ассорти мясное	29500-00
Икра красная	65100-00
Икра чёрная	94400-00
Помидоры свежие	10000-00

Первые блюда
Борщ «Московский»	28200-00
Борщ «Московский» с пирожком	31900-00
Суп грибной	29500-00
Солянка рыбная	37700-00

Вторые горячие блюда
Бифштекс по-польски	45400-00
Котлета по-киевски	29900-00
Омлет с ветчиной	11100-00
Осетрина жареная	47100-00
Эскалоп из свинины	55500-00

Горячие напитки
Кофе чёрный	4700-00
Кофе с молоком	5500-00
Капучино	7800-00
Чай с сахаром	4700-00
Горячий шоколад	7400-00

Холодные напитки
Вода минеральная 0,5	9500-00
Вода фруктовая 0,5	9500-00
Соки натуральные 1,0	24000-00
Спрайт 1,5	26000-00
Пиво 0,5	29000-00
Шампанское «Надежда» 0,75	57750-00
Каберне 0,75	71000-00
Коньяк «Белый аист» 0,5	79000-00

Десерты
Мороженое «Варшава»	21200-00
Шоколадные конфеты (коробка)	15500-00
Коктейль-мороженое	13100-00

THE ART OF CONVERSATION: MORE CONVERSATIONAL SIGNPOSTS

To speak or write in paragraphs (rather than in isolated sentences), a relatively small but important set of introductory and connecting phrases, as well as phrases that reflect the speaker's attitude toward what is being communicated, can be very helpful. Here is a short list of such expressions, many of which you already know:

К сожале́нию...	*Unfortunately* . . . (to express regret)
Как вы ду́маете,... ? Как по-ва́шему,... ?	*What do you think,* . . . ? (to inquire about the addressee's opinion)
Как вы уже́ зна́ете,...	*As you already know* . . . (to relate to something already stated or presumed known)
Кро́ме того́,...	*Besides* (or *In addition to*) *that,* . . . (to introduce additional elements)
Мо́жет быть, я не пра́в (не права́), но...	*Maybe I'm wrong, but* . . . (to express lack of certainty)
Несмотря́ на э́то...	*In spite of this/that* . . . (to express a concession)
Открове́нно говоря́,...	*Frankly speaking,* . . . (to emphasize that the speaker is candid)
Че́стное сло́во!	*Honestly!* (to confirm the truth of a statement)
По-мо́ему,...	*In my opinion,* . . . (to offer the speaker's own opinion)
По́сле э́того...	*After that,* . . . (to indicate sequence)
С одно́й стороны́,... с друго́й стороны́,...	*On one hand* . . . , *on the other hand* . . . (to contrast or compare)
Тем не ме́нее...	*Nevertheless* . . . (to introduce a contrast)
У меня́ к вам про́сьба...	*I have a request of you* . . . (to ask for a favor)
В конце́ концо́в...	*Finally* . . . (to provide a summary)

УПРАЖНЕНИЕ 2.5. **Переска́з**

Working in small groups, decide on ten sentences to summarize the restaurant scene at the beginning of Part Two. Write each sentence in Russian on a single index card, using connecting phrases when appropriate. Shuffle the index cards and trade yours for those of another group. Then try to reassemble the other group's cards in the correct order.

Диалоги

Ordering in a restaurant

ДИАЛОГ 2.1. Давай закажем...

— Какой красивый ресторан! Я в таком ресторане первый раз.
— Я тут один раз был, и мне понравилось.
— (*Opening the menu.*) Посмотри, тут одних салатов больше двадцати! Что ты закажешь?
— Салат «Летняя фантазия».
— А что, если окажется, что это обычный салат из огурцов?
— (*Reads the menu.*) Ты, как всегда, права: это действительно обычный салат из огурцов.

ДИАЛОГ 2.2. Слишком много калорий!

— Ты будешь заказывать десерт?
— Наверно, нет. Слишком много калорий. А что?
— В этом ресторане очень вкусный «наполеон». Ты так редко ешь сладкое (*sweets*). В конце концов, ты имеешь право раз в год съесть десерт, в котором много калорий. Может быть, закажешь?
— Хорошо, но потом давай пойдём домой пешком.
— Но это очень далеко — километров десять!
— Очень хорошо! Значит, у меня будет право съесть десерт и завтра.

УПРАЖНЕНИЕ 2.6. Ваш диалог

Create a dialogue in which you and a friend are dining at a restaurant in Moscow. Using the preceding dialogues as examples and the menu on page 276, discuss what each of you will have to eat.

ЧАСТЬ ТРЕТЬЯ

УПРАЖНЕНИЕ 3.1. Подгото́вка к чте́нию

Skim the reading to find the names needed to complete the following
sentences:

1. _____ заказа́л такси́.
2. Та́ня говори́т, что _____ никогда́ не опа́здывает.
3. Ба́бушка даёт _____ дома́шнее варе́нье.
4. _____ то́же уезжа́ет, но не в Арха́нгельск.

Нам пора́!

*(Sunday afternoon in Tatyana Dmitrievna's apartment.
The doorbell rings and Ilya Ilyich appears.)*

ПРОФЕ́ССОР. Мне то́лько что позвони́л диспе́тчер и сказа́л, что такси́
уже́ **вы́ехало**.° Но́мер 68–12. Пора́ выходи́ть.

ТАТЬЯ́НА ДМ. Дава́йте прися́дем на доро́гу.°

такси́... *the taxi is on the
way*
прися́дем... *sit down
before the trip*

279

(*Everyone sits down for a moment. After a short while they get up and begin to move toward the door.*)

ТА́НЯ.   Ничего́ не понима́ю. Джим обеща́л прие́хать, а он никогда́ не опа́здывает.

(*They take the elevator down and go outside, where Grandma and Grandpa Kruglov are sitting on a bench. Everyone greets one another.*)

БА́БУШКА.   Я сейча́с... (*She rushes into the building.*)
ДЕ́ДУШКА.   Как вы е́дете? На такси́?
ПРОФЕ́ССОР.   Да, мы заказа́ли такси́.
БА́БУШКА.   (*Rushes out of the building.*) Та́нечка, э́то вам. Дома́шнее варе́нье.°   Дома́шнее... *Homemade jam*
ТА́НЯ.   Большо́е спаси́бо!
БА́БУШКА.   А э́то вам, Илья́ Ильи́ч, прекра́сное сре́дство от просту́ды. На вся́кий слу́чай.
ПРОФЕ́ССОР.   (*Laughs.*) **Благодарю́ вас.**°   Благодарю́... *Thank you.*
ДЕ́ДУШКА.   Ну, нам пора́. **Счастли́вого пути́!**°   Счастли́вого... *Have a good trip!*

(*They say good-bye and leave while Tanya and the professor nervously keep checking the time.*)

ПРОФЕ́ССОР.   До свида́ния!
БА́БУШКА.   Счастли́вого пути́!

(*The scene shifts to the Silins'. Sergei Petrovich is looking out the window.*)

СЕРГЕ́Й ПЕТР.   Смотри́, Ната́ша, сосе́ди то́же куда́-то уезжа́ют.
НАТА́ЛЬЯ ИВ.   Да, Илья́ Ильи́ч говори́л, что он е́дет в Арха́нгельск со студе́нтами. (*Calls to the bedroom.*) Ле́на! Тебе́ пора́! (*Lena walks in with her suitcase.*) До́ченька, будь **осторо́жна.**°   *careful*
ЛЕ́НА.   Хорошо́, ма́ма, бу́ду.
СЕРГЕ́Й ПЕТР.   (*Hugs her.*) Ну, дочь, пора́!

УПРАЖНЕ́НИЕ 3.2.   **Вопро́сы и отве́ты**

1. Как вы обы́чно е́дете в аэропо́рт (на вокза́л, на авто́бусную ста́нцию) — на такси́, на свое́й маши́не, на маши́не своего́ дру́га, на авто́бусе?
2. Куда́ вы звони́те, е́сли вы хоти́те заказа́ть такси́?
3. Каки́е лека́рства вы берёте с собо́й, когда́ вы куда́-нибудь уезжа́ете, — сре́дство от просту́ды, лека́рство от головно́й бо́ли? Что ещё?
4. Берёте ли вы с собо́й конфе́ты и́ли кре́керы на доро́гу?
5. Вы когда́-нибудь опа́здывали на самолёт и́ли на по́езд?
6. Чего́ вам жела́ют роди́тели и друзья́, когда́ вы куда́-нибудь уезжа́ете?

Давáйте присядем на дорóгу

Before leaving home on a journey of any significant length, many Russians observe the custom of sitting down together for a few moments in silence. Historically, a prayer was offered for the travelers. Although the prayer ritual is rarely practiced nowadays, the custom of sitting silently before a trip is still widely observed.

ГРАММАТИКА И ПРАКТИКА

THE ART OF CONVERSATION: EXPRESSING GOOD WISHES

Приятного аппетита!	*Bon appétit! Enjoy your meal!*
Счастливого пути!	*Have a good trip!*

These phrases, both of which are in the genitive case, are usually used as salutations—that is, when addressing someone directly. They can also be used descriptively with the verb **желáть/пожелáть,** which you learned to use in making toasts (for example, **Онú пожелáли нам счастлúвого путú**).

УПРАЖНÉНИЕ 3.3. Пожелáния

Skim the following expressions; then read the situations and decide what you might say in each instance.

> С приéздом!
> С прáздником!
> Приятного аппетита!
> Счастлúвого путú!
> Спасúбо.

1. Вам нýжно в аэропóрт, и ваш друг вам говорúт, что он вас довезёт (*will give you a ride*). Вы емý (ей) говорúте

   _____.

2. Вы купúли своéй подрýге подáрок к 8 Мáрта. Когдá вы ей дáрите подáрок, вы ей говорúте _____.

3. Вы с друзьями в ресторáне. Официáнт при нóсит пúццу, котóрую вы заказáли. Вы емý говорúте _____.

4. Вы прихо́дите в рестора́н и ви́дите там своего́ нача́льника (*boss*) с жено́й. Они́ обе́дают. Вы говори́те им _____.

5. Вы встреча́ете дру́га в аэропорту́. Вы ему́ говори́те

_____.

20	РЖД	АСУ «ЭКСПРЕСС»	ПРОЕЗДНОЙ ДОКУМЕНТ	БЧ	283051

ПОЕЗД	ОТПРАВЛЕНИЕ				ВАГОН		ЦЕНА руб.		КОЛИЧ. ЧЕЛОВЕК	ВИД ДОКУМЕНТА
№ шифр	число	месца	часы	мин	№ тип	Билет	Плацкарта			

```
004 А6 17.06 23.59  08 Л  0108600 0144300  01 ПОЛНЫЙ ПП Ы
МОСКВА ОКТ-С-ПЕТЕР-ГЛ (2006004-2004001) ФИРМ
МЕСТА 010 %% ОКТ
051 219 Н2 0341796 140695 1613 ММ12М35 41927/20-108600Н/Н
Н-9600=КСБ.9600 4-253800=ТАР.252900+СТР.900 РУБ
```

УПРАЖНЕНИЕ 3.4. Вы по́мните...?

On each of three separate index cards, write down an action done by characters from the story (in this or preceding lessons), and then convert each sentence to a question.

EXAMPLE: *Statement:* Когда́ Джим и Та́ня бы́ли в рестора́не, они́ пи́ли «Каберне́». →
Question: Что пи́ли Джим и Та́ня, когда́ они́ бы́ли в рестора́не?

Now circulate around the room and ask each other the questions on your cards. If someone cannot answer your question, give that person the card. If you cannot answer someone else's question, you must take the card containing that question. You may then try to get rid of it by finding someone else who does not know the answer. The object is to try to have as few cards as possible at the end of five minutes.

УПРАЖНЕНИЕ 3.5. Кто э́то?

Working with at least two classmates, select three characters in our story to describe. Each student should work independently to write a two- or three-sentence description in the first person for each character. Do not use the character's name. Then combine and edit your descriptions to develop a general depiction of the characters you have selected. Finally, share your group descriptions with the rest of the class. Combine duplicate descriptions to develop as complete a picture of each character as possible.

Диалоги

ДИАЛОГ 3.1.　Зака́з такси́

(Ordering a cab)

— (*On the phone.*) Алло́! Диспе́тчер? Могу́ я заказа́ть такси́ на за́втра на 8 утра́?
— Куда́ е́хать?
— На Ку́рский вокза́л.
— Ваш а́дрес?
— Лесна́я, дом 3, кв. 35.
— Како́й подъе́зд?
— Второ́й.
— Телефо́н?
— 238-12-19.
— Зака́з при́нят. Но́мер зака́за 35-90. Мы вам у́тром позвони́м.

ДИАЛОГ 3.2.　Такси́ опа́здывает.

(Checking on a late cab)

— (*On the phone.*) Диспе́тчер? Алло́! Диспе́тчер?
— Диспе́тчер слу́шает.
— Я заказа́л маши́ну на 8 утра́. Уже́ 8 часо́в. Маши́ны нет. А мне ну́жно на вокза́л.
— Мину́точку. (*Па́уза.*) Такси́ 36-74 вы́ехало де́сять мину́т наза́д. Мы пыта́лись вам позвони́ть, но у вас бы́ло за́нято.
— Извини́те! Моя́ соба́ка...
— Что, соба́ка по телефо́ну разгова́ривала?
— Да нет, э́то ветерина́р звони́л.
— А что, соба́ка то́же е́дет на вокза́л? В такси́ с соба́кой нельзя́.
— Не волну́йтесь, соба́ка никуда́ не е́дет. Спаси́бо вам. Иду́ встреча́ть такси́.

УПРАЖНЕНИЕ 3.6.　Ваш диало́г

You are waiting for a cab to take you to the airport, but the cab is late.
Create a dialogue in which you phone to check on the cab. You might use
some of the following words and phrases:

в аэропо́рт	должно́ бы́ло быть здесь	пора́
ваш а́дрес	на че́тверть тре́тьего	пятна́дцать мину́т наза́д
вчера́ ве́чером	но́мер телефо́на	уже́ вы́ехало
диспе́тчер	опа́здывать/опозда́ть	мы ждём уже́ полчаса́

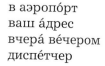

ЧАСТЬ ЧЕТВЁРТАЯ

УПРАЖНЕНИЕ 4.1.   Подготóвка к чтéнию

Skim the reading without looking up any words and try to answer the following questions:

1. Where is Lena going?
2. How does Professor Petrovsky get to the train station?
3. What is Jim's surprise for Tanya?

Всё хорошó, что хорошó кончáется.°

Всё... *All's well that ends well.*

(*Outside the apartment building, awaiting the cab.*)

ПРОФÉССОР. Ничегó не понимáю! Таксú давнó должнó бы́ло приéхать.

(*Lena and Vova come out of the building. Lena is carrying her suitcase.*)

ЛÉНА И ВÓВА. Здрáвствуйте!

ТÁНЯ. Вы тóже кудá-то уезжáете?

ЛÉНА. Да. Я едý в Костромý.° Бýду писáть статью́ о костромски́х бизнесмéнах. А вы кудá éдете?

Kostroma (a port city on the Volga River)

ТÁНЯ. Мы должны́ éхать на Ленингрáдский вокзáл, но таксú опáздывает. Бо́юсь, что мы опоздáем на пóезд.

(*A car drives up. It's Viktor.*)

ВИ́КТОР. (*To Lena.*) Маши́на пóдана.° Прошý сади́ться.

Please get in

Маши́на... *The car is at your service.*

ВÓВА. (*Looking at Ilya Ilyich, who is nervously looking at his watch.*) Ви́ктор, ты на Ярослáвский вокзáл éдешь?

ВИ́КТОР. Да, а что?

ВÓВА. Так ведь Ярослáвский и Ленингрáдский вокзáлы на однóй плóщади! Её так и называ́ют: плóщадь трёх вокзáлов.

284

ЛЕ́НА. Всё пра́вильно, Во́ва. Ви́тя, на́ши сосе́ди опа́здывают на по́езд. Мы мо́жем **довезти́**° их **до**° Ленингра́дского вокза́ла?

give a ride / to

ВИ́КТОР. Коне́чно. Но места́ в маши́не для всех не хва́тит. Кто уезжа́ет, а кто остаётся?

ПРОФЕ́ССОР. Уезжа́ем мы с Та́ней.

ВИ́КТОР. Сади́тесь скоре́е! (*Puts bags in trunk.*)

ТА́НЯ. Илья́ Ильи́ч, поезжа́йте с Ви́ктором, а я ещё немно́го подожду́ Джи́ма.

ПРОФЕ́ССОР. Та́ня, вы опозда́ете на по́езд.

ТА́НЯ. Нет-нет, я не опозда́ю. Поезжа́йте.

ВИ́КТОР. До свида́ния.

(*Viktor, Lena, and Ilya Ilyich say good-bye to Tatyana Dmitrievna and get into the car. Lena waves to Vova and Tanya.*)

ТА́НЯ. Счастли́вого пути́!

ВО́ВА. (*Trying to console her.*) Джим обяза́тельно прие́дет! (*A moment later.*) Смотри́, вон такси́, кото́рое вы зака́зывали! (*The taxi pulls over and Jim jumps out.*)

ТА́НЯ. Джим, всё в поря́дке? Что случи́лось?!

ДЖИМ. Я хоте́л сде́лать тебе́ **сюрпри́з**...

ВО́ВА. (*Taking over.*) Джим, расска́жешь ей по доро́ге. **А то**°...

A... Otherwise

ТА́НЯ. (*Interrupting.*) Да, Джим, по́езд че́рез два́дцать пять мину́т.

ТАКСИ́СТ. А куда́ е́хать-то?°

A... Where do you want to go?

ТА́НЯ. На Ленингра́дский вокза́л.

ТАКСИ́СТ. Че́рез два́дцать пять мину́т? Мо́жем не успе́ть.

ВО́ВА. (*Imploringly.*) Ну, пожа́луйста, постара́йтесь успе́ть.

ТА́НЯ. Мо́жет быть, мне отказа́ться от пое́здки?

ДЖИМ. Реши́м на вокза́ле. **Пое́хали!**°

Let's go!

(*They get into the cab.*)

ВО́ВА. Джим, я тебе́ ве́чером позвоню́, ла́дно?

ТА́НЯ. (*From the cab.*) Во́ва, спаси́бо!

(*The cab drives off.*)

ДЖИМ. (*In the cab, to Tanya.*) Так вот, я хоте́л сде́лать тебе́ сюрпри́з. У меня́ сего́дня бы́ло **интервью́** в **телекомпа́нии** CNN. Оно́ **продолжа́лось**° о́чень до́лго. А   *went on* пото́м я до́лго не мог найти́ такси́. Хорошо́, что э́то такси́ е́хало к вам и води́тель согласи́лся меня́ взять. Но зато́... зато́... мне предложи́ли рабо́ту в моско́вском бюро́ CNN. Э́то зна́чит....

ТА́НЯ. Э́то зна́чит, что ты остаёшься в Москве́!

УПРАЖНЕ́НИЕ 4.2.   **Вопро́сы и отве́ты**

1. Что предпочита́ют америка́нцы: е́здить по́ездом и́ли лета́ть самолётом (*to fly*)?
2. Как вы обы́чно е́дете на вокза́л (в аэропо́рт) — на авто́бусе и́ли на маши́не?
3. Ско́лько сто́ит такси́ от ва́шего до́ма до вокза́ла (аэропо́рта)?
4. Как ча́сто вы е́здите по́ездом (лета́ете самолётом)?
5. От ва́шего до́ма далеко́ до вокза́ла? А до аэропо́рта?
6. Вы хоте́ли бы порабо́тать в CNN в Москве́?

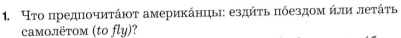

ЛЕНИНГРА́ДСКИЙ ВОКЗА́Л Октя́брьской желе́зной доро́ги

				еж.	15.45	еж.	9.02
					7.48	неч.	4.33
Хельсинки (ч.Калинин - Бологое - Выборг б/з в С.-Петербург	32 фирменный	1106	18.17	чет.	11.02	*	9.02
Боровичи (ч.Бологое)	682	411	20.45	еж.	4.26		11.06
Выборг (ч.Калинин-Ленинград–Фин.)	38 фирменный	803	22.00		36.49	еж. по 28//IX	13.19
Вышний Волочек (ч.Калинин-Лихославль)	668	286	6.40	еж. по 27/IX	14.39		7.10
Мурманск (ч. Калинин-Бологое-Волховстрой I)	16	2095	0.30	с 29/IX-11/IX	39.05	еж. по 9/IX	15.42
				еж.по 7/IX	42.12		6.40
Мурманск (ч. Калинин-Бологое-Волховстрой II)	344	1965	16.05		8.30	еж.	8.08
Мурманск (ч. Калинин-Бологое-Волховстрой II)	374	1965	21.30	еж.	11.15	чет.	10.25
Новгород (ч. Бологое-Чудово)	42	606	22.10	неч.	16.03	еж.	8.12
Осташков (ч. Лихославль-Соблаго)	666	449	20.53	еж.	12.27	еж.	8.25
Петрозаводск (ч. Бологое-Волховстрой I)	18	921	18.22	еж.	8.30	еж.	8.29
Псков (ч. Бологое)	70	687	19.45	еж.	8.30	еж.	7.35
Санкт-Петербург (ч. Калинин)	2 фирменный	650	23.55	еж.	8.25	еж.	6.40
Санкт-Петербург (ч. Калинин)	4 фирменный	650	23.55	еж.	8.24	еж.	5.05
Санкт-Петербург (ч. Калинин)	6 фирменный	650	23.10	еж.	8.30	еж.	9.38
Санкт-Петербург (ч. Калинин)	10 фирменный	650	22.16	еж.	8.38	еж.	20.53
Санкт-Петербург (ч. Калинин)	14	650	20.35	еж.	8.26	еж.	7.10
Санкт-Петербург (ч. Калинин)	20	650	1.00	еж.	8.10	еж.	5.50
Санкт-Петербург (ч. Калинин)	24 фирменный	650	12.27	еж.	8.09	еж.	11.10
Санкт-Петербург (ч. Калинин)	26 фирменный	650	23.00	еж.	9.18	еж.	8.50
Санкт-Петербург (ч. Калинин)	28	650	21.41	еж.	8.45	еж.	22.39
Санкт-Петербург (ч. Калинин)	30	650	1.52	еж.	9.16	вт..чт..пт..вск.	17.20
Санкт-Петербург (ч. Калинин)	36 фирменный	650	0.05	вт..чт..пт..вск.	4.58	пт.	23.20
Санкт-Петербург (ч. Калинин)	48	650	13.23	пт.	6.00	еж.	14.55
Санкт-Петербург (ч. Калинин)	158	650	12.22	еж.	12.25	х	9.45
Санкт-Петербург (ч. Калинин)	160	650	17.20	х	17.20	еж.	11.05
Санкт-Петербург (ч. Калинин)	652	964	2.30	еж.	20.05	еж.	0.16
Таллин (ч.Калинин-Тосно-Нарву)	34	1011	17.25	еж.	20.19	еж.	
Таллин (ч. Калинин-Дно-Псков-Тарту-Тапу)	176	650	16.00	еж.			
Санкт-Петербург (ч. Калинин)	942 почт.-баг.		3.57	еж.			

О РОССИИ

Назва́ния вокза́лов

The names of the train stations in **Москва́** suggest the directions the stations serve. For example, trains arriving at or leaving the **Ленингра́дский вокза́л** typically serve the region generally northwest toward **Санкт-Петербу́рг**; trains using the **Яросла́вский вокза́л** serve the northeast, toward **Яросла́вль**; trains leaving or arriving at the **Белору́сский вокза́л** serve the west, toward **Белору́ссия**; and so on.

Пло́щадь трёх вокза́лов.

ГРАММАТИКА И ПРАКТИКА

УПРАЖНЕНИЕ 4.3.   Э́то в мо́де?

As his first assignment with CNN's Moscow bureau, Jim has been assigned to prepare a story, **Что в мо́де у америка́нской молодёжи** (*youth*). He was given the following chart that was used for a similar story on Russian youth and has faxed it to you, asking for the collective opinion of your Russian class.

EXAMPLE: — Как ты ду́маешь, ми́ни сейча́с в мо́де и́ли нет? →
— Да, ми́ни в мо́де, а ма́кси нет.

В МО́ДЕ	НЕ В МО́ДЕ	
——	——	аэро́бика
——	——	вегетариа́нская дие́та
——	——	высо́кие каблуки́ (*heels*)
——	——	гольф
——	——	дли́нные во́лосы (*hair*)
——	——	йо́га
——	——	Ке́лвин Кла́йн
——	——	Кри́сти Ямагу́чи
——	——	ми́ни
——	——	натура́льные тка́ни (*fabrics*)
——	——	о́бувь на платфо́рме
——	——	оптими́зм
——	——	синте́тика
——	——	те́ннис
——	——	Джо́ди Фо́стер
——	——	фатали́зм
——	——	эколо́гия

УПРАЖНЕНИЕ 4.4.   **Журналисты**

You are a reporter working on a human-interest story about the experiences of the characters from the story who live in one of the newest apartment buildings in Moscow. You don't know whom you will be interviewing, so develop ten general questions you will ask one of the residents (played by another student in your class). From these general questions, you can develop other more specific questions. Write up your story, and allow your "interviewee" to read and edit it.

УПРАЖНЕНИЕ 4.5.   **Сколько лет, сколько зим!**

What will happen to our characters in the next ten years? Imagine that they have all reunited in Moscow ten years from now. Adopt the identity of one of them and create for that person the life she or he has led for the last decade. Did the person finish his or her studies? Did she or he travel? Marry? Have children? Be prepared to tell your classmates who you are and what your life has been like, and to ask them questions about their lives.

Nouns

бутылка (*gen. pl.* **бутылок**)	bottle
восток	east
господин (*pl.* **господа**)	Mr.
десерт	dessert
запад	west
интервью *neut. indecl.*	interview
материал	material
оркестр	orchestra
официант/официантка (*gen. pl.* **официанток**)	waiter/waitress
поездка (*gen. pl.* **поездок**)	trip
порция	serving
ресторан	restaurant
север	north
сюрприз	surprise
телекомпания	television company
юг	south

Adjectives

осторожный	careful
способный	capable; talented

Verbs

A translation is listed after the perfective only if it differs from the imperfective. "X" indicates that a paired verb exists but has not yet been presented as active vocabulary. "None in this meaning" indicates that there is no perfective for the meaning given here. "None" indicates that there is no aspectual counterpart for this verb.

IMPERFECTIVE		PERFECTIVE
вы́бирать → *D.O. in acc.*	to choose; to select	вы́брать (вы́беру, вы́берешь)
выезжа́ть	to leave (by vehicle)	вы́ехать (вы́еду, вы́едешь)
довози́ть (довожу́, дово́зишь) (до + *gen.*)	to take to; to give a ride to	довезти́ (довезу́, довезёшь; *past* довёз, довезла́, довезло́, довезли́)
зака́зывать	to order; to reserve	заказа́ть (закажу́, зака́жешь)
конча́ться (*3rd pers. only*)	to end	ко́нчиться (*3rd pers. only*)
освобожда́ться	to become available; to become free	освободи́ться (освобожу́сь, освободи́шься)
отка́зываться	to refuse	отказа́ться *от + gen.* (откажу́сь, отка́жешься)
провожа́ть (в *кого?* аэропо́рт, на вокза́л, etc.)	to see (someone) off (to the airport, train station, etc.)	проводи́ть (провожу́, прово́дишь)
продолжа́ться (*3rd pers. only*)	to go on; to continue	продо́лжиться (*3rd pers. only* продо́лжится, продо́лжатся)
собира́ть	to gather	собра́ть (соберу́, соберёшь; *past* собра́л, собрала́, собра́ло, собра́ли)
соглаша́ться (+ *infin.*)	to agree (to)	согласи́ться (соглашу́сь, согласи́шься)
танцева́ть (танцу́ю, танцу́ешь)	to dance	станцева́ть

Adverbs

вдруг	suddenly

Other

до (+ *gen.*)	to
у (+ *gen.*)	near

Idioms and Expressions

а то	otherwise; or
благодарю́ вас	thank you
всё равно́	1. in any case; 2. all the same; still
Всё хорошо́, что хорошо́ конча́ется.	All's well that ends well.
Вы уже́ вы́брали? (*when ordering at a restaurant*)	Have you decided?
Мест нет.	No space available.
Мир те́сен.	It's a small world.
...не так ли?	. . . isn't that so?
Пое́хали!	Let's go!
Прия́тного аппети́та!	Bon appétit!; Enjoy your meal!
Счастли́вого пути́!	Have a good trip!
Такси́ уже́ вы́ехало.	The taxi is on the way.
то же са́мое	the same thing

Topics

Restaurant, dining: рестора́н, кафе́, бар, пельме́нная; дорого́й/недорого́й рестора́н, швейца́р, метрдоте́ль, официа́нт/официа́нтка, «Мест нет», (дава́ть, оставля́ть) чаевы́е (*a tip*); орке́стр, джа́з-орке́стр, игра́ть в орке́стре, игра́ть джаз

(популя́рную му́зыку и т. д.), танцева́ть в рестора́не; попа́сть в рестора́н, зака́зывать/заказа́ть сто́лик, заказа́ть сто́лик на двои́х (на трои́х, на четверы́х), заказа́ть сто́лик на семь часо́в ве́чера, отмеча́ть в рестора́не день рожде́ния (8 Ма́рта и т. д.); меню́, заку́ска, по́рция, пе́рвое, второ́е, десе́рт, выбира́ть/вы́брать, зака́зывать/заказа́ть; заку́ска, сала́т («Весна́», из кра́бов, из тунца́ и т. д.), кра́сная (чёрная) икра́; минера́льная вода́, лимона́д, спрайт, ко́ка-ко́ла, пе́пси; котле́ты по-ки́евски, бефстро́ганов, бифште́кс, что́-нибудь вегетариа́нское; десе́рт, чёрный ко́фе, ко́фе с коньяко́м, наполео́н, моро́женое (*ice cream*), ше́рбет; вино́ (бе́лое, кра́сное), лёгкое вино́, шампа́нское, конья́к, во́дка, котте́йль, пи́во (*beer*), буты́лка, бока́л, поднима́ть/подня́ть бока́л(ы); Прия́тного аппети́та!, За твоё (ва́ше) здоро́вье!

Traveling: вокза́л, по́езд, е́хать по́ездом (= на по́езде), Ку́рский (Яросла́вский, Ленингра́дский и т. д.) вокза́л; аэропо́рт, самолёт, лете́ть самолётом (*to fly*); биле́т, зака́зывать/заказа́ть биле́т, покупа́ть/купи́ть биле́т, на 5 ма́я биле́тов нет; пое́здка, экспеди́ция, путеше́ствие (*trip*), гото́виться к пое́здке (к экспеди́ции и т. д.); зака́зывать/заказа́ть такси́ (на во́семь ве́чера), е́хать на вокза́л (в аэропо́рт) на такси́ (на маши́не), маши́на по́дана, в маши́не не хва́тит ме́ста для всех; провожа́ть/проводи́ть (на вокза́л, в аэропо́рт и т. д.), довози́ть/довезти́ до вокза́ла, опа́здывать/опозда́ть на по́езд (на самолёт и т. д.); уезжа́ть/уе́хать (*куда́, отку́да*), приезжа́ть/прие́хать (*куда́, отку́да*), е́хать (*куда́, отку́да*), е́здить (*куда́*); Счастли́вого пути́!, С прие́здом!

APPENDICES

APPENDIX A

COMMON USES OF RUSSIAN CASES

CASE	USE	EXAMPLES
NOMINATIVE **Имени́тельный** (кто, что)	(*Dictionary form*) 1. Subject of sentence or clause 2. Predicate nominative	**студе́нтка** Он зна́ет, где живёт **э́та студе́нтка.** Она́ **хоро́шая студе́нтка.**
ACCUSATIVE **Вини́тельный** (кого́, что)	1. Direct object 2. Object of prepositions **в, на, за, под,** when indicating motion toward a goal 3. A game or sport that is the object of preposition **в** 4. A day, hour, or minute that is the object of preposition **в,** indicating time when (**когда́?**) 5. Time or distance covered 6. Object of preposition **че́рез**	Я купи́ла **ру́чку.** Ма́ма пошла́ на **по́чту.** Они́ игра́ют в **те́ннис.** Вади́м придёт в **пя́тницу.** Я был там **неде́лю.** Ма́ша прие́дет че́рез **неде́лю.**
GENITIVE **Роди́тельный** (кого́, чего́)	1. Ownership 2. Linking 3. Object of prepositions **у, от, до, из, для, без, о́коло, кро́ме, ми́мо, во́зле, и́з-за, про́тив,** and **с** when **с** means *from* 4. To indicate the absence or lack of someone or something (used with **нет, не́ было, не бу́дет**) 5. Nonspecific direct object of a negated verb 6. After numbers (singular after 2–4; plural after 5–20) 7. With certain verbs including **боя́ться.** Some verbs like **иска́ть, ждать, хоте́ть, жела́ть, проси́ть** take genitive if the object is indefinite. 8. The date on which an event occurred or will occur 9. Partitive *some*	Э́то каранда́ш **Бори́са.** Остано́вка **авто́буса** там. Я получи́ла письмо́ от **Ива́на.** Они́ е́дут с **конце́рта.** Там нет **шко́лы.** Мы не слы́шим **никако́й му́зыки.** Три **биле́та,** два́дцать **биле́тов** **Чего́** ты бои́шься? Она́ ждёт **авто́буса.** Мой брат прие́дет **второ́го** ма́я. Нале́й мне **со́ка.**

CASE	USE	EXAMPLES
PREPOSITIONAL **Предло́жный** **(о ком, о чём)**	1. Object of preposition **о (об)**	Мы лю́бим говори́ть об **исто́рии.**
	2. Object of prepositions **в** or **на** when indicating location	Кни́га на **столе́.**
	3. **Неде́ле** is the object of preposition **на**, indicating time when (**когда́?**)	Э́то бы́ло на **про́шлой неде́ле.**
	4. A month, year, or larger unit is the object of preposition **в**, indicating time when (**когда́?**)	Э́то бы́ло в **ма́рте.**
	5. Object of preposition **на** when indicating means of transportation	Све́та е́дет на **маши́не.**
DATIVE **Да́тельный** **(кому́, чему́)**	1. Indirect object (recipient)	Она́ дала́ **мне** кни́гу.
	2. With certain verbs, including **помога́ть, сове́товать, отвеча́ть, меша́ть, звони́ть, обеща́ть**	Мари́на помога́ет **своему́ бра́ту.**
	3. With the verb **нра́виться** and with constructions containing **мо́жно, ну́жно, тепло́,** and so on	**Мне** нра́вится кла́ссика. **Нам** ну́жно позвони́ть ма́ме.
	4. The person or thing whose age is indicated	**Мое́й сестре́** шесть лет.
	5. Object of prepositions **к, по**	Мы за́втра пое́дем к **Бори́су.**
INSTRUMENTAL **Твори́тельный** **(кем, чем)**	1. The means by which something is done, especially mode of travel	Студе́нтка пи́шет **ру́чкой.** Све́та е́дет **маши́ной.** Челове́к стои́т перед **до́мом.**
	2. Object of prepositions **за, под, над, пе́ред,** or **ме́жду,** when indicating location. (**за** and **под** take other cases in other situations)	
	3. Complement of many reflexive verbs: **занима́ться, по́льзоваться, интересова́ться, каза́ться, станови́ться**	Мы занима́емся **ру́сским языко́м.**
	4. Adverbs indicating time of day and seasons are identical to instrumental of corresponding nouns	Я встал ра́но **у́тром.** Он рабо́тает **ле́том.**
	5. Object of preposition **с** when **с** means *together with*	Я люблю́ разгова́ривать с **Ири́ной.**

APPENDIX B

SPELLING RULES

RULE	AFTER г, к, х	AFTER ж, ч, ш, щ	AFTER ц
«Кни́ги» rule: **и** (not **ы**)	и	и	
«Хоро́шее» rule: **е** (not unstressed **о**)		е	е
«Ви́жу» rule: **у** (not **ю**), **а** (not **я**)		у, а	

| | NOMINATIVE PLURAL FOR NOUNS ENDING IN | | |
	-ь	**-я**	**-й**
«Роя́ли» rule: **и** (not **ы**)	и	и	и

APPENDIX C

DECLENSIONS: NOUNS

MASCULINE SINGULAR

CASE	BASIC ENDING	HARD	SOFT: -ь	SOFT: -й	SOFT: -ий
Nominative кто, что	(none)	автóбус	гость	слýчай	гéний
Accusative когó, что	inanimate = nominative; animate = genitive	автóбус	гóстя	слýчай	гéния
Genitive когó, чегó	-а	автóбуса	гóстя	слýчая	гéния
Prepositional о ком, о чём	-е	автóбусе	гóсте	слýчае	гéнии
Dative комý, чемý	-у	автóбусу	гóстю	слýчаю	гéнию
Instrumental кем, чем	-ом	автóбусом	гóстем	слýчаем	гéнием

MASCULINE PLURAL

CASE	BASIC ENDING	HARD	SOFT: -ь	SOFT: -й	SOFT: -ий
Nominative	-ы	автóбусы	гóсти	слýчаи	гéнии
Accusative	inanimate = nominative; animate = genitive	автóбусы	гостéй	слýчаи	гéниев
Genitive	-ов	автóбусов	гостéй	слýчаев	гéниев
Prepositional	-ах	автóбусах	гостя́х	слýчаях	гéниях
Dative	-ам	автóбусам	гостя́м	слýчаям	гéниям
Instrumental	-ами	автóбусами	гостя́ми	слýчаями	гéниями

NEUTER SINGULAR

CASE	BASIC ENDING	HARD	SOFT: -ие	SOFT: -ье	-мя
Nominative что	**-о**	де́ло	зада́ние	воскресе́нье	и́мя
Accusative что	**-о**	де́ло	зада́ние	воскресе́нье	и́мя
Genitive чего́	**-а**	де́ла	зада́ния	воскресе́нья	и́мени
Prepositional о чём	**-е**	де́ле	зада́нии	воскресе́нье	и́мени
Dative чему́	**-у**	де́лу	зада́нию	воскресе́нью	и́мени
Instrumental чем	**-ом**	де́лом	зада́нием	воскресе́ньем	и́менем

NEUTER PLURAL

CASE	BASIC ENDING	HARD	SOFT: -ие	SOFT: -ье	-мя
Nominative	**-а**	дела́	зада́ния	воскресе́нья	имена́
Accusative	**-а**	дела́	зада́ния	воскресе́нья	имена́
Genitive	(none)	дел	зада́ний	воскресе́ний[1]	имён
Prepositional	**-ах**	дела́х	зада́ниях	воскресе́ньях	имена́х
Dative	**-ам**	дела́м	зада́ниям	воскресе́ньям	имена́м
Instrumental	**-ами**	дела́ми	зада́ниями	воскресе́ньями	имена́ми

---

[1] The neuter nouns **по́ле** (*field*) and **мо́ре** (*sea*) have the ending **-ей** in the genitive plural (**море́й, поле́й**). The neuter noun **пла́тье** (*dress*) has the ending **-ев** in the genitive plural (**пла́тьев**).

FEMININE SINGULAR

CASE	BASIC ENDING	HARD	SOFT: -я	SOFT: -ь	SOFT: -ия	SOFT: -ья
Nominative кто, что	-а	газе́та	неде́ля	крова́ть	исто́рия	статья́
Accusative кого́, что	-у	газе́ту	неде́лю	крова́ть	исто́рию	статью́
Genitive кого́, чего́	-ы	газе́ты	неде́ли	крова́ти	исто́рии	статьи́
Prepositional о ком, о чём	-е	газе́те	неде́ле	крова́ти	исто́рии	статье́
Dative кому́, чему́	-е	газе́те	неде́ле	крова́ти	исто́рии	статье́
Instrumental кем, чем	-ой	газе́той	неде́лей	крова́тью	исто́рией	статьёй

FEMININE PLURAL

CASE	BASIC ENDING	HARD	SOFT: -я	SOFT: -ь	SOFT: -ия	SOFT: -ья
Nominative	-ы	газе́ты	неде́ли	крова́ти	исто́рии	статьи́
Accusative	inanimate = nominative; animate = genitive	газе́ты	неде́ли	крова́ти	исто́рии	статьи́
Genitive	(none)	газе́т	неде́ль	крова́тей	исто́рий	стате́й
Prepositional	-ах	газе́тах	неде́лях	крова́тях	исто́риях	статья́х
Dative	-ам	газе́там	неде́лям	крова́тям	исто́риям	статья́м
Instrumental	-ами	газе́тами	неде́лями	крова́тями	исто́риями	статья́ми

APPENDIX D

DECLENSIONS: PRONOUNS

INTERROGATIVE/RELATIVE, PERSONAL, REFLEXIVE

CASE	INTERROG./ RELATIVE		PERSONAL								REFLEX.
Nominative	кто	что	я	ты	он	оно́	она́	мы	вы	они́	(none)
Accusative	кого́	что	меня́	тебя́	его́	его́	её	нас	вас	их	себя́
Genitive	кого́	чего́	меня́	тебя́	его́	его́	её	нас	вас	их	себя́
Prepositional	ком	чём	мне	тебе́	нём	нём	ней	нас	вас	них	себе́
Dative	кому́	чему́	мне	тебе́	ему́	ему́	ей	нам	вам	им	себе́
Instrumental	кем	чем	мной	тобо́й	им	им	ей	на́ми	ва́ми	и́ми	собо́й

DEMONSTRATIVE

CASE	ЭТОТ				ТОТ			
	MASC.	NEUT.	FEM.	PLUR.	MASC.	NEUT.	FEM.	PLUR.
Nominative	э́тот	э́то	э́та	э́ти	тот	то	та	те
Accusative (For masculine and plural: inanimate = nominative; animate = genitive)	э́тот/ э́того	э́то	э́ту	э́ти/ э́тих	тот/ того́	то	ту	те/ тех
Genitive	э́того	э́того	э́той	э́тих	того́	того́	той	тех
Prepositional	э́том	э́том	э́той	э́тих	том	том	той	тех
Dative	э́тому	э́тому	э́той	э́тим	тому́	тому́	той	тем
Instrumental	э́тим	э́тим	э́той	э́тими	тем	тем	той	те́ми

DETERMINATIVE

CASE	MASCULINE	NEUTER	FEMININE	PLURAL
Nominative	весь	всё	вся	все
Accusative (For masculine and plural: inanimate = nominative; animate = genitive)	весь/ всего	всё	всю	все/ всех
Genitive	всего	всего	всей	всех
Prepositional	всём	всём	всей	всех
Dative	всему́	всему́	всей	всем
Instrumental	всем	всем	всей	все́ми

POSSESSIVE: МОЙ (ТВОЙ, СВОЙ)

CASE	MASCULINE	NEUTER	FEMININE	PLURAL
Nominative	мой	моё	моя́	мои́
Accusative (For masculine and plural: inanimate = nominative; animate = genitive)	мой/ моего	моё	мою́	мои́/ мои́х
Genitive	моего́	моего́	мое́й	мои́х
Prepositional	моём	моём	мое́й	мои́х
Dative	моему́	моему́	мое́й	мои́м
Instrumental	мои́м	мои́м	мое́й	мои́ми

POSSESSIVE: НАШ (ВАШ)

CASE	MASCULINE	NEUTER	FEMININE	PLURAL
Nominative	наш	на́ше	на́ша	на́ши

Accusative
(For masculine and plural:
  inanimate = nominative;
  animate = genitive)
	наш/
	на́шего
		на́ше	на́шу	на́ши/
				на́ших

Genitive	на́шего	на́шего	на́шей	на́ших
Prepositional	на́шем	на́шем	на́шей	на́ших
Dative	на́шему	на́шему	на́шей	на́шим
Instrumental	на́шим	на́шим	на́шей	на́шими

POSSESSIVE INTERROGATIVE

CASE	MASCULINE	NEUTER	FEMININE	PLURAL
Nominative	чей	чьё	чья	чьи

Accusative
(For masculine and plural:
  inanimate = nominative;
  animate = genitive)
	чей/
	чьего́
		чьё	чью	чьи/
				чьих

Genitive	чьего́	чьего́	чьей	чьих
Prepositional	чьём	чьём	чьей	чьих
Dative	чьему́	чьему́	чьей	чьим
Instrumental	чьим	чьим	чьей	чьи́ми

EMPHATIC

CASE	MASCULINE	NEUTER	FEMININE	PLURAL
Nominative	сам	само́	сама́	са́ми

Accusative
(For masculine and plural:
  inanimate = nominative;
  animate = genitive)
	сам/
	самого́
		само́	саму́	са́ми/
				сами́х

Genitive	самого́	самого́	само́й	сами́х
Prepositional	само́м	само́м	само́й	сами́х
Dative	самому́	самому́	само́й	сами́м
Instrumental	сами́м	сами́м	само́й	сами́ми

APPENDIX E

DECLENSIONS: ADJECTIVES

MASCULINE

CASE	BASIC ENDING	UNSTRESSED ENDING	STRESSED ENDING	SOFT
Nominative	**-ый (-о́й)**	но́в**ый**	молод**о́й**	ли́шн**ий**

Accusative
(For masculine and plural:
  inanimate = nominative;
  animate = genitive)
	-ый (-о́й)/
	-ого
		но́в**ый/**
		но́в**ого**
			молод**о́й/**
			молод**о́го**
				ли́шн**ий/**
				ли́шн**его**

Genitive	**-ого**	но́в**ого**	молод**о́го**	ли́шн**его**
Prepositional	**-ом**	но́в**ом**	молод**о́м**	ли́шн**ем**
Dative	**-ому**	но́в**ому**	молод**о́му**	ли́шн**ему**
Instrumental	**-ым**	но́в**ым**	молод**ы́м**	ли́шн**им**

NEUTER

CASE	BASIC ENDING	HARD	SOFT
Nominative	**-ое**	но́в**ое**	ли́шн**ее**
Accusative	**-ое**	но́в**ое**	ли́шн**ее**
Genitive	**-ого**	но́в**ого**	ли́шн**его**
Prepositional	**-ом**	но́в**ом**	ли́шн**ем**
Dative	**-ому**	но́в**ому**	ли́шн**ему**
Instrumental	**-ым**	но́в**ым**	ли́шн**им**

FEMININE

CASE	BASIC ENDING	HARD	SOFT
Nominative	**-ая**	но́в**ая**	ли́шн**яя**
Accusative	**-ую**	но́в**ую**	ли́шн**юю**
Genitive	**-ой**	но́в**ой**	ли́шн**ей**
Prepositional	**-ой**	но́в**ой**	ли́шн**ей**
Dative	**-ой**	но́в**ой**	ли́шн**ей**
Instrumental	**-ой**	но́в**ой**	ли́шн**ей**

PLURAL

CASE	BASIC ENDING	HARD	SOFT
Nominative	**-ые**	но́в**ые**	ли́шн**ие**
Accusative (For masculine and plural: inanimate = nominative; animate = genitive)	**-ые/** **-ых**	но́в**ые/** но́в**ых**	ли́шн**ие/** ли́шн**их**
Genitive	**-ых**	но́в**ых**	ли́шн**их**
Prepositional	**-ых**	но́в**ых**	ли́шн**их**
Dative	**-ым**	но́в**ым**	ли́шн**им**
Instrumental	**-ыми**	но́в**ыми**	ли́шн**ими**

APPENDIX F

DECLENSIONS: CARDINAL NUMERALS

1–4

| CASE | ОДИ́Н | | | | ДВА
MASC.
AND
NEUT. | FEM. | ТРИ | ЧЕТЫ́РЕ |
	MASC.	NEUT.	FEM.	PLUR.				
Nominative	оди́н	одно́	одна́	одни́	два	две	три	четы́ре
Accusative (For masculine and plural: inanimate = nominative; animate = genitive)	оди́н/ одного́	одно́	одну́	одни́/ одни́х	два/ двух	две/ двух	три/ трёх	четы́ре/ четырёх
Genitive	одного́	одного́	одно́й	одни́х	двух	двух	трёх	четырёх
Prepositional	одно́м	одно́м	одно́й	одни́х	двух	двух	трёх	четырёх
Dative	одному́	одному́	одно́й	одни́м	двум	двум	трём	четырём
Instrumental	одни́м	одни́м	одно́й	одни́ми	двумя́	двумя́	тремя́	четырьмя́

5+

CASE	
Nominative	пять
Accusative	пять
Genitive	пяти́
Prepositional	пяти́
Dative	пяти́
Instrumental	пятью́

APPENDIX G

CONJUGATIONS

-ЕШЬ/-ЁШЬ VERBS		-ИШЬ VERBS
Stem stress and shifting stress[1]		*All stems and stress patterns*[2]
Vowel stem	*Consonant stem*	
читáть (читá-) интересовáть (интересý-)	éхать (éд-) писáть (пиш-)	говорúть (говор-); вúдеть (вúд-); смотрéть (смотр-); стоя́ть (сто-)
-ю	-у (or -ý)[3]	-ю (or -у)[4]
-ешь	-ешь	-ишь
-ет	-ет	-ит
-ем	-ем	-им
-ете	-ете	-итс
-ют	-ут	-ят (or -ат)[5]
Ending stress		
Vowel stem	*Consonant stem*	
давáть (да-) вставáть (встà-)	идтú (ид-) жить (жив-)	
-ю́	-ý	
-ёшь	-ёшь	
-ёт	-ёт	
-ём	-ём	
-ёте	-ёте	
-ю́т	-ýт	

Stem Changes in -ешь/-ёшь Verbs

A great many **-ешь/-ёшь** verbs exhibit changes in their nonpast stem—that is, in the form of the verb to which endings are added in nonpast tenses (both present tense and perfective future). This stem differs from that of the dictionary (infinitive) form of the verb. Many of these changes appear arbitrary.

> éхать (éд-): éду, éдешь
> жить (жив-): живý, живёшь

---

[1] Shifting-stress verbs have ending stress only on the **я** form.
[2] Stress is not shown below for these endings.
[3] Use **-ý** for shifting-stress verbs.
[4] Use **-у** when the «вúжу» spelling rule applies—that is, following the "hushers" **ж,ч, щ, ш.**
[5] Use **-ат** when the «вúжу» spelling rule applies—that is, following the "hushers" **ж,ч, щ, ш.**

Some of these changes, however, are systematic. For example, all non-past verbs ending in **-авать** change the **-ава-** to a simple **-а-** before adding stressed endings.

> дава́ть (да-): даю, даёшь
> встава́ть (вста-): встаю, встаёшь

Another such systematic change occurs in verbs ending in **-овать** and **-евать,** where in most cases the sequences **-ова-** and **-ева-** change to **-у-** before adding endings.

> интересова́ть (интересу́-): интересу́ю, интересу́ешь
> танцева́ть (танцу́-): танцу́ю, танцу́ешь

Finally, many **-ешь/-ёшь** verbs undergo a stem change that involves a shift in only the final consonant of the stem.

> писа́ть (пиш-): пишу́, пи́шешь

Stem Changes in -ишь Verbs

Many **-ишь** verbs exhibit a change in the final consonant of the nonpast stem, but this shift appears only in the **я** form.

> спроси́ть (спрош-): спрошу́, спро́сишь

Consonant Shift Patterns

About ten patterns of consonant shifts—encountered in both **-ешь/-ёшь** and **-ишь** verbs—are exhibited among the verbs in this book.

б to **бл**	люби́ть	(люблю́, лю́бишь)
п to **пл**	купи́ть	(куплю́, ку́пишь)
м to **мл**	познако́мить	(познако́млю, познако́мишь)
в to **вл**	ста́вить	(ста́влю, ста́вишь)
д to **ж**	ходи́ть	(хожу́, хо́дишь)
з to **ж**	сказа́ть	(скажу́, ска́жешь)
т to **ч**	встре́тить	(встре́чу, встре́тишь)
с to **ш**	проси́ть	(прошу́, про́сишь)
ст to **щ**	прости́ть	(прощу́, прости́шь)
ск to **щ**	иска́ть	(ищу́, и́щешь)

APPENDIX H

SELECTED EVENTS IN RUSSIAN AND WESTERN HISTORY

YEAR	NOTABLE EVENTS IN RUSSIAN HISTORY	IMPORTANT EVENTS ELSEWHERE
800	Cyril and Methodius devise Slavic alphabet (863) **Рю́рик** rules **Но́вгород** (862–879)	Reign of Charlemagne (768–814)
900	Rise of **Ки́ев. Влади́мир** accepts Christianity as state religion (988–990)	
1000		Battle of Hastings (1066) First Crusade (1099)
1100	**Москва́** first mentioned in chronicles (1147)	Rise of independent towns in Europe
1200	**Тата́ры** invade Russia (1237–1240), beginning **тата́рское и́го** (Tatar yoke)	
1300	**Дми́трий Донско́й** defeats Tatars (1380)	Outbreak of the plague in Europe (1348) Renaissance begins (midcentury)
1400	**Тата́ры** decline; **Москва́** rises **Царь Ива́н III** reigns 1462–1505	Columbus discovers America (1492)
1500	**Царь Ива́н IV** (the Terrible) reigns 1533–1584; Time of Troubles begins with his death	Protestant Reformation begins (1517); Queen Elizabeth I reigns (1558–1603)
1600	Founding of **Рома́нов** dynasty (1613) Old Believers break from Russian Orthodox Church (1654–1656) **Царь Пётр I** (the Great) reforms Russia, ruling 1682–1725	Pilgrims land at Plymouth Rock (1620) Thirty Years' War in Europe (1618–1648)
1700	**Санкт-Петербу́рг** founded (1703) **Цари́ца Екатери́на II** (the Great) reigns (1762–1796)	American Declaration of Independence (1776) Constitution of **США** (USA) ratified (1787) **Францу́зская револю́ция** (1789)
1800	**Ру́сские** under **Алекса́ндр I** defeat Napoleon's Grand Army (1812) Crimean War (1853–1856) **Алекса́ндр II** frees serfs (1861)	**Наполео́н** rules France (1804–1815) Gold rush in California (1848) Civil War in **США** (1861–1865); **Авраа́м Ли́нкольн** ends slavery (1863)

YEAR	NOTABLE EVENTS IN RUSSIAN HISTORY	IMPORTANT EVENTS ELSEWHERE
1900	**Росси́я** enters WWI (1914), as do **А́нглия и Фра́нция**	
	Царь Никола́й II abdicates in March, 1917; **Влади́мир Ле́нин** and the **большевики́** seize power in October/November 1917; devastating civil war 1917–1921	**США** enters WWI (1917)
	СССР (USSR) created; death of **Ле́нин** (1924); **Ста́лин** takes control	Roaring Twenties; Jazz Age
	Ста́лин industrializes and collectivizes **СССР**; millions killed in purges (1930s)	Stock market crash in **США** (1929)
	Фаши́сты (Nazis) invade **СССР** (June 1941)	Attack on Pearl Harbor brings **США** into WWII (December 1941)
	WWII allied victory: **А́нглия, СССР, США, Фра́нция** (1945)	
1950	**Ста́лин** dies (1953); **Хрущёв** takes power, denounces **Ста́лин**	Korean War (1950–1953)
	Спу́тник (first artificial satellite) launched (1957)	Cuban missile crisis (1962)
	Бре́жнев ousts **Хрущёв** (1964)	Vietnam War (1960–1975)
	Горбачёв takes power (1985)	
	Communist regimes in Central Europe collapse (1989–1990)	
	Е́льцин elected **президе́нт**; end of **СССР** and Communist rule (August 21, 1991)	Persian Gulf war (1991)

RUSSIAN-ENGLISH VOCABULARY

Key

A number in parentheses after an English equivalent indicates the lesson in which the Russian word was first marked as active. A number in brackets indicates the lesson in which the Russian word first appears as passive vocabulary. I indicates Book 1 and II indicates Book 2. Bold numbers introduce separate meanings for a given word. The Russian letters **E** and **Ё** are treated as a single letter. Russian words in parentheses do not count in the alphabetical ordering. Verbs not marked as perfective are imperfective.

А

а 1. and; **2.** but (I:1)
　а то otherwise; or (II:8)
абсолю́тно absolutely (II:3)
а́вгуст August (I:8)
авто́бус bus (I:3)
　остано́вка авто́буса bus stop (I:3)
авто́бусный bus (*adj.*) (I:5)
　авто́бусная остано́вка bus stop (I:5)
авто́граф autograph [II:7]
автошко́ла driving school [II:2]
а́дрес (*pl.* адреса́) address (I:2)
акце́нт accent (II:1)
алло́ (*said when answering the phone*) hello (I:7)
Аме́рика America (I:1)
америка́н(е)ц/америка́нка (*gen. pl.* америка́нок) an American (I:4)
америка́нский American (*adj.*) (I:3)
амфитеа́тр rear orchestra (seats) [II:7]
англи́йский English (I:7)
анса́мбль *m.* ensemble [II:1]
антра́кт intermission (II:7)
аппети́т appetite (II:8)
　Прия́тного аппети́та! *Bon appétit!*; Enjoy your meal! (II:8)
апре́ль *m.* April (I:8)
апте́ка drugstore; pharmacy [I:3] (II:5)
арбу́з watermelon [II:3]
а́рмия army (I:5)
архитекту́рный architectural [II:1]
аспира́нт/аспира́нтка (*gen. pl.* аспира́нток) graduate student (I:2)
асфа́льт asphalt [I:5]

Б

ба́бушка (*gen. pl.* ба́бушек) grandmother (I:2)
балко́н balcony (I:5)

бандеро́ль *f.* package (containing printed matter) (I:6)
бе́дный poor [I:8]
бежа́ть (бегу́, бежи́шь, бегу́т) *unidir.* to run [I:8] (II:1)
без (+ *gen.*) without (II:3)
　без че́тверти шесть (at) a quarter to six (II:4)
бе́лый white (II:4)
беспла́тно free (of charge); for free (I:5)
беспоко́ить (беспоко́ю, беспоко́ишь) to bother (II:5)
беспоко́иться (беспоко́юсь, беспоко́ишься) to worry (II:5)
беспоко́йство inconvenience
　Никако́го беспоко́йства. It's no trouble at all. (II:5)
библиоте́ка library; home library (I:5)
би́знес business [I:5]
бизнесме́н businessman (I:7)
биле́т ticket (I:8)
билетёр/билетёрша usher [II:7]
биле́тик *diminutive* ticket [II:7]
бино́кль *m.* binoculars [II:7]
благодари́ть (благодарю́, благодари́шь)/ **поблагодари́ть** to thank (II:8)
　Благодарю́ вас. Thank you. (II:8)
бли́зко (it's/that's) near; (it's/that's) close (I:5)
блонди́н/блонди́нка (*gen. pl.* блонди́нок) blond [I:4]
блю́дце (*gen. pl.* блю́дец) saucer [II:6]
бога́тый rich (II:1)
Бо́же мой! Good heavens!; My goodness! [I:4] (II:4)
бока́л wineglass [II:3]
　поднима́ть/подня́ть бока́л(ы) (за + *acc.*) to raise a glass (glasses) (to) [II:3]
бо́лее (*used to form comparatives*) more: **бо́лее суеве́рный** more superstitious (II:2)
боле́знь *f.* sickness; disease (II:5)
　У вас не опа́сная боле́знь. You're not dangerously (*or* seriously) sick. (II:5)

боле́ть[1] (боле́ю, боле́ешь) to be ill; to be sick (II:5)

боле́ть[2] (боли́т, боля́т) (*3rd pers. only*) to ache; to hurt (II:5)

больни́чный *noun, declines like adj.* See **больни́чный лист.**

больни́чный лист medical excuse [II:5]

больно́й (бо́лен, больна́, больно́, больны́) sick (II:2)

бо́льше (*compar. of* большо́й) bigger; larger; (*compar. of* мно́го) more (II:1)

бо́льше ничего́ nothing else; not anything else [I:8]

большо́й 1. big; large (I:2); **2.** *noun, declines like adj., colloquial* grownup [I:6]

боя́ться (+ *gen.*) to be afraid (of); to fear (II:2)

Брази́лия Brazil [II:4]

брат (*pl.* бра́тья, *gen. pl.* бра́тьев) brother (I:1)

брать (беру́, берёшь; *past* брал, брала́, бра́ло, бра́ли)/**взять** (возьму́, возьмёшь; *past* взял, взяла́, взя́ло, взя́ли) **1.** to take **2.** to get (I:6)

бу́дущее *noun, declines like adj.* the future [I:8]

будь добр (добра́), бу́дьте добры́ would you mind . . . ; if you don't mind (II:4)

Будь здоро́в (здоро́ва)!; Бу́дьте здоро́вы! (*used when someone sneezes*) Bless you!; Gesundheit! (II:5)

бу́ква letter (of the alphabet) (I:1)

буке́т bouquet [II:6]

буке́тик *diminutive* small bouquet [II:6]

буты́лка (*gen. pl.* буты́лок) bottle (II:8)

бы́стро quickly; fast (I:6)

бы́стрый quick; fast (II:1)

быть (*future* бу́ду, бу́дешь; *past* был, была́, бы́ло, бы́ли) to be (I:6)

мо́жет быть *parenthetical* maybe; perhaps (I:4)

Не мо́жет быть! Unbelievable! (I:7)

бюро́ *neut. indecl.* office; bureau [II:8]

В

в 1. (+ *acc.—to denote a destination*) to; into: **Мы е́дем в Москву́.** We're going to Moscow. (I:8); **2.** (+ *acc.—to indicate a time of day*) at: **в семь часо́в** at seven o'clock; **3.** (+ *acc. with days of the week*) on: **в пя́тницу** on Friday (I:7); **4.** (+ *prep.—to denote location*) in; at: **в Москве́** in Moscow (I:3); **5.** (+ *prep.—with time units of a month or more*) in: **в апре́ле** in April (I:7)

в конце́ концо́в after all [I:8]

в кото́ром часу́? at what time?; when? (I:7)

игра́ть в хокке́й (баскетбо́л, etc.**)** to play hockey (basketball, etc.) (I:3)

вам *dat. of* вы

ва́нна bathtub (I:4)

ва́нная bathroom (I:4)

варе́нье jam [II:8]

дома́шнее варе́нье homemade jam [II:8]

вас *gen., acc., and prep. of* вы

ваш (ва́ша, ва́ше, ва́ши) *formal or pl.* your; yours (I:1)

вдруг suddenly (II:8)

ведро́ (*pl.* вёдра, *gen. pl.* вёдер) bucket (II:2)

ведь *particle* (*used for emphasis; often omitted in translation*) you know; why; after all (I:7)

везде́ everywhere (I:5)

везти́ (везёт; *past* везло́)/**повезти́** (+ *dat.*) *impersonal* to have good luck; to be lucky (II:2)

Вам не повезло́. You had bad luck. (II:2)

Вам повезло́. You had good luck.; You were lucky. (II:2)

Век живи́, век учи́сь! Live and learn! (II:7)

вен(о́)к (*gen. sing.* венка́) wreath [II:4]

ве́рить (ве́рю, ве́ришь)/**пове́рить** (+ *dat.*) to believe: **Ты ей ве́ришь?** Do you believe her? [I:8]

Ве́рно! That's true!; That's right! (I:7)

верну́ться (верну́сь, вернёшься) *pfv.* (*impfv.* возвраща́ться) to return; to come back; to go back (II:1)

ве́село: Бы́ло о́чень ве́село. It was a lot of fun.; We had a lot of fun. (I:7)

весна́ spring (II:6)

весно́й in the spring (II:1)

весь (вся, всё, все) all; the whole; all of (I:4)

ве́чер evening

До́брый ве́чер! Good evening! (I:5)

ве́чером in the evening (I:5)

ве́шать/пове́сить (пове́шу, пове́сишь) to hang; to hang up (I:6)

вещь (*gen. pl.* веще́й) *f.* thing (II:1)

взять (возьму́, возьмёшь; *past* взял, взяла́, взя́ло, взя́ли) *pfv.* (*impfv.* брать) **1.** to take; **2.** to get (II:1)

вид 1. sight **2.** type; kind; sort (II:1)

Что за вид?! What a sight you are! (II:7)

ви́деть (ви́жу, ви́дишь)/**уви́деть** to see (I:6)

Вот ви́дишь (ви́дите)! You see!; See! (I:4)

ви́лка (*gen. pl.* ви́лок) fork (II:2)

винегре́т salad with beets [II:3]

вино́ wine [I:7] (II:3)

винова́т (винова́та, винова́то, винова́ты) at fault; to blame [II:4]

(Это) я винова́т (винова́та). It's my fault. [II:4]

виолонче́ль *f.* cello [II:1]

висе́ть (*usu. 3rd pers.*) (виси́т, вися́т) to hang; to be hanging (I:5)

вкус taste

О вку́сах не спо́рят. There's no accounting for taste. (II:7)

вку́сно (it's/that's) tasty; (it's/that's) delicious (II:3)

вку́сно пое́сть to eat well; to have something good to eat (II:3)

вку́сный tasty; delicious [I:8] (II:2)

вме́сте together (I:7)

вначáле at first [II:4]

внизý downstairs; below (I:4)

внимáтельно attentively; carefully [II:4]

внимáтельный (внимáтелен, внимáтельна, внимáтельно, внимáтельны) attentive (II:6)

внук grandson (I:2)

внýчка granddaughter (I:2)

во-вторы́х *parenthetical* in the second place (II:7)

водá (*acc. sing.* вóду) water (I:4)

минерáльная водá mineral water (II:3)

води́тель *m.* driver [I:8]

води́ть (вожý, вóдишь) (маши́ну) to drive (II:2)

вожде́ние driving [II:2]

возвращáться/верну́ться (верну́сь, верне́шься) to return; to come back; to go back (II:1)

вóзле (+ *gen.*) near; by; beside; next to [II:3] (II:6)

возражáть/возрази́ть (возражý, возрази́шь) to object; to have an objection (I:6)

Я не возражáю. I have no objections. (I:6)

вокзáл train station; (railroad) station (II:1)

вокрýг (+ *gen.*) around [II:3]

волновáться (волнýюсь, волнýешься) to worry; to be nervous

Не волнýйся (волнýйтесь)! Don't worry! (I:6)

вон (over) there (I:2)

вообще́ *parenthetical* in the first place (II:7)

во-пéрвых in general (I:8)

вопрóс question (I:3)

задавáть/задáть вопрóс (+ *dat.*) to ask (someone) a question (I:8)

восемнáдцать eighteen (I:6)

вóсемь eight (I:2)

вóсемьдесят eighty (I:6)

воскресéнье Sunday (I:7)

воспóльзоваться (воспóльзуюсь, воспóльзуешься) (+ *instr.*) *pfv.* (*impfv.* пóльзоваться) to use; to make use of (II:6)

востóк east (II:8)

восьмóй eighth (I:6)

вот here (is) (I:2)

Вот ви́дишь (ви́дите)! You see!; See! (I:4)

Вот э́то да! Now *that's* a . . . ! (II:3)

вперёд forward

Вперёд! Let's go! (II:3)

впереди́ ahead (II:7)

врать (вру, врёшь; *past* врал, вралá, врáло, врáли)/соврáть to lie [II:3]

врач (*gen. sing.* врачá) physician; doctor (I:6)

врéмя (*gen., dat., and prep. sing.* врéмени) *neut.* time (I:6)

всё врéмя all the time; constantly; keep (doing something) (II:1)

пéрвое врéмя at first (II:4)

все (*pl. of* весь) **1.** everybody; everyone; **2.** all (I:4)

всё[1] *adverb* **1.** still [II:6]; **2.** (+ *compar.*) -er and -er; more and more: всё рáньше и рáньше earlier and earlier; всё чáще и чáще more and more often (II:1)

всё[2] everything; all (I:4)

Всё в поря́дке. Everything is in order; Everything's fine. (I:6)

всё врéмя all the time; constantly; keep (doing something) (II:1)

всё равнó **1.** in any case (II:8); **2.** all the same; still (II:4)

Всё хорошó, что хорошó кончáется. All's well that ends well. (II:8)

всё, что нýжно everything one needs [I:7]

Всё я́сно. I understand; Everything is clear. (II:1)

Всегó хорóшего! All the best!; Take care! (II:2)

Это всё? Is that all? [I:4]

всегдá always (I:8)

всегó only [II:4]

всё-таки all the same; still; nevertheless (II:1)

вспоминáть/вспóмнить (вспóмню, вспóмнишь) to recall [I:7] (II:4)

вставáть/встать (встáну, встáнешь) to get up (II:1)

встрéтить (встрéчу, встрéтишь) *pfv.* (*impfv.* встречáть) **1.** to meet (I:8); **2.** to celebrate (a holiday) (II:3)

встрéтиться (встрéчусь, встрéтишься) (с + *instr.*) *pfv.* (*impfv.* встречáться) to meet; to get together (with) (II:7)

встрéча encounter [II:2]

встречáть/встрéтить (встрéчу, встрéтишь) **1.** to meet (I:8); **2.** to celebrate (a holiday) (II:3)

встречáть Нóвый год to celebrate New Year's Eve (II:3)

встречáться/встрéтиться (встрéчусь, встрéтишься) (с + *instr.*) to meet; to get together (with) (II:7)

вся́кий any

на вся́кий слýчай just in case (II:7)

втóрник Tuesday (I:7)

во втóрник on Tuesday (I:7)

вторóй second (I:6)

вход entrance (II:7)

Вход воспрещáется. No admittance. [II:1]

вчерá yesterday (I:6)

вы *formal or pl.* you (I:1)

Вы не скáжете... ? Could you tell me . . . ? (I:8)

Чтó вы! What are you talking about!; What do you mean! (I:8)

выбирáть/вы́брать (вы́беру, вы́берешь) to choose; to select (II:8)

(*when ordering at a restaurant*) Вы ужé вы́брали? Have you decided? (II:8)

выезжáть/вы́ехать (вы́еду, вы́едешь) to leave (by vehicle) (II:8)

Такси́ ужé вы́ехало. The taxi is on the way. (II:8)

вы́звать (вы́зову, вы́зовешь) *pfv.* (*impfv.* вызыва́ть) to call (II:5)

Выздора́вливай(те)! Get well! (II:5)

Скоре́е выздора́вливай(те)! Get well soon! (II:5)

вызыва́ть/вы́звать (вы́зову, вы́зовешь) to call (II:5)

вызыва́ть/вы́звать врача́ to call a doctor; to get a doctor (II:5)

вы́йти (вы́йду, вы́йдешь; *past* вы́шел, вы́шла, вы́шло, вы́шли) *pfv.* (*impfv.* выходи́ть) to go out (of); to come out (of) (II:1)

вылéчивать/вы́лечить (вы́лечу, вы́лечишь) (**от** + *gen.*) to cure (of) (II:5)

выпи́сывать/вы́писать (вы́пишу, вы́пишешь) to write out (II:5)

вы́писать больни́чный лист (+ *dat.*) to write (out) a medical excuse (for someone) (II:5)

вы́писать на рабо́ту to clear someone for work (II:5)

вы́писать реце́пт to write out a prescription (II:5)

вы́пить (вы́пью, вы́пьешь) *pfv.* (*impfv.* пить) to drink (II:3)

вы́расти (вы́расту, вы́растешь; *past* вы́рос, вы́росла, вы́росло, вы́росли) *pfv.* (*impfv.* расти́) 1. to grow [II:3]; 2. to grow up [I:6]

высо́кий 1. high; 2. tall (II:3)

высо́кая температу́ра high temperature

вы́учить (вы́учу, вы́учишь) *pfv.* (*impfv.* учи́ть) to learn; to memorize (I:7)

выходи́ть (выхожу́, выхо́дишь)/**вы́йти** (вы́йду, вы́йдешь; *past* вы́шел, вы́шла, вы́шло, вы́шли) to go out (of); to come out (of) (II:1)

выходи́ть/вы́йти за́муж (**за** + *acc.*) (*of a woman*) to marry; to get married (to): **Она́ вы́шла за́муж за Ви́ктора.** She married Victor. (I:8)

Вьетна́м Vietnam [II:4]

вьетна́м(е)ц/вьетна́мка (*gen. pl.* вьетна́мок) a Vietnamese [II:4]

Г

газе́та newspaper (I:1)

галере́я gallery [II:1]

гара́ж (*gen. sing.* гаража́) garage [I:5]

гардеро́б coat check (room) [II:7]

гвозди́ка carnation [II:6]

где where (I:1)

герои́ня heroine [I:7]

гид guide [I:5]

гита́ра guitar [I:7] [II:3]

гла́вное *noun, declines like adj.* the main thing [I:6] [II:1]

са́мое гла́вное the most important thing (II:1)

гла́вный main; chief [I:6] [II:2]

глу́пый stupid [II:2]

говори́ть (говорю́, говори́шь) (I:4)/**сказа́ть** (скажу́, ска́жешь) (I:6) 1. (*impfv. only*) to speak; to talk; 2. to say; to tell

говори́ть по-ру́сски to speak Russian

говори́ть «ты» («вы») (+ *dat.*) to use "ты" ("вы") with someone

открове́нно говоря́ *parenthetical* frankly speaking (II:5)

год (*prep. sing.* в году́, *pl.* го́ды, *gen. pl.* лет) year (I:6)

голова́ (*acc. sing.* го́лову, *pl.* го́ловы, *gen. pl.* голо́в, *dat. pl.* голова́м) head (II:5)

голубо́й light blue (II:4)

гора́здо (+ *compar.*) much; far (II:1)

горди́ться (горжу́сь, горди́шься) (+ *instr.*) to be proud (of) [II:1]

го́рло throat (II:5)

го́род (*pl.* города́) city; town (I:5)

городско́й тра́нспорт public transportation (II:1)

горчи́чник mustard plaster [II:5]

горя́чий hot (II:5)

горячо́ (it's/that's) hot (II:5)

господи́н (*pl.* господа́) (*usu. used before a full name or last name*) Mister; Mr. (II:8)

гость (*gen. sing.* го́стя, *gen. pl.* госте́й)/**го́стья** guest (I:4)

в гостя́х (быть) (to be) visiting (II:4)

приглаша́ть/пригласи́ть (+ *acc.*) **в го́сти** to invite (someone) over (II:4)

гото́в (гото́ва, гото́во, гото́вы) ready (I:8)

гото́вить (гото́влю, гото́вишь)/**пригото́вить** 1. to prepare; 2. to cook (I:7)

гото́виться (гото́влюсь, гото́вишься) **к экза́мену** to prepare for an exam; to get ready for an exam (II:2)

граби́тель robber [II:2]

грани́ца:

за грани́цей abroad (II:6)

пое́здка за грани́цу a trip abroad (II:4)

пое́хать за грани́цу to go abroad (II:4)

гриб (*gen. sing.* гриба́) mushroom (II:3)

грипп influenza; flu (II:5)

гро́мко loudly (I:4)

гру́ппа group; section; class (*at a university, etc.*) (II:4)

грусти́ть (грущу́, грусти́шь) (**о** + *prep.*) to yearn (for) [II:3]

гру́стный sad (II:6)

гря́зно (it's) muddy [I:7]

грязь (*prep. sing.* в грязи́) *f.* mud [I:5]

гуля́ть/погуля́ть to walk; to go for a walk; to take a walk (I:4)/(II:4)

гурма́н gourmet [II:3]

гусь (*gen. pl.* гусе́й) *m.* goose (II:3)

Д

да yes (I:1)

дава́й(те) *particle* let's . . . : **Дава́й смотре́ть телеви́зор.** Let's watch TV.

Дава́йте познако́мимся. Let's get acquainted. (I:2)

дава́ть (даю́, даёшь)/**дать** (дам, дашь, даст, дади́м, дади́те, даду́т; *past* дал, дала́, дало́, да́ли)
  1. (+ *dat.* + *acc.*) to give (I:5); **2.** *colloquial* (*usu. impfv. 3rd pers. pl.* даю́т, дава́ли) to be selling (II:6)

давно́ **1.** long ago; **2.** (for) a long time (II:2)

да́же *particle* even (I:5)

далеко́ far; far away (I:3)

да́льше (*compar. of* далёкий *and* далеко́) **1.** farther; **2.** further; **3.** next (II:3)

дари́ть (дарю́, да́ришь)/**подари́ть** (+ *dat.* + *acc.*) to give (*as a present*) (I:6)

дать (дам, дашь, даст, дади́м, дади́те, даду́т; *past* дал, дала́, дало́, да́ли) (+ *dat.* + *acc.*) *pfv.* (*impfv.* дава́ть) to give (I:5)

два (*f.* две) two (I:2)

два́дцать twenty (I:6)

две *f.* two

двена́дцатый twelfth (I:6)

двена́дцать twelve (I:2)

дверь (*prep. sing.* о две́ри, на двери́; *gen. pl.* двере́й) *f.* door (I:4)

двойно́й double [II:7]

двор (*gen. sing.* двора́) courtyard (II:3)

де́вочка (little) girl (I:2)

де́вушка girl; young woman (I:5)
  люби́мая де́вушка the girl one is in love with [II:3]

девчо́нка (*gen. pl.* девчо́нок) *colloquial* girl [II:6]

девяно́сто ninety (I:6)

девятна́дцать nineteen (I:6)

девя́тый ninth (I:6)

де́вять nine (I:2)

Дед Моро́з Grandfather Frost (II:3)

де́душка (*gen. pl.* де́душек) grandfather (I:2)

дежу́рный/дежу́рная *noun, declines like adj.* man/woman on duty [II:4]

де́йствие act (*in a play, opera, etc.*) (II:7)

действи́тельно really; actually (I:5)

дека́брь (*gen. sing.* декабря́) *m.* December (I:8)

де́лать/**сде́лать** **1.** to do (I:3); **2.** to make (I:7)

де́ло (*pl.* дела́, *gen. pl.* дел) matter; business (I:8)
  В чём де́ло? What's the problem?; What's the matter? (I:5)
  друго́е де́ло (that's) a different matter; (that's) another matter (II:7)
  Как (у тебя́, у вас) дела́? How are things (with you)?; How are you doing? (I:1)
  по де́лу on business [I:7]
  Это не твоё (не ва́ше) де́ло. *rather rude* It's/That's none of your business. (I:8)

делово́й **1.** business (*adj.*); **2.** businesslike (II:3)

д(е)нь (*gen. pl.* дней) *m.* day (I:7)
  До́брый день! Good day!; Good afternoon! (I:4)

Междунаро́дный же́нский день International Women's Day (II:6)

нерабо́чий день day off [II:6]

де́ньги (*gen.* де́нег, *dat.* деньга́м) *pl.* money (I:8)

держа́ть (держу́, де́ржишь) to hold [II:2]
  Держи́те! (*when throwing something to someone*) Catch! [II:2]

десе́рт dessert (II:8)

деся́тый tenth (I:6)

де́сять ten (I:2)

де́ти (*gen.* дете́й, *dat.* де́тям, *instr.* детьми́) *pl.* (*sing.* ребён(о)к) children (I:6)

дети́шки *affectionate* children; kids [II:3]

де́тский сад kindergarten [II:3]

джаз jazz [I:4]

джентльме́н gentleman [II:3]

джи́нсы (*gen.* джи́нсов) *pl.* jeans [II:7]

дива́н couch (I:3)

дипло́м diploma [I:7]

дире́ктор director (I:4)

дискримина́ция discrimination [I:5]

диспе́тчер dispatcher [II:8]

диссерта́ция dissertation; thesis [I:5]

дли́нный long (I:8)

для (+ *gen.*) for: **Принеси́ что́-нибудь вку́сное для Бе́лки.** Bring something tasty for Belka. (I:8)

днём **1.** in the daytime; **2.** in the afternoon (I:7)

дно bottom [II:3]
  (Пей) до дна! Bottoms up! [II:3]

до (+ *gen.*) **1.** (up) to: **от вокза́ла до аэропо́рта** from the train station to the airport (II:8); **2.** before: **До институ́та я зако́нчила медици́нское учи́лище.** I finished a special school for nurses before the institute. (I:7); **3.** until; till: **Мы бу́дем тут до апре́ля.** We'll be here till April. (II:3)

до свида́ния goodbye (I:1)

до сих пор until now; even now (II:4)

добр: будь добр (добра́), бу́дьте добры́ would you mind . . . ; if you don't mind (II:4)

до́брый **1.** kind; **2.** good
  До́брый ве́чер! Good evening! (I:5)
  До́брый день! Good day!; Good afternoon! (I:4)

довози́ть (довожу́, дово́зишь)/**довезти́** (довезу́, довезёшь; *past* довёз, довезла́, довезло́, довезли́) (до + *gen.*) to take (to); to give a ride (to) (II:8)

договори́ться (договорю́сь, договори́шься) *pfv.* to agree (to) (II:4)
  Договори́лись! It's settled!; Agreed! (I:7)

дождь (*gen. sing.* дождя́) *m.* rain (II:1)
  Идёт дождь. It's raining. (I:7)

до́ктор (*pl.* доктора́) doctor (II:5)

докуме́нт document (I:5)

до́лго for a long time; long (I:8)

до́лжен (должна́, должно́, должны́) 1. must; have to; **2.** should; be supposed to (I:5)

дом (*pl.* дома́) **1.** house; **2.** building; **3.** apartment building (I:2)

до́ма at home (I:1)

чу́вствовать себя́ как до́ма to feel at home (II:3)

дома́шний 1. home (*adj.*); **2.** homemade; home-cooked [II:3] (II:5)

дома́шнее зада́ние homework (assignment) (I:3)

домо́й (*indicates direction*) home (II:1)

доро́га way (I:8)

перебега́ть/перебежа́ть доро́гу (+ *dat.*) to cross someone's path [II:2]

по доро́ге on the way; along the way (II:6)

присе́сть на доро́гу to sit down before a trip [II:8]

Я показа́л ему́ доро́гу. I showed him the way; I told him how to get there.

дорого́й 1. dear (I:2); **2.** expensive (I:5)

достава́ть (достаю́, достаёшь)/**доста́ть** (доста́ну, доста́нешь) to get; to obtain (II:7)

доста́точно enough (II:7)

Вре́мени доста́точно. (One has/There is) enough time. (II:7)

доста́ть (доста́ну, доста́нешь) *pfv.* (*impfv.* достава́ть) to get; to obtain (II:7)

до́ченька *affectionate* daughter [I:3]

дочь (*gen., dat., and prep. sing.* до́чери, *pl.* до́чери, *gen. pl.* дочере́й) *f.* daughter (I:2)

друг (*pl.* друзья́, *gen. pl.* друзе́й) friend (I:5)

друг дру́га (**друг дру́гу, друг о дру́ге**, etc.) (to, about, etc.) each other; (to, about, etc.) one another (I:6)

друго́й other; another (I:5)

друго́е де́ло (that's) a different matter; (that's) another matter (II:7)

дру́жба friendship (II:3)

ду́мать/поду́мать to think (I:5)

духи́ (*gen.* духо́в) *pl.* perfume (II:6)

душ shower (I:4)

дыша́ть (дышу́, ды́шишь) to breathe [II:5]

Е

«Евге́ний Оне́гин» *Eugene Onegin* (*a novel in verse by A. S. Pushkin*) [I:7]

его́ 1. *gen. and acc. of* он *and* оно́; **2.** *possessive* his; its (I:1)

еди́нственный only (II:3)

её 1. *gen. and acc. of* она́; **2.** *possessive* her; hers; its (I:1)

е́здить (е́зжу, е́здишь) *multidir. of* е́хать to go (*by vehicle*); to ride; to drive (II:4)

ей *dat. and instr. of* она́

ёлка (*gen. pl.* ёлок) New Year's tree (II:3)

ёлочка (*gen. pl.* ёлочек) *diminutive* New Year's tree (II:3)

ему́ *dat. of* он *and* оно́

е́сли if (I:4)

есть[1] (ем, ешь, ест, еди́м, еди́те, едя́т; *past* ел, е́ла, е́ло, е́ли) **1.** *pfv.* **съесть** to eat; (*pfv. only*) to eat up (I:8); **2.** *pfv.* **пое́сть** to eat; to have something to eat; to have a bite (II:3)

есть[2] (*3rd person sing. present of* быть) **1.** there is (are); **2.** with **у меня́** (**у тебя́**, etc.) I (you, etc.) have

Там есть лифт. There's an elevator there.

У вас есть слова́рь? Do you have a dictionary? (I:4)

е́хать (е́ду, е́дешь)/**пое́хать 1.** to go (*by vehicle*); to ride; to drive; **2.** *pfv. only* to set out (*by vehicle*) [I:8]

ещё 1. still; **2.** yet (I:2); **3.** else (I:2)

ещё нет not yet (I:2)

ещё раз once again (I:7)

Ж

жаль it's/that's a pity!; (that's) too bad (I:6)

жа́рко (it's) hot (II:1)

Мне жа́рко. I'm hot.

жарко́е *noun, declines like adj.* roasted meat [II:5]

ждать (жду, ждёшь; *past* ждал, ждала́, жда́ло, жда́ли) **1.** to wait (for) (I:4); **2.** to expect (I:7)

же *particle* (*used for emphasis*) surely; after all (I:6)

жела́ть (+ *dat.* + *gen.*) to wish (someone something) (II:2)

Жела́ю вам здоро́вья! I wish you good health!

Жела́ю (вам) уда́чи! Good luck! (II:2)

Жела́ю успе́ха! Best of luck!; Hope you're successful! (II:6)

Жела́ю (вам) хорошо́ провести́ вре́мя! Have a good time! (II:2)

жёлтый yellow (II:4)

жена́ (*pl.* жёны, *gen. pl.* жён) wife (I:2)

муж и жена́ Кругло́вы Mr. and Mrs. Kruglov; the Kruglovs, husband and wife (I:2)

жена́т(ы) (*of a man or a couple*) married: **Он жена́т.** He's married; **Они́ жена́ты.** They're married. (I:8)

жени́ться (женю́сь, же́нишься) (**на** + *prep.*) *impfv. and pfv.* (*of a man*) to get married; to marry (someone): **Он жени́лся на Ле́не.** He married Lena. (I:8)

же́нский woman's; women's (II:6)

же́нщина woman (I:4)

же́ртва sacrifice [II:7]

живо́т (*gen. sing.* живота́) stomach [II:5]

жизнь *f.* life [II:1] (II:4)

жить (живу́, живёшь; *past* жил, жила́, жи́ло, жи́ли) to live (I:2)

журна́л magazine; journal (I:1)

журнали́ст/журнали́стка (*gen. pl.* журнали́сток) journalist [I:2]

журнали́стика journalism [I:4]

факульте́т журнали́стики journalism department

З

за 1. (+ *acc.*) for: **за биле́ты пла́тит фи́рма** the firm pays for the tickets (I:8); **2.** (+ *acc. to indicate how long it takes to complete something*) in; it takes . . . (II:4); **3.** (+ *instr.*) behind (I:8); **4.** (+ *instr.*) for; to get: **Он верну́лся за сигаре́тами.** He went back for his cigarettes. (II:1); **5.** (+ *instr.*) at: **за столо́м** at the table (II:2)

за грани́цей abroad (II:6)

пое́здка за грани́цу a trip abroad (II:4)

пое́хать за грани́цу to go abroad (II:4)

заблуди́ться (заблужу́сь, заблу́дишься) *pfv.* to get lost [I:8] (II:1)

заболе́ть (заболе́ю, заболе́ешь) *pfv.* to get sick; to fall ill (II:2)

забра́сывать/забро́сить (забро́шу, забро́сишь) to throw [II:7]

забро́сить ша́йбу to score a goal [II:7]

забыва́ть/забы́ть (забу́ду, забу́дешь) to forget (II:1)

за́втра tomorrow (I:7)

за́втракать/поза́втракать to have breakfast; to have lunch (II:6)

задава́ть (задаю́, задаёшь)**/зада́ть** (зада́м, зада́шь, зада́ст, задади́м, задади́те, зададу́т; *past* за́дал, задала́, за́дало, за́дали) **вопро́с** (+ *dat.*) to ask (someone) a question (I:8)

зада́ние assignment

дома́шнее зада́ние homework (assignment) (I:3)

заезжа́ть/зае́хать (в *or* на + *acc. or* к + *dat.*) to stop in (at); to stop by (at); to drop by; (за + *instr.*) to pick up (someone or something); to stop by (some place) for something (II:7)

зайти́ (зайду́, зайдёшь; *past* зашёл, зашла́, зашло́, зашли́) *pfv.* (*impfv.* заходи́ть) (в *or* на + *acc. or* к + *dat.*) to call (on someone); to stop by; to stop at; to stop in (II:5)

зака́зывать/заказа́ть (закажу́, зака́жешь) to order; to reserve (II:8)

У нас зака́зан сто́лик. We have a table reserved. [II:8]

Э́то он заказа́л нам сто́лик. He's the one who reserved a table for us. [II:8]

зака́нчивать/зако́нчить (зако́нчу, зако́нчишь) to finish (I:7)

закрыва́ть/закры́ть (закро́ю, закро́ешь; *past passive participle* закры́тый) to close; to shut [I:4] (II:5)

закрыва́ться/закры́ться (закро́ется, закро́ются) (*3rd pers. only*) to close; to be closed [II:1]

закры́тый (*adj. and past passive participle of* закры́ть) closed [II:2] (II:5)

заку́ска (*gen. pl.* заку́сок) appetizer [II:6]

зал hall; auditorium (II:7)

заме́тить (заме́чу, заме́тишь) *pfv.* (*impfv.* замеча́ть) to notice (I:8)

замеча́тельно wonderfully; marvelously; (it's/that's) wonderful; (it's/that's) marvelous (I:6)

Замеча́тельно! Great! (I:6)

замеча́тельный wonderful; marvelous (I:3)

замеча́ть/заме́тить (заме́чу, заме́тишь) to notice (I:8)

зам(о́)к (*gen. sing.* замка́) lock [I:5]

за́муж:

выходи́ть/вы́йти за́муж (за + *acc.*) (*of a woman*) to marry; to get married (to): **Она́ вы́шла за́муж за Ви́ктора.** She married Viktor. (I:8)

за́мужем (*of a woman*) married: **Она́ за́мужем.** She's married. (I:8)

занима́ться 1. (+ *instr.*) to be occupied with; to be engaged in (II:2); **2.** to study (I:7)

заня́тия *pl. only* classes (I:7)

за́нятый (за́нят, занята́, за́нято, за́няты) busy (II:5)

за́пад west (II:8)

запи́ска (*gen. pl.* запи́сок) note [II:5]

записна́я кни́жка notebook; address book [I:6]

заплати́ть (заплачу́, запла́тишь) (за + *acc.*) *pfv.* (*impfv.* плати́ть) to pay (for) (I:8)

зато́ (*often* но зато́) but (then); but on the other hand (II:6)

заходи́ть (захожу́, захо́дишь)**/зайти́** (зайду́, зайдёшь; *past* зашёл, зашла́, зашло́, зашли́) (в *or* на + *acc. or* к + *dat.*) to call (on someone); to stop by; to stop at; to stop in (II:5)

Заходи́(те)! Come in! (I:6)

заче́м what (does one need . . .) for; why (I:4)

звать (зову́, зовёшь) *see* **зову́т**

звони́ть (звоню́, звони́шь)**/позвони́ть** (+ *dat.*) to call; to phone (I:7)

звук sound (I:1)

зда́ние building (II:2)

здесь here (I:1)

здоро́ваться/поздоро́ваться to greet (someone) [II:2]

здоро́вый healthy (II:5)

здоро́вье health (I:6)

Как ва́ше здоро́вье? How are you? (I:6)

Здра́вствуй(те)! Hello! (I:1)

зелёный green [II:3] (II:4)

зе́ркало (*pl.* зеркала́) mirror [II:2]

зима́ (*acc. sing.* зи́му, *pl.* зи́мы) winter [II:6]

зимо́й in the winter (II:1)

знако́мить (знако́млю, знако́мишь)**/познако́мить** (+ *acc.* + с + *instr.*) to introduce (someone to) [II:4]

знако́миться (знако́млюсь, знако́мишься)/ **познако́миться** (с + *instr.*) to get acquainted (with) (I:2)

знако́мый 1. *adj.* acquainted (II:6); **2.** *adj.* familiar (II:7); **3.** знако́мый/знако́мая *noun, declines like adj.* acquaintance

знамени́тый famous (II:7)

знать to know (I:1)
(*in response to receiving some information*) **Бу́ду знать.** I'll remember that. [II:6]

зна́чит *parenthetical* so; then (I:6)

зна́чить (зна́чу, зна́чишь) to mean (II:3)

зову́т:
Как тебя́ (вас) зову́т? What's your name? (I:1)
Меня́ зову́т... My name is . . . (I:1)

золото́й gold; golden (II:4)

золоты́е ру́ки (у + *gen.*) (one is) good with one's hands (I:4)

И

и 1. and (I:1); **2.** also; as well (II:2); **3.** *used for emphasis:* **Прогно́з, мо́жет быть, и хоро́ший, но...** The forecast may indeed be good but . . . (II:2)

игра́ть to play (I:3)
игра́ть в хокке́й (баскетбо́л, etc.) to play hockey (basketball, etc.) (I:3)
игра́ть на роя́ле (гита́ре, etc.) to play the piano (the guitar, etc.) (I:4)

иде́я idea (I:6)

идти́ (иду́, идёшь; *past* шёл, шла, шло, шли)/**пойти́** (пойду́, пойдёшь; *past* пошёл, пошла́, пошло́, пошли́) **1.** to go; **2.** *impfv. only* to walk; **3.** *pfv. only* to set out (I:8)
Идёт дождь. It's raining. (I:7)
идти́ в похо́д to go camping; to go hiking (II:1)
Пойдём! Let's go! [I:4]

из (+ *gen.*) **1.** from: **из Москвы́** from Moscow; **2.** of; made of: **сала́т из тунца́** tuna salad (I:7)

изве́стный (изве́стен, изве́стна, изве́стно, изве́стны) well-known (II:4)

Извини́(те)! Excuse me! (I:2)

из-за (+ *gen.*) because of (II:7)

измеря́ть/изме́рить (изме́рю, изме́ришь) to measure [II:5]
изме́рить температу́ру (+ *dat.*) to take someone's temperature [II:5]

изуча́ть/изучи́ть (изучу́, изу́чишь) to study (in depth) [I:8] (II:2)

и́ли or (I:2)
и́ли... и́ли either . . . or . . . (I:7)

им 1. *instr. of* он *and* оно́; **2.** *dat. of* они́

име́ть to have
име́ть пра́во to have the right (I:8)

и́мпортный imported (I:3)

и́мя (*gen., dat., and prep. sing.* и́мени, *pl.* имена́, *gen. pl.* имён) *neut.* (first) name (I:2)
называ́ть по и́мени (и о́тчеству) to call someone by first name (and patronymic) (I:8)

и́наче otherwise; or (II:1)

И́ндия India [II:4]

инициа́лы (*usu. pl.*) initials [I:6]

иногда́ sometimes (I:5)

иностра́н(е)ц/иностра́нка (*gen. pl.* иностра́нок) foreigner [I:8] (II:1)

иностра́нный foreign (II:1)

институ́т institute (I:6)

инструме́нт tool [I:4]

интервью́ *neut. indecl.* interview [II:7] (II:8)
брать/взять интервью́ (у + *gen.*) to interview (someone); to do an interview (with someone) [II:7]
Интере́сно, где... (когда́... и т. д.) I wonder where . . . (when . . . , *and so on*) (II:6)

интере́сно in an interesting manner; (it's/that's) interesting (I:3)

интере́сный interesting (I:3)

интересова́ть (интересу́ю, интересу́ешь; *often 3rd pers.*) to interest: **Меня́ интересу́ет спорт.** I'm interested in sports. (I:8)

интересова́ться (интересу́юсь, интересу́ешься) (+ *instr.*) to be interested (in) (II:7)

иска́ть (ищу́, и́щешь) to look for (II:1)

исправля́ть/испра́вить (испра́влю, испра́вишь) to correct [I:8]

исто́рик historian (I:4)

истори́ческий historical; history (*adj.*) (I:5)
истори́ческий факульте́т history department (I:5)

исто́рия history (I:5)

ита́к so; and so [I:7]

их 1. *gen. and acc. of* они́; **2.** *possessive* their; theirs (I:1)

ию́ль *m.* July (I:8)

ию́нь *m.* June (I:8)

К

к (ко) (+ *dat.*) **1.** to: **Я иду́ к врачу́.** I'm going to the doctor. (I:8); **2.** (*when expressing time*) by: **к ве́черу** by the evening (II:3); **3.** for: **Э́то тебе́ пода́рок ко дню рожде́ния.** This is a present for your birthday.
к сожале́нию *parenthetical* unfortunately (I:6)

ка́ждый every; each (I:5)

ка́жется *parenthetical* it seems (I:4)

каза́ться (кажу́сь, ка́жешься)/**показа́ться** to seem (II:6)

как how (I:1)
Как ва́ше здоро́вье? How are you? (I:6)
Как (у тебя́, у вас) дела́? How are things with you?; How are you doing? (I:7)

Как (вы) поживáете? How are you (doing)? (I:7)

Как тебé (вам) не сты́дно! Shame on you! (II:3)

Как тебя́ (вас) зовýт? What's your name? (I:1)

Как э́то (+ *the word or phrase to which the speaker is reacting*)? What do you mean . . . ? (I:8)

какóй 1. which; what; **2.** what sort of; what is (are) . . . like?

Какóй позóр! How humiliating! (II:4)

Какóй стыд! How embarrassing! (II:4)

какóй-то some (II:3)

Калифóрния California (I:8)

кани́кулы (*gen.* **кани́кул**) *pl.* vacation (II:5)

капýста cabbage (II:3)

ки́слая капýста sauerkraut (II:3)

карандáш (*gen. sing.* карандашá) pencil (I:1)

кáрта map (I:5)

карти́на picture (II:5)

картóфельный: картóфельный салáт potato salad (I:7)

кáрточка card (I:7)

картóшка *colloquial* **1.** potatoes; **2.** (*gen. pl.* картóшек) a potato (II:5)

касáться/коснýться (коснётся, коснýтся) (*3rd pers. only*) (+ *gen.*) to concern; to have to do with (I:8)

кácca cashier's counter (II:7)

Я заплати́л(а) в кáссу. I paid the cashier. (II:6)

кассéта cassette (I:5)

категóрия category (II:2)

кат(ó)к (*gen. sing.* каткá) skating rink (II:5)

кáш(е)ль (*gen. sing.* кáшля) *m.* cough (II:5)

кáшлять/кáшлянуть (кáшляну, кáшлянешь... — *one-time action*) to cough (II:5)

кварти́ра apartment (I:2)

кинó *neut. indecl.* (the) movies (II:5)

ки́слый: ки́слая капýста sauerkraut (II:3)

класс 1. (*a group of students*) class (in school): **Мы учи́лись в однóм клáссе.** We were in the same class in school. (II:7); **2.** grade (in school) **Ты в какóм клáссе?** What grade are you in? (I:6)

клáссика 1. the classics; **2.** classical music (I:4)

класси́ческий classical (I:3)

класть (кладý, кладёшь)/**положи́ть** (положý, полóжишь) to lay; to put (II:3)

ключ (*gen. sing.* ключá) key (I:5)

кни́га book (I:1)

кни́жка:

записнáя кни́жка notebook; address book (I:6)

кни́жная пóлка bookshelf (I:5)

кни́жный шкаф bookcase (I:5)

ко = к: ко мне to my place (office) (I:8) (II:1)

когдá when (I:5)

кóе-какóй some (II:5)

колбасá sausage (I:3)

коллéга *m. and f.* colleague (II:6)

кольцевóй circle (*adj.*) (II:1)

комáндовать (комáндую, комáндуешь) to boss around (I:6)

кóмната room (I:2)

компáния group (of people) (I:7)

комплимéнт compliment (II:6)

компози́тор composer (I:3)

конвéрт envelope (I:6)

кон(é)ц (*gen. sing.* концá) end (II:7)

в концé концóв after all (I:8)

конéчно *parenthetical* of course (I:3)

консерватóрия conservatory (I:6) (II:4)

контрóльная *noun, declines like adj.* test; quiz (II:4)

конфéта piece of candy; *pl.* конфéты candy (II:2) (II:6)

концéрт concert (I:3)

кончáться/кóнчиться (кóнчится, кóнчатся) (*3rd pers. only*) to end (II:8)

Всё хорошó, что хорошó кончáется. All's well that ends well. (II:8)

корзи́на basket (II:2)

корóбка (*gen. pl.* корóбок) box (II:6)

космéтика make-up; cosmetics (II:6)

коснýться (коснётся, коснýтся), (*3rd pers. only*) (+ *gen.*) *pfv.* (*impfv.* касáться) to concern; to have to do with (I:8)

кот (*gen. sing.* котá) tomcat (I:2)

котлéта (breaded) meat patty; cutlet (II:2)

котóрый who; that; which (I:5)

в котóром часý? when?; at what time?

кóфе *m. indecl.* coffee (II:6)

кофéйник coffeepot (II:6)

кофéйный coffee (*adj.*) (II:6)

кóшка cat (I:2)

кошмáр nightmare (I:4)

краб crab (II:8)

краси́во beautifully; (it's/that's) beautiful; (it's/that's) pretty (II:6)

краси́вый beautiful; good-looking (I:2)

Крáсная плóщадь Red Square (II:1)

крáсный red (II:4)

Кремль (*gen. sing.* Кремля́) *m.* the Kremlin (II:1)

крéпко целýю (*usu. at the end of a letter to a close relative, sweetheart, or friend*) lots of love (I:7)

крéсло easy chair (I:3)

кровáть *f.* bed (I:5)

крóме тогó *parenthetical* besides (that); moreover (I:8)

кры́шка (*gen. pl.* кры́шек) lid (II:5)

кстáти о (+ *prep.*)... speaking of . . . (II:3)

кто who (I:1)

ктó-нибудь someone; somebody; anyone; anybody (II:3)

кто́-то someone; somebody (II:3)

куда́ (*indicates direction*) where (to) (I:4)

Куда́ ты? Where are you going? (I:4)

культу́рный cultured (I:6)

купи́ть (куплю́, ку́пишь) *pfv.* (*impfv.* покупа́ть) to buy (I:5)

курс year (*of college*) (I:6): **Она́ на второ́м ку́рсе.** She's a second-year student; She's in her second year.

курсова́я *noun, declines like adj.; see* **курсова́я рабо́та**

курсова́я рабо́та term paper (I:3)

ку́хня kitchen (I:2)

Л

ла́дно all right; okay [I:7] (II:4)

ла́мпа lamp (I:3)

лёгкий **1.** (*of weight*) light (I:3); **2.** easy; **3.** (*of wine, beer, etc.*) light (II:8)

легко́ easily; (it's/that's) easy [I:3]

ле́гче (*compar. of* лёгкий) easier, lighter (II:1)

лека́рство (от + *gen.*) medicine (for something) (II:5)

ле́кция lecture (I:7)

Он хорошо́ чита́ет ле́кции. He is a good lecturer. [I:7]

чита́ть ле́кции to give lectures [II:5]

ле́нта ribbon [II:4]

лес (*prep. sing.* в лесу́, *pl.* леса́) forest (II:3)

лет (*gen. pl. of* год) years (I:6)

Ско́лько ему́ лет? How old is he? (I:6)

ле́то summer (II:6)

ле́том in the summer (I:7)

лечи́ть (лечу́, ле́чишь) to treat (medically) (II:5)

ли **1.** *conjunction* if; whether; **Он спроси́л, получи́ла ли я его́ письмо́.** He asked whether I had received his letter. (I:7); **2.** *interrogative particle* **Зна́ете ли вы об э́том?** Do you know about this?

лимо́н lemon [II:5]

ли́ния line (II:1)

кольцева́я ли́ния circle line [II:1]

радиа́льная ли́ния cross-town line [II:1]

литерату́ра literature (I:7)

литерату́рный literary [I:7]

лифт elevator (I:4)

ли́шний spare; extra (I:6)

ло́жка (*gen. pl.* ло́жек) spoon (II:2)

Лос-А́нджелес Los Angeles [I:8]

лу́чше (*compar. of* хоро́ший, хорошо́) better (II:1) (*in response to a suggestion*) **Лу́чше не на́до.** It's/That's not a good idea.; Better you didn't. (II:5)

Лу́чше по́здно, чем никогда́. Better late than never. (II:7)

лу́чший (*compar. and superl. of* хоро́ший) **1.** better; **2.** (the) best (II:5)

люби́мый **1.** favorite (I:3); **2.** beloved [II:3]

люби́мая де́вушка the girl one is in love with [II:3]

люби́ть (люблю́, лю́бишь) **1.** to love; **2.** to like (I:4)

люб(о́)вь (*gen.* любви́) *f.* love (II:3)

любо́й any (II:5)

лю́ди (*gen.* люде́й *but* пять, шесть, *etc.*, челове́к; *dat.* лю́дям, *instr.* людьми́) *pl.* (*sing.* челове́к) people (I:6)

М

магази́н store; shop (I:3)

ходи́ть по магази́нам to shop; to go shopping; to go from store to store (II:6)

магнитофо́н tape recorder; tape player (I:5)

май May (I:8)

ма́ленький small; little (I:2)

ма́ло (+ *gen.*) **1.** little **2.** few (I:3)

ма́льчик boy (I:4)

ма́ма mom (I:1)

ма́мочка *affectionate* mom; mother dear (I:7)

ма́рка (*gen. pl.* ма́рок) stamp (I:6)

март March (I:8)

ма́ска mask [II:3]

ма́стер:

ма́стер на все ру́ки jack-of-all-trades (I:4)

материа́л material (II:8)

матч match; game [II:2] (II:7)

мать (*gen., dat., and prep. sing.* ма́тери, *pl.* ма́тери, *gen. pl.* матере́й) *f.* mother (I:1)

маши́на car (I:5)

Маши́на по́дана. The car is at your service. [II:8]

ме́бель *f.* furniture (I:3)

мёд honey [II:5]

медици́нский medical [I:6]

медици́нская сестра́ (медсестра́) nurse [I:7]

медици́нское учи́лище nurse-training school [I:7]

ме́дленно slowly (I:8)

медсестра́ (медици́нская сестра́) nurse [I:7]

ме́жду (+ *instr.*) between (II:1)

ме́жду про́чим *parenthetical* by the way; incidentally (I:8)

междунаро́дный international (II:6)

Междунаро́дный же́нский день International Women's Day (II:6)

ме́ньше (*compar. of* ма́ленький) smaller; (*compar. of* ма́ло) less; fewer (II:1)

меня́ *gen. and acc. of* я (I:1)

Меня́ зову́т... My name is . . . (I:1)

ме́рить (ме́рю, ме́ришь) to measure

ме́рить температу́ру to take someone's temperature (II:5)

ме́сто 1. place; **2.** space; room (I:5)
    Мест нет. No space available. (II:8)
ме́сяц month (I:7)
ме́тод method (II:5)
метрдоте́ль (*pronounced* -тэль) *m.* maitre d' [II:8]
метро́ *neut. indecl.* subway; metro (II:1)
метрополите́н (*pronounced* -тэн) *formal* subway; metro [II:1]
меша́ть (+ *dat.*) to bother [I:7]
    Я не хочу́ вам меша́ть. I don't want to bother you. [I:7]
микрорайо́н neighborhood (I:3)
ми́ленький *affectionate* sweetie [II:4]
ми́мо *adv. and prep.* (+ *gen.*) past; by: **Я прошла́ ми́мо.** I passed by. (II:6)
мимо́за mimosa [II:6]
минера́льная вода́ mineral water (II:3)
мину́та minute (I:7)
мир (*pl.* миры́) world (II:1)
    Мир те́сен. It's a small world. (II:8)
мла́дший younger (I:2)
мне *dat. and prep. of* я
мно́гие *pl. only* many; (*when used as a noun*) many people (I:7)
мно́го (+ *gen.*) much; many (I:3)
мо́жет быть *parenthetical* maybe; perhaps (I:4)
    Не мо́жет быть! Unbelievable! (I:7)
мо́жно one can; one may (I:4)
    (*on the phone*) **Мо́жно попроси́ть... ?** May I speak to . . . ? [I:7]
мой (моя́, моё, мои́) my; mine (I:1)
молодёжь *f.* young people [II:2]
Молоде́ц! Good job!; Well done! (I:4)
молодо́й young (I:3)
    молодо́й челове́к young man (I:5)
молоко́ milk (I:3)
Москва́ Moscow (I:2)
москви́ч (*gen. sing.* москвича́)/**москви́чка** (*gen. pl.* москви́чек) Muscovite; resident of Moscow [I:8]
моско́вский Moscow (*adj.*) [I:6] [II:1]
мочь (могу́, мо́жешь, мо́гут; *past* мог, могла́, могло́, могли́)/**смочь** to be able (I:5)/(II:7)
    Не мо́жет быть! Unbelievable! (I:7)
    Ты не мог (могла́) бы испра́вить мои́ оши́бки? Could you please correct my mistakes?; Could you possibly correct my mistakes? [I:8]
муж (*pl.* мужья́, *gen. pl.* муже́й) husband (I:2)
    муж и жена́ Кругло́вы Mr. and Mrs. Kruglov; the Kruglovs, husband and wife (I:2)
мужско́й 1. male; **2.** men's [I:8]
мужчи́на man (I:6)
му́зыка music (I:3)
музыка́нт musician [I:2] (II:4)

мы we (I:1)
мя́со meat (II:3)

Н

на 1. (+ *acc.* — *to denote a destination*) to: **Она́ идёт на по́чту.** She is going to the post office. (I:8); **2.** (+ *acc. to denote how long the result of an action is in effect*) for: **Мне э́та кни́га нужна́ на два дня.** I need this book for two days. (II:5); **3.** (+ *prep.*—*to denote location*) on: **на по́лке** on the shelf (I:4); **4.** (+ *prep.*—*at an event, an open place, etc.*) at; in: **на конце́рте** at a concert; **на стадио́не** at the stadium (I:4)
    игра́ть на роя́ле (гита́ре, etc.) to play the piano (guitar, etc.) (I:4)
    на вся́кий слу́чай just in case (II:7)
    На како́м вы (ты) ку́рсе? What year (of college) are you in? (I:6)
    на носу́ almost here [II:3]
набо́р set: **кофе́йный набо́р** coffee set [II:6]
наве́рно *parenthetical* most likely; probably (I:6)
над (+ *instr.*) over (II:4)
надева́ть/наде́ть (наде́ну, наде́нешь) to put on (clothes, shoes, etc.) [I:7]
наде́яться to hope (II:3)
на́до (+ *dat.* + *infin.*) (one) has to; (one) must (I:3) (*in response to a suggestion*) **Лу́чше не на́до.** It's/ That's not a good idea.; Better you didn't. (II:5)
наза́д:
    (тому́) наза́д ago (I:7)
    три го́да (тому́) наза́д three years ago
назва́ние name (I:5)
называ́ть:
    называ́ть по и́мени (и о́тчеству) to call someone by first name (and patronymic) (I:8)
найти́ (найду́, найдёшь; *past* нашёл, нашла́, нашло́, нашли́) *pfv.* (*impfv.* находи́ть) to find (II:6)
наконе́ц at last; finally (II:6)
накрыва́ть/накры́ть (накро́ю, накро́ешь) to cover
    накрыва́ть на стол to set the table [II:6]
нале́во to the left; on the left (I:3)
налива́ть/нали́ть (налью́, нальёшь) to pour [II:3]
нам *dat. of* мы
намно́го (+ *compar.*) much; far (II:1)
написа́ть (напишу́, напи́шешь) *pfv.* (*impfv.* писа́ть) to write (I:7)
напра́во to the right; on the right (I:3)
наприме́р for example; for instance (II:2)
наро́д 1. a people; **2.** people [II:1] (II:2)
наря́дный decorated [II:3]
нас *gen., acc., and prep. of* мы
на́сморк runny nose (II:5)
настоя́щий 1. present; **2.** real; true (II:1)
настрое́ние mood (I:5)

наступа́ющий: С наступа́ющим (Но́вым го́дом)! Happy New Year! (II:3)

научи́ть (научу́, нау́чишь) *pfv.* (*impfv.* учи́ть) to teach: **Я тебя́ научу́ води́ть маши́ну.** I'll teach you to drive. (II:2)

научи́ться (научу́сь, нау́чишься) *pfv.* (*impfv.* учи́ться, sense 2.) to learn (how to do something) [I:7] (II:2)

нау́шники *pl.* earphones (II:1)

находи́ть (нахожу́, нахо́дишь)/**найти́** (найду́, найдёшь; *past* нашёл, нашла́, нашло́, нашли́) to find (II:6)

нача́ло beginning; start

начина́ть/нача́ть (начну́, начнёшь) to begin (I:7)

начина́ться/нача́ться (начнётся, начну́тся; *past* начался́, начала́сь, начало́сь, начали́сь) (*3rd pers. only*) to start; to begin (*intransitive*) (II:5)

наш (на́ша, на́ше, на́ши) our; ours (1)

не not (I:1)

(*over the telephone*) **Вы не туда́ попа́ли.** You got the wrong number (II:5)

Не волну́йся (волну́йтесь)! Don't worry! (I:6)

(*in response to* **Спаси́бо!**) **Не́ за что!** Don't mention it!; No problem! (I:5)

Не мо́жет быть! Unbelievable! (I:7)

не при́нято it is not (considered) appropriate; we don't do that (here) [I:7]

...не так ли? . . . isn't that so?; . . . right? (II:8)

(Э́то) не твоё (ва́ше) де́ло. *rather rude* It's/That's none of your business. (I:8)

У нас э́то не при́нято. We don't do that (here). [I:7]

не то́т... the wrong . . . ; not the right . . . (I:5)

не́бо sky (II:2)

небольшо́й not large (I:3)

нева́жно:

Э́то нева́жно. That doesn't matter. (I:7)

невероя́тно unbelievably; (it's/that's) unbelievable

Э́то невероя́тно, но... You're not going to believe it (this), but . . . [I:7]

невозмо́жно (it's/that's) impossible (I:4)

невозмо́жный impossible (II:2)

него́ *variant of* его́ (*gen. and acc. of* он *and* оно́) *used after prepositions*

неда́вно recently (I:6)

недалеко́ от (+ *gen.*) not far from (I:6)

неде́ля week (I:7)

недорого́й inexpensive (I:5)

неё *variant of* её (*gen. and acc. of* она́) *used after prepositions*

незнако́мый unknown; unfamiliar

незнако́мые лю́ди strangers [I:8]

неизве́стный unknown [II:2]

ней *variant of* ей (*dat. and instr. of* она́) *used after prepositions*

не́который some (II:2)

нелегко́ (it's/that's) not easy; (it's/that's) difficult (II:6)

нело́вко awkwardly

Мне нело́вко вас беспоко́ить. I feel uncomfortable bothering you. [II:5]

нельзя́ 1. one cannot; it is impossible; **2.** one may not; it is forbidden (I:4)

нём *prep. of* он *and* оно́

неме́дленно at once; immediately [II:5]

неме́цкий German (II:1)

немно́го (+ *gen.*) a little (I:6)

нему́ *variant of* ему́ (*dat. of* он *and* оно́) *used after prepositions*

ненави́деть (ненави́жу, ненави́дишь) to hate [II:5]

непло́хо quite well; pretty well; (it's/that's) not bad (I:7)

неприя́тный unpleasant [II:1]

нерабо́чий: нерабо́чий день day off [II:6]

несимпати́чный unpleasant (I:4)

не́сколько a few; several; some (II:6)

нести́ (несу́, несёшь; *past*: нёс, несла́, несло́, несли́) to carry [I:8] (II:2)

нет 1. (*used at the beginning of a negative response*) no (I:1); **2.** not: ещё нет not yet; **Вы идёте и́ли нет?** Are you going or not?; **3.** *predicative* (+ *gen.*) there isn't (there aren't); there's (there are) no . . . : **Там нет ли́фта.** There's no elevator there.; **4.** *predicative* (+ *gen.* + **у** + *gen.*) I (you, etc.) don't have . . . ; I (you, etc.) have no . . . : **У меня́ нет соба́ки.** I don't have a dog.

Нет ничего́ невозмо́жного. Nothing is impossible. (II:2)

Никого́ нет. There's nobody there (I:4)

неуда́ча bad luck [II:2]

неуже́ли? really? (II:1)

ни...ни... neither . . . nor . . . ; (*negation +*) either . . . or . . . (II:4)

нигде́ nowhere (I:5)

никако́й no . . . (at all); not any (I:4)

Никако́го беспоко́йства. It's no trouble at all. (II:5)

никогда́ never (I:4)

никого́ *gen. and acc. of* никто́ (I:4)

Никого́ нет. There's nobody there. (I:4)

никто́ no one; nobody (I:4)

никуда́ nowhere; not . . . anywhere (II:4)

ним *variant of* им (*instr. of* он *and* оно́; *dat. of* они́) *used after prepositions*

них *variant of* их (*gen., acc., and prep. of* они́) *used after prepositions*

ничего́ nothing (I:4)

бо́льше ничего́ nothing else; not anything else [I:8]

(*in response to an apology*) **Ничего́!** That's okay! That's all right! (I:1) (*in response to* **Как дела́?**) **Ничего́.** Okay.

Ничего́, что письмо́ дли́нное? Is it okay that the letter is long? [I:8]

но but (I:3)

нового́дний New Year's [II:3]

новосе́лье housewarming [I:6]

но́вость (*pl.* но́вости, *gen. pl.* новосте́й) *f.* news [I:6] [II:7]

но́вый new (I:2)

нога́ (*acc. sing.* но́гу, *pl.* но́ги, *gen. pl.* ног, *dat. pl.* нога́м) **1.** leg; **2.** foot [I:5]

нож (*gen. sing.* ножа́) knife (II:2)

ноль (*or* **нуль**) (*gen. sing.* ноля́ *or* нуля́) *m.* zero (I:2)

но́мер (*pl.* номера́) number (I:2)

норма́льно (it's/that's) not unusual; (it's/that's) pretty normal [I:4]

норма́льный normal [II:5]

нос (*prep. sing.* на носу́, *pl.* носы́) nose

на носу́ almost here [II:3]

нос(о́)к (*gen. sing.* носка́) sock [II:5]

ночь (*gen. pl.* ноче́й) *f.* night (I:8)

но́чью at night (I:7)

ноя́брь (*gen. sing.* ноября́) *m.* November (I:8)

нра́виться (*usu. 3rd pers.* нра́вится, нра́вятся)/ **понра́виться** (+ *dat.*) to please (someone) (I:6)

Вам понра́вился фильм? Did you like the movie?

Мне (**им,** *etc.*) **э́та кни́га нра́вится.** I (they, etc.) like this book. (I:6)

ну́жен (**нужна́, ну́жно, нужны́**) **1.** needed; **2.** (+ *dat.*) one needs (II:1)

всё, что ну́жно everything one needs [I:7]

Мне нужны́ ма́рки. I need stamps.

ну́жно (one) must; (one) has to; (one) needs to

Мне ну́жно занима́ться. I need to study. (I:7)

нуль *see* **ноль**

О

о (**об, обо**) (+ *prep.*) about; of (I:4)

О вку́сах не спо́рят. There's no accounting for taste. (II:7)

обе́д afternoon meal; dinner (I:7)

обе́дать/пообе́дать to have dinner; to have lunch (II:6)

обеща́ть *impfv. and pfv.* to promise (II:2)

обижа́ть/оби́деть (оби́жу, оби́дишь) to offend [I:7]

обме́н exchange (II:4)

по обме́ну on an exchange program; as an exchange student (II:4)

общежи́тие dormitory (I:5)

объявле́ние sign [I:6]

объясня́ть/объясни́ть (объясню́, объясни́шь) to explain (II:6)

обы́чно usually (I:4)

обяза́тельно absolutely; definitely; by all means (I:7)

огур(е́)ц (*gen. sing.* огурца́) cucumber (II:3)

оди́н (**одна́, одно́, одни́**) **1.** *numeral* one (1:2); **2.** *pronoun* one: **оди́н из его́ би́знесов** one of his businesses (II:2); **3.** *adj.* alone (II:1); **4.** *adj.* a (certain); **5.** *adj.* the same (II:7); **6.** *adj.* only [II:3]

ни оди́н (**ни одного́,** etc.) not a single (II:7)

одина́ковый identical [II:6]

оди́ннадцатый eleventh (I:6)

оди́ннадцать eleven (I:2)

одно́ *neut. of* **оди́н**

одно́ и то же the same thing (II:3)

окно́ (*pl.* о́кна, *gen. pl.* о́кон) window (I:2)

о́коло (+ *gen.*) near; close to (II:4)

октя́брь (*gen. sing.* октября́) *m.* October (I:8)

он he; it (I:1)

она́ she; it (I:1)

они́ they (I:1)

оно́ it (I:1)

опа́здывать/опозда́ть (опозда́ю, опозда́ешь) to be late (I:7)

опа́сный dangerous (II:5)

о́пера opera [II:7]

опозда́ть (опозда́ю, опозда́ешь) *pfv.* (*impfv.* опа́здывать) to be late (I:7)

опуска́ть/опусти́ть (опущу́, опу́стишь) to lower [II:5]

о́пыт experience (II:1)

опя́ть again (I:3)

организова́ть (организу́ю, организу́ешь) *impfv. and pfv.* to organize (I:8)

оригина́льно creatively; (it's/that's) creative [I:3]

оригина́льный original; creative [II:6]

орке́стр orchestra (II:8)

освобожда́ться/освободи́ться (освобожу́сь, освободи́шься) to become available; to become free (II:8)

о́сень *f.* fall (II:6)

о́сенью in the fall (II:1)

осо́бенно especially (II:1)

остава́ться (остаю́сь, остаёшься)/**оста́ться** (оста́нусь, оста́нешься) **1.** to remain; to stay (I:7); **2.** to be left; to remain (II:3)

остана́вливать/останови́ть (остановлю́, остано́вишь) to stop (someone or something) [I:8]

остана́вливаться/останови́ться (остановлю́сь, остано́вишься) to stop; to come to a stop [I:8]

остано́вка (*of a bus, train, etc.*) stop

авто́бусная остано́вка bus stop (I:3)

оста́ться (оста́нусь, оста́нешься) *pfv.* (*impfv.* остава́ться) **1.** to remain; to stay; **2.** to be left; to remain (I:7)

Осторо́жно! Careful!; Be careful! (II:1)

осторо́жный (осторо́жен, осторо́жна, осторо́жено, осторо́жны) careful (II:8)

от (+ *gen.*) from (I:5)

отве́т answer (I:3)

отвеча́ть/отве́тить (отве́чу, отве́тишь) (+ *dat.*) to answer (I:8)

отдава́ть (отдаю́, отдаёшь)/отда́ть (отда́м, отда́шь, отда́ст, отдади́м, отдади́те, отдаду́т; *past* **о́тдал, отдала́, о́тдало, о́тдали) 1.** to return; to give (back) (I:5); **2.** to give (II:3)

отдалённый distant [II:1]

отда́ть (отда́м, отда́шь, отда́ст, отдади́м, отдади́те, отдаду́т; *past* **о́тдал, отдала́, о́тдало, о́тдали)** *pfv.* (*impfv.* отдава́ть) **1.** to return; to give (back) (I:5); **2.** to give (II:3)

от(е́)ц (*gen. sing.* отца́) father (I:1)

отка́зываться/отказа́ться (откажу́сь, отка́жешься) 1. to refuse (II:8); **2.** (**от** + *gen.*) to turn down (II:3)

открове́нно frankly (II:5)

открове́нно говоря́ *parenthetical* frankly speaking (II:5)

открыва́ть/откры́ть (откро́ю, откро́ешь) to open (I:5) (II:3)

откры́тка (*gen. pl.* откры́ток) postcard

поздрави́тельная откры́тка greeting card (II:6)

откры́ть (откро́ю, откро́ешь) *pfv.* (*impfv.* открыва́ть) to open (II:3)

отку́да 1. from where: **Отку́да вы?** Where are you from?; **2.** how: **Отку́да ты зна́ешь?** How do you know? (I:6)

отли́чно excellently

Отли́чно! Excellent! (I:7)

отли́чный excellent (I:7)

отменя́ть/отмени́ть (отменю́, отме́нишь) to cancel [II:5]

отмеча́ть/отме́тить (отме́чу, отме́тишь) to celebrate; to mark [II:8]

относи́ть (отношу́, отно́сишь)/отнести́ (отнесу́, отнесёшь) to take; to carry [II:5]

отопле́ние heating [I:4]

отпра́здновать (отпра́здную, отпра́зднуешь) *pfv.* (*impfv.* пра́здновать) to celebrate (I:6)

о́тчество patronymic (I:2)

называ́ть по и́мени и о́тчеству to call someone by first name and patronymic (I:8)

официа́льно formally; officially [II:3]

официа́льный official (II:6)

официа́нт waiter (II:8)

официа́нтка (*gen. pl.* официа́нток) waitress (II:8)

о́чень very (I:1)

О́чень прия́тно (познако́миться)! (It's/It was) very nice to meet you! (I:1)

о́чередь (*gen pl.* очереде́й) *f.* **1.** turn (II:3); **2.** line (I:8)

ждать свое́й о́череди to wait one's turn (II:3)

Кака́я дли́нная о́чередь! What a long line!

стать в о́чередь to get in line (I:8)

стоя́ть в о́череди to stand in line (I:8)

оши́бка mistake (I:6)

П

па́дать/упа́сть (упаду́, упадёшь; *past* **упа́л, упа́ла, упа́ло, упа́ли)** to fall [II:2]

паке́т bag [I:8]

пала́тка (*gen. pl.* пала́ток) tent (II:1)

пальто́ *neut. indecl.* (over)coat (II:7)

па́па dad (I:1)

па́почка *affectionate* dad [II:7]

па́ра 1. pair; **2.** couple (II:3)

па́р(е)нь (*gen. pl.* парне́й) *m.* guy; fellow [I:7] (II:3)

паркова́ть (парку́ю, парку́ешь) to park [I:5]

па́рный forming a pair; "paired" [II:2]

парте́р (*pronounced* -тэр) orchestra (seats) [II:7]

пассажи́р/пассажи́рка (*gen. pl.* пассажи́рок) passenger [II:1]

пау́к spider [II:2]

па́хнуть (*usu. 3rd pers.* па́хнет, па́хнут; *past* пах *and* па́хнул, па́хла, па́хло, па́хли) (+ *adverb*) to smell (good, bad, etc.) [II:3]

паште́т pâté [II:3]

пе́нсия pension (I:6)

пе́рвенство championship [II:7]

пе́рвый first (I:6)

пе́рвое вре́мя at first [II:4]

перебега́ть/перебежа́ть (перебегу́, перебежи́шь, перебегу́т) доро́гу (+ *dat.*) to cross someone's path [II:2]

пе́ред (пе́редо) (+ *instr.*) in front of; before [II:1]

передава́ть (передаю́, передаёшь)/переда́ть (переда́м, переда́шь, переда́ст, передади́м, передади́те, передаду́т; *past* **пе́редал, передала́, пе́редало, пе́редали)** to hand (something to someone); to pass (II:3)

пе́редо = пе́ред: пе́редо мной in front of me [II:1]

переду́мать *pfv.* to change one's mind [II:4]

переодева́ться/переоде́ться (переоде́нусь, переоде́нешься) to change clothes [II:7]

переса́дка (*gen. pl.* переса́док) change (of trains, buses, etc.) [II:1]

сде́лать переса́дку to change trains (buses, etc.)

пери́од period (*of time*) [II:7]

пе́сня (*gen. pl.* пе́сен) song (II:3)

петь (пою́, поёшь)/спеть to sing [I:7] (II:3)

пешехо́д pedestrian [II:1]

пешко́м on foot

пиани́ст/пиани́стка (*gen. pl.* пиани́сток) pianist [I:2]

пирож(о́)к (*gen. sing.* пирожка́) pirozhok (small filled pastry) (II:3)

писа́ть (пишу́, пи́шешь)/написа́ть to write (I:3)

письмо́ (*pl.* пи́сьма, *gen. pl.* пи́сем) letter (I:1)

пить (пью, пьёшь)/**вы́пить** (вы́пью, вы́пьешь) to drink; *usu. pfv.* to drink up (II:3)

пи́цца pizza [I:7]

плати́ть (плачу́, пла́тишь)/**заплати́ть** (за + *acc.*) to pay (for) (I:8)

пло́хо badly; (it's/that's) bad (I:4)

плохо́е *noun, declines like adj.* bad things [II:2]

плохо́й bad (I:2)

пло́щадь (*gen. pl.* площаде́й) *f.* (city) square (II:1)

по (+ *dat.*) **1.** along: **по у́лице** along the street; **2.** around: **гуля́ть по го́роду** walk around town (I:8); **3.** by; on: **по телефо́ну** by phone; **по телеви́зору** on television; **4.** by: **по оши́бке** by mistake [I:7]

кни́ги по исто́рии books on history

по де́лу on business [I:7]

смотре́ть но́вости по телеви́зору to watch the news on TV [I:7]

чемпио́н Росси́и по хокке́ю Russian hockey champion [II:7]

по-англи́йски (in) English

говори́ть по-англи́йски to speak English

писа́ть по-англи́йски to write in English

побе́да victory (II:7)

поблагодари́ть (поблагодарю́, поблагодари́шь) *pfv.* (*impfv.* благодари́ть) to thank (II:8)

повезти́ (повезёт; *past* повезло́) (+ *dat.*) *pfv.* (*impfv.* везти́) *impersonal* to have good luck; to be lucky (II:2)

Вам не повезло́. You had bad luck. (II:2)

Вам повезло́. You had good luck.; You were lucky. (II:2)

пове́рить (пове́рю, пове́ришь) (+ *dat.*) *pfv.* (*impfv.* ве́рить) to believe (I:8)

пове́сить (пове́шу, пове́сишь) *pfv.* (*impfv.* ве́шать) to hang; to hang up [I:6] [II:6]

Пове́сьте объявле́ние. Put up a sign. [I:6]

Пове́сьте тру́бку. Hang up. [II:4]

поговори́ть (поговорю́, поговори́шь) *pfv.* to have a talk [II:4]

пого́да weather (II:1)

прогно́з пого́ды weather forecast (II:1)

погуля́ть *pfv.* (*impfv.* гуля́ть) to go for a walk; to take a walk (II:4)

подари́ть (подарю́, пода́ришь) (+ *dat.* + *acc.*) *pfv.* (*impfv.* дари́ть) to give (as a present) (I:6)

пода́р(о)к gift; present (I:6)

подготови́тельный preparatory [II:4]

подзе́мный underground [II:1]

поднима́ть/**подня́ть** (подниму́, подни́мешь; *past* по́днял, подняла́, по́дняло, по́дняли) to raise [II:3]

подожда́ть *pfv.* to wait (II:2)

подойти́ (подойду́, подойдёшь; *past* подошёл, подошла́, подошло́, подошли́) (к + *dat.*) *pfv.* (*impfv.* подходи́ть) to walk up (to); to go over (to) (II:4)

подру́га (female) friend (I:6)

поду́мать *pfv.* (*impfv.* ду́мать) to think (I:8)

подходи́ть (подхожу́, подхо́дишь)/**подойти́** (подойду́, подойдёшь; *past* подошёл, подошла́, подошло́, подошли́) (к + *dat.*) to walk up (to); to go over (to) (II:4)

подъе́зд entryway; entrance; doorway (I:6)

по́езд (*pl.* поезда́) train (II:1)

пое́здка (*gen. pl.* пое́здок) trip [II:4] (II:8)

пое́сть (пое́м, пое́шь, пое́ст, поеди́м, поеди́те, поедя́т; *past* пое́л, пое́ла, пое́ло, пое́ли) *pfv.* (*impfv.* есть) to eat; to have something to eat; to have a bite (II:3)

вку́сно пое́сть to eat well; to have something good to eat (II:3)

пое́хать (пое́ду, пое́дешь) *pfv.* (*impfv.* е́хать) **1.** to go (*by vehicle*); to ride; to drive; **2.** to set out (*by vehicle*) [I:8]

Пое́хали! Let's go! (II:8)

пожа́луйста **1.** please; **2.** You're welcome!; **3.** Here you are! (I:1)

пожива́ть:

Как (вы) пожива́ете? How are you (doing)? (I:7)

поза́втракать *pfv.* (*impfv.* за́втракать) to have breakfast; to have lunch (II:6)

позвони́ть (позвоню́, позвони́шь) (+ *dat.*) *pfv.* (*impfv.* звони́ть) to call; to phone (I:7)

по́здно late (II:1)

поздоро́ваться *pfv.* (*impfv.* здоро́ваться) to greet (someone) [II:2]

поздрави́тельная откры́тка greeting card [II:6]

поздравля́ть/**поздра́вить** (поздра́влю, поздра́вишь) (+ *acc.* + с + *instr.*) to congratulate; to extend greetings (to); to wish (someone) a happy (holiday) [II:3] (II:6)

познако́мить (познако́млю, познако́мишь) (+ *acc.* + с + *instr.*) *pfv.* (*impfv.* знако́мить) to introduce (someone to) [II:4]

познако́миться (познако́млюсь, познако́мишься) (с + *instr.*) *pfv.* (*impfv.* знако́миться) to get acquainted (with) (I:2)

Дава́йте познако́мимся. Let's get acquainted. (I:2)

О́чень прия́тно познако́миться. (It's/It was) very nice to meet you. [I:4]

Познако́мьтесь, э́то... Allow me to introduce . . . (I:2)

позо́р: Како́й позо́р! How humiliating! [II:4]

пойти́ (пойду́, пойдёшь; *past* пошёл, пошла́, пошло́, пошли́) *pfv.* (*impfv.* идти́) **1.** to go; **2.** to set out (I:8)

Пойдём! Let's go! [I:4]

Пока́! *informal* Bye! (I:1)

показа́ться (покажу́сь, пока́жешься) *pfv.* (*impfv.* каза́ться) to seem (II:6)

пока́зывать/показа́ть (покажу́, пока́жешь) (+ *dat.* + *acc.*) to show (I:8)

  Я показа́л ему́ доро́гу. I showed him the way; I told him how to get there.

покупа́тель *m.* shopper [I:8]

покупа́ть/купи́ть (куплю́, ку́пишь) to buy (I:5)

пол (*prep. sing.* на полу́, *pl.* полы́) floor (I:4)

пол- = полови́на (II:4)

полго́да half a year [II:1]

полечи́ть (полечу́, поле́чишь) *pfv.* to treat (for a while) (II:5)

поликли́ника outpatient clinic (II:5)

по́лка shelf (I:4)

  кни́жная по́лка bookshelf (I:5)

по́лный full (II:1)

полови́на half (II:4)

  полови́на пя́того half-past four (II:4)

положи́ть (положу́, поло́жишь) *pfv.* (*impfv.* класть) to lay; to put (II:3)

  Вам (тебе́) положи́ть...? (*when serving food*) Would you like . . . ? (II:3)

получа́ть/получи́ть (получу́, полу́чишь) to receive; to get (I:5)

получа́ться/получи́ться (полу́чится, полу́чатся) (*3rd pers. only*) to turn out [II:4]

полчаса́ half an hour (II:3)

по́льзоваться (по́льзуюсь, по́льзуешься)/ **воспо́льзоваться** (+ *instr.*) to use; to make use of (II:6)

по́льский Polish [I:3]

помидо́р tomato (II:3)

по́мнить (по́мню, по́мнишь) to remember (I:5)

помога́ть/помо́чь (помогу́, помо́жешь, помо́гут; *past* помо́г, помогла́, помогло́, помогли́) (+ *dat.*) to help (I:5)

  Помоги́те! Help! (I:4)

по-мо́ему *parenthetical* in my opinion (I:3)

по-моско́вски Moscow style [I:5]

по́мощь *f.* help

  ско́рая по́мощь ambulance service (I:6)

понеде́льник Monday (I:7)

понима́ть/поня́ть (пойму́, поймёшь; *past* по́нял, поняла́, по́няло, по́няли) to understand (I:3)

  Им нас не поня́ть! They can't understand us! (II:4)

понра́виться (+ *dat.*) *pfv.* (*impfv.* нра́виться) to please (I:7)

  Вам понра́вился фильм? Did you like the movie?

поня́тно:

  Поня́тно. I understand; I see. (I:7)

поня́ть (пойму́, поймёшь; *past* по́нял, поняла́, по́няло, по́няли) *pfv.* (*impfv.* понима́ть) to understand (I:7)

пообе́дать *pfv.* (*impfv.* обе́дать) to have dinner; to have lunch (II:6)

попада́ть/попа́сть (попаду́, попадёшь; *past* попа́л, попа́ла, попа́ло, попа́ли) (**в** *or* **на** + *acc.*) to get to (a place or event); to get into (II:7)

  (*over the telephone*) **Вы не туда́ попа́ли.** You got the wrong number. (II:5)

  попада́ть/попа́сть впроса́к to make a blunder; to put one's foot in it (II:4)

попро́бовать (попро́бую, попро́буешь) *pfv.* (*impfv.* про́бовать) **1.** to try [I:5] (II:1); **2.** to taste (II:3)

попроси́ть (попрошу́, попро́сишь) *pfv.* (*impfv.* проси́ть) **1.** (+ *acc.* + *infin.*) to ask; **2.** (+ *acc. or* **у** + *gen.*) to ask for; to request (I:8)

попроща́ться *pfv.* (*impfv.* проща́ться) (**с** + *instr.*) to say good-bye (to) (II:3)

популя́рный popular [II:2]

попыта́ться *pfv.* (*impfv.* пыта́ться) to try; to attempt (II:4)

пора́ it's time . . .

  до сих пор until now; even now (II:4)

  Мне пора́ в библиоте́ку. It's time for me to go to the library. (I:7)

поро́г threshold (II:2)

портфе́ль *m.* briefcase [II:1]

по-ру́сски (in) Russian (I:4)

  говори́ть по-ру́сски to speak Russian

  писа́ть по-ру́сски to write in Russian

по́рция serving (II:8)

по́сле (+ *gen.*) after (II:4)

после́дний last (*in a series*) (I:7)

послеза́втра the day after tomorrow (II:5)

послу́шать *pfv.* (*impfv.* слу́шать) to listen (to) [I:7] (II:1)

  послу́шать больно́го to listen to a patient's heart and lungs [II:5]

посмотре́ть (посмотрю́, посмо́тришь) *pfv.* (*impfv.* смотре́ть) **1.** to look (at); **2.** to watch (I:7)

посове́товать (посове́тую, посове́туешь) (+ *dat.*) *pfv.* (*impfv.* сове́товать) to advise; to tell someone (to do something); to suggest (that someone do something) [II:6]

поспеши́ть (поспешу́, поспеши́шь) *pfv.* (*impfv.* спеши́ть) to hurry [I:8]

поссо́риться (поссо́рюсь, поссо́ришься) *pfv.* (*impfv.* ссо́риться) to quarrel; to argue [I:8]

поста́вить (поста́влю, поста́вишь) *pfv.* (*impfv.* ста́вить) to put; to stand; to place (in a standing position) (II:1)

постара́ться *pfv.* (*impfv.* стара́ться) to try (II:6)

постепе́нно gradually (II:6)

посу́да dishes; dishware [II:6]

посчита́ть *pfv.* (*impfv.* счита́ть) to count [II:4]

посыла́ть/посла́ть (пошлю́, пошлёшь) to send (II:6)

потеря́ть *pfv.* (*impfv.* теря́ть) to lose (II:5)

пото́м later (I:4)

потому́ что because (I:3)

поу́жинать *pfv.* (*impfv.* у́жинать) to have supper (II:6)

похо́д camping trip; hike (II:1)

   идти́ в похо́д to go camping; to go hiking (II:1)

похо́ж (похо́жа, похо́жи) на (+ *acc.*) resembles; looks like (I:6)

по́хороны (*gen.* похоро́н, *dat.* похорона́м) *pl.* funeral [II:4]

поцелова́ть (поцелу́ю, поцелу́ешь) *pfv.* (*impfv.* целова́ть) to kiss [I:7]

почему́ why (I:3)

почита́ть *pfv.* to read (for a while) [II:7]

по́чта 1. mail (I:6); 2. post office [I:3]

почтальо́н mail carrier [I:6]

почти́ almost (I:7)

поэ́тому that's why; therefore; so (I:5)

прав (права́, пра́во, пра́вы) right; correct (II:2)

пра́вда 1. truth: Э́то пра́вда. That's true. 2. *parenthetical* true (I:7)

   Пра́вда? Really? (I:7)

пра́вильно correctly; (that's) right; (that's) correct (I:6)

пра́вильный right; correct (I:6)

пра́во: име́ть пра́во have the right (I:8)

пра́здник holiday (II:3)

пра́здновать (пра́здную, пра́зднуешь)/отпра́здновать to celebrate (I:6)

пра́ктика practice (I:4)

предлага́ть/предложи́ть (предложу́, предло́жишь) 1. to offer [I:6]; 2. to suggest [I:7] (II:2)

предпочита́ть to prefer (II:7)

представля́ть/предста́вить (предста́влю, предста́вишь) (себе́) to imagine (II:7)

пре́жний: пре́жние дни days gone by [II:3]

прекра́сно wonderfully; (it's/that's) wonderful (I:4)

прекра́сный wonderful (I:6)

преподава́тель/преподава́тельница instructor (*in college*); teacher (I:6)/(II:4)

преподава́ть (преподаю́, преподаёшь) to teach [I:6]

привезти́ (привезу́, привезёшь; *past* привёз, привезла́, привезло́, приезли́) *pfv.* (*impfv.* привози́ть) to bring (*by vehicle*) [II:6]

привести́ (приведу́, приведёшь; *past* привёл, привела́, привело́, привели́) *pfv.* (*impfv.* приводи́ть) to bring (someone along) [II:4]

Приве́т! *informal* Hi!; Hello there! (I:1)

приводи́ть (привожу́, приво́дишь)/привести́ (приведу́, приведёшь; *past* привёл, привела́, привело́, привели́) to bring (someone along) [II:4]

привози́ть (привожу́, приво́зишь)/привезти́ (привезу́, привезёшь; *past* привёз, привезла́, привезло́, привезли́) to bring (*by vehicle*) [II:6]

привыка́ть/привы́кнуть (привы́кну, привы́кнешь; *past* привы́к, привы́кла, привы́кло, привы́кли) (к + *dat.*) to get used to (II:4)

приглаша́ть/пригласи́ть (приглашу́, пригласи́шь) to invite (I:7)

   пригласи́ть (+ *acc.*) в го́сти to invite (someone) over (II:4)

пригото́вить (пригото́влю, пригото́вишь) *pfv.* (*impfv.* гото́вить) 1. to prepare; 2. to cook (I:7)

прие́зд arrival [II:4]

приезжа́ть/прие́хать (прие́ду, прие́дешь) to come (*by vehicle*); to arrive (II:1)

прийти́ (приду́, придёшь; *past* пришёл, пришла́, пришло́, пришли́) *pfv.* (*impfv.* приходи́ть) to come; to arrive; to come back (I:7)

прийти́сь (придётся; *past* пришло́сь) (+ *dat.* + *infin.*) *pfv.* (*impfv.* приходи́ться) *impersonal* to have to (II:7)

приме́та sign; omen (II:2)

принести́ (принесу́, принесёшь; *past* принёс, принесла́, принесло́, принесли́) *pfv.* (*impfv.* приноси́ть) to bring (II:2)/(I:7)

принима́ть/приня́ть (приму́, при́мешь; *past* при́нял, приняла́, при́няло, при́няли) лека́рство to take medicine (II:5)

приноси́ть (приношу́, прино́сишь)/принести́ (принесу́, принесёшь; *past* принёс, принесла́, принесло́, принесли́) to bring (I:7)

при́нято it is customary (to . . .); it is (considered) appropriate (II:2)/[I:7]

   не при́нято it is not (considered) appropriate [I:7]

   У нас э́то не при́нято. We don't do that (here). [I:7]

приня́ть (приму́, при́мешь; *past* при́нял, приняла́, при́няло, при́няли) *pfv.* (*impfv.* принима́ть) лека́рство to take medicine (II:5)

приса́живаться/присе́сть (прися́ду, прися́дешь; *past* присе́л, присе́ла, присе́ли) to sit down (for a while) [II:8]

   присе́сть на доро́гу to sit down before a trip [II:8]

присыла́ть/присла́ть (пришлю́, пришлёшь) to send (II:6)

   Мне присла́ли... They sent me . . . ; I received . . . (II:6)

приходи́ть (прихожу́, прихо́дишь)/прийти́ (приду́, придёшь; *past* пришёл, пришла́, пришло́, пришли́) to come; to arrive; to come back (I:7)

приходи́ться (прихо́дится)/прийти́сь (придётся; *past* пришло́сь) (+ *dat.* + *infin.*) *impersonal* to have to (II:7)

   мне (им, etc.) прихо́дится... I (they, etc.) have to . . . [I:7]

прия́тно (it's/that's) pleasant; (it's/that's) nice

Им э́то бу́дет прия́тно. They'll like it. (II:6)

О́чень прия́тно (познако́миться)! (It's/It was) very nice to meet you! (I:1)

прия́тный pleasant [I:6]

Прия́тного аппети́та! *Bon appétit!*; Enjoy your meal! (II:8)

пробле́ма problem (I:4)

про́бовать (про́бую, про́буешь)/**попро́бовать 1.** to try [I:5] (II:1); **2.** to taste (II:3)

проверя́ть/прове́рить (прове́рю, прове́ришь) to check [I:4]

провожа́ть/проводи́ть (провожу́, прово́дишь) (в аэропо́рт, на вокза́л и т. д.) to see (someone) off (to the airport, train station, and so on) (II:8)

провожа́ть/проводи́ть ста́рый год to see out the old year [II:3]

прогно́з forecast (II:1)

прогно́з пого́ды weather forecast (II:1)

програ́ммка (*gen. pl.* програ́ммок) *diminutive* program [II:7]

програ́мма program [II:7]

продава́ть (продаю́, продаёшь)/**прода́ть** (прода́м, прода́шь, прода́ст, продади́м, продади́те, продаду́т; *past* про́дал, продала́, про́дало, про́дали) (+ *dat.* + *acc.*) to sell (I:5)

продав(е́)ц (*gen. sing.* продавца́)/**продавщи́ца** salesclerk [I:8] (II:4)

продолжа́ться/продо́лжиться (продо́лжится, продо́лжатся) (*3rd pers. only*) to go on; to continue (II:8)

проду́кты *pl.* groceries (I:3)

проѝгрывать/проигра́ть (*of a game, etc.*) to lose [II:2]

происхожде́ние origin [II:6]

пройти́ (пройду́, пройдёшь; *past* прошёл, прошла́, прошло́, прошли́) *pfv.* (*impfv.* проходи́ть) **1.** to walk (into, along, etc.); **2.** (*of pain, a cough, etc.*) to pass; to go away (II:5)

пройти́ ми́мо to pass by (II:6)

Проходи́(те)! (*when inviting someone in*) Come in! (II:6)

про́пуск (*pl.* пропуска́) pass [II:7]

проси́ть (прошу́, про́сишь)/**попроси́ть 1.** (+ *acc.* + *infin.*) to ask; **2.** (+ *acc. or* у + *gen.*) to ask for; to request (I:8)

(*on the phone*) **Мо́жно попроси́ть... ?** May I speak to . . . ? [I:7]

Прошу́ всех к столу́! Everyone please come to the table! (II:3)

проспе́кт avenue; (*in names of streets*) Prospekt [II:1] [II:4]

Прости́те! Excuse me! (I:5)

про́сто simply; (it's/that's) simple [I:3] (II:3)

просто́й simple (I:3)

просту́да a cold (II:5)

просту́живаться/простуди́ться (простужу́сь, просту́дишься) to catch cold (II:5)

си́льно простуди́ться to catch a bad cold (II:5)

про́сьба request

У меня́ к тебе́ (вам) про́сьба. I have a favor to ask of you. (I:8)

профе́ссия profession (I:3)

профе́ссор professor (I:1)

проходи́ть/пройти́ (пройду́, пройдёшь; *past* прошёл, прошла́, прошло́, прошли́) **1.** to walk (into, along, etc.); **2.** (*of pain, a cough, etc.*) to pass; to go away (II:5)

пройти́ ми́мо to pass by (II:6)

Проходи́(те)! (*when inviting someone in*) Come in! (II:6)

прохо́жий *noun, declines like adj.* passerby [I:8]

проце́нт percent (II:6)

про́чий: ме́жду про́чим *parenthetical* by the way; incidentally (I:8)

прочита́ть *pfv.* (*impfv.* чита́ть) to read (I:7)

про́шлый last (*preceding the present one*) (I:7)

проща́ться/попроща́ться (с + *instr.*) to say good-bye (to someone) (II:3)

пуска́ть/пусти́ть (пущу́, пу́стишь) to let in [II:7]

пусто́й (пуст, пуста́, пу́сто, пусты́) empty (II:2)

пусть let . . . : **Пусть (она́) угада́ет.** Let her guess.; have (someone do something) (II:5)

путь (*gen., dat., and prep. sing.* пути́, *instr. sing.* путём) *m.* way

Счастли́вого пути́! Have a good trip! (II:8)

пыта́ться/попыта́ться to try; to attempt (II:4)

пятна́дцать fifteen (I:6)

пя́тница Friday (I:7)

пя́тый fifth (I:6)

пять five (I:2)

пятьдеся́т fifty (I:6)

пятьсо́т five hundred [I:5]

Р

рабо́та 1. work [I:4] (II:1); **2.** job

курсова́я рабо́та term paper (I:3)

тяжёлая рабо́та hard work (II:1)

рабо́тать to work (I:3)

равно́: всё равно́ 1. in any case (II:8); **2.** all the same; still (II:4)

рад (ра́да, ра́до, ра́ды) glad; pleased (I:2)

ра́ди (+ *gen.*) for (the sake of) (II:4)

радиа́льный: радиа́льная ли́ния cross-town line [II:1]

ра́дио radio (I:5)

ра́диус cross-town line [II:1]

ра́дость *f.* joy (II:3)

раз 1. (*gen. pl.* раз) *noun* time; occasion (I:7); **2.** *conjunction* since (II:7)

ещё раз once again (I:7)

пять раз five times

разбива́ть/разби́ть (разобью́, разобьёшь) to break [II:2]

ра́зве? really? (II:5)

Ра́зве так мо́жно? How could you possibly do that? (II:5)

разгова́ривать to talk, to speak (II:1)

разме́р size (I:5)

ра́зный 1. different; **2.** various (I:5)

разреша́ть/разреши́ть (разрешу́, разреши́шь) (+ *dat.*) to allow; to permit (II:6)

ра́но early (II:1)

ра́ньше 1. earlier; **2.** before (II:5)

расска́зывать/рассказа́ть (расскажу́, расска́жешь) to tell; to relate (I:7)

рассыпа́ть/рассы́пать (рассы́плю, рассы́плешь) to spill [II:2]

расти́ (расту́, растёшь; *past* рос, росла́, росло́, росли́)/**вы́расти** (вы́расту, вы́растешь; *past* вы́рос, вы́росла, вы́росло, вы́росли) **1.** to grow [II:3]; **2.** to grow up [I:6]

ребён(о)к (*pl.* ребя́та, *gen. pl.* ребя́т, *or pl.* де́ти, *gen. pl.* дете́й) child [II:1]

ребя́та (*gen. pl.* ребя́т) **1.** *pl. of* ребёнок; **2.** *colloquial* guys (II:3)

революцио́нный revolutionary [II:6]

ре́дко rarely (I:8)

рези́новый rubber (*adj.*) [I:5]

рекла́ма 1. advertising; **2.** commercial; advertisement (II:4)

репроду́кция reproduction; art print [I:5]

рестора́н restaurant [I:8] (II:8)

реце́пт prescription (II:5)

речь (*in this meaning—no pl.*) *f.* speech [II:4]

реша́ть/реши́ть (решу́, реши́шь) to decide (II:4)

реша́ющий deciding; decisive (II:7)

риск risk [II:2]

рискова́ть (рискую́, рискуешь) to take chances (a chance); to risk (something) (II:2)

ро́вно exactly

ро́вно в семь часо́в at seven o'clock sharp [I:7]

роди́тели (*gen.* роди́телей) *pl.* parents (I:2)

рожда́ться/роди́ться (*past* роди́лся, родила́сь, роди́лись) to be born (I:8)

рожде́ние birth (II:5)

ро́за rose [II:4] (II:6)

Росси́я Russia (I:1)

р(о)т (*gen. sing.* рта, *prep. sing.* во рту) mouth (II:5)

роя́ль *m.* piano (I:2)

руба́шка (*gen. pl.* руба́шек) shirt [II:5]

рубль (*gen. sing.* рубля́) *m.* ruble (I:5)

рука́ (*acc. sing.* ру́ку, *pl.* ру́ки) **1.** hand; **2.** arm (I:4)

золоты́е ру́ки (у + *gen.*) (one is) good with his hands (I:4)

ма́стер на все ру́ки jack-of-all-trades (I:4)

ру́сский *adj.* Russian (I:5)

ру́сский/ру́сская *noun, declines like adj.* a Russian

ру́сско-америка́нский Russian-American [I:8]

ру́чка (*gen. pl.* ру́чек) pen (I:1)

ры́н(о)к market (II:4)

ряд (*gen. sing.* ря́да *but* 2, 3, 4 ряда́; *pl.* ряды́) **1.** (*prep. sing.* в ряду́) row (II:7); **2.** (*prep. sing.* в ря́де) series; a number of (II:1)

ря́дом (right) nearby; next door (I:3)

С

с (со) (+ *instr.*) **1.** with (I:8) (II:1); **2.** and: **мы с тобо́й** you and I (II:1); **3.** used in greetings: **С Но́вым го́дом!** Happy New Year! (II:3)

с собо́й with me (you, *and so on*) (II:1)

с удово́льствием I'd be glad to; gladly; with pleasure (I:8)

сади́ться (сажу́сь, сади́шься)/**сесть** (ся́ду, ся́дешь; *past* сел, се́ла, се́ло, се́ли) to sit down; to take a seat (II:3)

сала́т salad (I:7)

карто́фельный сала́т potato salad [I:7]

сала́т из тунца́ tuna salad (I:7)

сам (сама́, само́, са́ми) *emphatic pronoun* oneself; myself, yourself, *etc.* (I:8)

са́мый (*used to form superlatives*) the most . . . (II:1)

са́мое гла́вное the most important thing (II:1)

то же са́мое the same thing (II:8)

Санкт-Петербу́рг Saint Petersburg (I:1)

сапоги́ (*gen.* сапо́г) *pl.* (*sing.* сапо́г, *gen. sing.* сапога́) boots (I:5)

свет world (II:7)

све́тлый bright; light [I:3]

свида́ние date (*social*); appointment (I:8)

до свида́ния goodbye (I:1)

свобо́дный (свобо́ден, свобо́дна, свобо́дно, свобо́дны) free (II:4)

свой one's; my, your, *etc.* (I:6)

свя́зывать to connect [II:1]

сдава́ть (сдаю́, сдаёшь)/**сдать** (сдам, сдашь, сдаст, сдади́м, сдади́те, сдаду́т; *past* сдал, сдала́, сда́ло, сда́ли) **1.** to rent out (an apartment) [I:6]; **2.** to check (a coat, etc., in a coat check room) (II:7)

сде́лать *pfv.* (*impfv.* де́лать) **1.** to do (I:3); **2.** to make (I:7)

сеа́нс showing (of a film); show (*in a movie theater*) [II:5]

Сеа́нс начина́ется в три часа́. The movie starts at three o'clock. (II:5)

себя oneself (II:3)

север north (II:8)

сегодня today (I:6)

седьмой seventh (I:6)

сезон season [II:2]

сейчас 1. now; right now; **2.** right away; at once (I:4)
 Я сейчас! I'll be right there! (I:4)

секрет secret [I:8] (II:1)

семинар seminar [II:5]

семнадцать seventeen (I:6)

семь seven (I:2)

семьдесят seventy (I:6)

семья (*pl.* семьи, *gen. pl.* семей, *dat. pl.* семьям) family (I:2)

сентябрь (*gen. sing.* сентября) *m.* September (I:8)

сервиз: чайный сервиз tea service; tea set [II:6]

серый gray (II:4)

серьёзно seriously (II:2)

сестра (*pl.* сёстры, *gen. pl.* сестёр, *dat. pl.* сёстрам) sister (I:1)
 медицинская сестра nurse [I:7]

сесть (сяду, сядешь; *past* сел, села, село, сели) *pfv.* (*impfv.* садиться) to sit down; to take a seat (II:3)

сидеть (сижу, сидишь) to sit; to be sitting (II:3)

сильно: сильно простудиться to catch a bad cold (II:5)

символ symbol [II:6]

симпатичный nice; likable (I:3)

синий dark blue (II:4)

система system [I:7]

сказать (скажу, скажешь) *pfv.* (*impfv.* говорить) to say; to tell (I:6)
 Вы не скажете... ? Could you tell me . . . ? (I:8)
 Что ты хочешь этим сказать? What are you trying to say?; What do you mean by that? (II:6)

сколько (+ *gen.*) how many; how much (I:6)
 Сколько ему лет? How old is he? (I:6)
 Сколько с меня? How much is it? How much do I owe? (I:8)
 Сколько у вас денег? How much money do you have? (I:8)

скорая помощь ambulance service (I:6)

скорее 1. *compar. of* скоро; **2.** quickly; as quickly as possible; **3. Скорее!** Hurry up! (II:4)
 Скорее выздоравливайте! Get well soon! (II:5)

скоро soon (II:1)

скучно boringly; (it's/that's) boring [I:6]
 Мне скучно. I'm bored.

скучный boring (II:6)

слева on the left (I:7)

следующий next [II:1]

слишком too; excessively: **слишком дорого** too expensive [I:4]

слово word (I:1)
 Честное слово! Honest! (I:7)

случай 1. case; **2.** incident (II:4)
 на всякий случай just in case (II:7)

случаться/случиться (случится, случатся) (*3rd pers. only*) to happen; to occur
 Что случилось? What happened? (II:4)

слушать/послушать to listen (to) (I:3)
 слушать/послушать больного to listen to a patient's heart and lungs [II:5]

слышать (слышу, слышишь) to hear (II:1)

слышно: Всё слышно. I (we, etc.) can hear everything. [I:4]

смеяться (смеюсь, смеёшься) **1.** to laugh; **2.** (**над** + *instr.*) to laugh at; to make fun of (II:4)

смотреть (смотрю, смотришь)/**посмотреть 1.** to look (at); **2.** to watch: **смотреть новости по телевизору** to watch the news on TV (I:4)
 Смотри(те)! Look! (I:3)

смочь (смогу, сможешь, смогут; *past* смог, смогла, смогло, смогли) *pfv.* (*impfv.* мочь) to be able (II:7)

сначала at first (I:7)

снегурочка snow maiden [II:3]

снимать/снять (сниму, снимешь; *past* снял, сняла, сняло, сняли) **1.** to rent (I:5); **2.** to take off: **Снимите пальто.** Take off your coat. (II:5)

снова again (II:5)

со = с: со мной with me [I:8] (II:1)

собака dog (I:2)

собирать/собрать (соберу, соберёшь; *past* собрал, собрала, собрало, собрали) to gather (II:8)

собор cathedral [II:1]
 собор Василия Блаженного St. Basil's Cathedral [II:1]

собрать (соберу, соберёшь; *past* собрал, собрала, собрало, собрали) *pfv.* (*impfv.* собирать) to gather (II:8)

собственный one's own [I:6]

совет advice (II:2)

советовать (советую, советуешь)/**посоветовать** (+ *dat.*) to advise; to tell someone (to do something); to suggest (that someone do something) [II:6]

совпадение coincidence [II:6]

соврать (совру, соврёшь; *past* соврал, соврала, соврало, соврали) *pfv.* (*impfv.* врать) to lie [II:3]

совсем completely; entirely (I:6)
 совсем не... not at all

соглашаться/согласиться (соглашусь, согласишься) (+ *infin.*) to agree (to) (II:8)

сода baking soda [II:5]

соединять/соединить (соединю, соединишь) to connect; to link [II:1]

сок juice [II:5]

солёный pickled; salted [II:3]

солидарность *f.* solidarity [I:8]

соль *f.* salt [II:2]

сомне́ние doubt [II:5]

со́рок forty (I:6)

сосе́д (*pl.* сосе́ди, *gen. pl.* сосе́дей)/**сосе́дка** (*gen. pl.* сосе́док) neighbor (I:2)

сочине́ние (*a writing assignment*) composition [I:3]

сочу́вствовать (сочу́вствую, сочу́вствуешь) (+ *dat.*) to sympathize (with); to feel sorry (for) [II:4]

спаси́бо thank you; thanks (I:1)

   Большо́е спаси́бо (Спаси́бо большо́е)! Thank you very much! (I:5)

спать (сплю, спишь) to sleep (I:4)

спекта́кль *m.* performance; show [II:7]

спеть (спою́, споёшь) *pfv.* (*impfv.* петь) to sing (II:3)

специали́ст specialist (I:3)

спеши́ть (спешу́, спеши́шь)/**поспеши́ть** to hurry [I:8]

спина́ (*acc. sing.* спи́ну, *pl.* спи́ны) (*body part*) back (II:5)

спи́с(о)к (*gen. sing.* спи́ска) list (II:6)

спорт sports [II:1]

спортсме́н/спортсме́нка (*gen. pl.* спортсме́нок) athlete [II:7]

спосо́бный capable; talented (II:8)

спра́ва on the right (I:7)

спра́шивать/спроси́ть (спрошу́, спро́сишь) **1.** (+ *acc. or* у + *gen.*) to ask (someone); **2.** (+ *acc. or* о + *prep.*) to ask (about); to inquire (I:7)

   спроси́ть доро́гу to ask the way

сра́зу immediately; at once (II:3)

среда́ (*acc. sing.* сре́ду) Wednesday (I:7)

сре́дство 1. means; **2.** remedy (II:5)

сро́чно 1. urgently; (it's/that's) urgent; **2.** immediately; right away (II:7)

ссо́ра quarrel; argument [II:2]

ссо́риться (ссо́рюсь, ссо́ришься)/**поссо́риться** to quarrel; to argue [I:8]

ста́вить (ста́влю, ста́вишь)/**поста́вить** to put; to stand; to place (in a standing position) (II:1)

станови́ться[1] (становлю́сь, стано́вишься)/**стать** (ста́ну, ста́нешь) (+ *instr. or impersonal*) to become (II:2)

станови́ться[2] (становлю́сь, стано́вишься)/**стать** (ста́ну, ста́нешь) to stand (I:8)

станцева́ть (станцу́ю, станцу́ешь) *pfv.* (*impfv.* танцева́ть) to dance (II:8)

ста́нция station (II:1)

стара́ться/постара́ться to try (II:6)

старина́ *colloquial* (usu. used when addressing a male friend) old friend; old man [II:3]

ста́ршие *noun, declines like adj.* (*pl. only*) one's elders (I:6)

ста́рый old (I:2)

стать[1] (ста́ну, ста́нешь) (+ *instr. or impersonal*) *pfv.* (*impfv.* станови́ться) to become (II:2)

стать[2] (ста́ну, ста́нешь) *pfv.* (*impfv.* станови́ться) to stand (I:8)

   стать в о́чередь to get in line (I:8)

статья́ (*gen. pl.* стате́й) article (I:3)

стена́ wall (I:4)

сто hundred (II:6)

сто́ить (сто́ит, сто́ят) (*usu. 3rd. pers.*) to cost

   Ско́лько э́то сто́ит? How much does this cost? (I:6)

стол (*gen. sing.* стола́) table (I:3)

   накрыва́ть на стол to set the table [II:6]

сто́лик table (*in a restaurant*) [II:8]

   У нас зака́зан сто́лик. We have a table reserved. [II:8]

столо́вая *noun, declines like adj.* dining room (I:5)

сторона́ direction (II:2)

   Мы идём в другу́ю сто́рону. We're going the other way. (II:2)

стоя́нка такси́ taxi stand [II:4]

стоя́ть (стою́, стои́шь) **1.** to stand; **2.** to be (located) (I:6)

   Кни́ги стоя́т в кни́жном шкафу́. The books are in the bookcase. (I:5)

   стоя́ть в о́череди to stand in line (I:8)

страна́ (*pl.* стра́ны) country (I:5)

страни́ца page (I:8)

стра́нный strange (I:3)

стро́гий strict [I:6]

стро́йный slender [II:3]

студе́нт/студе́нтка (*gen. pl.* студе́нток) student (I:1)

стул (*pl.* сту́лья, *gen. pl.* сту́льев) chair (I:3)

стыд: Како́й стыд! How embarrassing! [II:4]

сты́дно it's a shame

   Как тебе́ (вам) не сты́дно! Shame on you! (II:3)

   Мне сты́дно. I'm ashamed. (I:7)

суббо́та Saturday (I:7)

суеве́рие superstition (II:2)

суеве́рный (суеве́рен, суеве́рна, суеве́рно, суеве́рны) superstitious [II:2]

су́мка (*gen. pl.* су́мок) bag [II:1]

схе́ма map [II:1]

счастли́вый happy

   Счастли́вого пути́! Have a good trip! (II:8)

сча́стье happiness (II:3)

счита́ть/посчита́ть to count [II:4]

съесть (съем, съешь, съест, съеди́м, съеди́те, съедя́т; *past* съел, съе́ла, съе́ло, съе́ли) *pfv.* (*impfv.* есть) to eat; to eat up (I:8)

сын (*pl.* сыновья́, *gen. pl.* сынове́й) son (I:1)

сыр cheese (I:7)

сюда́ (*indicates direction*) here; this way (II:1)

сюрпри́з surprise (II:8)

Т

табле́тка (*gen. pl.* табле́ток) pill [II:5]

табли́чка (*gen. pl.* табли́чек) sign [II:4]

так **1.** (in) this way; like this; like that; thus; **2.** (*with adverbs and short-form adjs.*) so; (*with verbs*) so much; **3.** so; then (I:2)

...не так ли? . . . isn't that so?; . . . right? (II:8)

так же... как и... as . . . as (II:2)

та́кже also; too [II:2]

(*in response to* Жела́ю вам/тебе́...) И вам (тебе́) та́кже. The same to you! (II:2)

тако́й **1.** such (a); like that; this kind of (II:1); **2.** (*with adj. + noun*) such (a); (*with adj.*) so; (*with noun*) a real . . .

Кто он тако́й? Who is he?

Ле́на така́я краси́вая! Lena is so beautiful! (I:5)

тако́й же the same (II:6)

такси́ *neut. indecl.* taxi (II:3)

стоя́нка такси́ taxi stand [II:4]

Такси́ уже́ вы́ехало. The taxi is on the way. (II:8)

такси́ст cab driver [II:3]

там there (I:1)

та́н(е)ц (*gen. sing.* та́нца) dance [II:3]

танцева́ть (танцу́ю, танцу́ешь)/станцева́ть to dance [II:3] (II:8)

таре́лка (*gen. pl.* таре́лок) plate; dish (II:6)

твой (твоя́, твоё, твои́) *informal* your; yours (I:1)

теа́тр theater (II:1)

тебе́ *dat. and prep. of* ты

тебя́ *gen. and acc. of* ты

Как тебя́ зову́т? What's your name? (I:1)

телеви́зор television (set); TV (set) (I:3)

телекомпа́ния television company (II:8)

телефо́н telephone (I:6)

телефо́н-автома́т pay phone (I:8)

те́ма topic; subject; theme (I:3)

температу́ра temperature (II:5)

У вас высо́кая температу́ра. You have a (high) temperature. (II:5)

тепе́рь now (I:3)

теря́ть/потеря́ть to lose (II:5)

те́сен: Мир те́сен. It's a small world. (II:8)

тётка (*gen. pl.* тёток) *rather rude* woman [II:4]

типи́чный typical [II:5]

ти́хо quietly; softly [I:4]

то *neut. of* тот [I:5]

то же са́мое the same thing (II:8)

то́ есть (*often abbreviated* т.е.) that is (I:8)

тогда́ then (I:7)

то́же **1.** also; too (I:2); **2.** (*with a negated verb*) either (I:2)

то́лстый fat; stout (II:4)

то́лько only (I:4)

тот (та, то, те) that (I:5)

не то́т... the wrong . . . ; not the right . . . (I:5)

то́чно exactly; for sure (II:1)

тради́ция tradition [II:3]

тра́нспорт transportation (II:1)

городско́й тра́нспорт public transportation (II:1)

тре́тий third (I:6)

Третьяко́вская галере́я the Tretyakov Gallery [II:1]

три three (I:2)

три́дцать thirty (I:6)

трина́дцать thirteen (I:6)

тролле́йбус trolley bus (I:8)

тру́бка (*gen. pl.* тру́бок) (telephone) receiver

Пове́сь(те) тру́бку. Hang up. [II:4]

тру́дно (it's/that's) difficult; (it's/that's) hard (I:3)

Мне тру́дно говори́ть. I'm having trouble talking. [II:5]

тру́дный difficult; hard (I:3)

трусы́ (*gen.* трусо́в) *pl.* shorts [II:1]

туале́т bathroom; restroom (I:2)

туда́ (*indicates direction*) there (I:8)

тун(е́)ц tuna

сала́т из тунца́ tuna salad (I:7)

тури́ст/тури́стка (*gen. pl.* тури́сток) tourist [II:1]

тури́стский tourist (*adj.*) [II:1]

тут here (I:2)

ту́фли (*gen.* ту́фель) *pl.* (*sing.* ту́фля) shoes [I:5]

ты *informal* you (I:1)

Что ты! What are you talking about!; What do you mean! (I:8)

тюльпа́н tulip (II:6)

тяжёлый heavy (I:6)

тяжёлая рабо́та hard work (II:1)

У

у (+ *gen.*) **1.** near (II:8); **2.** (*indicates someone's home, place of work, etc.*) at: у ба́бушки at grandma's; **3.** (*indicates possession*): у меня́ две сестры́ I have two sisters (I:4)

У меня́ к тебе́ (вам) про́сьба. I have a favor to ask of you. (I:8)

убега́ть/убежа́ть (убегу́, убежи́шь) to run away [II:3]

уве́рен (уве́рена, уве́рено, уве́рены) sure; certain (I:8)

увертю́ра overture [II:7]

уви́деть (уви́жу, уви́дишь) *pfv.* (*impfv.* ви́деть) to see (I:8)

увы́ alas [II:6]

уга́дывать/угада́ть to guess (II:1)

Ты не угада́л(а)! You guessed wrong! (II:1)

Ты угада́л(а). You guessed right. (II:1)

у́г(о)л (*gen. sing.* угла́, *prep. sing.* в углу́, на углу́) corner (II:4)

угоща́ть/угости́ть (угощу́, угости́шь) to treat (someone) to [II:5]

уда́ча success; (good) luck (II:2)

Жела́ю (вам) уда́чи! Good luck! (II:2)

удо́бно 1. (it's/that's) comfortable; **2.** (it's/that's) convenient; **3.** (it's/that's) okay; (it's/that's) all right: **Это удо́бно?** Is that okay?; Is that all right? (I:7)

удо́бный 1. comfortable; **2.** convenient (I:7)

удово́льствие pleasure

с удово́льствием I'd be glad to; gladly; with pleasure (I:8)

уезжа́ть/уе́хать (уе́ду, уе́дешь) to leave (by vehicle); to depart (II:1)

у́жас horror

Како́й у́жас! That's horrible!; How awful! (I:2)

ужа́сно horribly; (it's/that's) horrible; (it's/that's) terrible (I:2)

ужа́сный horrible; terrible (I:4)

уже́ already (I:3)

уже́ не no longer; not anymore (I:3)

у́жинать/поу́жинать to have supper [II:6]

узнава́ть (узнаю́, узнаёшь)**/узна́ть** (узна́ю, узна́ешь) to recognize (I:8)

уйти́ (уйду́, уйдёшь; *past* ушёл, ушла́, ушло́, ушли́) *pfv.* (*impfv.* уходи́ть) to leave; to go away (I:8)

у́лица street (I:2)

улыба́ться/улыбну́ться (улыбну́сь, улыбнёшься) to smile [I:7]

умере́ть (умру́, умрёшь; *past* у́мер, умерла́, у́мерло, у́мерли) *pfv.* to die (II:4)

уме́ть (уме́ю, уме́ешь) to know how (to do something); to be able (to) (I:7)

унести́ (унесу́, унесёшь; *past* унёс, унесла́, унесло́, унесли́) *pfv.* (*impfv.* уноси́ть) to carry away (II:2)

университе́т university (I:4)

уноси́ть (уношу́, уно́сишь)**/унести́** (унесу́, унесёшь; *past* унёс, унесла́, унесло́, унесли́) to carry away (II:2)

упа́сть (упаду́, упадёшь; *past* упа́л, упа́ла, упа́ло, упа́ли) *pfv.* (*impfv.* па́дать) to fall [II:2]

ура́ hurrah! (II:5)

уро́к 1. lesson; **2.** (*usu. pl.* уро́ки) homework (I:4)

успева́ть/успе́ть (успе́ю, успе́ешь) (+ *infin.*) to have time (to); to manage (to) (II:7)

успе́х success (II:6)

Жела́ю успе́ха! Best of luck!; Hope you're successful! (II:6)

у́тро (*gen. sing.* у́тра *but* до утра́) morning (I:5): **8 часо́в утра́** 8 a.m.

у́тром in the morning (I:7)

уха́живать (за + *instr.*) to court (someone) [II:7]

уходи́ть (ухожу́, ухо́дишь)**/уйти́** (уйду́, уйдёшь; *past* ушёл, ушла́, ушло́, ушли́) to leave; to go away (I:8)

учи́лище vocational school [I:7]

медици́нское учи́лище nurse-training school [I:7]

учи́тель (*pl.* учителя́)**/учи́тельница** teacher [I:6]

учи́ть (учу́, у́чишь) **1.** *pfv.* **вы́учить** (вы́учу, вы́учишь) to study (something); *usu. pfv.* to learn; (to try) to memorize (I:7); **2.** *pfv.* **научи́ть** (+ *dat. or* + *infin.*) to teach: **Я тебя́ научу́ води́ть маши́ну.** I'll teach you to drive. (II:2)

учи́ться (учу́сь, у́чишься) **1.** *impfv. only* to study; to be a student; **2.** (+ *dat. or* + *infin.*) *pfv.* **научи́ться** to learn (to do something) (I:4)

Где вы у́читесь? Where do you go to school?; Where do you study? (I:4)

Ф

факульте́т department (I:4)

истори́ческий факульте́т history department (I:5)

На како́м факульте́те вы у́читесь? What department are you in?; What are you majoring in? (I:5)

факульте́т журнали́стики journalism department [I:4]

фами́лия last name (2)

февра́ль (*gen. sing.* февраля́) *m.* February (I:8)

фиа́лка (*gen. pl.* фиа́лок) violet (*flower*) [II:6]

фильм film; movie (II:4)

фина́л 1. finale; **2.** championship (game) [II:7]

фина́льный final (*adj.*) [II:2] [II:7]

фи́нский Finnish [I:3]

фиоле́товый violet (*color*) [II:6]

фи́рма firm; business; company [I:8]

фойе́ *neut. indecl.* lobby (of a theater) [II:7]

фо́рвард (*in hockey or soccer*) a forward [II:7]

фотогра́фия photograph [I:6]

футбо́л soccer [I:8]

футбо́лка (*gen. pl.* футбо́лок) rugby shirt [II:1] [II:7]

Х

хвата́ть/хвати́ть (хва́тит; *past* хвати́ло) (+ *gen.*) *impersonal* to be enough (II:5)

хлеб bread (I:3)

ходи́ть (хожу́, хо́дишь) *multidir. of* идти́ **1.** to go; **2.** to walk (II:4)

ходи́ть в похо́ды to go camping; to go hiking (II:1)

ходи́ть по магази́нам to shop; to go shopping; to go from store to store (II:6)

ходя́чая энциклопе́дия walking encyclopedia [I:5]

хозя́ин landlord; **хозя́йка** landlady (I:7)

хоккеи́ст hockey player [II:7]

хокке́й hockey [I:8]

хо́лодно (it's) cold

Тебе́ не хо́лодно? Aren't you cold? (II:3)

хоро́шее *noun, declines like adj.* good things [II:2]

Всего́ хоро́шего! All the best!; Take care! (II:2)

хоро́ший good; nice (I:2)

хорошо́ well; (it's/that's) good

Всё хорошо́, что хорошо́ конча́ется. All's well that ends well. (II:8)

Им хорошо́! Lucky them! (II:3)

(*in response to* **Как дела́?**) **Хорошо́, спаси́бо.** Fine, thanks. (I:1)

хоте́ть (хочу́, хо́чешь, хо́чет, хоти́м, хоти́те, хотя́т) to want (I:5)

хоте́ться (хо́чется) (+ *dat.* + *infin.*) *impersonal* to want

Такси́стам то́же хо́чется встре́тить Но́вый год. Cab drivers also want to celebrate the New Year. (II:3)

хотя́ бы at least (II:6)

ху́же (*compar. of* плохо́й, пло́хо) worse (II:1)

Ц

цвет(о́)к (*gen. sing.* цветка́, *pl.* цветы́, *gen. pl.* цвето́в) flower (I:5)

целова́ть (целу́ю, целу́ешь)**/поцелова́ть** to kiss

кре́пко целу́ю (*usu. at the end of a letter to a close relative, sweetheart, or friend*) lots of love [I:7]

це́лый whole (II:4)

центр 1. center; 2. (= центр го́рода) downtown (II:1)

Ч

чай tea (II:5)

ча́йный tea (*adj.*) [II:6]

час (*gen. sing.* ча́са but 2, 3, 4 часа́; *prep. sing.* в... часу́; *pl.* часы́) 1. hour; 2. (*when telling time*) o'clock (I:7)

в кото́ром часу́? at what time?; when? (I:7)

в семь часо́в at seven o'clock (I:7)

ча́сто often (I:7)

часы́ (*gen.* часо́в) *pl.* clock; watch

ча́шечка (*gen. pl.* ча́шечек) *diminutive* small cup [II:6]

ча́шка (*gen. pl.* ча́шек) cup (II:6)

чей (чья, чьё, чьи) 1. *interrogative* whose?; 2. *relative* whose (I:2)

челове́к (*pl.* лю́ди, *gen. pl.* люде́й, *but* пять, шесть, etc., челове́к) person; man (I:5)

молодо́й челове́к young man (I:5)

чем than: **Ва́ша кварти́ра лу́чше, чем на́ша.** Your apartment is better than ours. (II:1)

чемпио́н champion [II:7]

чемпио́н Росси́и по хокке́ю Russian hockey champion [II:7]

че́рез (+ *acc.*) 1. across (II:2); 2. (*indicates time from the present or from the indicated moment*) in: **че́рез две неде́ли** in two weeks (II:2)

чёрный black (II:2)

Че́стное сло́во! Honest! (I:7)

четве́рг (*gen. sing.* четверга́) Thursday (I:7)

четвёртый fourth (I:6)

че́тверть (*gen. pl.* четверте́й) *f.* quarter (II:4)

без че́тверти три a quarter to three

че́тверть седьмо́го a quarter past six

четы́ре four (I:2)

четы́рнадцать fourteen (I:6)

число́ (*pl.* чи́сла, *gen. pl.* чи́сел) 1. number; 2. (*day of the month*) date (II:4)

чи́сто cleanly; (it's/that's) clean (II:1)

чи́стый clean (I:5)

чита́ть/прочита́ть 1. to read; 2. to give (a lecture) (I:3)

Он хорошо́ чита́ет ле́кции. He is a good lecturer. (I:7)

чита́ть ле́кции to give lectures [II:5]

чиха́ть/чихну́ть (чихну́, чихнёшь... — *one-time action*) to sneeze (II:5)

что 1. *interrogative* what? (I:1); 2. *relative* that; what (I:3)

А что? Why do you ask? [I:8]

(*in response to* **Спаси́бо!**) **Не́ за что!** Don't mention it!; No problem! (I:5)

Что с ва́ми (тобо́й)? What's the matter with you? (II:5)

Что случи́лось? What happened? (II:4)

Что ты (вы)!; Ну, что ты (вы)! What are you talking about!; What do you mean! (I:8)

Что ты хо́чешь э́тим сказа́ть? What are you trying to say?; What do you mean by that? (II:6)

Что э́то за... ? What sort of . . . is that (are those)? [I:7]

что́бы in order to (I:8)

что́-нибудь something; anything [I:8] (II:2)

что́-то something (II:3)

чу́вство ю́мора sense of humor (II:5)

чу́вствовать себя́ to feel (*some way*) (II:5)

пло́хо себя́ чу́вствовать not to feel well (II:5)

чу́вствовать себя́ как до́ма to feel at home (II:3)

чуде́сный wonderful; gorgeous [II:6]

чужо́й 1. someone else's; 2. foreign [I:6]

чуть не nearly; almost (II:3)

Ш

ша́йба (hockey) puck [II:7]

забро́сить ша́йбу to score a goal [II:7]

шампа́нское *noun, declines like adj.* champagne [II:3]

шве́дский Swedish [II:4]

швейца́р doorman [II:8]

шестна́дцать sixteen (I:6)

шесто́й sixth (I:6)

шесть six (I:2)

шестьдеся́т sixty (I:6)

шеф *colloquial* chief; boss [II:7]
шкаф (*prep. sing.* в шкафу́, *pl.* шкафы́) cabinet; closet
    кни́жный шкаф bookcase (I:5)
шко́ла school (II:5)
шко́льник schoolboy (I:6)
шко́льница schoolgirl (I:6)
шофёр driver; chauffeur (II:4)
шу́тка joke (I:5)

Э

экза́мен exam (II:2)
    гото́виться к экза́мену to prepare for an exam; to get ready for an exam (II:2)
экску́рсия excursion; tour [II:2]
экспеди́ция expedition [II:8]
эле́ктрик electrician [I:4]
энциклопе́дия encyclopedia
    ходя́чая энциклопе́дия walking encyclopedia [I:5]

эпиде́мия epidemic (II:5)
эта́ж (*gen. sing.* этажа́, *gen. pl.* этаже́й) floor; story (I:2)
э́то this (that) is; these (those) are (I:1)
    Как э́то (+ *the word or phrase to which the speaker is reacting*)? What do you mean . . . ? (I:8)
    Э́то нева́жно. That doesn't matter. (I:7)
э́тот (э́та, э́то, э́ти) this; that (I:5)
эффекти́вный effective [II:1]

Ю

юг south (II:8)

Я

я I (I:1)
язы́к (*gen. sing.* языка́) language (I:4): **на ру́сском языке́** in Russian (I:6)
янва́рь (*gen. sing.* января́) *m.* January (I:8)
я́сно clear; (it's/that's) clear (II:1)
    Всё я́сно. I understand; Everything is clear. (II:1)

ENGLISH-RUSSIAN VOCABULARY

Key

acc. = accusative	*indecl.* = indeclinable	*pl.* = plural
adj. = adjective	*infin.* = infinitive	*prep.* = prepositional
adv. = adverb	*instr.* = instrumental	*sing.* = singular
compar. = comparative	*m.* = masculine	*superl.* = superlative
dat. = dative	*multidir.* = multidirectional	*unidir.* = unidirectional
f. = feminine	*neut.* = neuter	*usu.* = usually
gen. = genitive	*pers.* = person	
impfv. = imperfective	*pfv.* = perfective	

A number in parentheses at the end of a Russian equivalent indicates the lesson in which the Russian word was first marked as active. A number in brackets indicates the lesson in which the Russian word first appears as passive vocabulary. I indicates Book 1 and II indicates Book 2. Bold numbers introduce separate meanings for a given word. English words in parentheses do not count in the alphabetical ordering.

A

able, be мочь (могу́, мо́жешь, мо́гут; *past* мог, могла́, могло́, могли́)/смочь (I:5) (II:7); уме́ть (I:7)

about о (об, обо) (+ *prep.*) (I:4)

abroad за грани́цей (II:6)

  go abroad пое́хать (пое́ду, пое́дешь) за грани́цу; е́здить (е́зжу, е́здишь) за грани́цу (II:4)

  (a) trip abroad пое́здка за грани́цу (II:4)

absolutely обяза́тельно (I:7); абсолю́тно (II:3)

accent акце́нт (II:1)

accounting: There's no accounting for taste. О вку́сах не спо́рят. (II:7)

ache боле́ть (боли́т, боля́т) (*3rd pers. only*) *impfv.* (II:5)

acquaintance знако́мый/знако́мая *noun, declines like adj.*

acquainted знако́мый (II:6)

  get acquainted (with) знако́миться (знако́млюсь, знако́мишься)/познако́миться (с + *instr.*) (I:2)

  Let's get acquainted. Дава́йте познако́мимся. (I:2)

across че́рез (+ *acc.*) (II:2)

act (*in a play, opera, etc.*) де́йствие (II:7)

actually действи́тельно (I:5)

address а́дрес (*pl.* адреса́) (I:2)

address book записна́я кни́жка [I:6]

admittance: No admittance. Вход воспреща́ется. [II:1]

advertisement рекла́ма (II:4)

advertising рекла́ма (II:4)

advice сове́т (II:2)

advise сове́товать (сове́тую, сове́туешь)/посове́товать (+ *dat.*) [II:6]

afraid (of) боя́ться (+ *gen.*) *impfv.* (II:2)

after по́сле (+ *gen.*) (II:4)

after all 1. в конце́ концо́в (I:8); **2.** *particle (used for emphasis)* ведь (I:7); же (I:6)

afternoon:

  afternoon meal обе́д (I:7)

  Good afternoon! До́брый день! (I:4)

  in the afternoon днём (I:7)

again опя́ть (I:3); сно́ва (II:5)

  once again ещё раз (I:7)

ago (тому́) наза́д: **three years ago** три го́да (тому́) наза́д (I:7).

  long ago давно́

agree 1. соглаша́ться/согласи́ться (соглашу́сь, согласи́шься) (II:8); **2.** договори́ться (договорю́сь, договори́шься) *pfv.* (II:4)

  Agreed! Договори́лись! (I:7)

ahead впереди́ (II:7)

alas увы́ [II:6]

all 1. весь (вся, всё, все) (I:4); **2.** всё (*neut. sing. of* весь)

  All the best! Всего́ хоро́шего! (II:2)

  all right (*expression of assent*) ла́дно [I:7] (II:4)

  all the same всё-таки (II:1); всё равно́ (II:4)

  all the time всё вре́мя (II:1)

  All's well that ends well. Всё хорошо́, что хорошо́ конча́ется. (II:8)

  Is that all? Э́то всё? [I:4]

  Is that all right? Э́то удо́бно? (I:7)

  That's all right! (*in response to an apology*) Ничего́! (I:1)

allow разреша́ть/разреши́ть (разрешу́, разреши́шь) (+ *dat.*) (II:6)

  Allow me to introduce . . . Познако́мьтесь, это... (I:2)

almost почти́ (I:7); чуть не (II:3)

  almost here на носу́ [II:3]

alone оди́н (одна́, одно́, одни́) *adj.* (II:1)

along по (+ *dat.*): **along the street** по у́лице

along the way по доро́ге (II:6)

already уже́ (I:3)

also 1. то́же (I:2); та́кже [II:2]; **2.** и (II:2)

always всегда́ (I:8)

ambulance service ско́рая по́мощь (I:6)

America Аме́рика (I:1)

  American *adj.* америка́нский (I:3); *noun* америка́н(е)ц/америка́нка (*gen. pl.* америка́нок) (I:4)

and 1. и (I:1); **2.** (*indicating contrast*) а (I:1)

  and so ита́к [I:7]

  you and I мы с тобо́й (II:1)

another друго́й (I:5)

  (that's) another matter друго́е де́ло (II:7)

answer *noun* отве́т (I:3); *verb* отвеча́ть/отве́тить (отве́чу, отве́тишь) (+ *dat.*) (I:8)

any любо́й; вся́кий (II:5)

  not any никако́й (I:4)

anybody кто́-нибудь (II:3)

anymore: not anymore уже́ не (I:3)

anyone кто́-нибудь (II:3)

anything что́-нибудь [I:8] (II:2)

  not . . . anything else бо́льше ничего́ [I:8]

apartment кварти́ра (I:2)

apartment building дом (I:2)

appetite аппети́т (II:8)

appetizer заку́ска (*gen. pl.* заку́сок) [II:6]

appointment свида́ние (I:8)

appropriate:

  it is (considered) appropriate при́нято [I:7]

  it is not (considered) appropriate не при́нято [I:7]

April апре́ль *m.* (I:8)

architectural архитекту́рный [II:1]

argue ссо́риться (ссо́рюсь, ссо́ришься)/поссо́риться [I:8]

argument ссо́ра [II:2]

arm рука́ (*acc. sing.* ру́ку, *pl.* ру́ки) (I:4)

army а́рмия (I:5)

around 1. вокру́г (+ *gen.*) [II:3]; **2.** по (+ *dat.*): **walk around town** гуля́ть по го́роду (I:8)

arrival прие́зд [II:4]

arrive 1. приходи́ть (прихожу́, прихо́дишь)/прийти́ (приду́, придёшь; *past* пришёл, пришла́, пришло́, пришли́) (I:7); **2.** (*by vehicle*) приезжа́ть/прие́хать (прие́ду, прие́дешь) (II:1)

art print репроду́кция [I:5]

article статья́ (*gen. pl.* стате́й) (I:3)

as:

  as . . . as так же... как и... (II:2)

  as well та́кже; то́же; и (II:2)

ashamed: I'm ashamed. Мне сты́дно. (I:7)

ask 1. (*ask someone*) спра́шивать/спроси́ть (спрошу́, спро́сишь) (+ *acc. or* у + *gen.*) (I:7); **2.** (*ask about*) спра́шивать/спроси́ть (+ *acc. or* о + *prep.*) (I:7); **3.** (*ask for*) проси́ть (прошу́, про́сишь)/ попроси́ть (I:8)

  ask a question задава́ть (задаю́, задаёшь)/зада́ть (зада́м, зада́шь, зада́ст, задади́м, задади́те, зададу́т; *past* за́дал, задала́, за́дали) вопро́с (+ *dat.*) (I:8)

  ask the way спроси́ть доро́гу

  Why do you ask? А что? [I:8]

asphalt асфа́льт [I:5]

assignment зада́ние

at 1. на (+ *prep.*—*to indicate an event, an* ⌐ *n space, etc.*): **at the concert** на конце́рте; **at** ⌐⌐ **stadium** на стадио́не; **2.** в (+ *acc.*—*to indicate a time of day*) **at seven o'clock** в семь часо́в; **3.** у (+ *gen.*—*to indicate someone's home, place of work, etc.*) **at grandma's** у ба́бушки; **4.** за (+ *instr.*): **at the table** за столо́м (II:2)

  at fault винова́т (винова́та, винова́то, винова́ты) [II:4]

  at first снача́ла (I:7); внача́ле [II:4]; пе́рвое вре́мя (II:4)

  at home до́ма (I:1)

  at last наконе́ц (II:6)

  at least хотя́ бы (II:6)

  at once сра́зу (II:3); неме́дленно [II:5]

  At what time? В кото́ром часу́? (I:7)

  feel at home чу́вствовать (чу́вствую, чу́вствуешь) себя́ как до́ма (II:3)

  no . . . at all никако́й (I:4)

athlete спортсме́н/спортсме́нка (*gen. pl.* спортсме́нок) [II:7]

attempt пыта́ться/попыта́ться (II:4)

attentive внима́тельный (внима́телен, внима́тельна, внима́тельно, внима́тельны) (II:6)

attentively внима́тельно [II:4]

auditorium зал (II:7)

August а́вгуст (I:8)

autograph авто́граф [II:7]

available: become available освобожда́ться/ освободи́ться (освобожу́сь, освободи́шься) (II:8)

  No space available. Мест нет. (II:8)

avenue проспе́кт [II:1] [II:4]

away: go away 1. уходи́ть (ухожу́, ухо́дишь)/уйти́ (уйду́, уидёшь; *past* ушёл, ушла́, ушло́, ушли́) (I:8); **2.** (*of pain, a cough, etc.*) проходи́ть (прохо́дит, прохо́дят)/пройти́ (пройдёт, пройду́т; *past* прошёл, прошла́, прошло́, прошли́) (II:5)

awful: How awful! Како́й у́жас! (I:2)

awkwardly нело́вко

B

back (*body part*) спина́ (*acc. sing.* спи́ну, *pl.* спи́ны) (II:5)

  come (*or* **go**) **back** возвраща́ться/верну́ться (верну́сь, вернёшься) (II:1)

bad плохо́й (I:2)

  (it's/that's) bad пло́хо (I:4)

  bad luck неуда́ча [II:2]

  bad things плохо́е *noun, declines like adj.* [II:2]

  (it's/that's) not bad непло́хо (I:7)

  (that's) too bad жаль (I:6)

  You had bad luck. Вам не повезло́. (II:2)

badly пло́хо (I:4)

bag паке́т [I:8]; су́мка (*gen. pl.* су́мок) [II:1]

baking soda со́да [II:5]

balcony балко́н (I:5)

basket корзи́на [II:2]

bathroom ва́нная *noun, declines like adj.* (I:4); туале́т (I:2)

bathtub ва́нна (I:4)

be 1. быть (*future* бу́ду, бу́дешь; *past* был, была́, бы́ло, бы́ли) (I:6); **2.** (*be located*) стоя́ть (стою́, стои́шь): **The books are in the bookcase.** Кни́ги стоя́т в кни́жном шкафу́. (I:5)

    Be careful! Осторо́жно! (II:1)

beautiful краси́вый (I:2)

    (it's/that's) beautiful краси́во (II:6)

beautifully краси́во

because потому́ что (I:3)

    because of из-за (+ *gen.*) (II:7)

become станови́ться[1] (становлю́сь, стано́вишься)/ стать (ста́ну, ста́нешь) (+ *instr. or impersonal*) *pfv.* (II:2)

bed крова́ть *f.* (I:5)

beets: salad with beets винегре́т [II:3]

before 1. до (+ *gen.*) (I:7); **2.** пе́ред (пе́редо) (+ *instr.*) (II:1); **3.** ра́ньше (II:5)

    I finished a special school for nurses before the institute. До институ́та я зако́нчила медици́нское учи́лище. (1:7)

    sit down before a trip присе́сть (прися́ду, прися́дешь; *past* присе́л, присе́ла, присе́ло, присе́ли) на доро́гу [II:8]

begin 1. начина́ть/нача́ть (начну́, начнёшь) (I:7); **2.** начина́ться/нача́ться (начнётся, начну́тся; *past* начался́, начала́сь, начало́сь, начали́сь) (*3rd pers. only*) (II:5)

beginning нача́ло

behind за (+ *instr.*) (I:8)

believe ве́рить (ве́рю, ве́ришь)/пове́рить (+ *dat.*) (I:8)

    Do you believe her? Ты ей ве́ришь? (I:8)

    You're not going to believe it (this), but . . . Э́то невероя́тно, но... [I:7]

beloved люби́мый [II:3]

below внизу́ (I:4)

beside во́зле (+ *gen.*) [II:3] (II:6)

besides (that) кро́ме того́ *parenthetical* (I:8)

best лу́чший (II:5)

    All the best! Всего́ хоро́шего! (II:2)

    Best of luck! Жела́ю успе́ха! (II:6)

better 1. (*compar. and superl. of* хоро́ший) лу́чший; **2.** (*compar. of* хоро́ший, хорошо́) лу́чше (II:1)

    Better late than never. Лу́чше по́здно, чем никогда́. (II:7)

    Better you didn't. (*in response to a suggestion*) Лу́чше не на́до. (II:5)

between ме́жду (+ *instr.*) (II:1)

big большо́й (I:2)

bigger бо́льше (*compar. of* большо́й) (II:1)

binoculars бино́кль *m.* [II:7]

birth рожде́ние (II:5)

bite: have a bite (to eat) пое́сть (пое́м, пое́шь, пое́ст, поеди́м, пое́дите, поедя́т; *past* пое́л, пое́ла, пое́ло, пое́ли) *pfv.* (II:3)

black чёрный (II:2)

blame: (I am, you are, *etc.*) to blame (я, ты и т. д.) винова́т (винова́та, винова́то, винова́ты) [II:4]

Bless you! (*used when someone sneezes*) Будь здоро́в (здоро́ва)!; Бу́дьте здоро́вы! (II:5)

blond *noun* блонди́н/блонди́нка (*gen. pl.* блонди́нок) [I:4]

blue:

    dark blue си́ний (II:4)

    light blue голубо́й (II:4)

blunder: make a blunder попада́ть/попа́сть (попаду́, попадёшь; *past* попа́л, попа́ла, попа́ло, попа́ли) впроса́к (II:4)

Bon appétit! Прия́тного аппети́та! (II:8)

book кни́га (I:1)

    address book записна́я кни́жка [I:6]

bookcase кни́жный шкаф (I:5)

bookshelf кни́жная по́лка (I:5)

boots сапоги́ (*gen.* сапо́г) *pl.* (*sing.* сапо́г, *gen. sing.* сапога́) (I:5)

bored: I'm bored. Мне ску́чно.

boring ску́чный (II:6); **(it's/that's) boring** ску́чно [I:6]

boringly ску́чно [I:6]

born, be рожда́ться/роди́ться (*past* роди́лся, родила́сь, роди́лись) (I:8)

boss шеф *colloquial* [II:7]

boss around кома́ндовать (кома́ндую, кома́ндуешь) *impfv.* [I:6]

bother 1. меша́ть (+ *dat.*) *impfv.* [I:7]; **2.** беспоко́ить (беспоко́ю, беспоко́ишь) *impfv.* (II:5)

    I don't want to bother you. Я не хочу́ вам меша́ть. [I:7]

    I feel uncomfortable bothering you. Мне нело́вко вас беспоко́ить. [II:5]

bottle буты́лка (*gen. pl.* буты́лок) [II:8]

bottom дно [II:3]

    Bottoms up! (Пей) до дна! [II:3]

bouquet буке́т [II:6]

    small bouquet буке́тик *diminutive* [II:6]

box коро́бка (*gen. pl.* коро́бок) (II:6)

boy ма́льчик (I:4)

Brazil Брази́лия [II:4]

bread хлеб (I:3)

breaded meat patty котле́та [II:2]

break разбива́ть/разби́ть (разобью́, разобьёшь) [II:2]

breakfast: to have breakfast за́втракать/
поза́втракать (II:6)
breathe дыша́ть (дышу́, ды́шишь) *impfv.* [II:5]
briefcase портфе́ль *m.* [II:1]
bright све́тлый [I:3]
bring 1. приноси́ть (приношу́, прино́сишь)/
принести́ (принесу́, принесёшь; *past* принёс,
принесла́, принесло́, принесли́) (II:2)/(I:7); **2.** (*by
vehicle*) привози́ть (привожу́, приво́зишь)/
привезти́ (привезу́, привезёшь; *past* привёз,
привезла́, привезло́, привезли́) [II:6]; **3.** (*bring
someone along*) приводи́ть (привожу́,
приво́дишь)/привести́ (приведу́, приведёшь;
past привёл, привела́, привело́, привели́) [II:4]
brother брат (*pl.* бра́тья, *gen. pl.* бра́тьев) (I:1)
bucket ведро́ (*pl.* вёдра, *gen. pl.* вёдер) (II:2)
building дом (*pl.* дома́) (I:2); зда́ние (II:2)
bureau бюро́ *neut. indecl.* [II:8]
bus *noun* авто́бус (I:3); *adj.* авто́бусный (I:5)
  bus stop остано́вка авто́буса (I:3); авто́бусная
  остано́вка (I:5)
business 1. би́знес [I:5]; фи́рма [I:8]; **2.** де́ло (I:8);
  3. (*adj.*) делово́й
  It's/That's none of your business. *rather rude* Э́то
  не твоё (ва́ше) де́ло. (I:8)
  on business по де́лу [I:7]
businesslike делово́й (II:3)
businessman бизнесме́н [I:7]
busy за́нятый (за́нят, занята́, за́нято, за́няты)
  (II:5)
but 1. но (I:3); **2.** а (I:1)
  but on the other hand (but then) зато́ (*often* но
  зато́) (II:6)
buy покупа́ть/купи́ть (куплю́, ку́пишь) (I:5)
by 1. во́зле (+ *gen.*) [II:3] [II:6]; **2.** ми́мо *adv. or prep.*
  (+ *gen.*): **I passed by.** Я прошла́ ми́мо. (II:6);
  3. (*when expressing time*) к: **by the evening** к
  ве́черу (II:3)
  by mistake по оши́бке [I:7]
  by the way ме́жду про́чим *parenthetical* (I:8)
Bye! *informal* Пока́! (I:1)

C

cab driver такси́ст [II:3]
cabbage капу́ста (II:3)
cabinet шкаф (*prep. sing.* в шкафу́, *pl.* шкафы́)
California Калифо́рния [I:8]
call 1. звони́ть (звоню́, звони́шь)/позвони́ть (+ *dat.*)
  (I:7); **2.** называ́ть *impfv.*; **3.** вызыва́ть/вы́звать
  (вы́зову, вы́зовешь): **to call a doctor (for someone)** вызыва́ть/вы́звать врача́ (II:5)
  call on someone заходи́ть (захожу́, захо́дишь)/
  зайти́ (зайду́, зайдёшь; *past* зашёл, зашла́,
  зашло́, зашли́) (к + *dat.*)

call someone by first name (and patronymic)
  называ́ть по и́мени (и о́тчеству) (I:8)
camping:
  camping trip похо́д (II:1)
  go camping идти́ (иду́, идёшь; *past* шёл, шла,
  шло, шли)/пойти́ (пойду́, поидёшь; *past* пошёл,
  пошла́, пошли́) в похо́д; ходи́ть (хожу́,
  хо́дишь) в похо́ды (II:1)
can: one can мо́жно (I:4)
cancel отменя́ть/отмени́ть (отменю́, отме́нишь)
  [II:5]
candy конфе́ты *pl.* [II:2] [II:6]
  piece of candy конфе́та [II:2] [II:6]
cannot: one cannot нельзя́
capable спосо́бный (II:8)
car маши́на (I:5)
  The car is at your service. Маши́на по́дана. [II:8]
card 1. ка́рточка [I:7]; **2.** (*greeting card*)
  поздрави́тельная откры́тка (II:6)
care: Take care! Всего́ хоро́шего! (II:2)
careful осторо́жный (осторо́жен, осторо́жна,
  осторо́жно, осторо́жны) (II:8)
  Careful! Осторо́жно! (II:1)
carefully внима́тельно [II:4]
carnation гвозди́ка [II:6]
carry нести́ (несу́, несёшь, несу́т; *past* нёс, несла́,
  несло́, несли́) [I:8] [II:2]; **2.** относи́ть (отношу́,
  отно́сишь)/отнести́ (отнесу́, отнесёшь; *past*
  отнёс, отнесла́, отнесло́, отнесли́) [II:5]
  carry away уноси́ть (уношу́, уно́сишь)/унести́
  (унесу́, унесёшь; *past* унёс, унесла́, унесло́,
  унесли́) [II:2]
case слу́чай
  in any case всё равно́ (II:8)
  just in case на вся́кий слу́чай (II:7)
cashier:
  cashier's counter ка́сса [II:7]
  I paid the cashier. Я заплати́л(а) в ка́ссу. [II:6]
cassette кассе́та [I:5]
cat ко́шка; кот (*gen. sing.* кота́) (I:2)
catch:
  Catch! (*when throwing something*) Держи́те! [II:2]
  catch a bad cold си́льно простуди́ться
  (простужу́сь, просту́дишься) (II:5)
  catch cold просту́живаться/простуди́ться
  (простужу́сь, просту́дишься) (II:5)
category катего́рия [II:2]
cathedral собо́р [II:1]
celebrate пра́здновать (пра́здную, пра́зднуешь)/
  отпра́здновать (I:6); **2.** отмеча́ть/отме́тить
  (отме́чу, отме́тишь) [II:8]; (*to celebrate a holiday*)
  встреча́ть/встре́тить (встре́чу, встре́тишь) (II:3)
  celebrate New Year's Eve встреча́ть Но́вый год
  (II:3)

cello виолонче́ль *f.* [II:1]
center центр
    center of town центр (го́рода) (II:1)
certain 1. уве́рен (уве́рена, уве́рено, уве́рены) (I:8)
    a certain оди́н (одна́, одно́, одни́) *adj.*
chair стул (*pl.* сту́лья, *gen. pl.* сту́льев) (I:3)
    easy chair кре́сло (I:3)
champagne шампа́нское *noun, declines like adj.* [II:3]
champion чемпио́н [II:7]
    Russian hockey champion чемпио́н Росси́и по хокке́ю [II:7]
championship пе́рвенство (II:7)
    championship game фина́л [II:7]
chance 1. слу́чай; **2.** риск
    to take chances (a chance) рискова́ть (риску́ю, рискуёшь) *impfv.* (II:2)
change:
    change (trains, buses, *etc.***)** сде́лать переса́дку
    (a) change (of trains, buses, *etc.***)** переса́дка (*gen. pl.* переса́док) (II:1)
    change clothes переодева́ться/переоде́ться (переоде́нусь, переоде́нешься) [II:7]
    change one's mind переду́мать *pfv.* [II:4]
chauffeur шофёр (II:4)
check 1. проверя́ть/прове́рить (прове́рю, прове́ришь) [I:4]; **2.** (*of a coat, etc., in a coat check room*) сдава́ть (сдаю́, сдаёшь)/сдать (сдам, сдашь, сдаст, сдади́м, сдади́те, сдаду́т; *past* сдал, сдала́, сда́ло, сда́ли) (II:7)
cheese сыр [I:7]
chief 1. *noun* шеф *colloquial* [II:7]; **2.** *adj.* гла́вный [I:6] (II:2)
child ребён(о)к (*pl.* ребя́та, *gen. pl.* ребя́т, *or pl.* де́ти, *gen. pl.* дете́й) [II:1]
children де́ти (*gen.* дете́й, *dat.* де́тям, *instr.* детьми́) *pl.* (*sing.* ребёнок) (I:6) *affectionate* дети́шки [II:3]; ребя́та (*gen. pl.* ребя́т)
choose выбира́ть/вы́брать (вы́беру, вы́берешь) (II:8)
circle кольцево́й (*adj.*) [II:1]
    circle line кольцева́я ли́ния [II:1]
city го́род (*pl.* города́) (I:5)
    city square пло́щадь (*gen. pl.* площаде́й) *f.* (II:1)
class (*a group of students*) класс (*in school*): **We were in the same class in school.** Мы учи́лись в одно́м кла́ссе. (II:7); гру́ппа (*at a university, etc.*) (II:4)
classes заня́тия (*pl. only*) (I:7)
classical класси́ческий [I:3]
    classical music кла́ссика [I:4]
classics кла́ссика
clean чи́стый (I:5)
    (it's/that's) clean чи́сто (II:1)
cleanly чи́сто
clear (*easy to understand*) я́сный

clear someone for work выпи́сывать/вы́писать (вы́пишу, вы́пишешь) на рабо́ту (II:5)
    Everything is clear. Всё я́сно. (II:1)
    It's/That's clear. Я́сно. (II:1)
clock часы́ (*gen.* часо́в) *pl.*
close 1. закрыва́ть/закры́ть (закро́ю, закро́ешь; *past passive participle* закры́тый) [I:4] (II:5); **2.** (*be closed*) закрыва́ться/закры́ться (закро́ется, закро́ются) (*3rd pers. only*) [II:1]
    (it's/that's) close бли́зко (I:5)
    close to о́коло (+ *gen.*) (II:4)
closed закры́тый (*adj. and past passive participle* of закры́ть) [II:2] (II:5)
closet шкаф (*prep. sing.* в шкафу́, *pl.* шкафы́)
clothes: change clothes переодева́ться/переоде́ться (переоде́нусь, переоде́нешься) [II:7]
coat (*overcoat*) пальто́ *neut. indecl.* (II:7)
coat check (room) гардеро́б [II:7]
coffee 1. *noun* ко́фе *m. indecl.* (II:6); **2.** *adj.* кофе́йный [II:6]
    coffee set кофе́йный набо́р [II:6]
coffeepot кофе́йник [II:6]
coincidence совпаде́ние [II:6]
cold *noun* просту́да (II:5)
    Aren't you cold? Тебе́ не хо́лодно? (II:3)
    catch cold просту́живаться/простуди́ться (простужу́сь, просту́дишься) (II:5)
    (it's) cold хо́лодно
colleague колле́га *m. and f.* [II:6]
come 1. приходи́ть (прихожу́, прихо́дишь)/прийти́ (приду́, придёшь; *past* пришёл, пришла́, пришло́, пришли́) (I:7); (*by vehicle*) приезжа́ть/прие́хать (прие́ду, прие́дешь) (II:1); **2.** возвраща́ться/верну́ться (верну́сь, вернёшься) (II:1)
    come back 1. возвраща́ться/верну́ться (верну́сь, вернёшься) (II:1); приходи́ть (прихожу́, прихо́дишь)/прийти́ (приду́, придёшь; *past* пришёл, пришла́, пришло́, пришли́) (I:7)
    Come in! Заходи́(те)! (I:6); Проходи́(те)! (II:6)
    come out (of) выходи́ть (выхожу́, выхо́дишь)/вы́йти (вы́йду, вы́йдешь; *past* вы́шел, вы́шла, вы́шло, вы́шли) (II:1)
comfortable удо́бный (I:7): **(it's/that's) comfortable** удо́бно
commercial рекла́ма (II:4)
company 1. (*group of people*) компа́ния (I:7); **2.** (*business*) фи́рма [I:8]
completely совсе́м (I:6)
compliment комплиме́нт [II:6]
composer композитор [I:3]
composition (*writing assignment*) сочине́ние [I:3]
concern каса́ться/косну́ться (коснётся, косну́тся) (*3rd pers. only*) (+ *gen.*) (I:8)

concert концерт [I:3]

congratulate поздравлять/поздравить (поздравлю, поздравишь) [II:3] (II:6)

connect связывать *impfv.* [II:1]; соединять *impfv.* [II:1]

conservatory консерватория [I:6] (II:4)

constantly всё время (II:1)

continue продолжаться/продолжиться (продолжится, продолжатся) *(3rd pers. only)* (II:8)

convenient удобный [I:7]: **(it's/that's) convenient** удобно

cook готовить (готовлю, готовишь)/приготовить [I:7]

corner уг(о)л *(gen. sing.* угла, *prep. sing.* в углу, на углу) (II:4)

correct 1. *verb* исправлять/исправить (исправлю, исправишь) [I:8]; **2.** *adj.* правильный [I:6]; **3.** *adj.* прав (права, право, правы) (II:2)

    Could you please correct my mistakes? Ты не мог (могла) бы исправить мои ошибки? [I:8]

    That's correct. Правильно. (I:6)

correctly правильно

cosmetics косметика (II:6)

cost стоить *(usu. 3rd pres.* стоит, стоят) *impfv.* (I:6)

    How much does this cost? Сколько это стоит? (I:6)

couch диван [I:3]

cough *noun* каш(е)ль *(gen. sing.* кашля) *m.; verb* кашлять/кашлянуть (кашляну, кашлянешь) *(one-time action)* (II:5)

could:

    Could you please correct my mistakes? Ты не мог (могла) бы исправить мои ошибки? [I:8]

    Could you tell me . . . ? Вы не скажете... ? [I:8]

count считать/посчитать [II:4]

counter: cashier's counter касса [II:7]

country страна *(pl.* страны) (I:5)

couple пара (II:3)

court (someone) ухаживать (за + *instr.*) *impfv.* [II:7]

courtyard двор *(gen. sing.* двора) (II:3)

cover накрывать/накрыть (накрою, накроешь)

crab краб [II:8]

creative оригинальный [II:6]

    (it's/that's) creative оригинально [I:3]

creatively оригинально [I:3]

cross someone's path перебегать/перебежать (перебегу, перебежишь) дорогу (+ *dat.*) [II:2]

cross-town line радиус [II:1]; радиальная линия [II:1]

cucumber огур(е)ц *(gen. sing.* огурца) (II:3)

cultured культурный (I:6)

cup чашка *(gen. pl.* чашек) (II:6); *(small cup)* чашечка *(gen. pl.* чашечек) *diminutive* [II:6]

cure (of) вылечивать/вылечить (вылечу, вылечишь) (от + *gen.*) (II:5)

customary: it is customary (to . . .) принято [I:7]

cutlet котлета [II:2]

D

dad папа (I:1); папочка *affectionate* [II:7]

dance 1. *noun* тан(е)ц *(gen. sing.* танца) [II:3]; **2.** *verb* танцевать (танцую, танцуешь)/станцевать [II:3] (II:8)

dangerous опасный (II:5)

dangerously: You're not dangerously sick. У вас не опасная болезнь. (II:5)

dark blue синий (II:4)

date 1. *(day of the month)* число *(pl.* числа, *gen. pl.* чисел) (II:4); **2.** *(social)* свидание [I:8]

daughter дочь *(gen., dat., and prep. sing.* дочери, *pl.* дочери, *gen. pl.* дочерей) *f.* (I:2); *affectionate* доченька [I:3]

day д(е)нь *(gen. pl.* дней) *m.* (I:7)

    day off нерабочий день [II:6]

    days gone by прежние дни [II:3]

    Good day! Добрый день! (I:4)

    International Women's Day Международный женский день (II:6)

    the day after tomorrow послезавтра (II:5)

daytime: in the daytime днём (I:7)

dear дорогой (I:2)

December декабрь *(gen. sing.* декабря) *m.* (I:8)

decide решать/решить (решу, решишь) (II:4)

    Have you decided? *(when ordering at a restaurant)* Вы уже выбрали? (II:8)

deciding решающий (II:7)

decisive решающий (II:7)

decorated нарядный [II:3]

definitely обязательно [I:7]

delicious вкусный [I:8] (II:2)

    (it's/that's) delicious вкусно (II:3)

depart *(by vehicle)* уезжать/уехать (уеду, уедешь) (II:1)

department факультет (I:4)

    history department исторический факультет (I:5)

    journalism department факультет журналистики [I:4]

    What department are you in? На каком факультете вы учитесь? (I:5)

dessert десерт (II:8)

die умереть (умру, умрёшь; *past* умер, умерла, умерло, умерли) *pfv.* (II:4)

different разный (I:3)

    (that's) a different matter другое дело (II:7)

difficult трудный (I:3)

    (it's/that's) difficult трудно (I:3); нелегко (II:6)

dining room столовая *noun, declines like adj.* (I:5)

dinner обед (I:7)

    have dinner обедать/пообедать (II:6)

diploma диплом [I:7]

direction сторона (II:2)

director дире́ктор (I:4)
discrimination дискримина́ция [I:5]
disease боле́знь *f.* (II:5)
dish таре́лка (*gen. pl.* таре́лок) (II:6)
dishes посу́да [II:6]
dishware посу́да [II:6]
dispatcher диспе́тчер [II:8]
dissertation диссерта́ция [I:5]
distant отдалённый [II:1]
do де́лать/сде́лать (I:3)/(I:7)
    How are you doing? Как (у тебя́, у вас) дела́? (I:1)
    We don't do that (here). У нас э́то не при́нято. [I:7]
doctor врач (*gen. sing.* врача́) (I:6); до́ктор (*pl.* доктора́) (II:5)
    call (*or* **get**) **a doctor** вызыва́ть/вы́звать (вы́зову, вы́зовешь) врача́ (II:5)
document докуме́нт (I:5)
dog соба́ка (I:2)
don't:
    Don't mention it! (*in response to* Спаси́бо!) Не́ за что! (I:5)
    Don't worry! Не волну́йся (волну́йтесь)! (I:6)
door дверь (*prep. sing.* о две́ри, на двери́; *gen. pl.* двере́й) *f.* (I:4)
doorman швейца́р [II:8]
doorway подъе́зд (I:6)
dormitory общежи́тие (I:5)
double двойно́й [II:7]
doubt сомне́ние [II:5]
downstairs внизу́ (I:4)
downtown центр (го́рода) (II:1)
drink *verb* пить (пью, пьёшь)/вы́пить (вы́пью, вы́пьешь) (II:3)
    drink up вы́пить *pfv.* (II:3)
drive 1. води́ть (вожу́, во́дишь) (маши́ну) *impfv.* (II:2); **2.** е́хать (е́ду, е́дешь)/пое́хать [I:8]; е́здить (е́зжу, е́здишь) *multidir.* (II:4)
driver 1. води́тель *m.* [I:8]; **2.** шофёр (II:4)
driving вожде́ние [II:2]
driving school автошко́ла [II:2]
drop by заезжа́ть/зае́хать (в *or* на + *acc. or* к + *dat.*)
drugstore апте́ка [I:3] (II:5)
duty: man/woman on duty дежу́рный/дежу́рная *noun, declines like adj.* [II:4]

E

each ка́ждый (I:5)
    (to, about, etc.) each other друг дру́га (друг дру́гу, друг о дру́ге, *etc.*) (I:6)
earlier ра́ньше (II:5)
    earlier and earlier всё ра́ньше и ра́ньше (II:1)
early *adv.* ра́но (II:1)

earphones нау́шники *pl.* (II:1)
easier ле́гче (*compar. of* лёгкий) (II:1)
easily легко́
east восто́к (II:8)
easy лёгкий: **(it's/that's) easy** легко́ [I:3]
    (it's/that's) not easy нелегко́ (II:6)
easy chair кре́сло (I:3)
eat есть (ем, ешь, ест, еди́м, еди́те, едя́т; *past* ел, е́ла, е́ло, е́ли)/съесть (I:8); пое́сть (II:3)
    eat up съесть (I:8)
    eat well вку́сно пое́сть (II:3)
    have a bite to eat есть/пое́сть (II:3)
    have something good to eat вку́сно пое́сть (II:3)
    have something to eat есть/пое́сть (II:3)
effective эффекти́вный [II:1]
eight во́семь (I:2)
eighteen восемна́дцать (I:6)
eighth восьмо́й (I:6)
eighty во́семьдесят (I:6)
either любо́й; (*with a negated verb*) то́же (I:2)
    either . . . or . . . и́ли... и́ли... (I:7)
elders ста́ршие *noun, declines like adj.* (*pl. only*) (I:6)
electrician электри́к [I:4]
elevator лифт (I:4)
eleven оди́ннадцать (I:2)
eleventh оди́ннадцатый (I:6)
else ещё (I:2)
    not . . . anything else бо́льше ничего́ [I:8]
    nothing else бо́льше ничего́ [I:8]
embarrassing: How embarrassing! Како́й стыд! [II:4]
empty пусто́й (пуст, пуста́, пу́сто, пусты́) (II:2)
encounter встре́ча [II:2]
encyclopedia энциклопе́дия [I:5]
    walking encyclopedia ходя́чая энциклопе́дия [I:5]
end 1. *noun* кон(е́)ц (*gen. sing.* конца́) (II:7); **2.** *verb* конча́ться/ко́нчиться (ко́нчится, ко́нчатся) (*3rd pers. only*) (II:8)
    All's well that ends well. Всё хорошо́, что хорошо́ конча́ется. (II:8)
engaged: be engaged in занима́ться (+ *instr.*) *impfv.* (II:2)
English 1. англи́йский (I:7); **2. (in) English** по-англи́йски, на англи́йском языке́
    speak English говори́ть (говорю́, говори́шь) по-англи́йски
    write in English писа́ть (пишу́, пи́шешь) по-англи́йски
enjoy:
    Enjoy your meal! Прия́тного аппети́та! (II:8)
enough доста́точно (II:7): **(One has/There is) enough time.** Вре́мени доста́точно. (II:7)
    be enough хвата́ть/хвати́ть (хва́тит; *past* хвати́ло) (+ *gen.*) *impersonal* (II:5)

ensemble ансáмбль *m.* [II:1]
entirely совсéм (I:6)
entrance 1. вход (II:1); **2.** подъéзд (I:6)
entryway подъéзд (I:6)
envelope конвéрт (I:6)
epidemic эпидéмия (II:5)
especially осóбенно (II:1)
Eugene Onegin «Евгéний Онéгин» (*a novel in verse by A.S. Pushkin*) [I:7]
even *particle* дáже (I:5)
  even now до сих пор (II:4)
evening вéчер
  Good evening! Дóбрый вéчер! (I:5)
  in the evening вéчером (I:5)
every кáждый (I:5)
everybody все (*pl. of* весь) (I:4)
everyone все (*pl. of* весь) (I:4)
everything всё (I:4)
  Everything is in order; Everything's fine. Всё в порядке (I:6)
  everything one needs всё, что нýжно [I:7]
  Everything's clear. Всё ясно. (II:1)
everywhere вездé (I:5)
exactly рóвно; тóчно (II:1)
exam экзáмен (II:2)
  get ready (*or* **prepare**) **for an exam** готóвиться (готóвлюсь, готóвишься) к экзáмену (II:2)
example: for example напримéр (II:2)
excellent отлúчный (I:7): **Excellent!** Отлúчно! (I:7)
excellently отлúчно
excessively слúшком [I:4]
exchange обмéн (II:4)
  as an exchange student по обмéну (II:4)
  on an exchange program по обмéну (II:4)
excursion экскýрсия [II:2]
excuse:
  Excuse me! Извинú(те)! (I:2); Простú(те)! (I:5)
  medical excuse больнúчный лист [II:5]
  write (out) a medical excuse (*for someone*) вы́писать (вы́пишу, вы́пишешь) больнúчный лист (+ *dat.*) (II:5)
expect ждать (жду, ждёшь; *past* ждал, ждалá, ждáло, ждáли) *impfv.* (I:7)
expedition экспедúция [II:8]
expensive дорогóй (I:5)
experience óпыт (II:1)
explain объяснять/объяснúть (объясню́, объяснúшь) (II:6)
extend: extend greetings (to) поздравлять/поздрáвить (поздрáвлю, поздрáвишь) [II:3] (II:6)
extra лúшний (I:6)

F

fall¹ *noun* óсень *f.* (II:6)
  in the fall óсенью (II:1)

fall² *verb* пáдать/упáсть (упадý, упадёшь; *past* упáл, упáла, упáло, упáли) [II:2]
  fall ill заболéть (заболéю, заболéешь) *pfv.* (II:2)
familiar знакóмый (II:7)
family семья́ (*pl.* сéмьи, *gen. pl.* семéй, *dat. pl.* сéмьям) (I:2)
famous знаменúтый (II:7)
far 1. (*used predicatively*) далекó (I:3); **2.** горáздо (+ *compar.*); намнóго (+ *compar.*) (II:1)
  far (away) далекó (I:3)
  not far from недалекó от (+ *gen.*) (I:6)
farther дáльше (*compar. of* далёкий *and* далекó)
fast 1. *adj.* бы́стрый (II:1); **2.** *adv.* бы́стро (I:6)
fat тóлстый (II:4)
father от(é)ц (*gen. sing.* отцá) (I:1)
fault:
  at fault виновáт (виновáта, виновáто, виновáты) [II:4]
  It's my fault. (Э́то) я виновáт (виновáта). [II:4]
favor: I have a favor to ask of you. У меня́ к тебé (вам) прóсьба (I:8)
favorite любúмый (I:3)
fear боя́ться (+ *gen.*) *impfv.* (II:2)
February феврáль (*gen. sing.* февраля́) *m.* (I:8)
feel (*some way*) чýвствовать (чýвствую, чýвствуешь) себя́ *impfv.* (II:5)
  feel at home чýвствовать себя́ как дóма (II:3)
  feel sorry (for) сочýвствовать (сочýвствую, сочýвствуешь) (+ *dat.*) *impfv.* (II:4)
  not feel well плóхо себя́ чýвствовать (II:5)
fellow пáр(е)нь (*gen. pl.* парнéй) *m.* [I:7] (II:3)
few мáло (+ *gen.*) (I:3)
  a few нéсколько (II:6)
fewer мéньше (*compar. of* мáло) (II:1)
fifteen пятнáдцать (I:6)
fifth пя́тый (I:6)
fifty пятьдеся́т (I:6)
film фильм (II:4)
final (*adj.*) финáльный [II:2] [II:7]
finale финáл [II:7]
finally наконéц (II:6)
find находúть (нахожý, нахóдишь)/найтú (найдý, найдёшь; *past* нашёл, нашлá, нашлó, нашлú) (II:6)
fine:
  Fine, thanks. (*in response to* Как делá?) Хорошó, спасúбо. (I:1)
finish закáнчивать/закóнчить (закóнчу, закóнчишь) (I:7)
Finnish фúнский [I:3]
firm (*business*) фúрма [I:8]
first пéрвый (I:6)
  at first сначáла (I:7); вначáле [II:4]; пéрвое врéмя [II:4]
  in the first place во-пéрвых *parenthetical* (II:7)

five пять (I:2)

five hundred пятьсо́т [I:5]

floor 1. пол (*prep. sing.* на полу́, *pl.* полы́) (I:4);
2. (*story*) эта́ж (*gen. sing.* этажа́) (I:2)

flower цвет(о́)к (*gen. sing.* цветка́, *pl.* цветы́, *gen. pl.*
цвето́в) (I:5)

flu грипп (II:5)

foot нога́ (*acc. sing.* но́гу, *pl.* но́ги, *gen. pl.* ног, *dat.*
pl. нога́м) (II:5)

on foot пешко́м

put one's foot in it попада́ть/попа́сть (попаду́,
попадёшь; *past* попа́л, попа́ла, попа́ло, попа́ли)
впроса́к (II:4)

for 1. для (+ *gen.*): **Bring something tasty for Belka.**
Принеси́ что́-нибудь вку́сное для Бе́лки. (I:8);
2. за (+ *acc.*): **the firm pays for the tickets** за
биле́ты пла́тит фи́рма; **3.** за (+ *instr.*): **He went
back for his cigarettes.** Он верну́лся за
сигаре́тами. (II:1); **4.** к (ко) (+ *dat.*): **This is a
present for your birthday.** Э́то тебе́ пода́рок ко
дню рожде́ния.

for a long time до́лго (I:8)

for example наприме́р (II:2)

for free беспла́тно (I:5)

for instance наприме́р (II:2)

for sure ве́рно (II:1); то́чно (II:1)

for the sake of ра́ди (+ *gen.*) (II:4)

forbidden: it is forbidden нельзя́ (I:4)

forecast прогно́з (II:1)

foreign иностра́нный (II:1); чужо́й [I:6]

foreigner иностра́н(е)ц/иностра́нка (*gen. pl.*
иностра́нок) [I:8] (II:1)

forest лес (*prep. sing.* в лесу́, *pl.* леса́) (II:3)

forget забыва́ть/забы́ть (забу́ду, забу́дешь)
(II:1)

fork ви́лка (*gen. pl.* ви́лок) (II:2)

formally официа́льно [II:3]

forty со́рок (I:6)

forward 1. *adv.* вперёд; **2.** *noun* (*in hockey or soccer*)
фо́рвард [II:7]

four четы́ре (I:2)

fourteen четы́рнадцать (I:6)

fourth четвёртый (I:6)

frankly открове́нно (II:5)

frankly speaking *parenthetical* открове́нно говоря́
(II:5)

free свобо́дный (свобо́ден, свобо́дна, свобо́дно,
свобо́дны) (II:4)

become free освобожда́ться/освободи́ться
(освобожу́сь, освободи́шься) (II:8)

for free беспла́тно (I:5)

free (of charge) беспла́тно (I:5)

Friday пя́тница (I:7)

friend друг (*pl.* друзья́, *gen. pl.* друзе́й) (I:5); (*female*)
подру́га (I:6)

friendship дру́жба (II:3)

from 1. от (+ *gen.*) (I:5); **2.** из: **from Moscow** из
Москвы́; **3.** (*from where*) отку́да: **Where are you
from?** Отку́да вы?

front: in front of пе́ред (пе́редо) (+ *instr.*) (II:1): **in
front of me** пе́редо мной [II:1]

full по́лный (II:1)

fun:

It was a lot of fun. Бы́ло о́чень ве́село. (I:7)

make fun of смея́ться (смею́сь, смеёшься) (над +
instr.) *impfv.* (II:4)

We had a lot of fun. Бы́ло о́чень ве́село. (I:7)

funeral по́хороны *pl.* (*gen.* похоро́н, *dat.*
похорона́м) [II:4]

furniture ме́бель *f.* (I:3)

further да́льше (*compar. of* далёкий *and* далеко́)

future, the бу́дущее *noun, declines like adj.* [I:8]

G

gallery галере́я [II:1]

Tretyakov Gallery Третьяко́вская галере́я [II:1]

game матч [II:2] (II:7)

garage гара́ж (*gen. sing.* гаража́) [I:5]

gather собира́ть/собра́ть (соберу́, соберёшь;
past собра́л, собрала́, собра́ло, собра́ли) (II:8)

general: in general вообще́ (I:8)

gentleman джентльме́н [II:3]

German *adj.* неме́цкий (II:1)

Gesundheit! Будь здоро́в (здоро́ва)!; Бу́дьте
здоро́вы! (II:5)

get 1. получа́ть/получи́ть (получу́, полу́чишь) (I:5);
2. брать (беру́, берёшь)/взять (возьму́,
возьмёшь; *past* взял, взяла́, взя́ло, взя́ли) (I:6);
3. достава́ть (достаю́, достаёшь)/доста́ть
(доста́ну, доста́нешь) (II:7)

get a doctor (for someone) вызыва́ть/вы́звать
(вы́зову, вы́зовешь) врача́ (II:5)

get acquainted (with) знако́миться/
познако́миться (познако́млюсь,
познако́мишься) (с + *instr.*) (I:2)

get in line стать (ста́ну, ста́нешь) в о́чередь (I:8)

get into (a place or event) попада́ть/попа́сть
(попаду́, попадёшь; *past* попа́л, попа́ла,
попа́ло, попа́ли) (в *or* на + *acc.*) (II:7)

get lost заблуди́ться (заблужу́сь, заблу́дишься)
pfv. [I:8] (II:1)

get married (to) (*of a woman*) выходи́ть (выхожу́,
выхо́дишь)/вы́йти (вы́йду, вы́йдешь; *past*
вы́шла, вы́шли) за́муж (за + *acc.*) (I:8); (*of a
man*) жени́ться (женю́сь, же́нишься) (на +
prep.) *impfv. and pfv.* (I:8)

get ready for an exam гото́виться (гото́влюсь,
гото́вишься) к экза́мену (II:2)

get sick заболе́ть (заболе́ю, заболе́ешь) *pfv.*
(II:2)

get (*continued*)

get to (a place or event) попадáть/попáсть (попадý, попадёшь; *past* попáл, попáла, попáло, попáли) (в *or* на + *acc.*) (II:7)

get together (with) встречáться/встрéтиться (встрéчусь, встрéтишься) (с + *instr.*) (II:7)

get up вставáть (встаю, встаёшь)/встать (встáну, встáнешь) (II:1)

get used to привыкáть/привыкнуть (привыкну, привыкнешь; *past* привык, привыкла, привыкло, привыкли) (к + *dat.*) (II:4)

Get well! Выздорáвливай(те)! (II:5)

Get well soon! Скорéе выздорáвливай(те)! (II:5)

He went back for his cigarettes. Он вернýлся за сигарéтами. (II:1)

Let's get acquainted! Давáйте познакóмимся! (I:2)

You got the wrong number. (*over the telephone*) Вы не тудá попáли. (II:5)

gift подáр(о)к (I:6)

girl (*young woman*) дéвушка (I:5); (*little girl*) дéвочка (I:2); девчóнка (*gen. pl.* девчóнок) *colloquial* [II:6]

the girl one is in love with любимая дéвушка [II:3]

give 1. давáть (даю, даёшь)/дать (дам, дашь, даст, дадим, дадите, дадýт; *past* дал далá, далó, дáли) (+ *dat.* + *acc.*) (I:5); **2.** (*as a present*) дарить (дарю, дáришь)/подарить (+ *dat.* + *acc.*) (I:6); **3.** (*give back*) отдавáть (отдаю, отдаёшь)/ отдáть (отдáм, отдáшь, отдáст, отдадим, отдадите, отдадýт; *past* óтдал, отдалá, отдáло, óтдали) (I:5)/(II:3)

give a ride to довозить (довожý, довóзишь)/ довезти (довезý, довезёшь; *past* довёз, довезлá, довезлó, довезли) (до + *gen.*) (II:8)

give lectures читáть лéкции [II:5]

glad рад (рáда, рáдо, рáды) (I:2)

I'd be glad to с удовóльствием (I:8)

gladly с удовóльствием (I:8)

glass: to raise a glass (glasses) (to) поднимáть/ поднять (подниму, поднимешь; *past* пóднял, поднялá, пóдняло, пóдняли) бокáл(ы) (за + *acc.*) [II:3]

go 1. идти (идý, идёшь; *past* шёл, шла, шло, шли)/ пойти (пойдý, пойдёшь; *past* пошёл, пошлá, пошлó, пошли) (I:8); ходить (хожý, хóдишь) *multidir.* (II:4) **2.** (*by vehicle*) éхать (éду, éдешь)/ поéхать [I:8]; éздить (éзжу, éздишь) *multidir.* (II:4)

go abroad поéхать за границу; éздить за границу (II:4)

go away 1. уходить (ухожý, ухóдишь)/уйти (уйдý, уйдёшь; *past* ушёл, ушлá, ушлó, ушли) (I:8); **2.** (*of pain, a cough, etc.*) проходить (прохóдит, прохóдят)/пройти (пройдёт, пройдýт; *past* прошёл, прошлá, прошлó, прошли) (II:5)

go back возвращáться/вернýться (вернýсь, вернёшься) (II:1)

go camping идти в похóд; ходить в похóды (II:1)

go for a walk гулять (I:4)/погулять (II:4)

go hiking идти в похóд; ходить в похóды (II:1)

go on продолжáться/продóлжиться (продóлжится/продóлжатся) (*3rd pers. only*) (II:8)

go out (of) выходить (выхожý, выхóдишь)/выйти (выйду, выйдешь; *past* вышел, вышла, вышло, вышли) (II:1)

go over (to) подходить (подхожý, подхóдишь)/ подойти (подойдý, подойдёшь; *past* подошёл, подошлá, подошлó, подошли) (к + *dat.*) (II:4)

go shopping ходить по магазинам (II:6)

Let's go! Пойдём! [I:4]; Вперёд! (II:3); Поéхали! (II:8)

goal: to score a goal забрóсить (забрóшу, забрóсишь) шáйбу [II:7]

gold(en) золотóй (II:4)

gone: days gone by прéжние дни [II:3]

good 1. хорóший (I:2); **2.** дóбрый

(it's/that's) good хорошó

Good heavens! Бóже мой! [I:4] (II:4)

Good job! Молодéц! (I:4)

good luck удáча (II:2)

Good luck! Желáю (вам) удáчи! (II:2)

good things хорóшее *noun, declines like adj.* [II:2]

(one is) good with one's hands золотые рýки (у + *gen.*) (I:4)

Have a good time! Желáю (вам) хорошó провести врéмя! (II:2)

have good luck везти (везёт, *past* везлó)/повезти (+ *dat.*) *impersonal* (II:2)

That's not a good idea. Лýчше не нáдо. (II:5)

You had good luck. Вам повезлó. (II:2)

goodbye до свидáния (I:1)

say good-bye (to someone) прощáться/ попрощáться (с + *instr.*) (II:3)

good-looking красивый (I:2)

goodness: My goodness! Бóже мой! [I:4] (II:4)

goose гусь (*gen. pl.* гусéй) *m.* (II:3)

gorgeous чудéсный [II:6]

got: You got the wrong number. Вы не тудá попáли. (II:5)

gourmet гурмáн [II:3]

grade (*in school*) класс

What grade are you in? Ты в какóм клáссе? (I:6)

gradually постепéнно (II:6)

graduate student аспирáнт/аспирáнтка (*gen. pl.* аспирáнток) (I:2)

granddaughter внýчка (I:2)

grandfather дéдушка (*gen. pl.* дéдушек) *m.* (I:2)

Grandfather Frost Дед Морóз (II:3)

grandmother бáбушка (*gen. pl.* бáбушек) (I:2)

grandson внук (I:2)

gray се́рый (II:4)

Great! Замеча́тельно! (I:6)

green зелёный [II:3] (II:4)

greet (someone) здоро́ваться/поздоро́ваться [II:2]

greeting card поздрави́тельная откры́тка (II:6)

groceries проду́кты *pl. only* (I:3)

group 1. гру́ппа (II:4); **2. group of people** компа́ния (I:7)

grow (*to increase in size*) расти́ (расту́, растёшь; *past* рос, росла́, росло́, росли́)/вы́расти [II:3]

grow up (*to become an adult*) расти́/вы́расти [I:6]

grownup большо́й *noun, declines like adj., colloquial* [I:6]

guess уга́дывать/угада́ть (II:1)

You guessed right. Ты угада́л (угада́ла). (II:1)

You guessed wrong! Ты не угада́л (угада́ла)! (II:1)

guest гость (*gen. sing.* го́стя, *gen. pl.* госте́й)/го́стья (I:4)

guide гид [I:5]

guitar гита́ра [I:7] (II:3)

guy па́р(е)нь (*gen. pl.* парне́й) *m.* [I:7]

guys ребя́та (*gen. pl.* ребя́т) (II:3)

H

half полови́на (пол-) (II:4)

half a year полго́да [II:1]

half an hour полчаса́ (II:3)

half past four полови́на пя́того (II:4)

hall зал (II:7)

hand 1. *noun* рука́ (*acc. sing.* ру́ку, *pl.* ру́ки); **2.** *verb* (*hand something to someone*) передава́ть (передаю́, передаёшь)/переда́ть (переда́м, переда́шь, переда́ст, передади́м, передади́те, передаду́т; *past* пе́редал, передала́, пе́редало, пе́редали) (II:3)

(one is) good with his hands золоты́е ру́ки (у + *gen.*) (I:4)

hang 1. ве́шать/пове́сить (пове́шу, пове́сишь) [I:6]; **2.** висе́ть (*usu. 3rd pers.* виси́т, вися́т) *impfv.* (I:5)

hang up ве́шать/пове́сить (пове́шу, пове́сишь) [I:6] (II:6)

Hang up. Пове́сь(те) тру́бку. [II:4]

happen случа́ться/случи́ться (случи́тся, случа́тся) (*3rd pers. only*)

What happened? Что случи́лось? (II:4)

happiness сча́стье (II:3)

happy:

Happy New Year! С наступа́ющим (Но́вым го́дом)! (II:3)

wish (someone) **a happy** (holiday) поздравля́ть/поздра́вить (поздра́влю, поздра́вишь) [II:3] (II:6)

hard тру́дный

(its/that's) hard тру́дно (I:3)

hard work тяжёлая рабо́та (II:1)

hate ненави́деть (ненави́жу, ненави́дишь) *impfv.* [II:5]

have име́ть (име́ю, име́ешь) *impfv.* (I:8)

have (someone do something) пусть (II:5)

Have a good time! Жела́ю (вам) хорошо́ провести́ вре́мя! (II:2)

Have a good trip! Счастли́вого пути́! (II:8)

have breakfast за́втракать/поза́втракать (II:6)

have dinner обе́дать/пообе́дать (II:6)

have good luck везти́ (везёт; *past* везло́)/повезти́ (+ *dat.*) *impersonal* (II:2)

have lunch за́втракать/поза́втракать; обе́дать/пообе́дать (II:6)

have supper у́жинать/поу́жинать [II:6]

have the right име́ть пра́во (I:8)

have time (to) успева́ть/успе́ть (успе́ю, успе́ешь) (+ *infin.*) (II:7)

have to на́до (+ *dat.*) (I:3); ну́жно; до́лжен (должна́, должно́, должны́)

have to do with каса́ться/косну́ться (коснётся, косну́тся) (*3rd pers. only*) (+ *gen.*) (I:8)

I (you, etc.) have... У меня́ (тебя́, etc.) (есть)... (I:4)

I have a favor to ask of you. У меня́ к тебе́ (вам) про́сьба. (I:8)

I have no time. У меня́ нет вре́мени.

I (they, etc.) have to... Мне (им, etc.) прихо́дится... [I:7]; мне (им, etc.) на́до (I:3); мне (им, etc.) ну́жно

I have two sisters. У меня́ две сестры́. (I:4)

have to приходи́ться (прихо́дится)/прийти́сь (придётся; *past* пришло́сь) (+ *dat.* + *infin.*) *impersonal* (II:7)

he он (I:1)

head голова́ (*acc. sing.* го́лову, *pl.* го́ловы, *gen. pl.* голо́в, *dat. pl.* голова́м) (II:5)

health здоро́вье (I:6)

I wish you good health! Жела́ю вам здоро́вья!

healthy здоро́вый (II:5)

hear слы́шать (слы́шу, слы́шишь) *impfv.* (II:1)

I (we, etc.) can hear everything. Всё слы́шно. [I:4]

heart: to listen to a patient's heart and lungs послу́шать больно́го *pfv.* [II:5]

heating отопле́ние [I:4]

heavens: Good heavens! Бо́же мой! [I:4] (II:4)

heavy тяжёлый [I:6]

Hello! 1. Здра́вствуй(те)!; Приве́т! *informal* (I:1); **2.** Алло́! (*said when answering the phone*) (I:7)

help *noun* по́мощь *f.*; *verb* помога́ть/помо́чь (помогу́, помо́жешь, помо́гут; *past* помо́г, помогла́, помогло́, помогли́) (+ *dat.*) (I:5)

Help! Помоги́те! (I:4)

her 1. её (*gen. and acc. of* она́), ей (*dat. of* она́), *after prepositions* неё, ней; **2.** *possessive* её; **3.** *when possessor is subject* свой (своя́, своё, свои́)

here 1. здесь (I:1); тут (I:2); **2.** (*indicates direction*) сюда (II:1)
  almost here на носу [II:3]
  Here (is) . . . Вот... (I:2)
  Here you are! Пожалуйста! (I:1)
heroine героиня [I:7]
hers *possessive* её
herself (она) сама *emphatic pronoun* (I:8)
Hi! Привет! *informal* (I:1)
high высокий
  high temperature высокая температура
hike поход [II:1]
  go hiking идти (иду, идёшь; *past* шёл, шла, шло, шли)/пойти (пойду, пойдёшь; *past* пошёл, пошла, пошло, пошли) в поход; ходить (хожу, ходишь) в походы (II:1)
him его (*gen. and acc. of* он), ему (*dat. of* он), *after prepositions* него, нему, нём
himself (он) сам *emphatic pronoun* (I:8)
his 1. *possessive* его; **2.** *when possessor is subject* свой (своя, своё, свои)
historian историк (I:4)
historical исторический (I:5)
history история; (*adj.*) исторический (I:5)
  history department исторический факультет (I:5)
hockey хоккей [I:8]
  hockey player хоккеист [II:7]
  hockey puck шайба [II:7]
  Russian hockey champion чемпион России по хоккею [II:7]
hold держать (держу, держишь) *impfv.* [II:2]
holiday праздник (II:3)
  wish (someone) a happy holiday поздравлять/поздравить (поздравлю, поздравишь)
home 1. (*at home*) дома (I:1); **2.** (*indicates direction*) домой (II:1); **3.** (*adj.*) домашний [II:3] (II:5)
  feel at home чувствовать (чувствую, чувствуешь) себя как дома (II:3)
home-cooked домашний [II:3] (II:5)
homemade домашний [II:3] (II:5)
  homemade jam домашнее варенье [II:8]
homework (assignment) домашнее задание (I:3); уроки (I:4)
Honest! Честное слово! (I:7)
honey мёд [II:5]
hope *verb* надеяться *impfv.* (II:3)
  Hope you're successful! Желаю успеха! (II:6)
horrible ужасный (I:4): **(it's/that's) horrible** ужасно (I:2)
  That's horrible! Какой ужас!; Это ужасно! (I:2)
horribly ужасно (I:2)
horror ужас (I:2)

hot 1. горячий: **(it's/that's) hot** горячо (II:5); **2.** жаркий: **I'm hot.** Мне жарко.; **(it's) hot** жарко (II:1)
hour час (*gen. sing.* часа *but* 2, 3, 4 часа; *prep. sing.* в... часу; *pl.* часы) (I:7)
  half an hour полчаса (II:3)
house дом (*pl.* дома)
housewarming новоселье [I:6]
how 1. как (I:1); **2.** откуда: **How do you know?** Откуда ты знаешь? (I:6)
  How are things (with you)? Как (у тебя, у вас) дела? (I:1)
  How are you? Как ваше здоровье? (I:6)
  How are you (doing)? Как (у тебя, у вас) дела? (I:1); Как (вы) поживаете? (I:7)
  How awful! Какой ужас! (I:2)
  How embarrassing! Какой стыд! [II:4]
  How humiliating! Какой позор! [II:4]
  How many . . . ? Сколько (+ *gen.*)? (I:6)
  How much . . . ? Сколько (+ *gen.*)? (I:6)
  How much do I owe? Сколько с меня? (I:8)
  How much is it? Сколько с меня? (I:8)
  How much money do you have? Сколько у вас денег? (I:8)
  How old is he? Сколько ему лет? (I:6)
humor: sense of humor чувство юмора (II:5)
hundred сто (II:6)
hurrah! ура! (II:5)
Hurry up! Скорее! (II:4)
hurt *verb* болеть (болит, болят) (*3rd pers. only*) (II:5)
hurry спешить (спешу, спешишь)/поспешить [I:8]
husband муж (*pl.* мужья, *gen. pl.* мужей) (I:2)
  the Kruglovs, husband and wife муж и жена Кругловы (I:2)

I

I я (I:1)
idea идея (I:6)
  It's/That's not a good idea. (*in response to a suggestion*) Лучше не надо. (II:5)
identical одинаковый [II:6]
if *conjunction* **1.** если (I:4); **2.** ли: **He asked if I had received his letter.** Он спросил, получила ли я его письмо. (I:7)
ill больной
  be ill болеть (болею, болеешь) *impfv.* (II:5)
  fall ill заболеть (заболею, заболеешь) *pfv.* (II:2)
imagine представлять/представить (представлю, представишь) (себе) (II:7)
immediately сразу (II:3); немедленно [II:5]; срочно (II:7)
important: the most important thing самое главное (II:1)
imported импортный (I:3)

impossible невозможный (II:2)

  (it's/that's) impossible невозмо́жно; нельзя́ (I:4)

  Nothing is impossible. Нет ничего́ невозмо́жного. (II:2)

in 1. в (+ *prep.—to denote locations*): **in Moscow** в Москве́ (I:3); **2.** в (+ *prep.—with time units of a month or more*): **in April** в апре́ле (I:7); **3.** за (+ *acc.—to indicate how long it takes to complete something*) (II:4); **4.** (*indicates time from the present or from the indicated moment*) че́рез: **in two weeks** че́рез две неде́ли (II:2)

  Come in! Проходи́(те)! (II:6)

  in any case всё равно́ (II:8)

  in front of пе́ред (пе́редо) (+ *instr.*) (II:1)

  in front of me пе́редо мной [II:1]

  in general вообще́ (I:8)

  in my opinion по-мо́ему *parenthetical* (I:3)

  in order to что́бы (I:8)

  in Russian по-ру́сски (I:4)

  in the afternoon днём (I:7)

  in the daytime днём (I:7)

  in the evening ве́чером (I:5)

  in the fall о́сенью (II:1)

  in the first place во-пе́рвых *parenthetical* (II:7)

  in the morning у́тром (I:7)

  in the second place во-вторы́х *parenthetical* (II:7)

  in the spring весно́й (II:1)

  in the summer ле́том (I:7)

  in the winter зимо́й (II:1)

  just in case на вся́кий слу́чай (II:7)

  What year of college are you in? На како́м вы (ты) ку́рсе? (I:6)

  write in Russian писа́ть (пишу́, пи́шешь) по-ру́сски

incident слу́чай (II:4)

incidentally ме́жду про́чим *parenthetical* (I:8)

inconvenience беспоко́йство

India И́ндия [II:4]

inexpensive недорого́й (I:5)

influenza грипп (II:5)

initials инициа́лы (*usu. pl.*) [I:6]

inquire спра́шивать/спроси́ть (спрошу́, спро́сишь) (+ *acc. or* о + *prep.*) (I:7)

instance: for instance наприме́р (II:2)

institute институ́т (I:6)

instructor (in college) преподава́тель/ преподава́тельница (I:6) (II:4)

interest интересова́ть (интересу́ю, интересу́ешь) (*often 3rd pers.*) *impfv.*

interested:

  be interested in интересова́ться (интересу́юсь, интересу́ешься) (+ *instr.*) *impfv.* (II:7)

  I'm interested in sports. Меня́ интересу́ет спорт. (I:8)

interesting интере́сный (I:3)

  in an interesting manner интере́сно (I:3)

  (it's/that's) interesting интере́сно (I:3)

intermission антра́кт (II:7)

international междунаро́дный (II:6)

  International Women's Day Междунаро́дный же́нский день (II:6)

interview интервью́ *neut. indecl.* [II:7] (II:8)

  do an interview (with someone) брать (беру́, берёшь; *past* брал, брала́, бра́ло, бра́ли)/взять (возьму́, возьмёшь; *past* взял, взяла́, взя́ло, взя́ли) интервью́ (у + *gen.*) [II:7]

  interview someone брать/взять интервью́ (у + *gen.*) [II:7]

into в (+ *acc.—to denote a destination*) (I:8)

introduce (someone to) знако́мить (знако́млю, знако́мишь)/познако́мить (+ *acc.* + с + *instr.*) [II:4]

  Allow me to introduce . . . Познако́мьтесь, э́то... (I:2)

invite приглаша́ть/пригласи́ть (приглашу́, пригласи́шь) (I:7)

  invite (someone) over приглаша́ть/пригласи́ть (+ *acc.*) в го́сти (II:4)

isn't: . . . isn't that right (isn't that so)? ...не так ли? (II:8)

it он, она́, оно́ (I:1)

it seems ка́жется (I:4)

its 1. *possessive* его́, её; **2.** *when possessor is subject* свой (своя́, своё, свой)

itself сам (сама́, само́) *emphatic pronoun* (I:8)

J

jack-of-all-trades ма́стер на все ру́ки (I:4)

jam варе́нье [II:8]

  homemade jam дома́шнее варе́нье [II:8]

January янва́рь (*gen. sing.* января́) *m.* (I:8)

jazz джаз [I:4]

jeans джи́нсы (*gen.* джи́нсов) *pl.* [II:7]

job рабо́та

joke шу́тка (I:5)

journal журна́л (I:1)

journalism журнали́стика [I:4]

  journalism department факульте́т журнали́стики

journalist журнали́ст/журнали́стка (*gen. pl.* журнали́сток) [I:2]

joy ра́дость *f.* (II:3)

juice сок [II:5]

July ию́ль *m.* (I:8)

June ию́нь *m.* (I:8)

just: just in case на вся́кий слу́чай (II:7)

K

keep (doing something) всё вре́мя (II:1)

key ключ (*gen. sing.* ключа́) (I:5)

kids детишки *affectionate* [II:3]
kind[1] добрый
kind[2] вид (II:1)
   this kind of такой
kindergarten детский сад [II:3]
kiss целовать (целую, целуешь)/поцеловать [I:7]
kitchen кухня (I:2)
knife нож (*gen. sing.* ножа) (II:2)
know знать *impfv.* (I:1)
   you know ведь (I:7)
know how (to do something) уметь (умею, умеешь) *impfv.* (I:7)
Kremlin, the Кремль (*gen. sing.* Кремля) *m.* [II:1]

L

lamp лампа (I:3)
landlady хозяйка (I:7)
landlord хозяин (I:7)
language язык (I:4)
large большой (I:2)
larger больше (*compar. of* большой) (II:1)
last 1. (*preceding the present one*) прошлый (I:7); **2.** (*in a series*) последний (I:7)
   at last наконец (II:6)
last name фамилия (I:2)
late, be 1. опаздывать/опоздать (опоздаю, опоздаешь) (I:7); **2.** *adv.* поздно (II:1)
   Better late than never. Лучше поздно, чем никогда. (II:7)
later потом (I:4)
laugh смеяться (смеюсь, смеёшься) *impfv.*
   laugh at смеяться (над + *instr.*) (II:4)
lay класть (кладу, кладёшь)/положить (положу, положишь) (II:3)
learn 1. учить (учу, учишь)/выучить (выучу, выучишь) (I:7); **2.** (*learn to do something*) учиться (учусь, учишься)/научиться (+ *dat. or* + *infin.*) (I:4)
   Live and learn! Век живи, век учись! (II:7)
least: at least хотя бы (II:6)
leave 1. уходить (ухожу, уходишь)/уйти (уйду, уйдёшь; *past* ушёл, ушла, ушло, ушли) (I:8); **2.** (*by vehicle*) уезжать/уехать (уеду, уедешь) (II:1); выезжать/выехать (выеду, выедешь) (II:8)
lecture лекция (I:7)
   give lectures читать лекции [II:5]
lecturer: He's a good lecturer. Он хорошо читает лекции. [I:7]
left[1]:
   on the left налево (I:3); слева (I:7)
   to the left налево (I:3)
left[2], **to be** оставаться (остаюсь, остаёшься)/остаться (останусь, останешься) (II:3)

leg нога (*acc. sing.* ногу, *pl.* ноги, *gen. pl.* ног, *dat. pl.* ногам) (II:5)
lemon лимон [II:5]
less меньше (*compar. of* мало) (II:1)
lesson урок (I:4)
let . . . пусть: **let her guess** пусть (она) угадает (II:5)
let in пускать/пустить (пущу, пустишь) [II:7]
let's . . . давай(те)... *particle:* **Let's watch TV.** Давай смотреть телевизор. [II:3]
   Let's get acquainted. Давайте познакомимся. (I:2)
   Let's go! Пойдём! [I:4]; Вперёд! [II:3]; Поехали! (II:8)
letter 1. (*of the alphabet*) буква (I:1); **2.** письмо (*pl.* письма, *gen. pl.* писем) (I:1)
library библиотека (I:5)
lid крышка (*gen. pl.* крышек) [II:5]
lie врать (вру, врёшь; *past* врал, врала, врало, врали)/соврать [II:3]
life жизнь *f.* [II:1] (II:4)
light 1. (*of weight*) лёгкий (I:3); **2.** (*of wine, beer, etc.*) лёгкий [II:8]; **3.** (*of brightness*) светлый [I:3]
   light blue голубой (II:4)
lighter легче (*compar. of* лёгкий) (II:1)
likable симпатичный (I:3)
like 1. любить (люблю, любишь) (I:4); **2.** нравиться (нравится, нравятся)/понравиться (*usu. 3rd pers.*) (I:6)
   Did you like the movie? Вам понравился фильм? (I:6)
   I (they, etc.) like this book. Мне (им, *etc.*) эта книга нравится. (I:6)
   like this; like that так (I:2)
   They'll like it. Им это будет приятно. (II:6)
   Would you like . . . ? (*when serving food*) Вам (тебе) положить... ? (II:3)
likely: most likely наверно *parenthetical* (I:6)
line 1. линия (II:1); **2.** очередь (*gen. pl.* очередей) *f.* (I:8)
   circle line кольцевая линия [II:1]
   cross-town line радиальная линия [II:1]
   get in line стать в очередь (I:8)
   stand in line стоять в очереди (I:8)
   What a long line! Какая длинная очередь!
link *verb* соединять *impfv.* [II:1]
list спис(о)к (*gen. sing.* списка) (II:6)
listen (to) слушать/послушать (I:3)/[I:7] (II:1)
   listen to a patient's heart and lungs послушать больного [II:5]
literary литературный [I:7]
literature литература (I:7)
little 1. (*small*) маленький (I:2); **2.** (*a small amount*) мало (+ *gen.*) (I:3)
   a little немного (+ *gen.*) (I:6)
   little girl девочка (I:2)

live жить (живу́, живёшь; *past* жил, жила́, жи́ло, жи́ли) *impfv.* (I:2)
  Live and learn! Век живи́, век учи́сь! (II:7)
lobby (of a theater) фойе́ *neut. indecl.* [II:7]
lock зам(о́)к (*gen. sing.* замка́) [I:5]
long *adj.* дли́нный (I:8); *adv.* до́лго (I:8)
  for a long time до́лго (I:8); давно́ (II:2)
  long ago давно́
look (at) смотре́ть (смотрю́, смо́тришь)/посмотре́ть
  Look! Смотри́(те)! (I:3)
look for иска́ть (ищу́, и́щешь) *impfv.* (II:1)
looks like: He looks like his father. Он похо́ж на отца́. (I:6)
Los Angeles Лос-А́нджелес [I:8]
lose 1. теря́ть/потеря́ть (II:5); 2. (*of a game, etc.*) прои́грывать/проигра́ть [II:2]
lost: get lost заблуди́ться (заблужу́сь, заблу́дишься) *pfv.* [I:8] (II:1)
lots: lots of love кре́пко целу́ю (*usually at the end of a letter to a close relative, sweetheart, or friend*) [I:7]
loudly гро́мко [I:4]
love 1. *noun* люб(о́)вь (*gen.* любви́) *f.* (II:3); 2. *verb* люби́ть (люблю́, лю́бишь) *impfv.* (I:4)
  lots of love кре́пко целу́ю (*usually at the end of a letter to a close relative, sweetheart, or friend*) [I:7]
  the girl one is in love with люби́мая де́вушка [II:3]
lower *verb* опуска́ть/опусти́ть (опущу́, опу́стишь) [II:5]
luck уда́ча (II:2)
  bad luck неуда́ча [II:2]
  Best of luck! Жела́ю успе́ха! (II:6)
  Good luck! Жела́ю (вам) уда́чи! (II:2)
  have good luck везти́ (везёт; *past* везло́)/повезти́ (+ *dat.*) *impersonal* (II:2)
  You had bad luck. Вам не повезло́. (II:2)
  You had good luck. Вам повезло́. (II:2)
lucky, to be везти́ (везёт; *past* везло́)/повезти́ (+ *dat.*) *impersonal* (II:2)
  Lucky them! Им хорошо́! (II:3)
  You were lucky. Вам повезло́. (II:2)
lunch: to have lunch за́втракать/поза́втракать; обе́дать/пообе́дать (II:6)
lungs: to listen to a patient's heart and lungs послу́шать больно́го *pfv.* [II:5]

M

magazine журна́л (I:1)
mail по́чта (I:6)
mail carrier почтальо́н [I:6]
main гла́вный [I:6] (II:2)
  the main thing гла́вное *noun, declines like adj.* [I:6] (II:1)
maitre d' метрдоте́ль (*pronounced* -тэль) *m.* [II:8]

major in . . . учи́ться на факульте́те... (I:5)
  What are you majoring in? На како́м факульте́те вы у́читесь? (I:5)
make де́лать/сде́лать (I:7)
  make fun of смея́ться (смею́сь, смеёшься) (над + *instr.*) *impfv.* (II:4)
  make-up косме́тика (II:6)
  make use of по́льзоваться (по́льзуюсь, по́льзуешься)/воспо́льзоваться (+ *instr.*)
male мужско́й [I:8]
man 1. мужчи́на (I:6); 2. челове́к (*pl.* лю́ди, *gen pl.* люде́й *but* пять, шесть, *etc.* челове́к) (I:5)
  man on duty дежу́рный *noun, declines like adj.* [II:4]
  young man молодо́й челове́к (I:5)
manage (to) успева́ть/успе́ть (успе́ю, успе́ешь) (+ *infin.*) (II:7)
many 1. мно́го (+ *gen.*) (I:3); 2. (*many people*) мно́гие (лю́ди) (I:7)
map ка́рта (I:5); схе́ма [II:1]
March март (I:8)
mark *verb* отмеча́ть/отме́тить (отме́чу, отме́тишь) [II:8]
market ры́н(о)к (II:4)
married (*of a woman*) за́мужем: **She's married.** Она́ за́мужем. (I:8); (*of a man or a couple*) жена́т(ы): **He's married.** Он жена́т. **They're married.** Они́ жена́ты. (I:8)
marry (*of a woman*) выходи́ть (выхожу́, выхо́дишь)/вы́йти (вы́йду, вы́йдешь; *past* вы́шла) за́муж (за + *acc.*) (I:8): **She married Victor.** Она́ вы́шла за́муж за Ви́ктора. (I:8); (*of a man*) жени́ться (женю́сь, же́нишься) (на + *prep.*) *impfv. and pfv.* **He married Lena.** Он жени́лся на Ле́не. (I:8)
marvelous: (it's/that's) marvelous замеча́тельно [I:6]
marvelously замеча́тельно (I:6)
mask ма́ска [II:3]
match (*competition*) матч [II:2] (II:7)
material материа́л (II:8)
matter де́ло (*pl.* дела́, *gen. pl.* дел) (I:8)
  (that's) another matter друго́е де́ло (II:7)
  (that's a) different matter друго́е де́ло (II:7)
  That doesn't matter. Э́то нева́жно. (I:7)
  What's the matter? В чём де́ло? (I:5)
  What's the matter with you? Что с ва́ми (тобо́й)? (II:5)
May май (I:8)
may:
  May I speak to . . . ? (*on the phone*) Мо́жно попроси́ть... ? [I:7]
  one may мо́жно (I:4)
  one may not нельзя́ (I:4)
maybe мо́жет быть *parenthetical* (I:4)

me меня (*gen. and acc. of* я); мне (*dat. and prep. of* я)

meal:

    afternoon meal обед (I:7)

    Enjoy your meal! Приятного аппетита! (II:8)

mean значить (значу, значишь) *impfv.* (II:3)

    by all means обязательно (I:7)

    What do you mean! Что ты (вы)!; Ну что ты (вы)! (I:8)

    What do you mean (+ *the word or phrase to which the speaker is reacting*) . . . ? Как это? (I:8)

    What do you mean by that? Что ты хочешь этим сказать? (II:6)

means средство (II:5)

measure *verb* мерить (мерю, меришь) *impfv.*; измерять/измерить (измерю, измеришь) [II:5]

meat мясо (II:3)

    (breaded) meat patty котлета [II:2]

    roasted meat жаркое *noun, declines like adj.* [II:5]

medical медицинский [I:6]

    medical excuse больничный лист; больничный *noun, declines like adj.* [II:5]

    write (out) a medical excuse (for someone) выписать (выпишу, выпишешь) больничный лист (+ *dat.*) (II:5)

medicine (for something) лекарство (от + *gen.*) (II:5)

meet 1. встречать/встретить (встречу, встретишь) (I:8); **2.** встречаться/встретиться (встречусь, встретишься) (с + *instr.*) (II:7)

    (It's/It was) very nice to meet you. Очень приятно познакомиться. (I:1)

memorize выучить (выучу, выучишь) *pfv.* (I:7)

men's мужской [I:8]

mention: Don't mention it! (*in response to* Спасибо!) Не за что! (I:5)

method метод (II:5)

metro метро *neut. indecl.*; метрополитен (*pronounced* -тэн) *formal* (II:1)

milk молоко (I:3)

mimosa мимоза [II:6]

mind:

    change one's mind передумать *pfv.* [II:4]

    If you don't mind . . . будь добр (добра), будьте добры (II:4)

    Would you mind . . . будь добр (добра), будьте добры (II:4)

mine *possessive* мой (моя, моё, мой) (I:1)

mineral water минеральная вода (II:3)

minute минута (I:7)

mirror зеркало (*pl.* зеркала) [II:2]

mistake ошибка (I:6)

Mister (Mr.) (*used before a full name or last name*) господин (*pl.* господа) (II:8)

mom мама (I:1); *affectionate* мамочка [I:7]

Monday понедельник (I:7)

money деньги (*gen.* денег, *dat.* деньгам) *pl.* (I:8)

month месяц (I:7)

mood настроение (I:5)

more больше (*compar. of* много) (II:1); более (*used to form comparatives*)

    more and more often всё чаще и чаще (II:1)

    more superstitious более суеверный (II:2)

moreover кроме того *parenthetical* (I:8)

morning утро (*gen. sing.* утра *but* до утра) (I:5)

    in the morning утром (I:7)

Moscow Москва (I:2); (*adj.*) московский [I:6] (II:1)

    Moscow style по-московски [I:5]

    resident of Moscow москвич (*gen. sing.* москвича)/москвичка (*gen. pl.* москвичек) [I:8]

most:

    most likely наверно *parenthetical* (I:6)

    the most самый (*used to form superlatives*) (II:1)

    the most important thing самое главное (II:1)

mother мать (*gen., dat., and prep. sing.* матери, *pl.* матери, *gen. pl.* матерей) *f.* (I:1)

    mother dear мамочка [I:7]

mouth р(о)т (*gen. sing.* рта, *prep. sing.* во рту) (II:5)

movie 1. фильм (II:4); **2. the movies** кино *neut. indecl.* (II:5)

    The movie starts at 3 o'clock. Сеанс начинается в три часа. (II:5)

Mr. (*used before a full name or last name*) господин (*pl.* господа) (II:8)

    Mr. and Mrs. Kruglov муж и жена Кругловы (I:2)

much 1. много (+ *gen.*) (I:3); **2.** гораздо (+ *compar.*); намного (+ *compar.*) (II:1)

mud грязь (*prep. sing.* в грязи) *f.* [I:5]

muddy: (it's) muddy грязно [I:7]

Muscovite москвич (*gen. sing.* москвича)/москвичка (*gen. pl.* москвичек) [I:8]

mushroom гриб (*gen. sing.* гриба) (II:3)

music музыка (I:3)

musician музыкант [I:2] (II:4)

must надо (+ *dat.*) (I:3); нужно; должен (должна, должно, должны) (I:5)

mustard plaster горчичник [II:5]

my 1. *possessive* мой (моя, моё, мой) (I:1); **2.** *when possessor is subject* свой (своя, своё, свой)

    My goodness! Боже мой! [I:4] (II:4)

myself (я) сам (сама) *emphatic pronoun* (I:8)

N

name 1. (*first name*) имя (*gen., dat., and prep. sing.* имени, *pl.* имена, *gen. pl.* имён) *neut.* (I:2); **2.** (*last name*) фамилия (I:2); **3.** название (I:5)

    call someone by first name (and patronymic) называть по имени (и отчеству) (I:8)

    My name is . . . Меня зовут... (I:1)

    What's your name? Как тебя (вас) зовут? (I:1)

near о́коло (+ *gen.*) (II:4); во́зле (+ *gen.*) [II:3] (II:6);
у (+ *gen.*) (II:8)
  (it's/that's) near бли́зко (I:5)
nearby ря́дом (I:3)
nearly чуть не (II:3)
need:
  everything one needs всё, что ну́жно [I:7]
  I need stamps. Мне нужны́ ма́рки.
  I need to study. Мне ну́жно занима́ться. (I:7)
  one needs ну́жен (нужна́, ну́жно, нужны́) (+ *dat.*)
    (II:1)
  one needs to ну́жно
needed ну́жен (нужна́, ну́жно, нужны́) (II:1)
neighbor сосе́д (*pl.* сосе́ди, *gen. pl.* сосе́дей)/сосе́дка
  (*gen. pl.* сосе́док) (I:2)
neighborhood микрорайо́н (I:3)
neither . . . nor . . . ни... ни... (II:4)
nervous: to be nervous волнова́ться (волну́юсь,
  волну́ешься) *impfv.* (I:6)
never никогда́ (I:4)
nevertheless всё-таки (II:1)
new но́вый (I:2)
New Year:
  Happy New Year! С наступа́ющим (Но́вым
    го́дом)! (II:3)
New Year's (*adj.*) нового́дний [II:3]
  celebrate New Year's Eve встреча́ть Но́вый год
    (II:3)
  New Year's tree ёлка (*gen. pl.* ёлок); ёлочка (*gen.*
    pl. ёлочек) *diminutive* (II:3)
news но́вость (*pl.* но́вости, *gen. pl.* новосте́й) *f.* [I:6]
  [II:7]
newspaper газе́та (I:1)
next 1. сле́дующий [II:1]; **2.** да́льше (*compar. of*
  далёкий *and* далеко́) (II:3)
  next door ря́дом (I:3)
  next to во́зле (+ *gen.*) [II:3] (II:6)
nice 1. симпати́чный (I:3); **2.** хоро́ший (I:2)
  (it's/that's) nice прия́тно
  (It's/It was) very nice to meet you. Óчень прия́тно
    познако́миться. (I:1)
night ночь (*gen. pl.* ноче́й) *f.* (I:8)
  at night но́чью (I:7)
nightmare кошма́р (I:4)
nine де́вять (I:2)
nineteen девятна́дцать (I:6)
ninety девяно́сто (I:6)
ninth девя́тый (I:6)
no 1. (*used at the beginning of a negative response*)
  нет (I:1); **2.** нет (+ *gen.* + у + *gen.*): **I (you, etc.)**
  have no . . . У меня́ (тебя́, *etc.*) нет...
  I have no time. У меня́ нет вре́мени.
  It's no trouble at all. Никако́го беспоко́йства.
    (II:5)

no . . . (at all) никако́й (I:4)
  No admittance. Вход воспреща́ется. [II:1]
  no longer уже́ не (I:3)
  No problem! (*in response to* Спаси́бо!) Не́ за что! (I:5)
  No space available. Мест нет. (II:8)
nobody никто́ (никого́, никому́, *etc.*) (I:4)
  no one никто́ (никого́, никому́, *etc.*) (I:4)
  There's nobody there. Никого́ нет. (I:4)
normal норма́льный [II:5]
  (it's/that's) pretty normal норма́льно [I:4]
north се́вер (II:8)
nose нос (*prep. sing.* на носу́, *pl.* носы́)
  runny nose на́сморк (II:5)
not 1. не (I:1); **2.** нет: **not yet** ещё нет; **Are you going**
  or not? Вы идёте и́ли нет?; **3.** (+ *gen.* + у + *gen.*)
  нет: **I (you, etc.) don't have . . .** У меня́ (тебя́,
  etc.) нет...
  it is not (considered) appropriate не при́нято [I:7]
  not a single ни оди́н (ни одного́, *etc.*) (II:7)
  not any никако́й (I:4)
  not . . . anywhere никуда́ (II:4)
  not at all совсе́м не (I:4)
  (it's/that's) not bad непло́хо (I:7)
  not . . . either то́же (*with a negated verb*) (I:2)
  not far from недалеко́ от (+ *gen.*) (I:6)
  not large небольшо́й (I:3)
  not the right . . . не тот... (I:5)
  not yet ещё нет (I:2)
  We don't do that (here). У нас э́то не при́нято. [I:7]
  You're not going to believe it (this), but . . . Это
    невероя́тно, но... [I:7]
note запи́ска (*gen. pl.* запи́сок) [II:5]
notebook записна́я кни́жка [I:6]
nothing ничего́ (I:4)
  nothing else бо́льше ничего́ [I:8]
  Nothing is impossible. Нет ничего́ невозмо́жного.
    (II:2)
notice замеча́ть/заме́тить (заме́чу, заме́тишь) (I:8)
November ноя́брь (*gen. sing.* ноября́) *m.* (I:8)
now тепе́рь (I:3); сейча́с (I:4)
  even now до сих пор (II:4)
  until now до сих пор (II:4)
nowhere 1. нигде́ (I:5); **2.** никуда́ (II:4)
number но́мер (*pl.* номера́) (I:2); число́ (*pl.* чи́сла,
  gen. pl. чи́сел)
  a number of ряд (*prep. sing.* в ря́де)
  You got the wrong number. (*over the telephone*)
    Вы не туда́ попа́ли. (II:5)
nurse медсестра́; медици́нская сестра́ [I:7]
nurse-training school медици́нское учи́лище [I:7]

O

object *verb* возража́ть/возрази́ть (возражу́,
возрази́шь) (I:6)

objection: have an objection возражáть/возразúть
(возражý, возразúшь) (I:6)

   I have no objections. Я не возражáю. (I:6)

obtain доставáть (достаю́, достаёшь)/достáть
(достáну, достáнешь) (II:7)

occasion раз (*gen. pl.* раз) (I:7)

occupied: be occupied with занимáться (+ *instr.*)
impfv. (II:2)

occur случáться/случúться (случúтся, случáтся)
(*3rd pers. only*)

o'clock час (*gen. sing.* чáса *but* 2, 3, 4 часá; *prep.
sing.* в...часý; *pl.* часы́) (I:7): **at seven o'clock** в
семь часóв (I:7)

October октя́брь (*gen. sing.* октября́) *m.* (I:8)

of 1. (*to denote relation, possession, etc. conveyed by
the gen. case*) **the center of Moscow** центр
Москвы́; **2.** о (об, обо) (+ *prep.*); **3.** (*made of*) из:
tuna salad салáт из тунцá (I:7)

of course конéчно *parenthetical* (I:3)

off: day off нерабóчий день (II:6)

offend обижáть/обúдеть (обúжу, обúдишь)
[I:7]

offer предлагáть/предложúть (предложý,
предлóжишь) [I:6]

office бюрó *neut. indecl.* (II:8)

official официáльный (II:6)

officially официáльно [II:3]

often чáсто (I:7)

   more and more often всё чáще и чáще (II:1)

okay лáдно [I:7] (II:4)

   Is it okay that the letter is long? Ничегó, что
письмó длúнное? [I:8]

   Is that okay? Э́то удóбно? (I:7)

   (it's/that's) okay э́то удóбно (I:7)

   Okay. (*in response to* Как делá?) Ничегó.

   That's okay! (*in response to apology*) Ничегó!
(I:1)

old стáрый (I:2)

   How old is he? Скóлько емý лет? (I:6)

   old friend (*or* **old man**) старинá (*usu. used when
addressing a male friend*) *colloquial* [II:3]

omen примéта (II:2)

on 1. на (+ *prep.—to indicate location*): **on the shelf**
на пóлке (I:4); **2.** в (+ *acc.—with days of the
week*): **on Friday** в пя́тницу (I:7); **3.** по (+ *dat.*):
on television по телевúзору

   books on history кнúги по истóрии

   on business по дéлу [I:7]

   on foot пешкóм

   on the left слéва (I:7)

   on the right спрáва (I:7)

   on the way по дорóге (II:6)

   watch news on TV смотрéть нóвости по
телевúзору [I:7]

once:

   at once сейчáс (I:4); немéдленно [II:5]

   once again ещё раз (I:7)

one *numeral or pronoun* одúн (однá, однó, однú)
(I:2)

   I have only one watch. У меня́ тóлько однú часы́.

   one another: (to, about, *etc.*) **one another** друг
дрýга (друг дрýгу, друг о дрýге, *etc.*) (I:6)

   one of his businesses одúн из егó бúзнесов (II:2)

one's свой (I:6)

one's own (свой) сóбственный [I:6]

oneself 1. сам (самá, самó, сáми) *emphatic pronoun*
(I:8); **2.** себя́ (II:3)

only 1. тóлько (I:4); **2.** едúнственный (II:3); **3.** одúн
(однá, однó, однú)

open *verb* открывáть/откры́ть (открóю, открóешь)
(I:5) (II:3)

opera óпера (II:7)

opinion: in my opinion по-мóему *parenthetical* (I:3)

or úли (I:2); инáче (II:1); а то (II:8)

   either . . . or . . . úли... úли... (I:7)

orchestra оркéстр (II:8)

   orchestra (seats) партéр (*pronounced* -тэр) [II:7]

   rear orchestra (seats) амфитеáтр [II:7]

order *verb* закáзывать/заказáть (закажý,
закáжешь) (II:8)

   in order to чтóбы (I:8)

organize организовáть (организýю, организýешь)
impfv. and pfv. (I:8)

origin происхождéние [II:6]

original оригинáльный [II:6]

other другóй (I:5)

   We're going the other way. Мы идём в другýю
стóрону. (II:2)

otherwise инáче (II:1); а то (II:8)

our 1. *possessive* наш (нáша, нáше, нáши) (I:1);
2. *when possessor is subject* свой (своя́, своё,
свой)

ours *possessive* наш (нáша, нáше, нáши) (I:1)

ourselves (мы) сáми *emphatic pronoun*

out: to come (go) out of выходúть (выхожý,
выхóдишь)/вы́йти (вы́йду, вы́йдешь; *past*
вы́шел, вы́шла, вы́шло, вы́шли) (II:1)

outpatient clinic поликлúника (II:5)

over над (+ *instr.*) (II:4)

over there вон (I:2)

overcoat пальтó *neut. indecl.* (II:7)

overture увертю́ра [II:7]

own сóбственный [I:6]

P

package (*containing printed matter*) бандерóль *f.* (I:6)

page странúца [I:8]

pair пáра (II:3)

paired па́рный [II:2]

paper: term paper курсова́я *noun, declines like adj.;* курсова́я рабо́та (I:3)

parents роди́тели (*gen.* роди́телей) *pl.* (I:2)

park паркова́ть (парку́ю, парку́ешь) *impfv.* [I:5]

pass 1. *noun* про́пуск (*pl.* пропуска́) [II:7]; **2.** *verb* (*of pain, a cough, etc.*) проходи́ть (прохо́дит, прохо́дят)/пройти́ (пройдёт, пройду́т; *past* прошёл, прошла́, прошло́, прошли́) (II:5); **3.** *verb* передава́ть (передаю́, передаёшь)/переда́ть (переда́м, переда́шь, переда́ст, передади́м, передади́те, передаду́т; *past* пе́редал, передала́, пе́редало, пе́редали) (II:3)

pass by проходи́ть (прохожу́, прохо́дишь)/пройти́ (пройду́, пройдёшь; *past* прошёл, прошла́, прошло́, прошли́) ми́мо (II:6)

passenger пассажи́р/пассажи́рка (*gen. pl.* пасажи́рок) [II:1]

passerby прохо́жий *noun, declines like adj.* [I:8]

past ми́мо *adv. and prep.* (+ *gen.*) (II:6)

pastry: small filled pastry пирож(о́)к (*gen. sing.* пирожка́) (II:3)

pate паште́т [II:3]

path: cross someone's path перебега́ть/перебежа́ть (перебегу́, перебежи́шь) доро́гу (+ *dat.*) [II:2]

patronymic о́тчество (I:2)

call someone by first name and patronymic называ́ть по и́мени и о́тчеству (I:8)

pay (for) плати́ть (плачу́, пла́тишь)/заплати́ть (за + *acc.*) (I:8)

I paid the cashier. Я заплати́л(а) в ка́ссу. [II:6]

pay phone телефо́н-автома́т (I:8)

pedestrian пешехо́д [II:1]

pen ру́чка (*gen. pl.* ру́чек) (I:1)

pencil каранда́ш (*gen. sing.* карандаша́) (I:1)

pension пе́нсия (I:6)

people 1. лю́ди *pl.* (*sing.* челове́к, *gen. pl.* люде́й, *dat. pl.* лю́дям *but* пять, шесть, *etc.*, челове́к) (I:6); **2.** (*a people*) наро́д [II:1] (II:2)

young people молодёжь *f.* [II:2]

percent проце́нт (II:6)

performance спекта́кль *m.* [II:7]

perfume духи́ (*gen.* духо́в) *pl.* (II:6)

perhaps мо́жет быть *parenthetical* (I:4)

period (*of time*) пери́од [II:7]

permit разреша́ть/разреши́ть (разрешу́, разреши́шь) (+ *dat.*) (II:6)

person челове́к (*pl.* лю́ди, *gen. pl.* люде́й *but* пять, шесть, *etc.* челове́к) (I:5)

pharmacy апте́ка [I:3] [II:5]

phone звони́ть (звоню́, звони́шь)/позвони́ть (+ *dat.*) (I:7)

photograph фотогра́фия [I:6]

physician врач (*gen. sing.* врача́) (I:6)

pianist пиани́ст/пиани́стка (*gen. pl.* пиани́сток) [I:2]

piano роя́ль *m.* (I:2)

pick up (someone or something) заезжа́ть/зае́хать (зае́ду, зае́дешь) (за + *instr.*)

pickled солёный [II:3]

picture карти́на (II:5)

piece of candy конфе́та [II:2] [II:6]

pill табле́тка (*gen. pl.* табле́ток) [II:5]

pirozhok пирож(о́)к (*gen. sing.* пирожка́) (II:3)

pity: It's/That's a pity! Жаль! (I:6)

pizza пи́цца [I:7]

place 1. *noun* ме́сто (I:5); **2.** *verb* (**place in a standing position**) ста́вить (ста́влю, ста́вишь)/поста́вить (II:1)

in the first place во-пе́рвых *parenthetical* (II:7)

in the second place во-вторы́х *parenthetical* (II:7)

plaster: mustard plaster горчи́чник [II:5]

plate таре́лка (*gen. pl.* таре́лок) (II:6)

play игра́ть *impfv.* (I:3)

play hockey (basketball, etc.) игра́ть в хокке́й (баскетбо́л, *etc.*) (I:3)

play the piano (the guitar, etc.) игра́ть на роя́ле (гита́ре, *etc.*) (I:4)

pleasant прия́тный [I:6]

(it's/that's) pleasant прия́тно

please 1. *verb* нра́виться (нра́вится, нра́вятся)/понра́виться (*usu. 3rd pers.*) (+ *dat.*) (I:6); **2.** *adv.* пожа́луйста (I:1)

Everyone please come to the table! Прошу́ всех к столу́! (II:3)

pleased рад (ра́да, ра́до, ра́ды) (I:2)

Pleased to meet you! Óчень прия́тно (познако́миться)! (I:1)

pleasure удово́льствие: **with pleasure** с удово́льствием (I:8)

Polish по́льский [I:3]

poor бе́дный [I:8]

popular популя́рный [II:2]

possibly: How could you possibly do that? Ра́зве так мо́жно? (II:5)

post office по́чта [I:3]

postcard откры́тка (*gen. pl.* откры́ток)

potato (potatoes) карто́шка *colloquial* (II:5)

potato salad карто́фельный сала́т [I:7]

pour налива́ть/нали́ть (налью́, нальёшь) [II:3]

practice пра́ктика (I:4)

prefer предпочита́ть *impfv.* (II:7)

preparatory подготови́тельный [II:4]

prepare гото́вить (гото́влю, гото́вишь) *impfv.* (I:7)

prepare for an exam гото́виться (гото́влюсь, гото́вишься) к экза́мену (II:2)

prescription реце́пт (II:5)
   write out a prescription выпи́сывать/вы́писать (вы́пишу, вы́пишешь) реце́пт (II:5)
present[1] *noun* пода́р(о)к (I:6)
present[2] *adj.* настоя́щий (II:1)
pretty
   (it's/that's) pretty краси́во (II:6)
   pretty well непло́хо (I:7)
probably наве́рно *parenthetical* (I:6)
problem пробле́ма (I:4)
   No problem! (*in response to* Спаси́бо) Не́ за что! (I:5)
   What's the problem? В чём де́ло? (I:5)
profession профе́ссия (I:3)
professor профе́ссор (I:1)
program програ́мма; програ́ммка (*gen. pl.* програ́ммок) *diminutive* [II:7]
promise обеща́ть *impfv. and pfv.* (II:2)
Prospekt проспе́кт [II:1] [II:4]
proud: be proud of горди́ться (горжу́сь, горди́шься) (+ *instr.*) *impfv.* [II:1]
public transportation городско́й тра́нспорт (II:1)
puck ша́йба [II:7]
put 1. класть (кладу́, кладёшь)/положи́ть (положу́, поло́жишь) (II:3); **2.** ста́вить (ста́влю, ста́вишь)/поста́вить (II:1)
   put on (*clothes, shoes, etc.*) надева́ть/наде́ть (наде́ну, наде́нешь) [I:7]
   put one's foot in it попада́ть/попа́сть (попаду́, попадёшь; *past* попа́л, попа́ла, попа́ло, попа́ли) впроса́к (II:4)
   Put up a sign. Пове́сьте объявле́ние. [I:6]

Q

quarrel 1. *noun* ссо́ра [II:2]; **2.** *verb* ссо́риться (ссо́рюсь, ссо́ришься)/поссо́риться [I:8]
quarter че́тверть (*gen. pl.* четверте́й) *f.* (II:4)
   (a) quarter past six че́тверть седьмо́го (II:4)
   (at a) quarter to three без че́тверти три (II:4)
question вопро́с (I:3)
   ask a question задава́ть (задаю́, задаёшь)/зада́ть (зада́м, зада́шь, зада́ст, задади́м, задади́те, зададу́т; *past* за́дал, задала́, за́дало, за́дали) вопро́с (+ *dat.*) (I:8)
quick бы́стрый (II:1)
quicker скоре́е (*compar. of* ско́ро)
quickly бы́стро (I:6)
   (*as quickly as possible*) скоре́е
quietly ти́хо [I:4]
quite: quite well непло́хо (I:7)
quiz контро́льная *noun, declines like adj.* (II:4)

R

radio ра́дио (I:5)
railroad station вокза́л (II:1)

rain дождь (*gen. sing.* дождя́) *m.* (II:1)
   It's raining. Идёт дождь. (I:7)
raise *verb* поднима́ть/подня́ть (подниму́, подни́мешь; *past* по́днял, подняла́, по́дняло, по́дняли) [II:3]
   raise a glass (glasses) (to) поднима́ть/подня́ть бока́л(ы) (за + *acc.*) [II:3]
rarely ре́дко (I:8)
read чита́ть (I:3)/прочита́ть (I:7)
   read (for a while) почита́ть *pfv.* [II:7]
ready гото́в (гото́ва, гото́во, гото́вы) (I:8)
   get ready for an exam гото́виться (гото́влюсь, гото́вишься) к экза́мену (II:2)
real настоя́щий (II:1)
   a real . . . тако́й (*with noun*)
really 1. действи́тельно (I:5); **2. Really?** Пра́вда? (I:7); неуже́ли? (II:1); ра́зве? (II:5)
rear: rear orchestra (seats) амфитеа́тр [II:7]
recall вспомина́ть/вспо́мнить (вспо́мню, вспо́мнишь) (I:7) (II:4)
receive получа́ть/получи́ть (получу́, полу́чишь) (I:5)
   I received . . . Мне присла́ли... (II:6)
receiver (on a telephone) тру́бка (*gen. pl.* тру́бок)
recently неда́вно (I:6)
recognize узнава́ть (узнаю́, узнаёшь)/узна́ть (узна́ю, узна́ешь) (I:8)
red кра́сный (II:4)
Red Square Кра́сная пло́щадь [II:1]
refuse отка́зываться/отказа́ться (откажу́сь, отка́жешься) (II:8)
relate расска́зывать/рассказа́ть (расскажу́, расска́жешь) (I:7)
remain 1. (*to stay*) остава́ться (остаю́сь, остаёшься)/оста́ться (оста́нусь, оста́нешься) (I:7); **2.** (*to be left*) остава́ться/оста́ться (II:3)
remedy сре́дство (II:5)
remember по́мнить (по́мню, по́мнишь) *impfv.* (I:5)
   I'll remember that. (*in response to receiving some information*) Бу́ду знать. [II:6]
rent *verb* снима́ть/снять (сниму́, сни́мешь; *past* снял, сняла́, сня́ли) (I:5)
   rent out (*an apartment*) сдава́ть (сдаю́, сдаёшь)/сдать (сдам, сдашь, сдаст, сдади́м, сдади́те, сдаду́т; *past* сдал, сдала́, сда́ли) [I:6]
reproduction репроду́кция [I:5]
request 1. *noun* про́сьба; **2.** *verb* проси́ть (прошу́, про́сишь)/попроси́ть (+ *acc.* or у + *gen.*) (I:8)
resemble: She resembles her mother. Она́ похо́жа на мать. (I:6)
reserve зака́зывать/заказа́ть (закажу́, зака́жешь) (II:8)
   He's the one who reserved a table for us. Э́то он заказа́л нам сто́лик. [II:8]
   We have a table reserved. У нас зака́зан сто́лик. [II:8]

resident: resident of Moscow москви́ч (*gen. sing.* москвича́)/москви́чка (*gen. pl.* москви́чек) [I:8]

restaurant рестора́н [I:8] (II:8)

restroom туале́т (I:2)

return 1. возвраща́ться/верну́ться (верну́сь, вернёшься) (II:1); **2.** (*give back*) отдава́ть (отдаю́, отдаёшь)/отда́ть (отда́м, отда́шь, отда́ст, отдади́м, отдади́те, отдаду́т; *past* о́тдал, отдала́, о́тдало, о́тдали) [I:5]/(II:3)

revolutionary революцио́нный [II:6]

ribbon ле́нта [II:4]

rich бога́тый (II:1)

ride *verb* е́хать (е́ду, е́дешь)/пое́хать [I:8]; е́здить (е́зжу, е́здишь) *multidir.* (II:4)

  give a ride (to) довози́ть (довожу́, дово́зишь)/довезти́ (довезу́, довезёшь; *past* довёз, довезла́, довезло́, довезли́) (до + *gen.*) (II:8)

right (*correct*) пра́вильный (I:6); прав (права́, пра́во, пра́вы) (II:2)

  have the right име́ть (име́ю, име́ешь) пра́во (I:8)

  I'll be right there! Я сейча́с! (I:4)

  . . . isn't that right? ...не так ли? (II:8)

  not the right . . . не тот... (I:5)

  on the right напра́во (I:3); спра́ва (I:7)

  Right. Пра́вильно. (I:6); Ве́рно. (I:7)

  right away сейча́с (I:4); сро́чно (II:7)

  right nearby ря́дом (I:3)

  right now сейча́с (I:4)

  That's right. Пра́вильно. (I:6); Ве́рно. (I:7)

  to the right напра́во (I:3)

rink: skating rink като́к (*gen. sing.* катка́) [II:5]

risk 1. *noun* риск [II:2]; **2.** *verb* рискова́ть *impfv.* (II:2)

roasted meat жарко́е *noun, declines like adj.* [II:5]

robber граби́тель *m.* [II:2]

room 1. ко́мната (I:2); **2.** ме́сто (I:5)

rose ро́за [II:4] (II:6)

row ряд (*gen. sing.* ря́да but 2, 3, 4 ряда́, *prep. sing.* в ряду́; *pl.* ряды́) [II:7]

rubber *adj.* рези́новый [I:5]

ruble рубль (*gen. sing.* рубля́) *m.* (I:5)

rugby shirt футбо́лка (*gen. pl.* футбо́лок) [II:1] [II:7]

run бежа́ть (бегу́, бежи́шь, бегу́т) *unidir.* [I:8] (II:1)

  run away убега́ть/убежа́ть (убегу́, убежи́шь) [II:3]

runny: runny nose на́сморк (II:5)

Russia Росси́я (I:1)

Russian 1. ру́сский (I:5); **2.** ру́сский/ру́сская *noun, declines like adj.*; **3. (in) Russian** по-ру́сски (I:4); на ру́сском языке́ (I:6)

  Russian hockey champion чемпио́н Росси́и по хокке́ю [II:7]

  speak Russian говори́ть по-ру́сски

  write in Russian писа́ть по-ру́сски

Russian-American ру́сско-америка́нский [I:8]

S

sacrifice же́ртва [II:7]

sad гру́стный (II:6)

Saint (St.) Petersburg Санкт-Петербу́рг (I:1)

sake: for the sake of ра́ди (+ *gen.*) (II:4)

salad сала́т (I:7)

  potato salad карто́фельный сала́т [I:7]

  salad with beets винегре́т [II:3]

  tuna salad сала́т из тунца́ (I:7)

salesclerk продав(е́)ц (*gen. sing.* продавца́)/продавщи́ца [I:8] (II:4)

salt соль *f.* [II:2]

salted солёный [II:3]

same:

  all the same всё-таки (II:1); всё равно́ (II:4)

  the same оди́н (одна́, одно́, одни́) *adj.* (II:7); тако́й же (II:6)

  the same thing одно́ и то же (II:3); то же са́мое (II:8)

  The same to you! (*in response to* Жела́ю вам/тебе́...) И вам (тебе́) та́кже. (II:2)

Saturday суббо́та (I:7)

saucer блю́дце (*gen. pl.* блю́дец) [II:6]

sauerkraut ки́слая капу́ста [II:3]

sausage колбаса́ (I:3)

say говори́ть (говорю́, говори́шь)/сказа́ть (скажу́, ска́жешь) (I:4)/(I:6)

  say good-bye (to someone) проща́ться/попроща́ться (с + *instr.*) (II:3)

  What are you trying to say? Что ты хо́чешь э́тим сказа́ть? (II:6)

school шко́ла (II:5)

  driving school автошко́ла [II:2]

  nurse-training school медици́нское учи́лище [I:7]

  vocational school учи́лище [I:7]

  Where do you go to school? Где вы у́читесь? (I:4)

schoolboy шко́льник (I:6)

schoolgirl шко́льница (I:6)

score a goal забро́сить (забро́шу, забро́сишь) ша́йбу [II:7]

season сезо́н [II:2]

seat:

  orchestra seats парте́р (*pronounced* -тэр) [II:7]

  rear orchestra seats амфитеа́тр [II:7]

  take a seat сади́ться (сажу́сь, сади́шься)/сесть (ся́ду, ся́дешь; *past* сел, се́ла, се́ло, се́ли) (II:3)

second второ́й (I:6)

  in the second place во-вторы́х *parenthetical* (II:7)

secret секре́т [I:8] (II:1)

section гру́ппа (II:4)

see ви́деть (ви́жу, ви́дишь)/уви́деть (I:6)

  I see. Поня́тно. (I:7)

see (*continued*)

See! Вот ви́дишь (ви́дите)! (I:4)

see (*someone*) **off** (*to the airport, train station, and so on*) провожа́ть/проводи́ть (провожу́, прово́дишь) (в аэропо́рт, на вокза́л и т. д.) (II:8)

see out the old year провожа́ть/проводи́ть (провожу́, прово́дишь) ста́рый год [II:3]

You see! Вот ви́дишь (ви́дите)! (I:4)

seem каза́ться (кажу́сь, ка́жешься)/показа́ться (II:6)

it seems ка́жется *parenthetical* (I:4)

select выбира́ть/вы́брать (вы́беру, вы́берешь) (II:8)

sell продава́ть (продаю́, продаёшь)/прода́ть (прода́м, прода́шь, прода́ст, продади́м, продади́те, продаду́т; *past* про́дал, продала́, про́дало, про́дали) (+ *dat.* + *acc.*) (I:5)

What are they selling? Что даю́т? *colloquial* (II:6)

seminar семина́р [II:5]

send 1. посыла́ть/посла́ть (пошлю́, пошлёшь) (II:6); **2.** присыла́ть/присла́ть (пришлю́, пришлёшь) (II:6)

They sent me . . . Мне присла́ли... (II:6)

sense of humor чу́вство ю́мора (II:5)

September сентя́брь (*gen. sing.* сентября́) *m.* (I:8)

series ряд (*prep. sing.* в ряде́) (II:1)

seriously серьёзно (II:2)

You're not seriously sick. У вас не опа́сная боле́знь. (II:5)

service:

tea service ча́йный серви́з [II:6]

The car is at your service. Маши́на по́дана. [II:8]

serving по́рция (II:8)

set *noun* набо́р [II:6]

set the table накрыва́ть на стол [II:6]

tea set ча́йный серви́з [II:6]

set out 1. пойти́ (пойду́, пойдёшь) *pfv.* (I:8); **2.** (*by vehicle*) пое́хать *pfv.* (I:8)

settled: It's settled! Договори́лись! (I:7)

seven семь (I:2)

seventeen семна́дцать (I:6)

seventh седьмо́й (I:6)

seventy се́мьдесят (I:6)

several не́сколько (II:6)

shame:

it's a shame сты́дно

Shame on you! Как тебе́ (вам) не сты́дно! (II:3)

sharp: at seven o'clock sharp ро́вно в семь часо́в [I:7]

she она́ (I:1)

shelf по́лка (I:4)

shirt руба́шка (*gen. pl.* руба́шек) [II:5]

rugby shirt футбо́лка (*gen. pl.* футбо́лок) [II:1] [II:7]

shoes ту́фли (*gen.* ту́фель) *pl.* (*sing.* ту́фля) [I:5]

shop 1. *noun* магази́н (I:3); **2.** *verb* ходи́ть по магази́нам (II:6)

shopper покупа́тель *m.* [I:8]

shorts трусы́ (*gen.* трусо́в) *pl.* [II:1]

should до́лжен (должна́, должно́, должны́) (I:5)

show 1. *noun* спекта́кль *m.* [II:7]; (*in a movie theater*) сеа́нс [II:5]; **2.** *verb* пока́зывать/показа́ть (покажу́, пока́жешь) (+ *dat.* + *acc.*) (I:8)

I showed him the way. Я показа́л ему́ доро́гу. (I:8)

shower душ (I:4)

showing (of a film) сеа́нс [II:5]

shut *verb* закрыва́ть/закры́ть (закро́ю, закро́ешь; *past passive participle* закры́тый) [I:4] [II:5]

sick больно́й (бо́лен, больна́, больно́, больны́) (II:2)

get sick заболе́ть (заболе́ю, заболе́ешь) *pfv.* (II:2)

You're not dangerously (*or* **seriously**) **sick.** У вас не опа́сная боле́знь. (II:5)

sickness боле́знь *f.* (II:5)

sight вид (II:1)

What a sight you are! Что за вид?! [II:7]

sign 1. объявле́ние [I:6]; табли́чка (*gen. pl.* табли́чек) [II:4]; **2.** приме́та (II:2)

Put up a sign! Пове́сьте объявле́ние! [I:6]

similar to похо́ж на (+ *acc.*) (I:6)

simple просто́й (I:3): (**it's/that's**) **simple** про́сто [I:3] (II:3)

simply про́сто [I:3] (II:3)

since *conjunction* раз (II:7)

sing петь (пою́, поёшь)/спеть [I:7] (II:3)

single: not a single ни оди́н (ни одного́, *etc.*) (II:7)

sister сестра́ (*pl.* сёстры, *gen. pl.* сестёр, *dat. pl.* сёстрам) (I:1)

sit (**be sitting**) сиде́ть (сижу́, сиди́шь) (II:3)

sit down сади́ться (сажу́сь, сади́шься)/сесть (ся́ду, ся́дешь; *past* сел, се́ла, се́ло, се́ли)

sit down before a trip присе́сть (прися́ду, прися́дешь; *past* присе́л, присе́ла, присе́ло, присе́ли) на доро́гу [II:8]

six шесть (I:2)

sixteen шестна́дцать (I:6)

sixth шесто́й (I:6)

sixty шестьдеся́т (I:6)

size разме́р (I:5)

skating rink кат(о́)к (*gen. sing.* катка́) [II:5]

sky не́бо (II:2)

sleep спать (сплю, спишь) *impfv.* (I:4)

slender стро́йный [II:3]

slowly ме́дленно (I:8)

small ма́ленький (I:2)

It's a small world. Мир те́сен. (II:8)

small bouquet буке́тик *diminutive* [II:6]

small cup ча́шечка (*gen. pl.* ча́шечек) *diminutive* [II:6]

smaller ме́ньше (*compar. of* ма́ленький)

smell (**good, bad,** etc.) *verb* па́хнуть (*usu. 3rd pers.* па́хнет, па́хнут; *past* пах *and* па́хнул, па́хла, па́хло, па́хли) (+ *adverb*) *impfv.* [II:3]

smile улыба́ться/улыбну́ться (улыбну́сь, улыбнёшься) [I:7]
sneeze *verb* чиха́ть/чихну́ть (чихну́, чихнёшь) (*one-time action*) (II:5)
snow maiden снегу́рочка [II:3]
so 1. так (I:2); **2.** тако́й (*with adj.*); **3.** зна́чит *parenthetical* (I:6); **4.** ита́к [I:7]; **5.** поэ́тому (I:5)
  . . . isn't that so? ...не так ли? (II:8)
  so much так (*with verbs*) (I:2)
soccer футбо́л [I:8]
sock нос(о́)к (*gen. sing.* носка́) [II:5]
soda: baking soda со́да [II:5]
softly ти́хо [I:4]
solidarity солида́рность *f.* [I:8]
some 1. не́сколько (II:6); **2.** како́й-то [II:3]; **3.** ко́е-како́й [II:5]; **4.** не́который (II:2)
somebody кто́-то; кто́-нибудь (II:3)
someone кто́-то; кто́-нибудь (II:3)
someone else's чужо́й [I:6]
something 1. что́-то (II:3); **2.** что́-нибудь [I:8] (II:2)
sometimes иногда́ (I:5)
son сын (*pl.* сыновья́, *gen. pl.* сынове́й) (I:1)
song пе́сня (*gen. sing.* пе́сен) (II:3)
soon ско́ро (II:1)
  Get well soon! Скоре́е выздора́вливайте! (II:5)
sort вид (II:1)
sound звук (I:1)
south юг (II:8)
space ме́сто (I:5)
  No space available. Мест нет. (II:8)
spare ли́шний (I:6)
speak 1. говори́ть (говорю́, говори́шь) *impfv.* (I:4); **2.** разгова́ривать *impfv.* (II:1)
  frankly speaking *parenthetical* открове́нно говоря́ (II:5)
  May I speak to . . . ? (*on the phone*) Мо́жно попроси́ть... ? [I:7]
  speak English говори́ть по-англи́йски
  speak Russian говори́ть по-ру́сски
  speaking of . . . кста́ти о (+ *prep.*)... (II:3)
specialist специали́ст (I:3)
speech речь (in this meaning—no *pl.*) *f.* [II:4]
spider пау́к [II:2]
spill рассыпа́ть/рассы́пать (рассы́плю, рассы́плешь) [II:2]
spoon ло́жка (*gen. pl.* ло́жек) (II:2)
sports спорт [II:1]
spring весна́ (II:6)
  in the spring весно́й (II:1)
square: city square пло́щадь (*gen. pl.* площаде́й) *f.* (II:1)
St. Basil's Cathedral собо́р Васи́лия Блаже́нного [II:1]
stamp ма́рка (*gen. pl.* ма́рок) (I:6)

stand 1. стоя́ть (стою́, стои́шь) *impfv.* (I:6); **2.** станови́ться² (становлю́сь, стано́вишься)/стать (ста́ну, ста́нешь) (I:8); **3.** (*transitive*) ста́вить (ста́влю, ста́вишь)/поста́вить (II:1)
  stand in line стоя́ть в о́череди (I:8)
start 1. *noun* нача́ло; **2.** *verb* (*intransitive*) начина́ться/нача́ться (начнётся, начну́тся; *past* начался́, начала́сь, начало́сь, начали́сь) (*3rd pers. only*) (II:5)
station ста́нция (II:1)
  train/railroad station вокза́л (II:1)
stay остава́ться (остаю́сь, остаёшься)/оста́ться (оста́нусь, оста́нешься) (I:7)
still ещё; всё-таки (II:1); всё равно́ (II:4)
stomach живо́т (*gen. sing.* живота́) [II:5]
stop 1. (*stop someone or something*) остана́вливать/останови́ть (остановлю́, остано́вишь) [I:8]; **2.** (*come to a stop*) остана́вливаться/останови́ться (остановлю́сь, остано́вишься) [I:8]; *noun* (*of a bus, train, etc.*) остано́вка: **bus stop** автобу́сная остано́вка (I:3); **3. stop at, stop by (at), stop in (at)** заходи́ть (захожу́, захо́дишь)/зайти́ (зайду́, зайдёшь; *past* зашёл, зашла́, зашло́, зашли́); заезжа́ть/зае́хать (в *or* на + *acc. or* к + *dat.*)
store магази́н (I:3)
story (*floor*) эта́ж (*gen. sing.* этажа́) (I:2)
stout то́лстый (II:4)
strange стра́нный (I:3)
strangers незнако́мые лю́ди [I:8]
street у́лица (I:2)
strict стро́гий [I:6]
student студе́нт/студе́нтка (*gen. pl.* студе́нток) (I:1)
  graduate student аспира́нт/аспира́нтка (*gen. pl.* аспира́нток) (I:2)
  She's a second-year student. Она́ на второ́м ку́рсе. (I:6)
study 1. (*of a subject*) учи́ть (учу́, у́чишь) *impfv.* (I:7); **2.** (*in depth*) изуча́ть/изучи́ть (изучу́, изу́чишь) [I:8] (II:2); **3.** (*be a student*) учи́ться (учу́сь, у́чишься) *impfv.*: **Where do you go to school?** Где вы у́читесь? (I:4); **4.** (*do one's homework*) занима́ться (+ *instr.*) *impfv.* (I:7)
stupid глу́пый [II:2]
style: Moscow style по-моско́вски [I:5]
subject те́ма (I:3)
subway метро́ *neut. indecl.*; метрополите́н (*pronounced* -тэн) *formal* (II:1)
success успе́х (II:6); уда́ча (II:2)
successful: Hope you're successful! Жела́ю успе́ха! (II:6)
such тако́й
suddenly вдруг (II:8)

suggest 1. предлага́ть/предложи́ть (предложу́, предло́жишь) [I:7] (II:2); **2.** (*suggest that someone do something*) сове́товать (сове́тую, сове́туешь)/посове́товать (+ *dat.*) [II:6]

summer ле́то (II:6)
  in the summer ле́том (I:7)

Sunday воскресе́нье (I:7)

superstition суеве́рие (II:2)

superstitious суеве́рный (суеве́рен, суеве́рна, суеве́рно, суеве́рны) [II:2]

supper: to have supper у́жинать/поу́жинать [II:6]

supposed: be supposed to до́лжен (должна́, должно́, должны́) (I:5)

sure уве́рен (уве́рена, уве́рено, уве́рены) (I:8)
  for sure то́чно (II:1)

surely же *particle* (*used for emphasis*) (I:6)

surprise сюрпри́з (II:8)

Swedish шве́дский [II:4]

sweetie ми́ленький *affectionate* [II:4]

symbol си́мвол [II:6]

sympathize (with) сочу́вствовать (сочу́вствую, сочу́вствуешь) (+ *dat.*) *impfv.* [II:4]

system систе́ма [I:7]

T

table стол (*gen. sing.* стола́) (I:3); сто́лик (*in a restaurant*) [II:8]
  Everyone please come to the table! Прошу́ всех к столу́! (II:3)
  set the table накрыва́ть на стол [II:6]
  We have a table reserved. У нас зака́зан сто́лик. [II:8]

take 1. брать (беру́, берёшь)/взять (возьму́, возьмёшь; *past* взял, взяла́, взя́ло, взя́ли) (I:6) (II:1); **2.** относи́ть (отношу́, отно́сишь)/отнести́ (отнесу́, отнесёшь; *past* отнёс, отнесла́, отнесло́, отнесли́): **Take this book to the library.** Отнеси́ э́ту кни́гу в библиоте́ку. [II:5]; **3.** довози́ть (довожу́, дово́зишь)/довезти́ (довезу́, довезёшь; *past* довёз, довезла́, довезло́, довезли́) (до + *gen.*): **I'll take you to the train station.** Я довезу́ тебя́ до вокза́ла. (II:8)
  take a walk гуля́ть/погуля́ть (I:4)
  Take care! Всего́ хоро́шего! (II:2)
  take chances (a chance) рискова́ть (рискую́, риску́ешь) *impfv.* (II:2)
  take medicine принима́ть/приня́ть (приму́, при́мешь; *past* при́нял, приняла́, при́няло, при́няли) лека́рство (II:5)
  take off снима́ть/снять (сниму́, сни́мешь): **Take off your coat.** Сними́те пальто́. (II:5)
  take someone's temperature измеря́ть/изме́рить (изме́рю, изме́ришь) температу́ру (+ *dat.*) [II:5]
  takes: it takes . . . за (+ *acc.*—*to indicate how long it takes to complete something*) (II:4)

talented спосо́бный (II:8)

talk 1. говори́ть (говорю́, говори́шь) *impfv.* (I:4); **2.** разгова́ривать *impfv.* (II:1)
  have a talk поговори́ть (поговорю́, поговори́шь) *pfv.* [II:4]
  I'm having trouble talking. Мне тру́дно говори́ть. [II:5]
  What are you talking about? Что́ ты (вы)!; Ну что́ ты (вы)! (I:8)

tall высо́кий (II:3)

tape player магнитофо́н (I:5)

tape recorder магнитофо́н (I:5)

taste 1. *noun* вкус; **2.** *verb* про́бовать (про́бую, про́буешь)/попро́бовать (II:3)
  There's no accounting for taste. О вку́сах не спо́рят. (II:7)

tasty вку́сный [I:8] (II:2)
  (it's/that's) tasty вку́сно (II:3)

taxi такси́ *neut. indecl.* (II:3)
  taxi stand стоя́нка такси́ [II:4]
  The taxi is on the way. Такси́ уже́ вы́ехало. (II:8)

tea чай (II:5); (*adj.*) ча́йный [II:6]
  tea service ча́йный серви́з [II:6]

teach 1. преподава́ть (преподаю́, преподаёшь) *impfv.* [I:6]; **2.** учи́ть (учу́, у́чишь)/научи́ть: **I'll teach you to drive.** Я тебя́ научу́ води́ть маши́ну. (II:2)

teacher учи́тель (*pl.* учителя́)/учи́тельница; преподава́тель/преподава́тельница (I:6) (II:4)

telephone телефо́н (I:6)
  pay telephone телефо́н-автома́т (I:8)
  telephone receiver тру́бка (*gen. pl.* тру́бок)

television (set) телеви́зор (I:3)
  television company телекомпа́ния (II:8)

tell 1. расска́зывать/рассказа́ть (расскажу́, расска́жешь) (I:7); **2.** говори́ть (говорю́, говори́шь)/сказа́ть (скажу́, ска́жешь) (I:4)/(I:6)
  Could you tell me . . . ? Вы не ска́жете... ?
  I told him how to get there. Я показа́л ему́ доро́гу.
  tell someone (to do something) сове́товать (сове́тую, сове́туешь)/посове́товать (+ *dat.*) [II:6]

temperature температу́ра (II:5)
  take someone's temperature измеря́ть/изме́рить (изме́рю, изме́ришь) температу́ру (+ *dat.*) [II:5]
  (high) temperature высо́кая температу́ра

ten де́сять (I:2)

tent пала́тка (*gen. pl.* пала́ток) (II:1)

tenth деся́тый (I:6)

term paper курсова́я *noun, declines like adj.*; курсова́я рабо́та (I:3)

terrible ужа́сный (I:4); **(it's/that's) terrible** ужа́сно (I:2)

test контро́льная *noun, declines like adj.* (II:4)

than чем: **Your apartment is better than ours.** Ва́ша кварти́ра лу́чше, чем на́ша. (II:1)

thank благодари́ть (благодарю́,
благодари́шь)/поблагодари́ть (II:8)
  thank you спаси́бо (I:1); Благодарю́ вас. (II:8)
  Thank you very much! Большо́е спаси́бо (Спаси́бо
большо́е)! (I:5)
thanks спаси́бо (I:1)
that 1. тот (та, то, те); э́тот (э́та, э́то, э́ти) (I:5);
  2. (that is) э́то: **That is my brother.** Э́то мой брат
  (I:1); 3. *conjunction* что; 4. кото́рый (I:5)
  like that 1. так (I:2); 2. тако́й
  Now, *that's* (what I call) a . . . ! Вот э́то да! (II:3)
  that is *parenthetical* то есть (*often abbreviated* т.е.)
  (I:8)
  that's why поэ́тому (I:5)
theater теа́тр (II:1)
their 1. *possessive* их; 2. *when possessor is subject*
свой, (своя́, своё, свой)
theirs *possessive* их (I:1)
them их (*gen.* and *acc.* of они́), им (*dat.* of они́), *after
prepositions* них, ним
theme те́ма (I:3)
themselves (они́) са́ми *emphatic pronoun* (I:8)
then 1. тогда́ (I:7); 2. зна́чит *parenthetical* (I:6);
  3. так (I:2)
there 1. там (I:1); 2. (*indicates direction*) туда́ (I:8);
  3. вон (I:2)
  There's nobody there. Там никого́ нет. (I:4)
there is (are) есть (*3rd person sing., present of* быть)
  There's nobody there. Там никого́ нет. (I:4)
therefore поэ́тому (I:5)
these are э́то (I:1)
thesis диссерта́ция [I:5]
they они́ (I:1)
thing вещь (*gen. pl.* веще́й) *f.* (II:1)
  good things хоро́шее *noun, declines like adj.* [II:2]
  the main thing гла́вное *noun, declines like adj.*
  [I:6] (II:1)
  the most important thing са́мое гла́вное (II:1)
  the same thing одно́ и то же (II:3); то же са́мое (II:8)
things:
  How are things (with you)? Как (у тебя́, у вас)
  дела́? (I:1)
think ду́мать/поду́мать (I:5)
third тре́тий (I:6)
thirteen трина́дцать (I:6)
thirty три́дцать (I:6)
this 1. э́тот (э́та, э́то, э́ти) (I:5); 2. (this is) э́то (I:1)
  like this так (I:2)
  this kind of тако́й
  (in) this way так (I:2)
this way (*indicates direction*) сюда́ (II:1)
those are э́то (I:1)
three три (I:2)
threshold поро́г [II:2]

throat го́рло (II:5)
throw забра́сывать/забро́сить (забро́шу,
забро́сишь) [II:7]
Thursday (*gen. sing.* четверга́) четве́рг (I:7)
thus так (I:2)
ticket биле́т (I:8); биле́тик *diminutive* [II:7]
till до (+ *gen.*): **We'll be here till April.** Мы бу́дем тут
до апре́ля. (II:3)
time 1. вре́мя (*gen., dat.,* and *prep. sing.* вре́мени)
neut. (I:6); 2. раз (*gen. pl.* раз) (I:7): **five times**
пять раз
  a long time давно́ (II:2)
  all the time всё вре́мя (II:1)
  At what time? В кото́ром часу́? (I:7)
  for a long time давно́ (II:2)
  Have a good time! Жела́ю (вам) хорошо́ провести́
  вре́мя! (II:2)
  have time to успева́ть/успе́ть (успе́ю, успе́ешь)
  (+ *infin.*) (II:7)
  It's time for me to go to the library. Мне пора́ в
  библиоте́ку. (I:7)
  One has enough time. Вре́мени доста́точно. (II:7)
  There is enough time. Вре́мени доста́точно.
  (II:7)
to 1. (*to denote a destination*) в, на (+ *acc.*): **We're
going to Moscow.** Мы е́дем в Москву́. (I:8); **She
is going to the post office.** Она́ идёт на по́чту.
2. (*to somebody's home, office, etc.*) к (+ *dat.* —
to indicate a person): **I'm going to the doctor.** Я
иду́ к врачу́. (I:8)
  get to (a place or event) попада́ть/попа́сть
  (попаду́, попадёшь; *past* попа́л, попа́ла,
  попа́ло, попа́ли) (II:7)
  to my place (office) ко мне
  to the left нале́во (I:3)
  to the right напра́во (I:3)
today сего́дня (I:6)
together вме́сте (I:7)
  get together with встреча́ться/встре́титься (с +
  instr.) (II:7)
tomato помидо́р (II:3)
tomcat кот (*gen. sing.* кота́) [I:2]
tomorrow за́втра (I:7)
  the day after tomorrow послеза́втра (II:5)
too 1. (*excessively*) сли́шком [I:4]: **too expensive**
сли́шком до́рого [I:4]; 2. (*also*) то́же (I:2); та́кже
[II:2]
  (that's) too bad жаль (I:6)
tool инструме́нт [I:4]
topic те́ма (I:3)
tour экску́рсия [II:2]
tourist тури́ст/тури́стка (*gen. pl.* тури́сток) [II:1];
adj. тури́стский [II:1]
town го́род (*pl.* города́) (I:5)

tradition тради́ция [II:3]
train по́езд (*pl.* поезда́) (II:1)
train station вокза́л (II:1)
transportation тра́нспорт (II:1)
  public transportation городско́й тра́нспорт (II:1)
treat 1. (*medicinally*) лечи́ть (лечу́, ле́чишь) *impfv.* (II:5); (*for a while*) полечи́ть *pfv.* (II:5); **2.** (*treat someone to something*) угоща́ть/угости́ть (угощу́, угости́шь) [II:5]
tree:
  New Year's tree ёлка (*gen. pl.* ёлок); ёлочка (*gen. pl.* ёлочек) *diminutive* (II:3)
Tretyakov Gallery Третьяко́вская галере́я [II:1]
trip пое́здка (*gen. pl.* пое́здок) [II:4] (II:8)
  Have a good trip! Счастли́вого пути́! (II:8)
  sit down before a trip присе́сть (прися́ду, прися́дешь; *past* присе́л, присе́ла, присе́ло, присе́ли) на доро́гу [II:8]
  (a) trip abroad пое́здка за грани́цу (II:4)
trolley bus тролле́йбус (I:8)
trouble:
  I'm having trouble talking. Мне тру́дно говори́ть. [II:5]
  It's no trouble at all. Никако́го беспоко́йства. (II:5)
true 1. пра́вда *parenthetical* (I:7); **2.** так; **3.** настоя́щий (II:1)
  That's true! Э́то пра́вда; Ве́рно! (I:7)
truth пра́вда (I:7)
try 1. стара́ться/постара́ться (II:6); **2.** пыта́ться/ попыта́ться (II:4); **3.** про́бовать (про́бую, про́буешь)/попро́бовать [1:5] (II:1)
  What are you trying to say? Что ты хо́чешь э́тим сказа́ть? (II:6)
Tuesday вто́рник (I:7)
  on Tuesday во вто́рник (I:7)
tulip тюльпа́н (II:6)
tuna тун(е́)ц (*gen. sing.* тунца́)
  tuna salad сала́т из тунца́ (I:7)
turn о́чередь (*gen. pl.* очереде́й) *f.* (II:3)
  turn down отка́зываться/отказа́ться (откажу́сь, отка́жешься) (от + *gen.*) (II:3)
  turn out получа́ться/получи́ться (полу́чится, полу́чатся) (*3rd pers. only*) [II:4]
  wait one's turn ждать свое́й о́череди (II:3)
TV (set) телеви́зор (I:3)
twelfth двена́дцатый (I:6)
twelve двена́дцать (I:2)
twenty два́дцать (I:6)
two два (*f.* две) (I:2)

type вид (II:1)
typical типи́чный [II:5]

U

Unbelievable! Не мо́жет быть! (I:7)
  (it's/that's) unbelievable невероя́тно
uncomfortable: I feel uncomfortable bothering you. Мне нело́вко вас беспоко́ить. [II:5]
underground подзе́мный [II:1]
understand понима́ть/поня́ть (пойму́, поймёшь; *past* по́нял, поняла́, по́няло, по́няли) (I:3)
  I understand. Поня́тно. (I:7); Всё я́сно. (II:1)
  They can't understand us! Им нас не поня́ть! (II:4)
unfamiliar незнако́мый
unfortunately к сожале́нию *parenthetical* (I:6)
university университе́т (I:7)
unknown 1. незнако́мый; **2.** неизве́стный [II:2]
unpleasant 1. неприя́тный [II:1]; **2.** несимпати́чный (I:4)
until до (+ *gen.*)
  until now до сих пор (II:4)
unusual: (it's/that's) not unusual норма́льно [I:4]
up:
  Hang up. Пове́сьте тру́бку. [II:4]
  up to до (+ *gen.*) (II:8)
urgent: (it's/that's) urgent сро́чно
urgently сро́чно
us нас (*gen., acc.,* and *prep.* of мы); нам (*dat.* of мы)
use (make use of) по́льзоваться (по́льзуюсь, по́льзуешься)/воспо́льзоваться (+ *instr.*) (II:6)
  use «ты» («вы») with someone говори́ть «ты» («вы») (+ *dat.*)
used: get used to привыка́ть/привы́кнуть (привы́кну, привы́кнешь; *past* привы́к, привы́кла, привы́кло, привы́кли) (к + *dat.*) (II:4)
usher билетёр/билетёрша [II:7]
usually обы́чно (I:4)

V

vacation кани́кулы (*gen.* кани́кул) *pl.* (II:5)
various ра́зный (I:5)
very о́чень (I:1)
victory побе́да (II:7)
Vietnam Вьетна́м [II:4]
Vietnamese *noun* вьетна́м(е)ц/вьетна́мка (*gen. pl.* вьетна́мок) [II:4]
violet (*flower*) фиа́лка (*gen. pl.* фиа́лок) [II:6]; (*color*) фиоле́товый [II:6]
visiting: (to be) visiting (быть) в гостя́х (II:4)
vocational school учи́лище [I:7]

W

wait (for) ждать (жду, ждёшь; *past* ждал, ждала́, жда́ло, жда́ли) (I:4)/подожда́ть (II:2)
  wait one's turn ждать свое́й о́череди (II:3)
waiter официа́нт (II:8)
waitress официа́нтка (*gen. pl.* официа́нток) (II:8)
walk 1. идти́ (иду́, идёшь; *past* шёл, шла, шло, шли) (пешко́м) (I:8); ходи́ть (хожу́, хо́дишь) (II:4) *multidir.*; **2.** гуля́ть (I:4)/погуля́ть (II:4)
  go for a walk гуля́ть (I:4)/погуля́ть (II:4)
  take a walk гуля́ть (I:4)/погуля́ть (II:4)
  walk (along, into, *etc.*) проходи́ть/пройти́ (пройду́, пройдёшь; *past* прошёл, прошла́, прошло́, прошли́)
  walk around town гуля́ть по го́роду
  walk up (to) подходи́ть (подхожу́, подхо́дишь)/подойти́ (подойду́, подойдёшь; *past* подошёл, подошла́, подошло́, подошли́) (к + *dat.*) (II:4)
walking encyclopedia ходя́чая энциклопе́дия [I:5]
wall стена́ (*pl.* сте́ны) (I:4)
want 1. хоте́ть (хочу́, хо́чешь, хо́чет, хоти́м, хоти́те, хотя́т) *impfv.* (I:5); **2.** хоте́ться (хо́чется) (+ *dat.* + *infin.*) *impfv. impersonal*
  Cab drivers also want to celebrate the New Year. Такси́стам то́же хо́чется встре́тить Но́вый год. (II:3)
watch 1. *noun* часы́ (*gen.* часо́в) *pl.*; **2.** *verb* смотре́ть (смотрю́, смо́тришь)/посмотре́ть (I:4)
  watch the news on TV смотре́ть но́вости по телеви́зору [I:7]
water вода́ (*acc. sing.* во́ду) (I:4)
  mineral water минера́льная вода́ (II:3)
watermelon арбу́з [II:3]
way 1. доро́га (I:8); **2.** путь (*gen., dat.,* and *prep. sing.* пути́, *instr. sing.* путём) *m.*
  along the way по доро́ге (II:6)
  by the way ме́жду про́чим *parenthetical* (I:8)
  I showed him the way. Я показа́л ему́ доро́гу.
  on the way по доро́ге (II:6)
  The taxi is on the way. Такси́ уже́ вы́ехало. (II:8)
  (in) this way так (I:2)
  We're going the other way. Мы идём в другу́ю сто́рону. (II:2)
we мы (I:1)
weather пого́да (II:1)
  weather forecast прогно́з пого́ды (II:1)
Wednesday среда́ (*acc. sing.* сре́ду) (I:7)
week неде́ля (I:7)
welcome: You're welcome! Пожа́луйста!
well хорошо́ (I:1)
  All's well that ends well. Всё хорошо́, что хорошо́ конча́ется. (II:8)
  Get well soon! Скоре́е выздора́вливайте! (II:5)

not to feel well пло́хо себя́ чу́вствовать (чу́вствую, чу́вствуешь) (II:5)
  pretty well непло́хо (I:7)
  quite well непло́хо (I:7)
  Well done! Молоде́ц! (I:4)
well-known изве́стный (изве́стен, изве́стна, изве́стно, изве́стны) (II:4)
west за́пад (II:8)
what 1. *interrogative* что (I:1); **2.** (*what sort of*) како́й
  at what time? в кото́ром часу́? (I:7)
  What are you talking about? Что́ ты (вы)!; Ну что ты (вы)! (I:8)
  What are you trying to say? Что ты хо́чешь э́тим сказа́ть? (II:6)
  What do you mean? Что́ ты (вы)!; Ну что ты (вы)! (I:4) (I:8)
  What do you mean . . . ? Ка́к э́то (+ *the word or phrase to which the speaker is reacting*) (I:8)
  What do you mean by that? Что ты хо́чешь э́тим сказа́ть? (II:6)
  What (does one need . . .) for? Заче́м... ? (I:4)
  What happened? Что случи́лось? (II:4)
  What is (are) . . . like? Како́й... ?
  What sort of . . . is that (are those)? Что э́то за... ? [I:7]
  What's the matter with you? Что с ва́ми (тобо́й)? (II:5)
  What's your name? Как тебя́ (вас) зову́т? (I:1)
when 1. когда́ (I:5); **2.** в кото́ром часу́ (I:7)
where 1. где (I:1); **2.** (*to indicate direction*) куда́ (I:4):
  Where are you going? Куда́ ты? (I:4)
  Where are you from? Отку́да вы?
whether *conjunction* ли: **He asked whether I had received his letter.** Он спроси́л, получи́ла ли я его́ письмо́. (I:7)
which 1. како́й; **2.** кото́рый (I:5)
white бе́лый(II:4)
who 1. кто (I:1); **2.** кото́рый (I:5)
  Who is he? Кто он тако́й?
whole 1. це́лый (II:4); **2. the whole** весь (вся, всё, все) (I:4)
whose чей (чья, чьё, чьи) (I:2)
why 1. почему́ (I:3); заче́м (I:4); **2.** *particle* (*used for emphasis*) ведь (I:7)
  Why do you ask? А что? [I:8]
wife жена́ (*pl.* жёны, *gen. pl.* жён) (I:2)
  the Kruglovs, husband and wife муж и жена́ Кругло́вы (I:2)
window окно́ (*pl.* о́кна, *gen. pl.* о́кон) (I:2)
wine вино́ [I:7] (II:3)
wineglass бока́л [II:3]
winter зима́ (*acc. sing.* зи́му, *pl.* зи́мы) [II:6]
  in the winter зимо́й (II:1)

wish (someone something) жела́ть (+ *dat.* + *gen.*) (II:2)

    I wish you good health! Жела́ю вам здоро́вья!

    wish (someone) **a happy (holiday)** поздравля́ть/ поздра́вить (поздра́влю, поздра́вишь)

with с (со) (+ *instr.*) [I:8] (II:1)

    How are things with you? Как (у вас) дела́? (I:1)

    with me (**you,** *and so on*) с собо́й (II:1)

    with pleasure с удово́льствием (I:8)

without без (+ *gen.*) (II:3)

woman же́нщина (I:4); тётка (*gen. pl.* тёток) *rather rude* [II:4]

    woman on duty дежу́рная *noun, declines like adj.* [II:4]

    young woman де́вушка (I:5)

woman's (women's) же́нский (II:6)

    International Women's Day Междунаро́дный же́нский день (II:6)

wonder: I wonder where . . . (**when . . . ,** *etc.*) Интере́сно, где... (когда́... и т. д.) (II:6)

wonderful замеча́тельный (I:3); прекра́сный (I:6); чуде́сный [II:6]

    (It's/That's) wonderful! Замеча́тельно! (I:6); Прекра́сно! (I:4)

wonderfully замеча́тельно (I:6); прекра́сно (I:4)

word сло́во (I:1)

work 1. *noun* рабо́та [I:4] (II:1); **2.** *verb* рабо́тать *impfv.* (I:3)

    clear someone for work выпи́сывать/вы́писать (вы́пишу, вы́пишешь) на рабо́ту (II:5)

    hard work тяжёлая рабо́та (II:1)

world мир (*pl.* миры́) (II:1; свет (II:7)

    It's a small world. Мир те́сен. (II:8)

worry 1. волнова́ться (волну́юсь, волну́ешься) *impfv.;* **2.** беспоко́иться (беспоко́юсь, беспоко́ишься) *impfv.* [II:5]

    Don't worry! Не волну́йся (волну́йтесь)! (I:6)

worse ху́же (*compar.* of плохо́й, пло́хо) (II:1)

would: would you mind . . . будь добр (добра́), бу́дьте добры́ (II:4)

wreath вен(о́)к (*gen. sing.* венка́) [II:4]

write писа́ть (пишу́, пи́шешь)/написа́ть (I:3)

write out выпи́сывать/вы́писать (вы́пишу, вы́пишешь) (II:5)

    write (out) a medical excuse (for someone) вы́писать больни́чный лист (+ *dat.*) (II:5)

write out a prescription вы́писать реце́пт (II:5)

wrong: the wrong . . . не тот... (I:5)

    You got the wrong number. (*over the telephone*) Вы не туда́ попа́ли. (II:5)

Y

year 1. год (*prep. sing.* в году́, *pl.* го́ды, *gen. pl.* лет) (I:6); **2.** (*of college*) курс: **She's a second-year student; She's in her second year.** Она́ на второ́м ку́рсе. (I:6)

    half a year полго́да [II:1]

    see out the old year провожа́ть/проводи́ть (провожу́, прово́дишь) ста́рый год [II:3]

yearn (for) грусти́ть (грущу́, грусти́шь) (о + *prep.*) *impfv.* [II:3]

yellow жёлтый (II:4)

yes да (I:1)

yesterday вчера́ (I:6)

yet ещё (I:2)

    not yet ещё нет (I:2)

you ты, тебя́ (*gen. and acc. of* ты), тебе́ (*dat. and prep. of* ты) *informal;* вы, вас (*gen., acc., and prep. of* вы), вам (*dat. of* вы) *formal or pl.*

    Could you tell me . . . ? Вы не ска́жете... ? (I:8)

    What are you talking about! Что́ ты (вы)!; Ну что́ ты (вы)! (I:8)

    What do you mean! Что́ ты (вы)!; Ну что́ ты (вы)! (I:8)

    You're welcome! Пожа́луйста!

young молодо́й (I:3)

    young man молодо́й челове́к (I:5)

    young people молодёжь *f.* [II:2]

    young woman де́вушка (I:5)

younger мла́дший (I:2)

your 1. *possessive* твой (твоя́, твоё, твой) *informal;* ваш (ва́ша, ва́ше, ва́ши) *formal or pl.* (I:1); **2.** *when possessor is subject* свой (своя́, своё, свой)

    What's your name? Как тебя́ (вас) зову́т? (I:1)

yours *possessive* твой (твоя́, твоё, твой) *informal;* ваш (ва́ша, ва́ше, ва́ши) *formal or pl.* (I:1)

yourself (ты) сам (сама́) *informal;* вы са́ми *formal or pl., emphatic pronoun* (I:8)

Z

zero ноль *or* нуль (*gen. sing.* ноля́ *or* нуля́) *m.* (I:2)

Index

Boldface Roman numerals **I**: and **II**: denote Books 1 and 2, respectively, followed by page numbers. The *n* notation indicates a footnote; the page number precedes the *n* and the note number follows. Terms indexed in Russian follow the English alphabetically.

Grateful acknowledgment is made for use of the following:

Page xxxiv Aleksandr Zudin; *xxxv* Aleksandr Zudin; *1 (top left)* © Jim Harrison/ Stock, Boston; *(top right)* © N. Moshkin/TASS/Sovfoto; *(bottom center)* © Jay Dickman; *16 (photo)* © Jay Dickman; *(map)* Adapted from "Nevskoe vremia," 6 January 1996, p. 11 (published in St. Petersburg); *17* From "Nedelya," 4 June 1995; *29 (top left)* © Steve Vidler/Tony Stone Images; *(top right)* © N. & M. Jansen/Superstock, Inc.; *(bottom left)* © Helya Lade/Peter Arnold, Inc.; *(bottom right)* © G. Anderson/The Stock Market; *30* "Moskva putevoditel'," © Izdatel'stvo "Aist," Moskva, 1993; *42 (left)* © Vince Streano/Tony Stone Images; *(top right)* © Peter Arnold/Peter Arnold, Inc.; *(bottom right)* © Peter Arnold/Peter Arnold, Inc.; *58 and 59* © Irina Iskrinskaya/Licensed by VAGA, New York, NY; *70* From "Trud," 6 April 1995, p. 6; *81 (top left)* © IFA/Peter Arnold, Inc.; *(top right)* © Steve Small; *(bottom center)* © Mimi Cotter/International Stock Photo; *84* © Irina Iskrinskaya/Licensed by VAGA, New York, NY; *101* © V. Savostyanov/ ITAR-TASS/Sovfoto; *118 (top left)* © Bill Gleasner/Viesti Associates, Inc.; *(top right)* © T. Lipton/Superstock, Inc.; *(bottom center)* © Norman Meyers/Bruce Coleman Inc.; *120* 1995 © "3D"; *129* © David J. Cross; *146* © Frank Siteman/ Viesti Associates, Inc.; *149* © Sovfoto/Eastfoto; *152* © V. Zhiharenko/ITAR-TASS/ Sovfoto; *157 (top left)* © Steve Small; *(top right)* © Neil Goldstein/Stock, Boston; *(bottom)* © Steve Small; *167* © V. Zavyalov/ITAR- TASS/Sovfoto; *171* © Ernest Manewal/Photo 20-20; *192 (left)* © Claudia Dhimitri/Viesti Associates, Inc.; *(top right)* © Diana Gleasner/Viesti Associates, Inc.; *(bottom right)* © Peter Arnold/ Peter Arnold, Inc.; *194* © Ministerstvo svyazi SSSR; *199* From "Rossiyskaya gazeta," 4 April 1995, p. 5; *203* © Jeff Greenberg/ International Stock Photo; *207* © Jim Harrison/Stock, Boston; *228 (top left)* © Dave Bartruff/Stock, Boston; *(top right)* © K. Scholz/Superstock; *(bottom center)* © V. Rodionov/Ria-Novosti/ Sovfoto; *239* From "Rossiyskaya gazeta," 4 April 1995, p. 5; *263 (left)* © Jay Dickman; *(top right)* © Paul Chesley/Photographers Aspen; *(bottom right)* © V. Sozinov/ITAR-TASS/Sovfoto; *273* © David J. Cross; *286* From "Nedelya," 4 June 1995, p. 44; *287* © V. Koshevoi/ITAR-TASS/Sovfoto.